Reise ins unterirdische Italien

Grotten und Höhlen in der Goethezeit

Ausstellung im

Freien Deutschen Hochstift – Frankfurter Goethe-Museum
21. April – 23. Juni 2002

Goethe-Museum Düsseldorf /
Anton-und-Katharina-Kippenberg-Stiftung
7. Juli – 8. September 2002

Casa di Goethe, Rom
24. September – 2. Dezember 2002
(in leicht veränderter Zusammenstellung)

INFO VERLAG KARLSRUHE

Katalog im Auftrag des Freien Deutschen Hochstifts /
Frankfurter Goethe-Museums und des Goethe-Museums Düsseldorf /
Anton-und-Katharina-Kippenberg-Stiftung
bearbeitet und herausgegeben von Fritz Emslander

Realisierung der Ausstellung
Fritz Emslander, Petra Maisak

Katalogtexte
Fritz Emslander (FE), Petra Maisak (PM), Heike Spies (HS)

Übersetzungen
Wolfgang Brückle (WB), Fritz Emslander (FE)

Redaktion
Doris Hopp, Petra Maisak, Regine Zeller
Mitarbeit: Christel Buck und Kornelia Cepok

Umschlagmotiv und Titelvignette
Jakob Philipp Hackert, Kat. Nr. 95
Johann Heinrich Meyer, Kat. Nr. 14

Hinweis zum Katalog
Bei Nennung zweier Leihgeber im Katalog bezieht sich der erste auf die Station in Frankfurt, der zweite auf diejenige in Düsseldorf. Den Kapiteln des Katalogs sind jeweils Auszüge aus der Reiseliteratur (R) zugeordnet.

Verlag
INFO Verlag GmbH
Käppelestraße 10 · 76131 Karlsruhe · www.infoverlag.de

Kataloggestaltung
Thomas Lindemann

Layout & Satz
Constanze Jung
Mitarbeit: Kurt Fay

Druck
Engelhardt & Bauer, Karlsruhe

Deutsche Bibliothek – CIP-Einheitsaufnahme
Ein Datensatz für diese Publikation ist bei
Der Deutschen Bibliothek erhältlich

ISBN 3-88190-291-0

Inhalt

Dank an die Leihgeber

Aarau, Aargauer Kunsthaus

Darmstadt, Hessisches Landesmuseum

Düsseldorf, Goethe-Museum /
Anton-und-Katharina-Kippenberg-Stiftung

Düsseldorf, museum kunst palast, Graphische Sammlung

Frankfurt am Main, Freies Deutsches Hochstift /
Frankfurter Goethe-Museum

Frankfurt am Main, Städelsches Kunstinstitut

Frankfurt am Main, Städtische Galerie
im Städelschen Kunstinstitut

Frankfurt am Main, Graphische Sammlung
im Städelschen Kunstinstitut

Frankfurt am Main, Privatsammlung

Göttingen, Niedersächsische Staats- und Universitätsbibliothek

Heidelberg, Kurpfälzisches Museum

Isselburg, Museum Wasserburg Anholt

Karlsruhe, Staatliche Kunsthalle

Köln, Universitäts- und Stadtbibliothek

Lausanne, Musée cantonal des Beaux-Arts de Lausanne

Oldenburg, Landesmuseum für Kunst und Kulturgeschichte

Rom, Casa di Goethe

Stuttgart, Staatsgalerie Stuttgart, Graphische Sammlung

Weimar, Stiftung Weimarer Klassik,
Herzogin Anna Amalia Bibliothek

Weimar, Goethe-Nationalmuseum der Stiftung Weimarer Klassik

Weimar, Kunstsammlungen zu Weimar

Vorbemerkung

Die Ausstellung rückt ein Thema in den Mittelpunkt der Aufmerksamkeit, das bisher zwar unter Einzelaspekten berührt wurde, dessen exemplarische Bedeutung jedoch erst dank einer breit gefächerten Forschung in jüngster Zeit erkennbar wurde. Unserem Bild der Aufklärung, des Klassizismus, der Empfindsamkeit und Vorromantik sowie der Romantik selbst wächst im Nachvollzug der realen Gänge und Fahrten ins Unterirdische eine neue Dimension zu.

Das Frankfurter Goethe-Museum, das Goethe-Museum Düsseldorf und die Casa di Goethe in Rom haben sich verbunden, den Reisewegen der Archäologen, Geologen, Künstler, Schriftsteller und schließlich Touristen der Generationen zwischen 1750 und 1850 zu folgen, sie in verschüttete Räume der Geschichte und verborgene Cavernen der Natur zu begleiten und ihre Empfindungen, Erfahrungen und Erkenntnisse nachvollziehbar zu machen.

Wie in einem Kristall bündeln und durchdringen sich bei diesem Thema die Entdeckerfreude des aufgeklärten Zeitalters und das „Zurück zur Antike" des neuen Humanismus, die sensuelle Faszination der Künstler und die Ursprungssehnsüchte der Romantik. Unter der Erde suchten sie Antworten auf Fragen, vor denen der helle Tag stumm blieb, auf Fragen, die in Vorromantik und Romantik nicht nur an die Tiefen der Mythen und Geschichte, sondern auch an die Tiefen und Gefährdungen der Seele und des Ich rührten.

Es war für die beteiligten Institutionen ein Glücksfall, daß sie in Fritz Emslander den besten Kenner der Materie als Kurator gewinnen konnten. Dank seiner umfassenden Kenntnisse der einschlägigen Zeugnisse in Bild und Schrift seit der frühen Neuzeit entstand ein Begleitbuch zur Ausstellung, das weit mehr darstellt als man gewöhnlich mit dem Begriff Katalog verbindet: es ist zugleich Anthologie und Bibliographie, ein Handbuch zur Entdeckung der 'Italia sotterranea' im 18. und frühen 19. Jahrhundert.

Die Goethe-Museen in Düsseldorf, Frankfurt am Main und Rom danken dem Arbeitskreis selbständiger Kultur-Institute (AsKI), Bonn, für die Unterstützung des Vorhabens und für einen nennenswerten Druckkostenzuschuß für dieses Buch. Sie danken herzlich allen Leihgebern, die dieser Ausstellung Unterstützung gewährt haben. Und sie danken, neben Fritz Emslander und den im Impressum genannten Mitwirkenden, insbesondere Petra Maisak, Frankfurt am Main, für ihr herausragendes Engagement bei der Realisierung von Ausstellung und Begleitbuch.

Christoph Perels
Freies Deutsches Hochstift / Frankfurter Goethe-Museum

Volkmar Hansen
Goethe-Museum Düsseldorf / Anton-und-Katharina-Kippenberg-Stiftung

Ursula Bongaerts
Casa di Goethe Rom

„Da ich noch nie eine Höhle gesehen hatte, so erwachten beim Eingange in dieselbe tausend Ideen in meiner Einbildungskraft, welche viele Jahre in meiner Seele geschlummert hatten. Verschiedne Stellen aus Ovids Verwandlungen, Virgil und den übrigen Klassikern beschäftigten meinen Geist. [...] Indem wir weiter gingen, und die Dunkelheit und das Grausende zunahmen, dachte ich an die Höhlen des Caius und des Polyphem's. Uns fehlte blos eine Sibylle mit einem goldenen Stabe zur Führerin, um zu glauben, daß wir mit dem Aeneas in die Unterwelt gingen."

Anonym, vor 1801 [1]

„Der Gedanke, daß wir uns den Grotten näherten, diesen heiligen Stätten, wo die Natur dem Menschen ihre Orakelsprüche ans Herz legt, begeisterte mich zu einer eigenen Stimmung, mit der ich mich in der Höhle von Delphi oder Antiparos, der Grotte FINGALS, oder der Cumäischen SIBYLLE genähert haben würde."

Joseph von Hammer-Purgstall, 1800 [2]

Italia sotterranea
Höhlenbilder um 1800

Höhlengänge

Die Erwartungen im Vorfeld eines Höhlenbesuchs waren um 1800 vielfältige, geschürt durch die Schilderungen der Reisenden, durch Bilder aus Literatur und Kunst. Vorstellungen speisten sich aus den bildmächtigen Stereotypen einiger berühmter Höhlen, die meist eng mit Mythen und Kulten verbunden waren. Sie lagen in Griechenland (die Tropfsteinhöhle auf Antiparos), im hohen Norden Schottlands (die Fingalshöhle auf den Hebriden), vielfach aber auch in Italien. Wie die künstlich gegrabenen Orakelgrotten von Delphi oder Cumae (bei Neapel) konnten sich auch natürlich entstandene Höhlen als Orte der Offenbarung dort ruhender Geheimnisse erweisen. Da sie die Aufmerksamkeit des Amateurs wie auch die Untersuchungen des Naturwissenschaftlers verdienten und nicht zuletzt „wegen der verschiedenen Schauspiele, die sie der Neugierde des Reisenden bieten", widmete Joseph Sigaud-Lafond natürlichen Höhlen ein großes Kapitel seines 1781 erschienenen Lexikons der Naturwunder.[3] Ende des 18. Jahrhunderts konnte er bereits auf eine lange Geschichte der Erforschung von Höhlen zurückblicken. An ihrem Beginn stand die Neugierde auf das im Finsteren Verborgene.

Aufgrund ihrer irritierenden Dunkelheit, der daraus resultierenden räumlichen Verdichtung und atmosphärischen Intensität, waren Höhlen seit jeher Ausnahmeorte. Furcht vor unkalkulierbaren Gefahren und metaphysisches Grauen versetzten den Höhlengänger in einen Zustand erhöhter Erregung und Sensibilität. Leonardo da Vincis Bericht einer Höhlenerkundung ist dafür ein frühes Zeugnis. Überraschend kommt Leonardo an den Eingang einer Höhle und verharrt staunend. Dann „regten sich plötzlich zwei Dinge" in ihm: „Angst vor der düstern und drohenden Höhle, und die Begierde, zu sehen, ob da drin irgendeine wunderbare Sache sich befinde".[4] Hans Blumenberg exemplifizierte an Leonardos Person im allgemeinen und an seiner Höhleninspektion im besonderen die neuzeitliche Weltneugierde, die den Raum in seiner Weite, Höhe und Tiefe zu durchmessen suchte. Im 16. Jahrhundert begann man damit, auch die Welt des Unterirdischen als neues Objekt der Wißbegierde zu erschließen.[5] In der rationalen Konfrontation wird das Höhlendunkel nicht mehr selbstverständlich als natur- oder gottgewollte Verborgenheit respektiert. Das Argument der illegitimen *curiositas* will schon Francis Bacon außer Kraft setzen:

[1] Ritter 1801, II, 13-15, zitiert einen anonymen englischen Autor, der „das Außerordentliche und Schreckliche" liebe.

[2] Hammer-Purgstall 1800, 94; vgl. R. 2.

[3] Sigaud-Lafond, Joseph Aignan: *Dictionnaire des merveilles de la nature*, 3 Bde., [Paris 1781] Paris[2] 1802, I, 185-206, zit. 185.

[4] Codex Arundel im British Museum, 155r; in dt. Übersetzung zit. nach Gantner 1958, 231f.

[5] Vgl. Blumenberg 1966, 361.

„Der Mensch braucht sich keine Skrupel zu machen, in die Höhlen und Schlupfwinkel der Natur einzudringen, wenn nur die Erforschung der Wahrheit sein Ziel ist".[6] Neugierde, Abenteuer- und Schaulust trieb nun steigende Zahlen von Besuchern in Europas Höhlen.

Besonders früh setzte der Schauhöhlenbetrieb im Harz ein, wo bereits 1668 die sogenannte Baumannshöhle unter Schutz gestellt und mit einem amtlichen Höhlenführer beschickt wurde (vgl. Kat.Nr. 7, 9).[7] Motive für einen Besuch gab es vielerlei: Man wollte sich an den unterirdischen Tropfstein-'Wundern' erfreuen, als Knochengräber und Schatzsucher hoffte man auf materiellen Gewinn, als Naturforscher auf wissenschaftliche Enthüllungen.[8] Höhlenerkundungen stellten Wissenszuwachs auf verschiedenen Gebieten in Aussicht. So zeichneten bereits im 17. Jahrhundert Jacques Gaffarels *Le monde sousterrein*[9] und vor allem Athanasius Kirchers *Mundus subterraneus* (Abb. 1)[10] – wenn auch vor astrologischem und alchemistischem Hintergrund entstanden – den Weg für eine wissenschaftliche Höhlenkunde vor. Die Speläologie entwickelte sich als synthetische Disziplin mit Anteilen aus der Geologie, Mineralogie, Zoologie, Botanik, Anthropologie, Ur- und Kulturgeschichte.[11] Ein seit der Mitte des 18. Jahrhunderts sprunghaft ansteigendes Interesse an Höhlen und ihrer Erforschung ist durch die anschwellende Fachliteratur, durch rege Diskussionen in mineralogischen Zeitschriften und naturkundlichen Gesellschaften sowie durch eine Fülle von Reiseberichten und diverse Sammlungen von Höhlenbeschreibungen belegt.[12]

Mit physischer und analytischer Penetranz also grub man sich in die Erde, um „einen Lichtstrahl in die Nacht früherer Zeiten zu werfen".[13] Das Enthüllungsgeschäft der Archäologie glich darin dem der Naturwissenschaften. Den gemeinsamen, spätaufklärerischen Impetus formulierte der italienische Altertumsforscher Giuseppe Sanchez: „Wenn der Naturforscher es wagt, der Natur die geheimen Ursachen ihrer Phänomene zu entreißen, können wir uns noch bemühen, der Zeit die verlorenen historischen Kenntnisse zu entwenden [...]".[14] Das ehemalige Sakrileg der Entschleierung ist nun als Teil der wissenschaftlichen Praxis säkularisiert, die gelüfteten Geheimnisse werden als Forschungsergebnisse präsentiert. Dennoch konnten sich diejenigen, die in unterirdische Monumente eindrangen, angesichts der beschränk-

Abb. 1 Athanasius Kircher Mundus Subterraneus *[...], Amsterdam 1665 Frontispiz*

[6] Bacon, Francis: *De dignitate et augmentis scientarium libri IX*, London 1623, II, 2; zit. nach Blumenberg 1998, 35.

[7] Vgl. Bürger 1930/1931.

[8] In ihrer grundlegenden Dissertation zur Höhlenthematik um 1800 stellt Röder 1987, 75, fest, daß bis zum Ende des 18. Jahrhunderts „wissenschaftliches Interesse und emotionales Erlebnis beziehungsweise ästhetische Wahrnehmung in enger Beziehung zueinander auftreten".

[9] Paris 1651; vgl. unten, Anm. 51.

[10] Das zweibändige, naturgeographische und geologische Hauptwerk des jesuitischen Polymathen erschien zuerst 1664/65 in Amsterdam; vgl. Oechslin 1993, 87-99.

[11] Der Begriff „Speläologie" als Fachbezeichnung wurde allerdings erst um 1890 geprägt. Zur Frühgeschichte der Höhlenforschung: Lübke 1953, 234-240.

[12] Einen Überblick gibt das 1798 von Christoph Wilhelm Gatterer herausgegebene *Allgemeine Repertorium der mineralogischen Literatur*. Sammlungen von Höhlenbeschreibungen edierten Ritter, Christian Wilhelm: *Beschreibung der größten und merkwürdigsten Höhlen der Erde*, 3 Bde., Hamburg 1801, sowie Rosenmüller, Johann Christian; Tillesius, Wilhelm Gottlieb von: *Beschreibung merkwürdiger Höhlen. Ein Beitrag zur physikalischen Geschichte der Erde. [...] Mit zehn Kupfertafeln*, 2 Bde., Leipzig 1799-1805.

[13] Sanchez 1833, I, xii.: „[...] nuove richieste possono senza dubbio riflettere un raggio di luce sulla notte de' tempi precedenti", Übers. FE; vgl. R. 42.

[14] Ebd., I, xiii: „Se il naturalista osa rapire alla natura le occulte cagioni de' suoi fenomeni, noi ancora possiamo studiarci d'involare al tempo le conoscienze storiche smarrite, e le non riconoscibili", Übers. FE.

ten Orientierung und häufig drohenden Einsturzgefahr kaum sicher fühlen – ebensowenig wie Naturforscher und Reisende, die sich bei Neapel auf „unsicherste[n] Boden“[15] wagten wie Goethe bei seinem Besuch der Solfatara, wo der vulkanische Untergrund urgewaltig in Schwefeldämpfen nach oben dringt und dort Steine zum Glühen, Schlamm zum Kochen bringt (Abb. 2).

Abb. 2 Johann Wolfgang von Goethe
Die Solfatara bei Pozzuoli, *1787*
Pinselzeichnung, Sepia und Tusche
Stiftung Weimarer Klassik, Goethe-Nationalmuseum

Am Abgrund

„Die verborgenen Ursachen“ der unterirdischen Feuer in Italien zeugten weiterhin „schreckliche Bilder einer nahen und unbekannten Gefahr“.[16] In der Beschäftigung mit den italienischen Vulkanen, wo sich das Erdinnere mit Gewalt nach außen stülpt, spiegelt sich die ungeheure Faszination, die im späteren 18. Jahrhundert die Gefährdung durch das Unterirdische ausübte. Als der Vesuv in den Jahren nach 1760 wieder aktiv wurde,[17] stand das mahnende Exempel des legendären Todes des Plinius wieder plastisch vor Augen (Abb. 3). Wie der verschollene und tot aufgefundene Bergmann, dessen Namen die Baumannshöhle im Harz trägt, als „Schlachtopfer der Wißbegierde“ galt,[18] so wurde auch Plinius vorgeworfen, zu weit in die Geheimnisse der Natur vorgedrungen zu sein. Das Epigramm des Emblems der *Physica* in einer deutschen Ausgabe von Cesare Ripas *Iconologia* (1758-60) erläutert verkürzt: „Plinius sucht zu ergründen, / muß dadurch sein Leben enden.“

Abb. 3 Gottfried Eichler d.J.
Physica, *Stich aus:*
Cesare Ripa: Iconologia,
hrsg. von Johann Georg Hertel, 1758-60, Taf. 189

Auf subtile Weise werden auch die wagemutigen Höhlengänger bei Caspar Wolf, der sich mit seinen Darstellungen der alpinen Wildnis den Spitznamen „Höhlenwolf“ eintrug,[19] einer solchen Anmaßung verdächtigt. Wolf inszenierte sich 1778 selbst in einer Grenzsituation im Inneren der Bärenhöhle bei Welschenrohr. Er steht am Abgrund

[15] „Unter'm reinsten Himmel der unsicherste Boden“ lautet Goethes formelhafte Charakterisierung der zugleich paradiesischen und zerstörerischen Natur in der „Todeslandschaft“ der Phlegräischen Felder bei Neapel (Goethe, WA I, Bd. 31, 20); vgl. Böhme 1993.

[16] Meyer 1792, 449; vgl. R. 11.

[17] Größere Ausbrüche des Vesuv sind u.a. für die Jahre 1766-67 und 1779 belegt. Zu den zahlreichen Darstellungen in der Kunst: Keller 1990.

[18] Ritter 1801, I, 61.

[19] Vgl. Raeber 1979, 73. Wolfs Höhlenbilder aus den Jahren 1773-1779 bespricht Yvonne Boerlin-Brodbeck in: Kat. Wolf 1980, 93-102.

Abb. 4 Caspar Wolf
Das Innere der Bärenhöhle
bei Welschenrohr, *wohl 1778*
Öl auf Leinwand
Solothurn, Kunstmuseum

(Abb. 4). Die Komposition nach dem Prinzip des Goldenen Schnitts läßt das Bedürfnis erkennen, eine „ästhetische Ordnung gegen die Erfahrung vom Grauen des Ungestalten" zu setzen und sich derart seines Standes zu versichern.[20] Nur im Bildhintergrund bleibt noch ein Ausweg offen, die Option der Distanzierung oder Flucht hält die Extremsituation in den Grenzen des Erträglichen. Das Erlebnis der wilden, urtümlichen Natur ist ein angespanntes, bestimmt durch „Ideen von Schmerz und Gefahr", die nach Edmund Burke das Erhabene begleiten.[21] Der Gang in die Höhleneinsamkeit kostet Überwindung. Die zu überwindenden Grate sind physische, mehr aber noch psychische. Diese mentalen Barrieren werden erst mit der Konzeption eines neuen Naturbegriffs in der Romantik fallen, wenn die Sehnsucht, sich mit einer unendlichen Natur zu verbinden und in ihr Innerstes vorzudringen, den Naturenthusiasten tendenziell über vormals gesetzte Grenzen hinaustreibt. Empedokles, der den Freitod in den Flammen des Ätna sucht – eine „letale Rückkehr zur Natur"[22] –, wird zum idealen Gegentypus des Plinius, zum romantischen Helden.[23]

[20] Busch 1993, 492. Wolfs Bestreben, in seinen Alpenbildern das Gestaltlose der Berge im Bild zu gestalten, vergleicht Busch mit demjenigen der zeitgenössischen Geologie, dem augenscheinlichen Chaos Gesetze zu geben.

[21] Burke, Edmund: *A philosophical Enquiry into the Origin of our Ideas of the Sublime and Beautiful*, London 1757; zit. nach Burke [1757] 1980, 72.

[22] Ernst Bloch verhandelt in einem Kapitel des *Prinzips Hoffnung* (3 Bde., Frankfurt a.M. 1980, III, 1343-1360, zit. 1350) u.a. am Beispiel Hölderlins die Identifizierung des Nichts nach dem Tod mit einem naturhaften Alles und damit verbundene Auflösungswünsche des späten 18. und frühen 19. Jahrhunderts.

[23] Friedrich Hölderlin formuliert in den 1797-1800 entstandenen Fragmenten eines Trauerspiels den Wunsch, sich in den Gewalten der Natur zu verlieren in seiner letzten Konsequenz (*Der Tod des Empedokles*; zur Entstehungsgeschichte: Kranz 1949; Hölscher 1965). Aus Lust stürzt sich Empedokles in den Abgrund, um zu einem höheren Leben am Herzen der Allnatur zu gelangen; vgl. Doppler 1968, bes. 120ff.

Eine auf Reisen unternommene Höhlenbegehung konnte diesem Muster nur auf symbolischer Ebene oder auf derjenigen der Inszenierung durch die Führer entsprechen. Die Überschreitung der Schwelle vom Licht zur Dunkelheit – von der Welt über zu der unter Tage – und die folgende Konfrontation mit einer unbekannten, unberechenbaren Natur unter der Erde provozierten vielfältige symbolische Überhöhungen.[24] An Höhlengänge knüpfte sich um 1800 ein Reigen von Spekulationen, literarischen Assoziationen und „prächtigen Traumgestalten", die sich in Befahrungsberichten wie dem des Joseph von Hammer-Purgstall aus den istrischen Tropfsteinhöhlen gesammelt finden (vgl. das einleitende Zitat; R. 2).

Höhlenbilder

Grundlegend für die Vorstellung und Wahrnehmung von Höhlen ist deren polyvalente Metaphorik. Als Urbild hat die Höhle eine Fülle magischer und mythischer Bedeutungen erfahren. Im Altertum fungierten Höhlen als Schauplätze heidnischer Mythen, wurden als Geburts-, Erscheinungs- oder Wohnorte der Götter, Nymphen und Musen betrachtet.[25] In kultischen Zusammenhängen hatten sie sich idealtypisch als die heiligen Orte der Begegnung mit dem Jenseitigen etabliert, wo dem Menschen göttliches Wissen offenbart wird. In den antiken Sibyllengrotten wurde der Besucher mit Zukunft und Schicksal konfrontiert.[26] Frühchristliche Visionsberichte[27] und noch die religiös bewegten Besucher der Neuzeit rechtfertigten den Schritt in die Höhle mit der frommen Hoffnung, dort eine göttliche Erleuchtung zu erfahren. Beispielhaft hierfür ist die literarische und bildkünstlerische Tradition der Eremiten, die in den Höhlen allerdings häufig auch dämonische Kräfte zu bezwingen hatten.[28]

Damit ist die andere, negative Besetzung des Unterirdischen angesprochen, als Wohnstatt 'dunkler Mächte', namentlich des Teufels und der ihm assoziierten Dämonen und Geister. Den antiken Dichtern deutete die Tätigkeit der kampanischen Vulkane auf den benachbarten Hades, der später als christliche Hölle unter der Erde imaginiert wurde.[29] Noch bis in die Neuzeit wuchs um Neapel herum die Anzahl der als infernalisch tabuisierten und diabolisierten Grotten. Ausgehend vom Bild der zugleich zerstörenden und befruchtenden Kraft der Vulkane,[30] entstand der Topos von Himmel und Hölle in Kampanien, deren Scheidelinie die Reisenden am Kraterrand des Vesuvs beschritten.[31]

Seit der Antike lebte zudem der Topos von der Höhle als Ursprungsort fort. Er verdankt seine universale Ausdeutung einem Analogieschluß, der die Erdhöhlen mit dem Mutterschoß gleichsetzt.[32] Die Höhle wurde als Ausgangs- und Endpunkt der Zeit, des Menschen und seiner Kultur betrachtet.[33] Der klassische Ort der Reflexion über die (Geburts- und Grabes-) Höhlen der Kultur war die römische Kapitale.

[24] Bürgi wertet die Versuche metaphorischer Aufarbeitung als Ausdruck „kollektive[r] Ängste und Phantasien", die in Höhlen ihren Ort hätten; Bürgi 1989, 98-108, zit. 104.

[25] Vgl. Weinberg 1986.

[26] Vgl. ebd., 113-178; Blumenberg 1989, 38, 52, 508-515.

[27] Vgl. Speyer 1982, 188-197, der aufzeigt, wie die literarische Tradition der Visionsberichte in das umfassende Thema der Jenseitsreise mündete.

[28] Vgl. Kat. Eremiten und Ermitagen 1993. Klassisches Beispiel ist die häufig in Höhlen angesiedelte Versuchung des heiligen Antonius.

[29] Zur komplexen Geschichte antiker Jenseitsvorstellungen: Art. „Jenseits", *Reallexikon für Antike und Christentum*, Lieferung 130, 1994, 248ff.; zur Abgrenzung vom Begriff der christlichen Hölle: Art. „Höllenfahrt", ebd., XV, 1991, 1015-1023; vgl. auch Vorgrimmler 1993.

[30] Der Gedanke des Wechsels von Glück und Verheerung am Vesuv, zuerst in einem Brief Cassiodors entwickelt, wurde seit dem frühen 17. Jahrhundert verstärkt in der Reiseliteratur rezipiert; vgl. Stärk 1995, 239f.

[31] Chateaubriand nannte den Blick vom Vesuv auf den Golf von Neapel das von der Hölle aus gesehene Paradies (vgl. R. 10) und vermutete, daß Dantes Inferno das Erlebnis der Vesuvlandschaft zugrunde liege. Die Konstellation Himmel-Hölle wiederholt sich am Ätna, so bei Bartels 1787-1792; vgl. R. 8.

[32] Vgl. Brunotte 1993, 78-86. Vor allem in der Ostkirche wurde eine regelrechte Theologie der Höhle entwickelt; vgl. Bredekamp 1981, 13f.; Miller 1982, 29-34; grundlegend: Neumann 1957. In psychoanalytischer Perspektive: Löwer-Hirsch 1994.

[33] Vgl. Kemp 1969, 133-152.

Roma sotterranea

„Als Ruinenstadt par excellence" war Rom „zur emblematischen Idee europäischer Geschichte" geworden.[34] In der Topologie der Stadt ist die Vertikale besonders stark ausgeprägt. Indem neue Bauten wiederholt aus und auf dem Alten entstanden, das seine Ablagerungen zurückließ, wurde der Boden Roms selbst Geschichte. In ihm sind die Spuren der Zeit stratifiziert.[35] Wer die römische Memoriallandschaft vor Ort entziffern wollte, der hatte sich – mit oder ohne Spaten – auf den Weg unter die Erde zu machen.

Man führte die Besucher in vormals verschüttete, nun freigelegte, in verschlossene und wieder geöffnete Räume, an vergessene und neu gefundene unterirdische Orte. Noch anläßlich des Heiligen Jahres 2000 nennt Francesco Rutelli, der römische Bürgermeister, unter den unentdeckten Gesichtern seiner Stadt das des versunkenen Roms das „verblüffendste". Diese „unterirdische Stadt" sei „beinahe ebenso groß [...] wie die oberirdische".[36] Die Materialbasis für eine solche Hypothese war bereits gelegt, als Antonio Bosio 1634 die christliche *Roma sotterranea* veröffentlichte (vgl. Kat.Nr. 87).[37] Das Werk gibt einen Überblick aller damals bekannten Katakomben Roms. Diese „Wiegen" des zur Zeit der Christenverfolgungen „neugeborenen [...] Glaubens" sollten neu erforscht und zugänglich gemacht werden, um damit die „Herrlichkeit der Stadt Rom" und ihrer katholischen Kirche „öffentlich" zu propagieren.[38] Den Leser und christlichen „Wandersmann" will Bosio lehren, die vielen Grabinschriften als inspirierende „Geschichtsbücher" über das Leben und Sterben der Märtyrer zu verstehen und schließlich dieses ganze „unterirdische Rom" höher zu achten als das überirdische.[39] Für Bosio und seine Nachfolger waren die urchristlichen Katakomben wahre „Arsenale [...] gegen die Ikonoklasten" der Reformation,[40] welche die historische Zeugenschaft der Katakomben in Frage stellten.[41]

Die Katakomben von Rom, Neapel und Syrakus unterrichteten aber auch ungläubige Besucher über berühmte, dort ruhende Persönlichkeiten, über die Wechselfälle der Philosophie, der Künste und Wissenschaften, über Regierungen und Religion.[42] Als die Attraktivität des heiligen Roms der Pilgerkirchen und Katakomben im fortschreitenden 18. Jahrhundert allmählich abnahm, beanspruchte das antike Rom Piranesis und seiner Zeitgenossen immer mehr die Aufmerksamkeit der Reisenden und lenkte die Blicke erneut auf das unter der Erde Verborgene.[43]

Das verborgene Italien

Die aus der Antike erhaltenen Grotten als eine ganz „andere Welt" zu durchstreifen, lädt der Altertumsforscher Giuseppe Sanchez den Leser seiner Untersuchung des unterirdischen Kampaniens von 1833 ein.[44]

[34] Böhme 1989, 290-293.

[35] Gnisci 1987; zur ästhetisch anschaulichen Gegenwart des Vergangenen in der Ruine: Simmel 1983.

[36] Vorwort zu Portella 2000, 7.

[37] Bosio, Antonio: *Roma sotteranea* [...], Rom 1634. Veryard 1701, 174, vermutete, daß die römischen Katakomben ursprünglich alle miteinander verbunden waren und hält es für „very probable, the subterranean Rome must have been as big as that above Ground".

[38] Bosio 1668, 332-341. Zur Geschichte der 'Wiederentdeckung' der Katakomben u.a.: Rossi 1864-1877, I, 12-81; Stevenson 1980, 60ff.; Moatti 1992, 52-55, 109ff., 161ff.

[39] Bosio 1668, Vorbericht, xiii verso.

[40] „Arsenali [...] contra gl'Iconoclasti"; Bosio 1634 (wie Anm. 37), Vorwort, iv.

[41] Gilbert Burnet etwa war überzeugt, daß bei einer Prüfung der neapolitanischen Katakomben – für ihn eindeutig heidnische Werke – die verehrten Reliquien als Überreste römischer Sklaven entlarvt worden wären; vgl. Burnet 1689, 206-219. Maximilian Misson (*Nouveau Voyage d'Italie*, 1691) behauptete, daß alle vorkonstantinischen Zeugnisse der Katakomben Produkte mittelalterlicher Fälscher seien; vgl. Meyer 1985, 293f.; Gaston 1983, 150ff.

[42] Vgl. Kat.Nr. 87

[43] Zu Piranesis Vision eines zweiten Roms unter dem Erdboden, der die Meisterleistungen römischer Architekten und Ingenieure sicher bewahrte: Miller 1978, bes. 151f., 171-175, zit. 152.

[44] Vgl. R. 42.

Diese italienische „Unterwelt" halte eine Fülle von intellektuellen, emotionalen und ästhetischen Impulsen bereit. Die ältesten Katakomben von Neapel etwa „sprechen die Augen, den Geist und das Herz an; sie regen eine andere Art des Empfindens und Darstellens an; sie setzen viele Gedanken frei, unterschiedliche und tiefe Gefühle, weil dem Verstand all die lebendigen Eindrücke neu sind, denen er an diesem Ort der ewigen Nacht ausgesetzt ist".[45] Deswegen könne Sanchez' Werk den Antiquaren wie den Gelehrten anderer Fachrichtungen, den Philosophen, Dichtern und Künstlern nicht nur als Erkenntnisquelle dienen, sondern auch als Quelle der Inspiration zu „höheren Gedanken".[46] Zu entdecken war ein Italien, das sich den Blicken entzog und das erst teilweise bekannt war.

Der Appell zum Aufbruch in die Höhlen spiegelt die zweifache Karriere, die das Unterirdische im Lauf des 18. Jahrhunderts nahm: Die Höhlen wurden zum Gegenstand der Empirie einerseits, die das physische Dunkel und den Schleier der Geschichte lichtete, um zu neuen Befunden vorzudringen. Andererseits wurden sie zum Gegenstand einer Phantasie, der das mystische Dunkel reichlich Projektionsfläche bot.[47] Die herausragende Eignung italienischer Grotten für derartige Enthüllungen und assoziative Besetzungen erklärt sich aus ihrer Entstehungs- und älteren Rezeptionsgeschichte sowie aus dem besonderen ideengeschichtlichen Kontext des Reisens nach Italien.[48]

Ad fontes

Der Bildungsreise nach Italien lag eine leitmotivische Vorstellung zugrunde: Die europäische Kultur wurzele in Italien und ihre Entwicklung lasse sich dort Schritt für Schritt nachvollziehen. „Italien ist, wie Herder sagt, die Brücke der Kultur und Humanität aus der alten in die neue Zeit".[49] In Italiens Kulturerbe und in seiner Landschaft schien die Verbindung zwischen Antike und Gegenwart noch lebendig zu sein. Die Suche nach den eigenen Anfängen konzentrierte sich besonders auf Italiens unterirdische Bauwerke und natürliche Höhlen. Hier versprach der Schlüssel zum Verständnis der Vergangenheit zu ruhen. Die Erforschung der in der Tiefe lokalisierten Ursprünge gewann im 18. Jahrhundert eine immer größere Faszinationskraft.

In zahlreichen, unter der Erde entstandenen oder unter ihr begrabenen und konservierten Monumenten waren Einblicke in die Menschheitsgeschichte zu gewinnen. Besuche antiker Höhlen, archäologischer Ausgrabungen oder der Katakomben (als dem „Pompeji des Christentums"[50]) glichen Reisen zurück in die Zeit. In den ländlichen Gegenden konnte man urtümliche Szenen aus dem Leben primitiver Höhlenbewohner und quasi homerischer Hirten vorfinden. Für naturwissenschaftlich Interessierte bargen die vielen Meeresgrotten, vulkanischen Krater und Höhlen die Geheimnisse einer durch den Widerstreit der Elemente geprägten Natur. Neben der Fülle von historischen und

[45] Ebd.

[46] So ein zeitgenössischer Rezensent in der *Biblioteca Italiana* (Mailand, V, Bd.77, 18-25), der das Werk als „veicolo ad alti pensamenti" empfiehlt. Zur kritischen Aufnahme des Buchs: *Index Bibliografico Italiano*, F.880, 111-114.

[47] Das durch sie und in ihr eröffnete Imaginationsarsenal kennzeichnet die Höhle – ähnlich wie die Nacht – als Heterotopie im Sinne Foucaults. Sie „vermag an einem einzigen Ort mehrere Räume, mehrere Plazierungen zusammenzulegen, die an sich unvereinbar sind"; Foucault 1991, 42.

[48] Eine eingehende Untersuchung dieser Zusammenhänge habe ich 2002 als Dissertation an der Universität Hamburg unter dem Titel *Italia Sotterranea* vorgelegt.

[49] Gerning, J.[ohann] I.[saak]: *Reise durch Oestreich und Italien*, 3 Bde., Frankfurt a.M. 1802, I, 7.

[50] Gregorovius [1857-1877] 1928, 678, verglich – bei allen Widersprüchen – die Katakomben von Neapel mit der ausgegrabenen Antike am Vesuv; vgl. R. 44.

literarischen Assoziationen, die sie weckten, hielten die italienischen Grotten in der Gegenwart vielfältige ästhetische Reize bereit, und die ortsansässigen Führer wurden – wie die Sammlung von Reiseberichten in diesem Band belegt – nicht müde, diese für die frühen Touristen aufzubereiten (vgl. Abb. 15).

Unter dem Begriff der „Italia sotterranea", des „unterirdischen Italien", sei die Gesamtheit der in diesen Kontexten besuchten unterirdischen Räume Italiens zusammengefaßt: Katakomben und Gräber, Orakelhöhlen, ruinöse und teils versunkene griechische und römische Tempel und Bäderanlagen, Zisternen, antike Tunnel und Bergwerke, Tropfstein- und Felshöhlen, Quell- und Meeresgrotten u.a.m.[51] Diese unterirdischen Räume stellten wesentliche Komponenten des Gesamtbildes von Italien dar und waren im Bewußtsein der Reisenden fest verankert. Neben den künstlichen Grotten, die dort seit der Antike angelegt worden waren, gab es in den vulkanischen Gebirgen, in den zerklüfteten Küsten- und Flußlandschaften Italiens zahlreiche natürliche Höhlen zu besichtigen. Wie fließend hier die Übergänge von natürlich Entstandenem und künstlich Geschaffenem waren, zeigen die topographischen Bezeichnungen. „Höhle",[52] worunter man meist einen natürlichen Hohlraum verstand, und „Grotte",[53] als die man neben natürlichen auch künstlich angelegte Räume und in Italien die Innenräume von Ruinen bezeichnete,[54] wurden in den Ortsnamen wie in den Lexika des 18. Jahrhunderts weitgehend als Synonyme verwendet.[55]

Unterirdische Räume galten als Charakteristikum vieler süditalienischer Regionen. Sie gehörten einem Kanon von Sehenswürdigkeiten an, der bis ins 18. Jahrhundert noch weitgehend durch die Traditionen der Gelehrten- und Kavaliersreisen bestimmt war.[56] Beachtung fanden darin aber fast ausschließlich solche Orte, die als Schauplätze der Geschichte, des Mythos, der Dichtung oder als Motive der älteren Malerei nobilitiert und deswegen von besonderem Interesse waren. Der an diesen Vor-Bildern geschärfte Blick, mit dem man Italien sah, führte unterwegs zu einer Art von fiktiven 'Nebenreisen', zu Abstechern in vergangene Zeiten, in künstlich – literarisch oder malerisch – vorgeformte und überformte Räume.

Reisen durch die Dichter

In der unkultivierten Campagna vor den Toren Roms sahen viele Reisende des 17. und 18. Jahrhunderts nur eine trostlose Wüste. Gleichwohl sollte hier jenes „Theater" der römischen Geschichte zu finden sein,[57] in dem all die bei Vergil, Horaz und Cicero beschriebenen Ereignisse stattgefunden hatten. Die gegenwärtige Vernachlässigung und Misere der Region widersprach aufs Schärfste ihrer historischen Bedeutsamkeit. Wiederaufleben konnte der 'klassische Boden' allein in der literarisch angeregten Imagination.

[51] Damit deckt der Begriff in etwa ein Gegenstandsfeld ab, wie es Jacques Gaffarel (1601-1681) im Titel seines in Bruchstücken in der Bibliothèque Nationale, Paris, erhaltenen Werks *Le monde sousterrain* [...] (1651) umreißt: *Die unterirdische Welt, oder historische und philosophische Beschreibung sämtlicher schönster Höhlen und seltsamer Grotten der Erde, Höhlungen, Löcher, Kellerräume, geheime Schlupfwinkel* [...]*; der Abgründe, Schluchten, wunderbarer Bergspalten; denkwürdiger Gruben, berühmter Bergwerke aller Art; unterirdischer Wohnorte, Grüfte, Katakomben, in den Fels gehauener Tempel, Schächte, außergewöhnlicher Quellen, Felsüberhänge, Zisternen, ausgehöhlter Wasserbecken, und im allgemeinen aller berühmtester Kavernen, Höhlen und Hohlräume der Welt und aller Merkwürdigkeiten, die sie enthalten*; zit. nach Lübke 1953, 235. Ausgeschlossen bleiben hier die in den neuzeitlichen Gärten Italiens entstandenen Grotten, die eine gesonderte Untersuchung verdienten.

[52] Entsprechend ital. *caverna*, *antro*; frz. *caverne*, *antre*; engl. *cave*, *cavern*.

[53] Entsprechend ital. *grotta*; frz. *grotte*; engl. *grotto(e)*; hergeleitet von lat. *crypta*.

[54] Vgl. etwa Art. „Grotte, Crypta", in: *Grosses Universallexikon aller Wissenschaften und Künste* [...], Leipzig 1735, XI, 1094f.

[55] Vgl. Art. „Grotte", in: Diderot, Denis; Jean le Rond d'Alembert (Hrsg.): *Encyclopédie* [...], Paris ²1781, XVI, 708; Grimm, Jacob und Wilhelm: *Deutsches Wörterbuch*, I, Leipzig 1854, 594-596, weisen das Wort „Grotte" als „um 1600 entlehnt aus ital. *grotta*" und „synonym mit *höhle*" nach.

[56] Die Literatur zur Geschichte nordeuropäischer Reisen nach Italien ist umfangreich. Zu den wichtigsten Publikationen gehören: Schudt 1959; Venturi 1973; Seta 1996; Brilli 1989; zum englischen Phänomen der *Grand Tour*: Kat. Grand Tour 1996; zu Gelehrtenreisen: Siebers 1999.

[57] Vgl. beispielsweise Beckford, William: *Dreams, Waking Thoughts and Incidents: in a series of Letters from various parts of Europe*, hrsg. von Robert J. Gemmett, [London 1783] Rutherford/ Madison/ Teaneck 1971, 189: „It was upon this vast surface so many illustrious actions were performed, and I know not where a mighty people could have chosen a grander theatre".

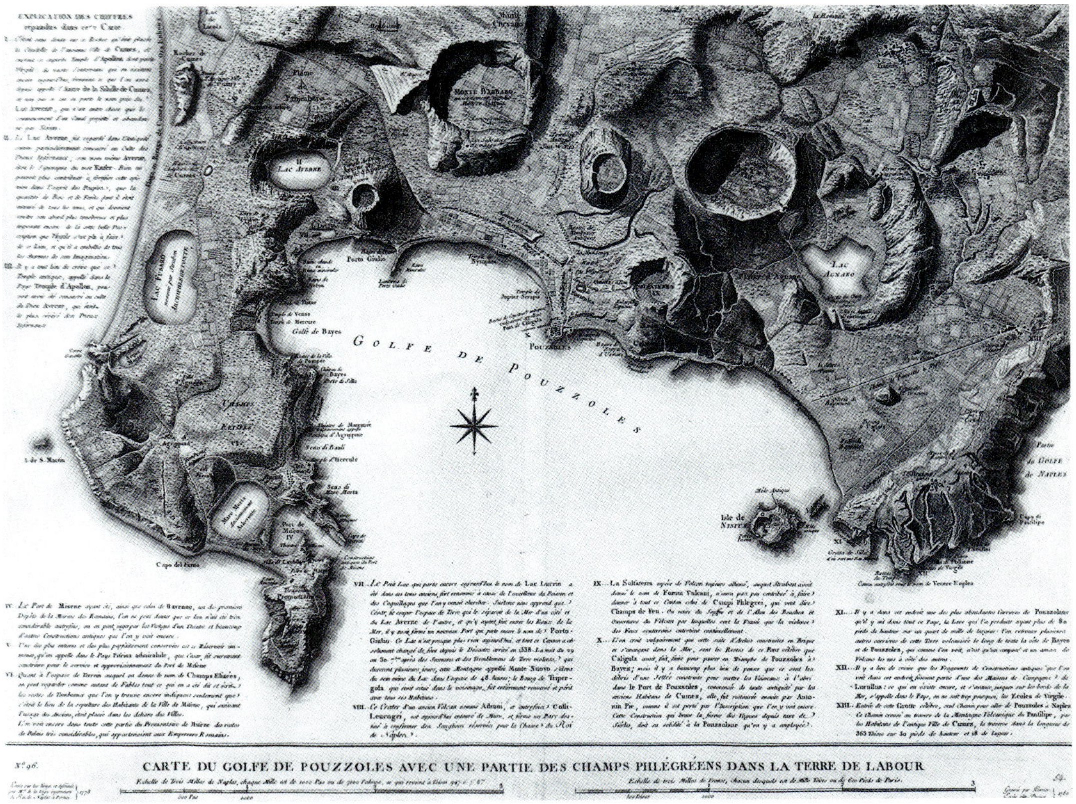

Abb. 5 De la Vega
Karte des Golfs von Pozzuoli mit einem Teil der Campi flegrei
Stich aus: Saint-Non: Voyage pittoresque *[...], II (1782), Nr. 96, nach S. 158*

Auch die an Kunst- und Natursehenswürdigkeiten besonders reiche Region um Neapel wurde entsprechend wahrgenommen. In der vulkanischen Landschaft der sogenannten Brennenden (Phlegräischen) Felder (Abb. 5) häufen sich die Orte, an denen Geschichte geschrieben wurde: das griechische Cumae, römische Handels- und Militärhäfen, Kaiservillen und Bäderanlagen. Zudem liegen hier aber auch die mutmaßlichen Handlungsorte herausragender antiker Dichtungen. Die Schattenwelt der *Odyssee* wurde ebenso in dieser Gegend lokalisiert wie die einzelnen Orte der Unterweltsfahrt im VI. Buch der *Aeneis*. Seit dem 16. Jahrhundert hatte man die Phlegräischen Felder als historische und poetische Landschaft mit einer festen assoziativen Struktur belegt. Nirgendwo in Italien, in ganz Europa, war die Wahrnehmung so sehr literarisch bestimmt.[58] Die den Orten zugewiesenen Zitate formierten sich schnell zu einem Repertoire von Topoi, das die Reisebeschreiber den ersten historisch-antiquarischen Italien-Handbüchern entnahmen.[59] Mit ihrem Eingang in die Reiseliteratur wurden die klassischen Quellen zu Bildungsgütern. Sie verliehen den besuchten Orten ihre Bedeutung. Symptomatisch dafür ist die Verwandlung der Gegend um den Avernersee in 'vergilisches Land'. Die *Aeneis*-Rezeption fand die gesamte bei Vergil beschriebene Unterweltsfahrt in dieser Landschaft wieder, und die Reisenden schritten sie auf den Spuren des klassischen Helden ab. Die Tour führte durch den Hades und in die elysischen – himmlischen – Felder. Ihr Höhepunkt war die Begehung jener

[58] Vgl. Stärk 1994; Stärk 1995.

[59] Vgl. Horn-Oncken 1978, 15-21, 39ff.

Abb. 6 Claude-Louis Châtelet
Ansicht des Avernersees
Stich aus: Saint-Non:
Voyage pittoresque *[...], II (1782), Nr. 49, nach S. 196*

Grotte am *Avernus*, durch die Aeneas den Hades betreten haben soll (Abb. 6; die Sibyllengrotte im Mittelgrund rechts; vgl. auch R. 46-49). Die anhand von natürlichen Begebenheiten und antiken Überresten geistig in die Vergangenheit zurückversetzte Landschaft diente den Reisenden dazu, die antiken Schriftsteller in ihrem Ambiente wiederzufinden, ihre Werke wiederzubeleben. Wohl zurecht hatte man Joseph Addison, dem Latinisten und Buchgelehrten, 1740 vorgeworfen, er hätte die italienischen Orte beschrieben, „wie sie waren, nicht wie sie sind". Eigentlich hätte er eine Reise „durch die Dichter, nicht durch Italien" unternommen.[60] Etwa gleichzeitig behauptete der fran-

Abb. 7 Gaspar van Wittel
Die Grotte von Posillipo, *1711*
Öl auf Leinwand
Madrid, Prado

[60] Horace Walpole in einem Brief an Richard West vom 2.10.1740: „Mr. Addison travelled through the poets, and not through Italy; for all his ideas are borrowed from the descriptions, and not from the reality. He saw places as they were, not as they are"; zit. nach Thoynbee, P. (Hrsg.): *The Correspondence of Gray, Walpole, West and Ashton (1734-1771)* [...], Oxford 1915, 342. Vgl. dazu Brilli 1989, 277-282 ("Reisen durch Bücher und Atlanten"); Meier, Albert (Hrsg.): „Das Land zum Buch: Klassische Literatur und Italienwahrnehmung im 18. Jahrhundert", in: Heitmann/Scamardi 1993, 27-30.

zösische Reisende Charles de Brosses, daß die „Genüsse" einer Italienfahrt allemal mehr in der „Einbildung als in der Wirklichkeit der Dinge" bestünden.[61] „Das wundervolle Schauspiel"[62] des Golfs von Baia entwickelt sich vor de Brosses innerem Auge. Voraussetzung war freilich ein hoher Bildungsstand. Wer „nicht [...] die neueste Zeitung aus den Tagen Caligulas dabei läse", für den seien all die Ruinen doch „ziemlich nichtssagend".[63] Wenn auch kritisch-reflexiv gebrochen, führt de Brosses doch auf exemplarische Weise vor, was Ekkehard Stärk die Wahrnehmung Kampaniens als „geistige Landschaft" nannte.[64] Der (Landschafts- und Kunst-)Genuß war vorwiegend ein kommemorativer. Das vorfabrizierte, bedeutsame Bild eines Ortes dominierte über dessen gegenwärtigem Erscheinungsbild.

Das 18. Jahrhundert hindurch blieben die Phlegräischen Felder das Ziel literarischer Pilgerreisen. Oberhalb des antiken Straßentunnels von Posillipo (Abb. 7), an dem sogenannten „Grab des Vergil", dessen Authentizität keineswegs gesichert war, las man die „Verse des Dichters" und begab sich in die „schönen wonnereichen Felder der Phantasie".[65] Johann Gottfried Seume legte hier wider alle Zweifler ein Glaubensbekenntnis ab und bezeugt noch 1802 die Bildmacht der klassischen Poesie (vgl. R. 22). Auf geschichts- und mythenträchtigem Boden sah also die Erinnerung lange Zeit mehr als die Augen.[66]

Archive und Werkstätten der Natur

Aus verändertem Blickwinkel konnte im späteren 18. Jahrhundert aber selbst eine Inkunabel der klassischen Italienreise wie die antike *Grotta di Posillipo* eine radikale Umdeutung erfahren. Der Neapolitaner Pietro Fabris löste sich aus der in der Vedutenmalerei bewährten, durch den Verlauf der Straße vorgegebenen Bildachse, um ein fast bildfüllendes 'Porträt' von einer der Seitenwände der Tunneleinfahrt zu geben (vgl. Kat.Nr. 61).[67] Der kolorierte Stich erschien 1776 in den *Campi Phlegraei: Observations on the Volcanos of the Two Sicilies*, einer einzigartigen Kooperation von Kunst und Wissenschaft. Der Autor und Herausgeber, Sir William Hamilton,[68] wollte die gesamte Landschaft um Neapel als Resultat geologischer Prozesse lesbar machen. Er erkannte, daß mit der Tunnelgrabung ein geologisch interpretierbarer Schnitt bereits hergestellt war. Die zur Grotte hin verjüngte Straßenschneise legt an den senkrecht geschnittenen Mauern die Komposition und Abfolge der vulkanischen Gesteinsschichten offen und somit den geologischen Ursprung des Berges. Hamilton führt den Betrachter in jenes Archiv der Natur,[69] das die historische Geologie erschloß. Mit den Zielsetzungen einer „natürlichen Archäologie" richtete sie ihre Nachforschungen auf eine in den Ruinen der Erde ruhende Geschichte.[70] Ein „Schaustück" der Menschheitsgeschichte[71] wird so in der exakten zeichnerischen Aufnahme zum erdgeschichtlichen Dokument. Das Grab des Vergil hingegen erscheint aus Fabris' Blickwinkel überhaupt nicht

[61] Brosses, Charles de: *Vertrauliche Briefe aus Italien an seine Freunde in Dijon 1739-1740* [*Lettres familières sur l'Italie* [...], dt.], hrsg. und übers. von Werner Schwartzkopf, 2 Bde., [Paris 1799] München 1918-1922, I, 327; vgl. Harder 1981.

[62] Ebd., I, 327.

[63] Ebd., I, 331.

[64] Stärk 1995, bes. 17ff., 99ff.

[65] Moore, John: *Abriß des gesellschaftlichen Lebens und der Sitten in Italien. In Briefen entworfen von Johann Moore* [*A View of Society and Manners in Italy; with Anecdotes relating to some eminent Characters*, dt.], 2 Bde., [London 1781] Leipzig 1781, II, 163; vgl. dazu Trapp 1984.

[66] So auch Horace Walpoles Sicht der römischen Campagna, wie sie in einem Brief Thomas Grays an West (aus Rom, im Mai 1740) festgehalten ist; vgl. Martinet 1996, 86.

[67] Pietro Fabris' Tätigkeit in Neapel, wo er vor allem Veduten mit volkstümlichen und höfischen Szenen malte, ist von 1756 bis 1792 belegt.

[68] Hamilton, der englische Botschafter in Neapel, war Antikensammler und Mitglied der naturwissenschaftlichen Royal Society in London, der er die Ergebnisse seiner vulkanologischen Beobachtungen bereits 1772 und 1774 vorgelegt hatte; vgl. Kat. Hamilton 1996; zu den *Campi Phlegraei*: Cheetham 1984, 134ff.; Busch 1994, 487; Kat. Hackert 1998, 88-90.

[69] So bezeichnete der deutsche Naturhistoriker Peter Simon Pallas 1777 die Berge mit ihren Strati, die für ihn die älteste Chronik von der Entstehung unserer Erde darstellten.

[70] Vgl. Stafford 1984, 285-292, zit. 288.

[71] So bezeichnet Saint-Non 1781-1786, II (1782), 159, den Tunnel.

mehr im Bild; der Tunnel – ein Meisterwerk römischer Ingenieurskunst – gerät zur nebensächlichen Umgebung.
Die „chemischen Werkstätten" der Natur[72] untersuchten Vulkanologen wie Lazzaro Spallanzani, der Anfang der 1790er Jahre am Ätna und auf den liparischen Inseln einige Grotten erforschte. Sein Zeichner Lanfranchi öffnete die Höhlen den Blicken der Betrachter „um der größeren Klarheit willen":[73] Es ging darum, die entdeckten Naturphänomene zu demonstrieren – etwa ausströmende Gase, die das Wasser in einer der Grotten zum Sprudeln bringen (Abb. 8; vgl. Kat. Nr. 52). Das Verfahren der Sektion spiegelt auf bildlicher Ebene den Akt der wissenschaftlichen Aneignung wider. Die visuelle und physische wie die intellektuelle Penetration des Verborgenen und Tabuisierten ist erstes Mittel der Aufklärung im Sinne eines Sichtbar- und Verständlich-Machens. Die Illustrationen dienen der wissenschaftlichen Beweisführung.
Die Verbreitung erdgeschichtlicher Theorien, die Bemühungen um eine Bildsprache der geologischen Interpretation und deren Einfluß auf die topographische Kunst führten in dieser Zeit zu einer regelrechten Erziehung des Blicks.[74] Naturwissenschaftlich interessierte Reisende unterzogen die vulkanischen Landschaften Kampaniens und Siziliens einer historischen Lektüre, deren Grundlage nicht die literarischen, sondern überall anzutreffende natürliche Zeugnisse waren. „Um Einbildungskraft und Empfindung zu unterdrücken", meint Goethe, habe er „den geologischen und landschaftlichen Blick benutzt".[75] Dieser geognostische Blick eröffnete eine erste Alternative, das *klassische Land*[76] – Goethes „classischen Boden" – anders, neu zu sehen.

Abb. 8 Giuseppe Lanfranchi
Höhle auf der Insel Vulcano
Stich aus: Lazzaro Spallanzani:
Viaggi alle due Sicilie *[...],*
II (1792), Taf. IV

[72] Platiere 1784-1785, II, 20, berichtet von seiner Erkundung der Grotten am Vesuv: „Die beruhigte Natur macht diese Höhlen zu chemischen Werkstätten, und setzt Salpeter und völlig kristallisierte Salze darin an." Weitere Beispiele für den Gebrauch dieses Terminus bei Stafford 1984, 292-295.

[73] Spallanzani 1792-1797, I, 233, zur Darstellung der Kraternöffnung: „[...] a maggior chiarezza viene rappresentata nel mezzo".

[74] Vgl. Corbin 1994, 134-146; zur Popularisierung der geologischen Diskussionen und der Entwicklung einer naturwissenschaftlichen Perspektive auf Italien: Hamblyn 1996, 179-205.

[75] Goethe, WA I, Bd. 30, 191.

[76] So der Titel von Wilhelm Waetzolds 1927 erschienener Untersuchung zu den *Wandlungen der Italiensehnsucht* der Deutschen.

Blickwechsel

Bis ins 18. Jahrhundert hatte sich eine retrospektive Sichtweise auf Italien behauptet. Erst im späteren Verlauf des Jahrhunderts wurde dieses Bild um zahlreiche neue Aspekte erweitert. Bevor sich im 19. Jahrhundert das Ende der klassischen Italienreise abzuzeichnen begann, erstellten Dichter, Künstler und Wissenschaftler nochmals eine differenzierte „kulturelle Codierung des Reiseziels".[77] Der Wandel vollzog sich in einer Zeit verstärkter Reisetätigkeit. Nach dem Siebenjährigen Krieg (1756-1763) setzte eine Reisewelle nach Italien ein, die mit Napoleons Feldzügen in Oberitalien 1796/97 abbrach und sich nach dem Waffenstillstand von Amiens im März 1802 fortsetzte.[78]
Der Zeitraum von etwa 1760 bis 1800 ist durch eine Vervielfachung des Blicks auf und des Bildes von Italien gekennzeichnet. Es kam zu einer Umbewertung und Erweiterung des Kanons. In der Übergangsperiode zwischen Aufklärung und Romantik wurde mit dem Aufkommen neuer Erkenntnisinteressen und Wahrnehmungsdispositionen eine Revision Italiens eingeleitet. Prozesse der Entmythisierung und Historisierung von Natur und Kultur trafen auf solche der erneuten Idealisierung, Ästhetisierung und Poetisierung. Alte und neue Betrachtungs- und Interpretationsweisen traten mit- und nebeneinander auf.[79] Alte Orte wurden neu gesehen, und neue Orte rückten in den Blick. Die Entwicklung der Reiseliteratur, deren Autoren im späteren 18. Jahrhundert zunehmend auch die eigenen Sichtweisen thematisierten, ist hierfür enorm aufschlußreich. Als Geschichte des Sehens gelesen,[80] kommentiert sie den Wandel des Bildes von Italien, der in der Kunst anschaulich wird.
Gerade aber auf den Beschreibungen des vielbereisten Italiens lastete starker Innovationsdruck, der die Entwicklung neuer Perspektiven und Publikationsformen, die Behandlung neuer Themen und Ziele provozierte. So markierten Jean Houëls *Voyage pittoresque des isles de Sicile, de Malte et de Lipari* (1782-1784) und des Abbé de Saint-Non *Voyage pittoresque ou description des Royaumes de Naples et de Sicile* (1781-1786) als neuartige Großprojekte illustrierter Reisen den Höhepunkt einer ersten Reisewelle, mit der sich der *Mezzogiorno* (neben der Stadt Rom, dem bisherigen Zentrum und Interessenschwerpunkt von Italienreisen) als Reiseziel zu etablieren begann.[81] Zu den Monumenten und weitgehend unbekannten Landschaften Süditaliens eine Dokumentation in Wort und Bild zu erstellen, war ein vielbeklagtes Desiderat, das Saint-Non und Houël mit Bravour behoben.[82]

Voyages pittoresques

Lesend im „Lehnstuhl zu reisen": Die Erwartungen, die sich an das implizite Versprechen jeder Reiseliteratur – den Leser mit auf die Reise zu nehmen – knüpfen, wurden im späteren 18. Jahrhundert durch

[77] Oswald 1985, 161. Im 19. Jahrhundert wird dann das Epigonentum dominieren; vgl. Erhart 1991, 267, 288. Zum Begriff der „Goethezeit": Lammel 1998.

[78] Die Italienfeldzüge Bonapartes begannen im März 1796 (Gründung der „Römischen Republik" im März 1798, der „Parthenopäischen Republik" in Neapel im Januar 1799). Die Kriegshandlungen sowie abschreckende (für die Jahre 1799 und 1800 belegte) Übergriffe aufständischer Italiener gegen vermeintliche „Jakobiner" und andere 'Franzosenfreunde' verminderten das Reiseaufkommen entschieden; vgl. Venturi 1973, 1120-1187.

[79] Der Blick auf diese merkwürdige Einheit von Kontinuitäten und Diskontinuitäten war in den Literatur- und Kunstwissenschaften lange durch eine Antithetik verstellt, die Aufklärung und Romantik gegeneinander abgrenzte; vgl. Vietta 1983, bes. 21-26.

[80] Beispielhaft hierfür ist die Untersuchung von Wolfzettel 1986.

[81] Mit der Diskussion um die neu entdeckte sizilianische Dorik wurde die Tradition der *Grand Tour* zunehmend mit dem Anspruch einer archäologischen Kampagne verknüpft. Als Katalysatoren wirkten die Ausgrabungen am Vesuv sowie ein anthropologisches Interesse an Süditalien als dem äußersten Rand Europas, wo man noch nicht zivilisierte Völker, 'edle Wilde' im Sinne Rousseaus zu finden hoffte; vgl. Seta 1982, 228ff.; Dobai 1974-1977, II (1975), 1336-1339. Zur Geschichte der Sizilienreisen im 18. Jahrhundert: Meier 1987; Tuzet 1988; Moetter 1991; Kanceff/ Rampone 1991-1995; weitere Literatur bei Krönig 1987, 67, Anm.1.

[82] In den 1770er Jahren entbrannte eine Art Wettstreit zwischen verschiedenen Gruppen und Projekten, die illustrierte Publikationen zu Sizilien vorlegen wollten; zusammenfassend dazu: Seta 1996, 164-172.

sogenannte *voyages pittoresques* im Übermaß erfüllt.[83] Mit Hilfe von zahlreichen Bildtafeln wurde der Leser nicht nur sachlich informiert, er erhielt auch Anteil am ästhetischen Genuß des auf Reisen gesehenen und festgehaltenen Schönen. Sammlungen von Bildern, die „nach der Natur“[84] angefertigt und zum Hausgebrauch reproduziert wurden, präsentierten dem Liebhaber und Kenner die Höhepunkte einer Reise zum anschaulichen Nachvollzug. Fachmännisch kommentierte Ansichten und Rekonstruktionen führten ihn etwa in die wiederentdeckte Vergangenheit der Vesuvstädte. Louis-Jean Desprez inszeniert für Saint-Non eine nächtliche Zeremonie innerhalb der Ruine eines rekonstruierten pompejianischen Tempels (vgl. R. 25, Abb. 19), in den Katakomben von Neapel zeigt er das Urchristentum bei seinen frühen Versammlungen im Untergrund (Abb. 9). Aber auch Naturphänomene seien – so ein Rezensent 1787 – in den Illustrationen von Saint-Nons *Voyage pittoresque* „mit einer Wahrheit und Täuschung beschrieben und dargestellt, die uns in die Zeit und an den Ort der Szene transportieren“.[85] Eine dichte Verweisstruktur verbindet Text und Bild, ganz im Sinne von Houëls programmatischer Formulierung: „Ich bewahrheite meine Zeichnungen durch meine Worte und bezeuge meine Worte durch meine Zeichnungen.“[86] Sprachliche und bildnerische Elemente schließen sich zu „Wort-Bild-Formen“ zusammen,[87] die „Wahrheit und Täuschung“ integrieren und zu einer Wahrscheinlichkeit des Dargestellten steigern. Zusammen mit der Gruppe von Zeichnern, die für ihn Italien bereiste,[88] geleitet Saint-Non den Leser in eine Fülle von unterirdischen Grotten und Felshöhlen. Zu den mitgebrachten Sensa-

Abb. 9 Louis-Jean Desprez
Ansicht der Katakomben von Neapel
Stich aus: Saint-Non: Voyage pittoresque *[...], I (1781), Nr. 39, nach S. 80*

[83] Die Reisewerke eines Saint-Non, Houël, Choiseul-Gouffier oder Laborde erlaubten dem Leser ein „voyager dans son fauteuil [...] sans sortir de son asyle, l'homme de goût peut voyager et jouir de ce que la nature et l'art présentent de plus beau [...]“; so ein Kritiker des *Mercure de France*, zit. nach Broc 1974, 394.

[84] So die in den Bildlegenden immer wieder gebrauchte Formel.

[85] „[...] ces phénomenes nous attachent, s'ils sont descrits & représentés avec une verité & une illusion qui nous transportent dans le temps & sur les lieux de la scène, [...].“ Die Kritik der *Voyage pittoresque* Saint-Nons verfaßte der Abbé Brizard, ein enger Freund Saint-Nons. Sie erschien in drei Teilen im *Mercure de France*, 17.2.1787, 104-122, zit. 112; 24.2.1787, 161-180; 3.3.1787, 9-29, und noch im gleichen Jahr in Buchform (*Analyse du Voyage Pittoresque de Naples et de Sicile*, Paris 1787).

[86] Houël in dem 1781 erschienenen *Prospectus du Voyage de la Sicile, de Malte et de Lipari*: „J'affirme mes dessins par mes écrits, et je confirme mes écrits par mes dessins.“ Zit. nach Kat. Houël 1990, 12.

[87] Vgl. Willems 1990.

[88] Vgl. Kat.Nr. 101; Lamers 1991; Lamers 1995.

tionen gehörte etwa eine an der Adria, südlich von Bari, gelegene Meeresgrotte mit „geheimnisvollen Spiegelungen" und magischen Farben (vgl. Kat.Nr. 115).[89]

Bei Jean Houël verbinden sich das Interesse an der Antike und sein geologischer Forscherdrang.[90] Auf die vier Bände seiner *Voyage pittoresque* verteilt, zeigt er mehrere Basaltgrotten neben allen Arten mehr oder weniger kunstvoller antiker Höhlenräume – Zisternen und Bäderruinen, Steinbrüche, zahlreiche unterirdische Grabanlagen, Lagerräume und Wohngrotten.[91] Natürliche Grotten rückten in der Ästhetik des Malerischen in die Nähe der Ruinen, „da das Ineinandergehen von Künstlichem und Natürlichem beiden formimmanent ist".[92] Wie bei den Anhängern der englischen Mode der *picturesque tours*[93] lag auch bei malerischen Reisen nach Italien – klassisches Beispiel ist Tivoli (vgl. R. 4-7) – die Faszination in der vielfältigen Verquickung von visuell erfahrener Landschaftsrealität und idealem Landschaftsbild.

Man verband das Einst und das Jetzt, Natur und Kultur, eine vorgefundene Szenerie mit ihrer Beschreibung in der Literatur, ihrer Darstellung durch die Kunst.[94] Aus den gefeierten Landschaftsgemälden von Claude Lorrain, Gaspar Dughet, Nicolas Poussin und Salvator Rosa formte man in Anlehnung an die damalige Idealtypologie der Landschaft eine Art assoziativen Code und suchte die Landschaft nach Analogien zu Gemälden ab, deren Stimmungsgehalte man wiederum auf die Landschaft übertrug.[95] Der kulturell gebildete Reisende übte sich in einer „dauernde[n] Projektion kunstgeschichtlicher Erinnerungen auf das Naturschauspiel".[96] Dieser veränderten Rezeption entsprechen die *voyages pittoresques*. Mit ihren Abfolgen eng aufeinander bezogener Einheiten von Bild und Text stellen sie letztlich den Versuch dar, Besichtigungsgänge, die man durch reale Landschaften unternahm, als wenn sie Bildergalerien wären, im Medium der Buch-Kunst zu simulieren.

Schauergrotten – Erinnerungen und Projektionen

Zu den herausragenden Sehenswürdigkeiten Siziliens zählten im 18. Jahrhundert die antiken Steinbrüche von Syrakus. Schaurige Berühmtheit erlangten die sogenannten Latomien, als im Peloponnesischen Krieg (406 v. Chr.) der Tyrann Dionysios hier 7.000 Athener einkerkerte und zu Tode brachte. In der *Latomia del Paradiso* lag jenes finstere Ohr des Dionysios (Abb. 10), in dem sich die Erinnerungen an ein dunkles Kapitel der Geschichte kristallisierten (vgl. Kat.Nr. 82-85).[97] Der Steinbruch war in eine „Marterhöhle" umgewandelt worden; bei dem Gedanken an die Gefangenenschicksale befielen die Besucher „heilige Schauer".[98] Die vielfach beschriebenen Gefühle, die sich an dem schrecklichen Ort einstellten, das sublime Stimmungspotential dieser Gefängnisse, wurden bildkünstlerisch aber kaum umgesetzt. Dabei hatte Piranesi gerade mit diesem Sujet, den Visionen der *Carceri*, die

[89] Saint-Non 1781-1786, III (1783), 44; vgl. R. 56.

[90] Vgl. Vloberg 1930, 155-177, zu Houël als „L'ami des ruines, des grottes et des sources"; Kat. Houël 1990.

[91] Zu weiteren Höhlendarstellungen bei Saint-Non und Houël vgl. Kat.Nr. 82, 85, 92, 101f., 114f.

[92] Georgila-Greisenegger 1984, 317f.

[93] Zu deren Protagonisten William Gilpin und der Mode des Pittoresken in England: Andrews 1990; Andrews 1994.

[94] Vgl. Andrews 1990, 39f.; bereits Joseph Addison theoretisierte in *The Pleasures of Imagination* 1712 eine derart assoziative Wahrnehmung.

[95] Vgl. Mai, Ekkehard: „Kunsttheorie und Landschaftsmalerei. Von der Theorie der Kunst zur Ästhetik des Naturgefühls", in: Kat. Heroismus und Idylle 1984, 41-52; s.a. ebd., 164ff.

[96] Corbin 1994, 187.

[97] Die in den Stein geschnittene Grotte gleicht in ihrer langgezogenen Form einem Gehörgang, von wo aus – es war wohl der Maler Caravaggio, der die Anekdote spann – Dionysios selbst die Geheimnisse der Gefangenen belauscht und sich an ihren Wehklagen und Verwünschungen geweidet haben soll. Zwei charakteristische Züge der sizilianischen Tyrannis – Grausamkeit und technischer Erfindungsgeist – schienen hier gepaart zu sein; vgl. Miller 1985, 75-77. In einem mit wissenschaftlicher Akuratesse illustrierten Kapitel seiner *Phonurgia nova* [...], Kempten i. Allgäu 1673, 82-87, Abb. S.83, 84, verfestigte Athanasius Kircher diese Deutungstradition.

[98] Vgl. Bartels 1787-1792, III (1792), 142-147, zit. 142.

er 1751 erstmals als *Carceri sotterranee* unter der Stadt Rom imaginierte (vgl. Kat.Nr. 86), schon vor Burke den ästhetischen Kanon um die Begriffe von Angst und Schrecken als den Vorbedingungen für die Wirkung des Erhabenen erweitert.[99] Norbert Miller hat Piranesis Kerker treffend als Gegenwirklichkeit charakterisiert, eine Phantasiewelt, die vom „Schweigen des Erhabenen" bestimmt sei. Der Verzweiflungsschrei eines Gefangenen verhallt dort ungehört.[100] Wie dem Besucher der Steinbruch-Gefängnisse bleibt es dem Betrachter bei Piranesi überlassen, die Szenen in seiner Einbildung – auch akustisch – auszukleiden und sich in ein Schauererlebnis einzustimmen. Die Fiktionalität der *Carceri* dort wie die historische Distanz eines Dionysios hier erlauben einen kontrollierten Genuß des Erhabenen, das für die Ästhetik des Sublimen charakteristische 'angenehme Grauen'.[101]

Abb. 10 Jean Houël Innenansicht der Grotte, die man das Ohr des Dionysios nennt, *Aquatinta aus: Houël:* Voyage pittoresque *[...], III (1785), Taf. CLXXXIII*

[99] Vgl. Miller 1978, 15, 150f. Zu den *Carceri* und ihrer Rezeption: Kupfer 1992; Kat. Piranesi 1999, 129-146, Nr. 7. Im Text zu der um 1774 entstandenen *Pianta di Roma e del Campo Marzo* hat Piranesi selbst einen konkreten römischen Kerker im Tarpeischen Felsen, *Robore* genannt, in seiner Schrecklichkeit mit dem des Dionysios in Syrakus verglichen; vgl. ebd., Nr. 15 (9. Spalte).

[100] Miller 1985, 79.

[101] Im allgemeinen erfüllen die Höhlen alle bei Edmund Burke als „Quellen" des Erhabenen genannten Kriterien: „Leere, Finsternis, Einsamkeit und Schweigen" sowie u.U. Unbestimmtheit und Riesigkeit. Nach Burkes Theorie ist aber eine gewisse Distanz, die den Betrachter die eigene Sicherheit erfahren läßt, notwendig, um die ästhetische Wirkung des Sublimen auf den Menschen zu modifizieren. Wer sich außer Gefahr befinde, könne einen mit Lust vermischten, angenehmen Schrecken (*delightful terror*) genießen; vgl. Burke [1757] 1980, 73, 108. Zu verschiedenen Deutungsansätzen von *delightful terror* und *terreur agréable* in England und Frankreich: Zelle 1987, 75ff.

Bei Hoüel jedoch geben die Titel der Tafeln und eine der Staffagefiguren in einer nahegelegenen antiken Zisterne – der Mann hält seinen melancholisch gewordenen Gefährten einen gerade gefundenen Totenschädel entgegen (Abb. 11) – die einzigen Hinweise auf die ehemalige

Abb. 11 Jean Hoüel
Inneres eines antiken Gefängnisses
Aquatinta aus: Hoüel:
Voyage pittoresque *[...],*
III (1785), Taf. CLXXXIV

Nutzung der Grotten von Syrakus. Zentral für Hoüels Bild vom Ohr des Dionysios ist nicht die stille Reflexion über den Tod, sondern eine ganz andere fürchterliche Erfahrung. Mit dem Ergebnis einer „einzigartigen Kakophonie", so kommentiert Hoüel seine Innenansicht (Abb. 10),[102] werden hier Schüsse abgefeuert und das berühmte Echo mit verschiedenen Instrumenten erprobt. Hoüel führt die Grotte als präzise geformten Klangkörper und Kuriosum vor, als profanierten Erlebnisraum. Wie das Pfeifen im dunklen Keller scheint der Lärm die Geister der Geschichte ausgetrieben zu haben.

Saint-Non fand einen anderen Ansatz der Revision. Er war sich der Herrschaft der Stereotypen über den Geist des gebildeten Reisenden bewußt und erkannte, daß eine völlig andere Sicht der Latomien möglich war, sobald man nur die Vergangenheit des Orts vergessen konnte.[103] Die visuellen und verbalen Schilderungen der benachbarten Steinbruchhöhlen (vgl. Kat.Nr. 82-85) zeigen, wie sich neue literarisch-mythologische Assoziationen mit dem ästhetischen Genuß der malerischsten Effekte an rauhen Steinwänden und bizarren Felsnadeln verbinden konnten.[104] Saint-Non und Hoüel sehen davon ab, hier historisches Wissen zu zitieren und konzentrieren sich stattdessen auf die sensuellen Wirkungen. Hoüel stellt eine der Natur beziehungsweise der „Zeit" überantwortete Ruine vor und vergleicht die Modulationen des Schalls mit denen des Lichts an der Oberfläche der Felsen, die „dem Auge eines feinsinnigen Malers ein sehr lebhaftes und fesselndes Schauspiel" bieten.[105] Saint-Non läßt angesichts der stützenden Steinpfeiler an „riesige Stalaktiten" denken (Abb. 12) und tauft eine der Höhlen einen „Tempel der Stille".[106] Er assoziierte die zweite Grotte mit der

[102] Hoüel 1782-1787, III (1785), 80; vgl. R. 36.

[103] Saint-Non 1781-1786, IV/ 2 (1786), 287; vgl. R. 35.

[104] Vgl. Hoüel 1782-1787, III (1785), 81; vgl. R. 36.

[105] Ebd.

[106] Saint-Non 1781-1786, IV/ 2 (1786), 288; vgl. R. 35.

Abb. 12 Claude-Louis Châtelet Innenansicht der Latomien von Syrakus. *Stich von J.-J. Coyni aus: Saint-Non,* Voyage pittoresque *[...], IV/2 (1786), Nr. 114, nach S. 286*

Schmiede des Vulkan (vgl. Kat.Nr. 85), und Bartels sah in ihr eine „bewohnte plutonische Höhle“.[107] Richard Payne Knight beschrieb 1777 das Geschehen um den dortigen Ofen der Salpetersieder als „romantische Zauberszene“.[108]
Bei zunehmender Beliebigkeit der Assoziationen verfügten die Besucher über unterirdische Räume als Kulissen imaginärer Bilder klassischer Mythologie und romantischen Zaubers gleichermaßen.

Romantische Anverwandlungen

Den vielfachen Bemühungen, „eine lang vernachlässigte, von den Antipoden des Lichts ängstlich verhinderte Aufklärung, auch in den Regionen unter der Oberfläche der Erde“ voranzutreiben,[109] folgte um 1800 eine Gegenbewegung. In der Verborgenheit des Unterirdischen konnte das Zurückgelassene, vermeintlich Überwundene so manche Aufklärungsschübe überdauern, später wieder entdeckt und aktualisiert werden. So lenkte die romantische Vernunftkritik den Blick erneut auf das Geheimnis der Höhlen. Man glaubte wieder: Unter der Erde sei das „Wesentliche“ zu finden, „der Gott, die Wahrheit, die Substanz, der Schatz, das Erbe“.[110] Die Romantiker suchten den Weg zurück in die Höhlen der Natur und in die des eigenen Ichs.
Außerhalb Roms fanden sie Inspiration dafür in der berühmten Grotte der Egeria. Im Flußtal des Almo verehrte man jene Quellnymphe, die Juvenal dem römischen König Numa Pompilius als Ratgeberin und Geliebte zur Seite gestellt hatte. Um 1766 zeigt Piranesi die tonnenge-

[107] Vgl. ebd.; Bartels 1787-1792, III (1792), 141.

[108] Richard Payne Knight bereiste Sizilien 1777 zusammen mit Jakob Philipp Hackert und dem englischen Zeichner Charles Gore; das englische Tagebuch wurde publiziert von Stumpf 1986, zit. 51: „[...] made it look like some enchanted Scene of a Romance“; Übers. FE; vgl. „Tagebuch einer Reise nach Sicilien von Henry [sic!] Knight“, Goethe, WA I, Bd. 46, 151-224.

[109] Zit. aus dem ersten, von Ignaz von Born und Friedrich Wilhelm von Trebra herausgegebenen Sammelband der Freiberger Societät der Bergbaukunde, welche die traditionelle Vereinnahmung des Bergbaus als Sphäre des Geheimnisses und der hermetischen Wissenschaften beenden wollte: *Bergbaukunde*, 2 Bde., Leipzig 1789-1790, I, i; nach Böhme 1988, 101.

[110] Blumenberg 1989, 303, der dies als Gegenbesetzung des platonischen Höhlengleichnisses bei gleichbleibendem Szenarium aber umgekehrter Richtung des Ganges der Erkenntnis betrachtete. Der Weg in die Höhle, nicht der aus ihr heraus, solle nun zur Erleuchtung führen; vgl. ebd., 303f., 508-515.

Abb. 13 Giovanni Battista Piranesi
Ansicht der Quelle und der Grotte der Egeria
Radierung aus: Vedute di Roma, *1748, Taf. 80*

wölbte Ruine mit der in zentraler Nische über drei Wasserauslässen lagernden Statue (Abb. 13).[111] Dem Wasser der Grotte schrieb das römische Volk heilsame Wirkung zu, und in der kopflosen Skulptur wollte man das Bild der Quellgöttin erkannt haben, die auch Goethe 1786 „besucht" habe.[112] Im ausgehenden 18. Jahrhundert wurde die Grotte immer häufiger von Künstlern dargestellt. Unter dem von Kletterpflanzen umspielten Grottenbogen hielten sie das zerfallende Mauerwerk fest, die Wasserspiegelungen und den Ausblick in die idyllische Landschaftsumgebung (vgl. Kat.Nr. 78-81). Hatten die Römer der Kaiserzeit die Grotte mit Stuck und Marmor ausgekleidet und damit den natürlichen Charakter der Quelle entstellt,[113] so begrüßte man um 1800, daß die Natur durch die Vegetation und das Wasser sie „wieder in integrum restituirt" habe.[114] Da der ursprüngliche Zustand der Grotte zurückgewonnen schien, wollten die Romantiker hier wieder der „Gottheit" begegnen und die ehemalige Orakelgrotte in neue Weihen einsetzen.

Lord Byron beschwört in *Childe Harold's Pilgrimage* (1812-1818) einen ganz gegenwärtigen *genius loci*.[115] Reisende schätzten die Einsamkeit des Ortes.[116] Das leise, eintönige Plätschern des Wassers lud zur Meditation. In der Quelle sah man das Bild der Reinheit jener einfachen und doch geheimnisvollen Natur. Fern vom Lärm des Alltags will sich Philippe Petit-Radel hier der Melancholie überantworten, um „frei vor sich hin zu träumen",[117] was auf eine verbreitete romantische Vorliebe für Grotten als abgeschiedene Orte einer quasi-religiösen Einkehr hindeutet.[118] Indem man der Grotte der Egeria zudem ihre mysteriöse Aura wieder zueignete – sie stand seit alters in dem Ruf, durch den Glanz des reflektierenden Wassers dem Besucher Gesichte einzugeben –,[119] konnte sie zum Ort ganz persönlicher Offenbarungen werden.

Die Versenkung in das aus dem Untergrund hervorsprudelnde Wasser, das metaphorisch als das Medium des bewußt werdenden Unter-

[111] Piranesis Inschriftentafel führt den klassischen Verweis auf Juvenals *Satiren*, III, 12f. und 17-20; der transkribierte Text in Kat. Piranesi 1999, Nr. 14.80; vgl. R. 30.

[112] *Italienische Reise*, „Den 11. November" [1786].

[113] So schon Juvenals Kritik, der viele Reisende folgten; vgl. R. 30. Die Grotte wird heute allerdings als Teil eines Gartenkomplexes auf dem ehemaligen Landgut des Herodes Atticus (101-179 n. Chr.) identifiziert, den dieser zum Gedenken an seine verstorbene Frau Regilla anlegte.

[114] Eichholz 1806-1811, IV (1811), 99; vgl. R. 31.

[115] „Here didst thou dwell, in this enchanted cover, / Egeria!" Byron, George Gordon: *Childe Harold's Pilgrimage*, in: *Lord Byron. The Complete Poetical Works*, hrsg. von Jerome J. Mc Gann, [London 1812-1818] London 1980ff., Bd.II (1980), IV, V. 116-118.

[116] Vgl. etwa Eustache 1813-1819, I, 409: „[...] the solitude of the place is as deep and undisturbished as when it was the nightly resort of the Roman legislator".

[117] Petit-Radel 1815, II, 387; vgl. R. 30.

[118] Seit Beginn des 19. Jahrhunderts hat auch in Italien, bevorzugt an den Küsten von Amalfi und Sorrent, das Motiv des Mönchs in der Grotte Konjunktur; vgl. Kat.Nr. 28.

[119] Schon der römische Historiograph Varro hatte Numas Lehren aus den Zusammenkünften mit der Quellnymphe auf hydromantische Praktiken, einer Art Spiegelzauber zurückgeführt; vgl. Pauly / Wissowa, Art. „Egeria", X, 1981; ebd., Art. „Hydromanteia", XVII, 79.

bewußten zu verstehen war,[120] eröffnet Johann Heinrich Eichholz das vom Grund seines Ichs aufscheinende Ziel der Selbstfindung (vgl. R. 31). Die ihm geweissagte Botschaft, den Lehren einer in uns selbst chiffrierten, göttlichen Natur zu folgen, wird die für das Gelingen einer romantischen Reise unerläßliche innere Metamorphose einleiten. Hierin entspricht Eichholz' Vision in der Grotte einem Deutungsmuster von Höhlenerfahrungen als Passagen, das auch den Bewährungsproben mythischer Helden und später den Einweihungsriten der Geheimgesellschaften zugrunde lag: Das nochmalige – meist mit Gefahren verbundene – symbolische Eintauchen in die Mutterhöhle führt zu Verwandlung und Wiedergeburt.[121]

Touristenträume

Unternahm die historisch fundierte Geologie den Versuch der Rationalisierung des *regressus ad uterum*, übte die malerische Reise sich in Ästhetisierung der mehr oder weniger unheimlichen Grotten, so führte die Romantiker der Weg in die Höhle in einen Erlebnisraum selbstgenerierter bzw. aktualisierter Mythen und auf das eigene Ich zurück. Das Dunkel der Höhlen wurde zum Medium der Selbstschau, die äußere Natur zum Anlaß für die Projektion der eigenen Wunsch- und Alpträume. Die berühmteste Höhle der Romantik war ganz in die Traumwelt des Subjekts zurückgezogen, bis sich 1826 der Traum von der blauen Blume erfüllte: Zwei deutsche Maler, Ernst Fries und August Kopisch, schwammen in eine Meeresgrotte auf Capri (Abb. 14; vgl. R. 60). „Und nun, da die blaue Wunderblume, nämlich die blaue Wundergrotte, denn das war das unbekannte Mysterium, gefunden ist, ist der Zauber gelöst, und kein Lied der Romantiker wird mehr gehört werden in deutschen Landen."[122]

Abb. 14 Ernst Fries
Die Blaue Grotte von Capri, *1826*
Öl auf Pappe auf Papier
Heidelberg, Kurpfälzisches Museum

[120] Diese romantische Auffassung geht auf Archetypen zurück, in denen das Erdinnere als Körper-Gefäß mit dem Weiblichen wie mit dem Unbewußten identifiziert wird; vgl. Neumann 1981; vgl. auch oben, Anm.32.

[121] Vgl. Löwer-Hirsch 1994, 122-126; Eliade 1989, 158-169. Die in den Höhlen und Grotten der Landschaftsgärten von Arlesheim, Potsdam und Wörlitz angesiedelten freimaurerischen Arkanpraktiken des späten 18. Jahrhunderts knüpften mit ihren Initiationswanderungen ausdrücklich an die Praxis der antiken Geheimkulte an; vgl. Hüttel 1999.

[122] Gregorovius, Ferdinand: *Die Insel Capri. Idylle am Mittelmeer*, Leipzig [1880] ³1897, 76; vgl. Richter 1997, 83-87.

Auch bevor Künstler die spätere Hauptattraktion Capris für die Reisenden erschlossen, wartete die Insel bereits mit unterirdischen Sehenswürdigkeiten auf. Eine 1792 datierte Aquatinta-Radierung zeigt eine Bootspartie im Inneren einer Felsgrotte (Abb. 15). Wahrscheinlich handelt es sich um die sogenannte Grotta oscura, die schon Joseph Addison 1705 beschrieb, die jedoch in Vergessenheit geriet, nachdem 1807 ein Gewölbe eingestürzt war.[123] Die Höhle ist bestens auf den Besuchsbetrieb eingerichtet. An einem kleinen Steg und Aussichtspunkt mit

Abb. 15 Unbekannter Künstler
Bootspartie im Inneren einer Grotte, *1792*
Aquatinta, 49,6 x 67,3 cm

Balustrade legen die Boote an und ab. Von hier aus können die eleganten Herrschaften in Ruhe den Ausblick auf das weite Gewölbe genießen, wobei – wie es auch in anderen Schauhöhlen üblich war – *Ciceroni* und Lohnbedienstete die unterirdische Pracht durch Fackelbeleuchtung in Szene setzen.

Die Inszenierung touristischer Attraktionen erreichte bald auch die Zuhausegebliebenen. Man holte sich das klassische Italien in die heimischen Panoramen (Abb. 16).[124] August Kopisch zeichnete für die Dramaturgie eines Spektakels verantwortlich, das die aufsehenerregende „Entdeckung" der Blauen Grotte in Nordeuropa vermarkten sollte. Von 1832 an lud in Berlin die raffinierte Konstruktion eines bewegten Panoramas, des sogenannten *Pleoramas des Golfes von Neapel*, zu einer illusionären Bootsfahrt. Durch eine Tuffgrotte auf der Insel Procida und einen Höhlengang wurde man in eine geräumige Meeresgrotte geführt. Je 18 Besucher bestiegen über eine Treppe eine Barke, mit der sie unter dem Gesang eines Gondoliere in See stachen, um binnen 90 Minuten einen prall gefüllten Tagesausflug einschließlich nächtlichem Vesuvausbruch zu durchleben und schließlich am Ausgang eine Souvenirbroschüre zu erwerben.[125] Als effekthascherische Inszenierung findet man das Motiv der dunklen Passagen noch regelmäßig in

[123] Addison, Joseph: *Remarks on several Parts of Italy, &c in the Years 1701, 1702, 1703*, London 1705, 260f.; Fino 1990, 34f., entziffert die schwer leserliche Signatur als "Hacker" und schreibt das Blatt (entgegen der mündlich dem Verf. mitgeteilten Einschätzung Claudia Nordhoffs) Jakob Philipp Hackert zu, der in diesen Jahren mehrfach mit Gesellschaften des königlichen Hofs von Neapel, an dem er beschäftigt war, zur Jagd auf die Insel kam.

[124] Zahlreiche Panoramen stellten italienische Städte und Landschaften zur Schau; vgl. Kat. Sehsucht 1993, 24, 34, 43-46, 82f.; grundlegend: Oettermann 1980.

[125] Vgl. Kat. Sehsucht 1993, 46f., 230, Nr. V.1.

PLEORAMA

des

Golfes von Neapel.

Der Schau- und Reiselustige, welcher wünscht, den Golf von Neapel und die Reize dieses anmuthigen Meerbusens zu schauen, tritt zuförderst durch einen Verhang in eine Meergrotte der Insel Procida, wo er, wenn die Gesellschaft sich versammelt hat, eine Barke besteigt und aus den Felsen hinaus auf die offenbare See fährt. Nicht lange, so erblickt er zu beiden Seiten Land, an welchem er bald näher, bald ferner vorüberschifft.

Zur Linken sieht er aus dem segelnden Schiffchen zuerst das ferne Cumä, dann näher Monte di Procida mit den elysaischen Gefilden; er umschifft nahe Capo Miseno, der Golf von Bajä eröffnet sich; er erblickt Bajä, Monte nuovo, Monte Barbaro, die Stadt Puzzuoli; schaukelt an der Insel Nisida dicht vorüber, noch dichter an den höhlenreichen Felswänden und den sanften Gebirgsabhängen des Posilipps, die sich, mit der Stadt Marechiano und unzähligen Villen geschmückt, lang hindehnen, bis der Schiffende der prächtigen Stadt Neapel nahet und, langsamer dahingleitend, siehet, wie reizend sie sich mit ihrem unendlichen Häusergewühl um das Ufer gebreitet hat.

Zur Rechten aber zeigt sich ihm, während dem die Insel Capri, die Sorentinische Halbinsel mit dem ungeheuren St. Angelogebirge und allen ihren diesseitigen Städten, als Massa, Sorento, Meta, Carota, Alimuri, Vico, Massa Equana, Castellamare, Gragnano Lettere und andern, bis an den Fuß des Vesuvs. Mannigfaltige Schiffe segeln auf den blauen Wellen hin und her, hinüber und herüber und beleben die Oede des Meeres.

Nun macht die Barke während des Schiffens eine sanfte Wendung, um den Ueberblick des ganzen Golfes zu gewähren.

Immer ruhig fortgleitend sieht man nun zur Linken das blühende Ufer der weitebenen Padulen, dahinter den Apennin, bis sich ziemlich nahe der Vesuv erhebt, vor welchem die Barke, Portici und Resina gegenüber, verweilt.

Zur Rechten aber überblickt man noch einmal das nun entferntere Cap von Massa, im Abenddufte die Insel Capri; dann erscheinen durch die Wendung der Barke die Inseln Ischia und Procida; dann wieder doch nun entfernter Capo Miseno, der Posilipp und ganz Neapel.

Während dem wird es Abend, aus dem Krater des Vesuvs erhebt sich ein buntwirbelndes Aschengewölk, welches, Anfangs von der untergehenden Sonne beleuchtet, endlich die Luft völlig verfinstert. Es wird Nacht; der Himmel klärt sich wieder, über die Salerner Gebirge steigt der Vollmond empor und die Schiffenden landen zuletzt an dem Ufer des Vesuvs bei einer Taverne von Torre del Greco; sie verlassen die schwankende Barke und betreten wieder — den festen Boden.

Die jedesmalige Fahrt währt eine und eine halbe Stunde. Die Zeit der Abreise ist täglich des Nachmittags um 3 Uhr, um halb 5 Uhr, um 6 Uhr, und um halb 8 Uhr. Während der Fahrt kann Niemand aufgenommen werden, weil die Barke an keinem andern, als dem oben bemerkten Orte landet. Da dieses Fahrzeug auf einmal nur 18 Personen an Bord nehmen kann, so wird jeder Reiselustige ersucht, sich gefälligst früher, als zur Zeit der Abfahrt, mit einem Barkenbillet versehen zu wollen, auf welchem sowohl die Nummer des Platzes, als Tag und Stunde der Abfahrt vermerkt ist. Für diejenigen Passagiere, welche etwas eher, als zu festgesetzter Zeit der Abfahrt kommen, bietet die Grotte hinlänglichen Raum zur Aufnahme dar.

Der Schauplatz ist in der Meitzenschen Reitbahn, woselbst während der Reisestunden Billets zu haben sind. Außer diesen Stunden erhält man dieselben bei Grüson & Comp.

Die nähere Beschreibung nebst lithographirten Umrissen und Plan der Gegend ist eben da und auch am Eingange in das Pleorama à 6 Sgr. zu haben.

Der Preis eines Barkenbillets ist sowohl für Erwachsene als für Kinder 15 Sgr.

Miethung der ganzen Barke à 18 Personen muß den Tag vorher geschehen.

Abb. 16 *Pleorama des Golfes von Neapel,* Breslau 1831
Anschlagzettel für das von Carl Ferdinand Langhans erfundene „Pleorama"
Typensatz auf Papier
Dresden, Staatliche Kunstsammlung, Puppentheatersammlung

der Illusionstechnik der Panoramen eingesetzt. Nach dem Lösen einer Eintrittskarte gelangte man durch einen finstern Gang in das Innere der Rotunde, um dort im doppelten Sinne 'geblendet' zu werden. Kalkuliert sind nun auch die Ansichten, die den Besucher in den Schauhöhlen erwarten. Dem technischen Defekt, der im 18. Jahrhundert immer wieder irrationale Angst hervorrief, wenn die Kerze erlosch, man in das dem Ort ureigene Dunkel versank und zu befürchten hatte, daß damit für einen selbst ewige Finsternis angebrochen sei, beugte das 19. Jahrhundert vor. Es beraubte den Besucher aber auch der elementaren Erfahrung, Licht in das Dunkel zu tragen. Lampen werden fest installiert, der Tourist betritt eine präparierte, entzauberte Welt. Seit man die Blaue Grotte auch mit Booten befahren kann (vgl. R. 62), reißt die Warteschlange auf dem Wasser außerhalb nur mehr nachts ab.

Katalog

5

1 Hirten, Heilige und Reisende in Europas Höhlen

Bereits Homer hatte mit der Nymphengrotte – einer Variante der heiligen Grotte –, mit der Monster- und der Liebeshöhle die drei wesentlichen Archetypen geschaffen, welche die Rezeption und metaphorische Deutung von Höhlen bis ins 19. Jahrhundert prägten (vgl. Weinberg 1986, 11ff.). Auf diese literarischen Topoi geht auch der Großteil der mythologischen, religiösen oder profanen Staffage von Höhlendarstellungen in der Kunst zurück. Zum gängigen Landschaftsmotiv entwickelte sich die Höhle zuerst in der niederländischen Malerei des 17. Jahrhunderts. In zahlreichen Gebirgslandschaften zeigte Josse de Momper bereits um 1600 Einsiedler und zeichnende Künstler in Felshöhlen. In den folgenden Jahrzehnten entdeckten vor allem die Niederländer in Italien die dortigen Grotten für sich und entwikkelten ein relativ breites Repertoire an Themen.

Sie näherten die Grotten mehr oder weniger den Ruinen der Antike an, zeigten sie als Schauplätze der Mythologie oder bespielten sie mit Szenen aus dem Volksleben. Man griff Themen der klassischen Bukolik wieder auf, die Felsgrotten als die Wohnstätten naturverbundener Hirten und ihrer Herden besang: Hier fanden die Schäfer bei Nacht, Regen oder Kälte Unterschlupf, bei großer Hitze Schatten und Erfrischung durch das häufig in den Höhlen fließende Wasser. Dies ist auch das Element der Quellgottheiten, reizvoller Geschöpfe, welche die künstlerische Phantasie immer wieder beim Bade vorstellt und die – profaniert, aber ähnlich verführerisch – als italienische Wäscherinnen in den Bildern wiederkehren. Wie die Szenen des alltäglichen Lebens bereits im 17. Jahrhundert zunehmend die antiken Heroen und Gottheiten aus den italienischen Höhlenlandschaften verdrängten, so figurieren auf Caspar Wolfs Ansichten aus den Schweizer Gebirgen vom späteren 18. Jahrhundert schließlich Touristen als Besucher von Höhlen, die nur mehr durch ihren Namen an frühere Bewohner, fürchterliche Drachen und heldenmutige Heilige, erinnern.

FE

1
Abraham van Cuylenborch
(um 1610/20-1658)

Inneres einer Grotte mit Bildwerken und einem schlafenden Hirten

1643
Öl auf Eichenholz, 42,5 x 54 cm
Staatliche Kunsthalle Karlsruhe,
Inv.Nr. 1812

Der in Utrecht tätige van Cuylenborch schließt sich mit seinen antikisch staffierten Landschaften eng an Künstler wie Cornelis van Poelenburgh und Carel de Hooch an, die in Italien Anregung für ihre Grottendarstellungen erhielten. Von ihnen griff er das Motiv der in Grotten badenden Nymphen auf und variierte es vielfach.
In der labyrintisch verzweigten Höhle finden wir einen schlafenden Hirten mit seiner Herde. Um sie herum ist eine bühnenbildartige Szenerie arrangiert. Künstlich eingezogene Mauern und den Felsen vorgeblendete Säulen im Hintergrund geben dem Grottenambiente den Charakter verfallener Architektur. Wie in anderen Gemälden van Cuylenborchs gehören antike Bildwerke, skulptierte Säulen und ruinöse Monumente zum Inventar der Grotte. Im Halbdunkel heben sich die halb versunkenen Relikte magisch leuchtend gegen rohe Felswände ab. Die Antiken sind nicht genauer zu identifizieren. Vielmehr stimmen sie zusammen mit dem Hirten den Betrachter auf eine arkadische Vergangenheit ein. Putten und ein Relief mit Bacchus und Faunen deuten auf die Fruchtbarkeit der südlichen Natur, die selbst unter der Erde erblüht, und an deren kühlem Quellwasser sich die Ziegen laben.
FE

1

2

2
Nachfolger des Karel Dujardin (17. Jahrhundert)

Italienische Landschaft mit Brunnen an einem Hohlweg

2. Hälfte 17. Jahrhundert
Öl auf Leinwand, 36 x 44 cm
Frankfurt a.M., Städelsches Kunstinstitut, Inv.Nr. 182

Zwischen überhängenden Felswänden treffen zwei Reiter an einem Brunnen auf zwei Frauen, die ihre Wäsche über die Brunnenmauer gelegt haben. Die Szene spielt sich an einem jener unübersichtlichen Hohlwege ab, wie wegen der berühmt-berüchtigten italienischen Briganten gefürchtet waren. Solche Passagen, Schluchten und Höhlen galten als potentielle Räubernester und wurden von Reisenden aus Nordeuropa tunlichst gemieden. Den Künstlern dienten sie häufig als Kulisse für die Inszenierung von Banditenüberfällen (vgl. Kat. Bamboccianti 1991, Nr. 6.2, 19.9). Hier hingegen scheint es sich angesichts der Aufmachung der Berittenen, der Hunde sowie des Knappen, der das Pferd des einen hält, um Jäger zu handeln, die etwas pausieren. Blickrichtung und Haltung des stehenden Hundes deuten allerdings darauf hin, daß diese sich nun einer anderen 'Beute' zugewandt haben. Während rechts ein Paar vor einem nach hinten abfallenden Felsgewölbe im vertrauten Gespräch sitzt, droht das Geschehen links zu eskalieren. Wild gestikulierend reagiert eine der Frauen auf die unverhohlenen Zudringlichkeiten des jungen Mannes. Die Abgeschiedenheit und die metaphorische Konnotation von Höhle und Brunnen mit dem Weiblichen scheinen den Ort für stille wie für stürmische amouröse Abenteuer zu empfehlen.

Der Maler dieser Genreszene südlicher Landschaft ist im Kreis der Niederländer in Italien zu suchen. Möglicherweise handelt es sich um einen Nachfolger Jan Asseljins (um 1610-1652) oder auch Karel Dujardins (um 1622-1678), die in Rom italianisierende Landschaften malten. Die Motivik weist auch auf ältere niederländische Traditionen, etwa Esaias van der Veldes Bilder vom Reisen und den damit verbundenen Abenteuern, zurück.

FE

3

3
Guillam Dubois
(um 1623/25-1680)

Felsenhöhle mit Maultiertreibern

1653
Öl auf Leinwand, 55,8 x 66,2 cm
Bez. u. r.: „Gd Bois / 1653"
Staatliche Kunsthalle Karlsruhe,
Inv.Nr. 1851

4
Guillam Dubois
(um 1623/25-1680)

Felsenhöhle mit rastenden Hirten

1653
Öl auf Leinwand, 56 x 66,2 cm
Bez. u. r.: „Gd Bois"
Staatliche Kunsthalle Karlsruhe,
Inv.Nr. 1852

Guillam (Willem) Dubois trat 1646 in die Haarlemer St. Lukas Gilde ein und malte Landschaften in der Art, wahrscheinlich auch unter dem Einfluß des frühen Jacob van Ruisdael. Seine Bildmotive stammen meist aus der Umgebung von Haarlem. Aus einer Anzahl nicht genauer lokalisierbarer Wald- und Gebirgsmotive fallen die beiden Karlsruher Grottenbilder als phantastische Landschaftsvisionen und durch ihre kühne Komposition heraus. Die beiden Gemälde sind als Gegenstücke aufgefaßt. Sie wurden

4

später u.a. von J.P. Pilcher (1756-1806) als Schabkunstblätter reproduziert und erhielten Legenden nach dem Lehrgedicht von Lukrez, *De rerum natura* (1. Jh. v.Chr.): „Sieh hier Masse von Stein, und überhangender Felsen / Grottenähnlicher Bau [...]".
Dubois breitet vor den Augen des Betrachters ein gewaltiges Höhlensystem aus, das sich wie eine gigantische unterirdische Architektur weit in den Berg hinein erstreckt. Man könnte an ein verlassenes Bergwerk denken. Die ländlich-pastorale Staffage allerdings läßt uns die Höhlen zusammen mit den Interpreten des 18. Jahrhunderts eher jenen Natur-'Wundern' zuordnen, von denen Lukrez handelte. Effektvoll werden die Vordergrundbühnen von oben durch Felsöffnungen hindurch beleuchtet, die je ein Stück des Himmels freigeben. Im lichten Vordergrund des einen Bildes rastet eine Gruppe von Hirten, im anderen folgen wir einem Maultiertreiber auf gewundenem Weg in die Tiefe der Gewölbe. Ebenso sorgfältig, wie Dubois am Höhleneingang Einzelheiten der Vegetation hervorhebt, gestaltet er die komplexe Struktur des Höhleninneren mit sicher eingesetztem Chiaroscuro. Immer wieder öffnen sich dort neue Ausblicke auf Felsdome, die durch mächtige natürliche Pfeiler gestützt werden. In steilen Diagonalen ragen diese dynamisch nach oben,

6

bringen die Tektonik der Höhle optisch ins Wanken, um sich nach hinten hin zu einem stabil wirkenden Netz von Stützen zu verdichten. Weitere Hirten durchstreifen das unterirdische Areal, dienen als Maßstab und Wegweiser. Sie laden den Betrachter ein zu einer sukzessiven Begehung des Bildraums. Einer natürlichen Arkade gleich führen entfernte Bogenstellungen am Ende der Pfeilerhalle in eine lichte Hintergrundlandschaft.
FE

5
Caspar Wolf (1735-1783)

Die Beatushöhle mit einer Reisegesellschaft

1776
Öl auf Leinwand, 54 x 82 cm
Aargauer Kunsthaus Aarau, Inv.Nr. 1947.250

Abb. siehe Seite 32

Die Alpen – lange als Strafe Gottes und erdgeschichtliche Ruine verpönt – wurden im 18. Jahrhundert grundlegend umbewertet. Früh erkannte Caspar Wolf den neuen Geschmack an der alpinen Wildnis und beteiligte sich an einem aufklärerischen Großprojekt: Von 1774 an unternahm er zusammen mit dem Berner Kunstverleger Abraham Wagner und dem Naturforscher Samuel Wyttenbach zahlreiche Bergtouren. Rund 200 Alpenbilder und eine Stichfolge (*Merkwürdige Prospekte aus den Schweizer-Gebürgen und derselben Beschreibung*, 1776/77) entstanden, die Wolf dank seiner ausgeprägten Vorliebe für Felsgrotten den Spitznamen „Höhlenwolf" eintrugen.
Die Ansicht der Beatushöhle von 1776 zeigt beispielhaft Wolfs Klientel. Es sind jene *Grand Tourists*, die auf ihrer Schweizreise den unterhalb gelegenen Thuner See besuchten und für die Wolf mehrere Bilder des populären Ausflugsziels anfertigte. Der Platz vor

der Höhle lädt zur Rast. Während Herren im Rock und beschirmte Damen sich ein kleines Mahl über offenem Feuer bereiten lassen, erkennen wir in der Bildmitte den zeichnenden Künstler. Die Mauerreste, auf denen er mit Blick in das Höhleninnere sitzt, erinnern an eine Kultstätte des frühchristlichen Eremiten und Drachentöters Beatus. Die Ausflügler sind aber nicht zur Ehre des Heiligen oder gar wegen eines schrecklichen Drachens gekommen. Vielmehr reizten nun die außergewöhnlichen Phänomene der Berge selbst. Die Entstehung dieser Höhlen als Werke der Natur faszinierte ebenso wie die Einblicke in das Innere der Erde und die effektvollen Ausblicke auf die umgebende Landschaft.
FE

6
Caspar Wolf (1735-1783)

Die Drachenhöhle bei Stans

Um 1775
Aquarell und Gouache auf Papier,
31 x 46 cm
Aargauer Kunsthaus Aarau,
Inv.Nr. 220

Wie die Beatushöhle galt auch diese Höhle der Sage nach als Sitz eines Drachens, den der Volksheld Arnold Winkelried besiegte. Weniger noch als dort gerät dieser Aspekt der heroischen Schweiz aber in den Blick. Statt dessen sehen wir wieder den Künstler einsam zeichnend.
Es ist belegt, wie sehr Caspar Wolf auf Naturtreue bedacht war, wie sorgfältig er vor Ort skizzierte und später wieder zurückkam, um das ausgeführte Gemälde nach der Natur zu korrigieren. Daß Wolf sich immer wieder unter Grottenbögen positionierte, die Konfrontation mit finsteren Höhlen suchte und das auch in seinen Bildern festhielt, ist nicht allein mit seinem „Hang zur Absonderung“ (Raeber 1979, 17) zu erklären. Wolf inszeniert sich in ausgewählten Grenzsituationen zwischen Hell und Dunkel, Oben und Unten, ohne daß er diese metaphorisch auflädt. Er thematisiert die harten, selbst auferlegten Bedingungen seiner künstlerischen Arbeit und deren pionierhafte Leistung (vgl. oben, S. 11f.). Wo die Kontraste am stärksten sind, vom Mund der Höhlen aus, öffnet er dem Betrachter die Augen für die erhabene Ästhetik der Schweizer Berglandschaften. Wo Innen und Außen vermittelt sind, an den bloßliegenden Steinschichten und Einhöhlungen des Berges, macht Wolf geologische Prozesse, den Aufbau der Natur, explizit.
FE

8

2 Höhlenfaszination zwischen Aufklärung und Romantik

Das Unterirdische, vormals als gottgewollte Verborgenheit tabuisiert, gewann im Laufe des 18. Jahrhunderts enorm an Faszinationskraft. Energisch wandte sich das Montanwesen gegen die Diabolisierung der Höhlen, um über die Bereiche unter der Erde aufzuklären und diese nutzbar zu machen. Es kam zu einer Entmythisierung des Erdinneren. Mit intellektueller Ergriffenheit reagierte man in einer Periode aufkommender Naturwissenschaften auf seltene Höhlenphänomene und ehrte in ihnen die Schöpfung, die an abgelegenen Orten ungeahnte Schönheiten birgt. Doch es blieb nicht bei der Feststellung, „daß der grosse Baumeister der Natur, unser Gott, nicht nur über, sondern auch unter der Erden seine Wunder zeige" (Lesser 1735, 10, § 10).
Höhlen wurden als Gräber natürlicher Artefakte untersucht und die Geologie des späteren 18. Jahrhunderts konnte zeigen, daß das Schöpfungswerk weder einem fortschreitenden Verfall unterlag noch abgeschlossen war. Das Schauspiel der Tropfsteinhöhlen, den – wenn auch langsamen – Prozeß ihrer Bildung zogen Forscher als Beweis neuer Theorien von einer ständig bewegten Natur heran. Stalagmiten und Stalaktiten wiesen auf die formenden Energien im Stofflichen hin. Eine wachsende Zahl geologischer Funde schien sich nun nicht mehr in ein schöpfungstheologisch fundiertes Weltbild einfügen zu lassen und führte zu Spekulationen über das tatsächliche Alter der Erde, das deutlich vor das berechnete Datum der Sintflut zurückreichen mußte.
In die Höhlen getragen, sollte das Licht der Vernunft die Schleier lüften, mit denen Mythos, Legende und Dichtung sie belegt hatten. So zog es nicht nur Schatzsucher und Abenteurer in die Höhlen. Neben Erinnerungen an sagenhafte Riesen (am Reißenstein in Schwaben) und Helden (Ossian), neben Spuren alter Kulte (Höhlenheiligtümer im Harz) erwarteten Bildungs- und Forschungsreisende hier auch Aufschlüsse über den Verlauf der Erdgeschichte und das Wesen der Natur. In der Verborgenheit des Unterirdischen konnte manches Zurückgelassene auch Aufklärungsschübe überdauern, später wieder entdeckt und aktualisiert werden. Mit der romantischen Aufwertung der Einbildung als produktive Kraft setzte eine Umkehrung des aufklärerischen Prozesses ein. Trieben die Aufklärer den Höhlen ihre alten Geister aus, so sucht der bei Gustav Schwab zitierte Wilhelm Hauff (1826) wieder jene „geheimnisvoll erhabne[n] Bilder", welche die Phantasie auf das Höhlendunkel wirft.
FE

7
Matthäus Merian d. Ä. (1593-1650)

Außen- und Innenansicht der Baumannshöhle im Harz

Aus: Topographia und Eigentliche Beschreibung der Vornembsten Stäte, Schlösser auch anderer Plätze und Örter in denen Herzogthümer Braunschweig und Lüneburg, und denen dazu gehörende Grafschafften Herzschafften und Landen. Franckfurt, Bey Matthaei Merians S. Erbe, Tafel vor S. 31

Frankfurt 1654

Tafel mit zwei Kupferstichen nach Zeichnungen von C. Buno, 13,5 x 17,3 cm und 14,1 x 17,3 cm

Der erste Stich bez. mittig: „Eingang der Bumans Höhle, auff dem Hartz / A. Das Loch, wo man Eingehet, einer Ehlen hoch." Der zweite Stich bez. auf Schriftband oben: „Das Inwendige theil der Bumans Höhle, mit sehr grossen Stein- / klippen oder Tropfsteine, A. Das Röslin über welches man hinauff und hinunter Rietschen muß, umb in die Tieffste Höhle zu kommen."

Frankfurter Goethe-Museum, Inv.Nr. I R 42

7

Das von schauerlichen Sagen umwobene Harzgebirge, besonders der Brocken als Hexen- und Teufelsberg, übten seit dem Spätmittelalter eine magische Anziehung auf Reisende aus. Noch im 17. Jahrhundert kursierten diverse Sagen von geisterhaften Geschöpfen, welche die durch den Edelmetallbergbau erschlossenen Schatzkammern bewachten. Die Landschaft wurde allerdings zunehmend als Raritätensammlung betrachtet. Das Interesse verlagerte sich auf die Besichtigung von Kuriositäten, auf Bergwerksbefahrungen, den Besuch der Hütten und nicht zuletzt der berühmten Tropfsteinhöhlen (vgl. Vietta 1986, 24-73). Tropfsteine waren beliebte Souvenirs eines Höhlenabenteuers, weswegen die Baumannshöhle bereits 1668 unter Schutz gestellt und als erste Schauhöhle von

einem autorisierten Führer betreut wurde (vgl. Bürger 1930/ 1931).
In der Topographie des Schweizer Zeichners und Kupferstechers Matthäus Merian d. Ä., der in Frankfurt sein Verlagshaus hatte, wird auf eine allzu detaillierte Wiedergabe der Kalksintergebilde zugunsten eines Gesamteindrucks der bizarren Felsen verzichtet. Es sind aber auch jene schematischen Stilisierungen vermieden, mit denen Darstellungen um 1700 die Tropfsteinformationen figurativ deuteten. Rindszungen und Schweinsohren, Orgelpositive und Kanzeln, „Nackent Weiblein" und Pistolenhalfter nannte man unter anderem die Produkte einer Einbildungskraft, die sich mit der zufälligen Gestalt der Tropfsteine nicht zufrieden geben wollte. Die Staffage vermittelt einen lebendigen Eindruck nicht nur aus der Frühzeit der deutschen Höhlenforschung, die im Harz ihr ältestes Betätigungsfeld hatte, sondern auch von den Anfängen des Höhlentourismus. Wir sehen eine Gruppe von Reisenden staunend innehalten und den aufgewölbten Eingang der Höhle betrachten, aus der sie mit Fackeln ausgerüstet (im unteren Bild) über eine steile Rampe wieder hinaufsteigen. Die unterirdischen Besichtigungswege sowie die Rangfolge der wunderlichen Sehenswürdigkeiten wurden durch den Führer vermittelt und bereits um 1700 auf einem Höhlenplan veröffentlicht (vgl. Stolberg 1958).
FE

8
Franz Reinzer (1661-1708)

Emblemfigur zum Thema der verborgenen Schätze der Natur

Aus: Metereologia philosophico-politica, Das ist: Philosophische und Politische Beschreib- und Erklärung der Meteorischen, oder in der obern Lufft erzeugten Dinge: in Zwölff zerschiednen [...] Abtheilungen verfasset Durch Den Ehrw. P. Franciscum Reinzer [...] aus dem Lateinischen in das Teutsche übersetzt., S. 248

Augsburg 1712

Kupferstich nach Wolfgang Joseph Kadoriza, 13 x 13 cm

Bez. o. mittig: „N. 73", in der Vignettenrahmung: „Pretiosa Latent", u. l.: „W. J. Kadoriza del.", u. r.: „J. S. K. F."

Niedersächsische Staats- und Universitätsbibliothek Göttingen, Sign. 8 GEOGR PHYS 4700

Abb. siehe Seite 40

In der Mineralogie des 17. Jahrhunderts herrschte eine leibmetaphorische Weltsicht. In Analogie zum menschlichen Körper sah man den Erdleib in seinen sowohl nährenden als auch zeugenden Eigenschaften. Das Erdinnere als Matrix der Materie und Schoß der Welt erhielt elementaren Stellenwert. In den Felsgrotten wurden, so nahm man an, nicht nur Lebewesen, sondern auch Kunstwerke geformt (vgl. Bredekamp 1981). Wundersame Phänomene wie die riesenhafte unterirdische Felsenbrücke bei Reinzer sollten von der Formkraft der Natur zeugen. Solche Naturschöpfungen waren Gegenstand von verbreiteten Modellen „architektonischer" Naturvorstellung, denen zufolge am Anfang der Geschichte „Architektur und Natur idealiter in einem zusammengefaßt waren" (Oechslin 1984, 51). Näherliegend noch als das Bild von der Natur als Architektin war das von der gebärenden Mutter. Wie in einem natürlichen Labor vollziehe sich die Höherentwicklung der Metalle unter Tage. Im Bergbau war diese Idee seit mindestens zwei Jahrhunderten geläufig gewesen und von hier kamen auch beständig Anstöße zur weiteren Erforschung der unterirdischen Welt. Eine kleine Figur mit Spitzhacke deutet auf das Begehren, die verborgenen Schätze zu heben.
Wenige Jahre bevor das meteorologische Werk des Jesuitenpaters Reinzer (vgl. Meinel 1987) erschien, bezeichnete der englische Naturforscher Robert Hooke die im Gestein gefundenen Muscheln und Fossilien als „die Medaillen, Urnen oder Monumente der Natur" (*The Posthumous Works*, hrsg. von Richard Waller, London 1705, 411) und schloß vom späteren Fortschritt der Künste auf die Geschichtlichkeit dieser Produkte. Die Erde war nicht nur als eine den damaligen Kunstkammern vergleichbare Schatztruhe aufzufassen, sondern zunehmend auch als historisches Archiv zu lesen (vgl. Bredekamp 1993, 74f.).
FE

9
Friedrich Wilhelm Heinrich von Trebra (1740-1819)

Erfahrungen vom Innern der Gebirge.

Mit 5 Kupfervignetten im Text
und acht zusätzlichen Kupfertafeln
Dessau/ Leipzig 1785
Goethe-Museum Düsseldorf,
Inv. Nr. KK 5736

Der in Freiberg tätige Bergbauinspektor von Trebra entwickelte eine Theorie von der Dekomposition und Wiederherstellung von Gesteinen. Das Werk des Geologen sollte die „Bergwerkskunde" als Wissenschaft etablieren und „auch Naturliebhabern"

10

dienen, „denen ihr Genius hellere Augen und schärferen Sinn als gewöhnlich gab" (Rezension in: *Der Teutsche Merkur*, 1785, 3 [Juli], 268). Die bildgewordenen Phantasien früherer Darstellungen der Baumannshöhle sind hier der empirischen Beobachtung gewichen.
Das wissenschaftliche Interesse galt dem Ursprung der Gesteinsgebilde. Von Trebra kam zu dem Ergebnis, daß die Höhlen des Harz „nichts weiter sind, als von den Wassern [...] ausgewaschene Räume" (Trebra 1785, 96). In der Baumannshöhle, dieser „freien Werkstätte der Natur", zeigten sich die „in einem ununterbrochenen Kreislaufe fortwirkenden Veränderungsmittel, der alles durchdringenden Feuchtigkeiten" (ebd., Vorwort, i, iv). Sie hätten die Entstehung der Tropfsteine verursacht. Die durch den Wasserkreislauf bewirkten Prozesse erschließen ein neues Verständnis der Natur im Ganzen als durch Dynamik bestimmt, das die frühere, animistische Betrachtungsweise der Erde als geheimnisvoll gebärende Mutter ablöst (vgl. Kat.Nr. 8).
FE

10
Johann Wolfgang Goethe (1749-1832)

Höhleneingang

Um 1777
Bleistift und Kohle auf dünnem, blauem Papier, 31 x 53 cm
Stiftung Weimarer Klassik, Goethe-Nationalmuseum, Inv.Nr. 960 B

Die undeutlichen, stark verwischten Strukturen der Zeichnung (Goethe, Corpus I, Nr. 189) machen eine sichere Identifizierung der Höhle unmöglich, doch Papierfabrikat und Duktus sprechen für eine Entstehung während Goethes Harzreise im Winter 1777. Ein erklärtes Ziel dieser Reise war es, „das Bergwesen in seinem ganzen Complex, und wär es auch nur flüchtig, mit Augen zu sehen und mit dem Geiste zu fassen" (Goethe, WA I, Bd. 33, 214). So verwundert es nicht, daß das Motiv der Höhle wiederholt auftaucht, etwa als Vergleich beim Blick durch ein Astloch auf ein Gastzimmer, das Goethe vorkommt, „als säh' ich in einer Berghöhle wohlgemuthe Geister sich erlustigen" (ebd., S. 216). Diesen mythologischen Kontext stellt Goethe auch als Zeichner her, wenn er Geistererscheinungen in einer Höhle skizziert (Goethe, Corpus I, Nr. 302, um 1776).
Vorrangig interessierte ihn jedoch der naturwissenschaftliche Aspekt, namentlich beim Besuch der berühmten Baumannshöhle bei Rübeland. Am 1. und 2. Dezember 1777 hielt er sich lange in der einzigen damals bekannten deutschen Tropfsteinhöhle auf: „[...] ich durchkroch sie, und betrachtete mir das fortwirkende Naturereigniß ganz genau. Schwarze Marmormassen aufgelös't, zu weißen krystallinischen Säulen und Flächen wieder hergestellt, deuteten mir auf das fortwebende Leben der Natur. Freilich verschwanden vor dem ruhigen Blick alle Wunderbilder, die sich eine düster wirkende Einbildungskraft so gern aus formlosen Gestalten erschaffen mag; dafür blieb aber auch das eigne Wahre desto reiner zurück, und ich fühlte mich dadurch gar schön bereichert." (Goethe, WA I, Bd. 33, 216f.).
Morphologische Betrachtungen (vgl. von Trebra: Kat.Nr. 9) und die ersten Strophen des Gedichts *Harzreise im Winter* waren nach Goethes Bekunden der unmittelbare Ertrag dieser Stunden im Inneren der Erde.
Möglicherweise beziehen sich auch die bizarren Formationen der Zeichnung auf die Tropfsteingebilde der Baumannshöhle. Das künstlerische Ergebnis mag ihm angesichts der unterirdischen Wunder der Natur nicht genügt haben, denn an Charlotte von Stein schreibt er am Abend des 2. Dezember: „Ich zeichne wieder den ganzen Tag und werde doch nichts mitbringen" (Goethe, WA IV, Bd. 3, 189).
PM

11

11
Johann Wolfgang Goethe (1749-1832)

Höhle am Hermannstein bei Ilmenau

1776
Schwarze Kreide, grau laviert, auf blauem Papier mit Faltenbruch, 42 x 59 cm
Stiftung Weimarer Klassik, Goethe-Nationalmuseum, Inv.Nr. 947 B

Das Blatt (Goethe, Corpus I, Nr. 148) entstand zu einer Zeit, als Goethe sich intensiv mit der Wiederbelebung des Ilmenauer Bergbaus beschäftigte und das Erdinnere als neue Welt für sich entdeckte. Bei seinen Streifzügen in der Gegend um Ilmenau besuchte er 1776 mehrfach die Höhle am Hermannstein, einem im Wald bei Manebach aufragenden mächtigen Porphyrfelsen. Die Höhle wurde Goethe, der die Einsamkeit suchte, zum „geliebten Aufenthalt wo ich möchte wohnen und bleiben" (Goethe, WA IV, Bd. 3, 89).
Als Charlotte von Stein ihn am 6. August 1776 dorthin begleitete, verklärte sich die Höhle für Goethe zum Sinnbild eines verschwiegenen Liebesglücks, an das eine Inschrift erinnern sollte. „Heut will ich auf den Hermanstein, und womöglich die Höhle zeichnen", ließ er Charlotte zwei Tage später wissen, „hab auch Meisel und Hammer die Inschrifft zu machen die sehr mystisch werden wird [...] Wenn ich so dencke, dass Sie mit in meiner Höhle war, daß ich ihre Hand hielt indess sie sich bückte und ein Zeichen in den Staub schrieb!!! Es ist wie in der Geisterwelt" (ebd., S. 93f.; vgl. auch Goethe, WA IV, Bd. 6, 311).
In seinem Tagebuch bestätigte Goethe am 8. August, die Höhle wirklich im Bild festgehalten zu haben, und Charlotte von Stein erfuhr unter demselben Datum: „Ich hab heute den ganzen Tag für dich gezeichnet, nicht immer glücklich, aber immer warm" (ebd., S. 94).
Die summarische, Details nur zaghaft andeutende Skizze belegt, wie schwer Goethe die ungewohnte Aufgabe ge-

fallen sein muß, die Raumverhältnisse zu klären und die Höhle als dunklen, in die Tiefe gerichteten Schlund von der dicht bewachsenen, felsigen Erdoberfläche abzusetzen. Es gelingt ihm aber, das Wesentliche darzustellen: die Sogwirkung des finsteren Höhleneingangs, der seine Geheimnisse nicht preisgibt.
PM

12

12
John Frederick Miller
(1759-1796)

Blick in die Fingalshöhle auf Staffa

Aus: Thomas Pennant. A Tour in Scotland and Voyage to the Hebrides in 1772. 2 Bde., I, S. 263, London 1774-1776

Kupferstich von [Thomas?] Major nach einer Zeichnung von John Miller, 14,5 x 20 cm

Bez. u. r.: „Major sculp", u. mittig: „FINGAL'S CAVE IN STAFFA"

Stiftung Weimarer Klassik, Herzogin Anna Amalia Bibliothek, Sign. Aa 4: 151 (a)

John Miller war 1772 zusammen mit dem Botaniker und zukünftigen Präsidenten der Londoner Royal Society Sir Joseph Banks auf einer Expedition nach Island unterwegs. Auf der Hebrideninsel Staffa stießen sie auf eine Höhle, „welche ohne Zweifel das erhabenste Schauspiel macht, das je von einem Reisenden beschrieben worden ist" (Banks, zit. nach Ritter 1801, 107). Die Höhle galt als Schauplatz der nordischen Mythologie, seit James Macpherson um 1760 mit einer fingierten Wiederentdeckung eine europaweite Renaissance der Gesänge des gälischen Barden Ossian auslöste.
Den Verfechtern des Ossian-Kults, einer Geschmackswelle frühromantischer Empfindsamkeit, die sich in der Zeit des Sturm und Drang durchsetzte, wurde die Höhle als sagenhafter Geburtsort Fingals, Vater des Ossian, zum Wallfahrtsziel.
Ihre Basaltgebilde machten sie zudem als geologische Sensation berühmt. Die Frage nach dem Ursprung des Basalts war in den Brennpunkt naturwissenschaftlicher Diskussionen verschiedener Weltentstehungsmodelle gerückt. An ihr sollte sich entscheiden, ob die Erde in einem evolutionären Prozeß aus dem Wasser entstanden sei, wie die sogenannten Neptunisten meinten, oder aber durch gewaltsame Ausbrüche unterirdischer Feuer, wie die Plutonisten behaupteten (vgl. Busch 1994, 486-490; Klonk 1996, 67-99).
Miller gewährt einen frontalen Einblick bei ruhiger See. Dicht an dicht ragen die polygonalen Basaltpfeiler in die Höhlendecke und erinnern in ihrer Symmetrie an barocke Bühnenprospekte. Ihre regelmäßigen Formen lassen die Höhle als eine Art natürlichen Palast erscheinen, den Banks mit architektonischem Vokabular beschreibt. Er vermutet hier die Schule der Architektur und wird seinen Zeichner angehalten haben, die Präzision und Kunstfertigkeit zu betonen, mit der die Natur „Säulengänge" und „Giebel" dieses „Bauwerks" geformt habe. Links und rechts des Eingangs liegen herabgefallene Blöcke und zeugen vom hohen Alter des Naturmonuments. Der frühe Ansatz geologischer Landschaftsdarstellung operiert mit den illusionistischen Mitteln des Theaters und der Suggestionskraft des Ruinenstücks.
FE

13
Christian Georg Schütz d. Ä. (1718-1791)

Blick aus einer Grotte auf einen Burgberg am Fluß

Aus: Stammbuch der Malerin Marianne Kraus, Blatt 31
1786
Aquarell, 11 x 17,7 cm
Bez. u. r.: „Schüz. fecit 1786.“, u. l. irrtümlicher Eintrag von anderer Hand: „starb im Jahre 1792“
Frankfurter Goethe-Museum, Inv.Nr. HS 2931, St. 14

Der Senior der Frankfurter Malerfamilie Schütz, der für seine idealisierten Flußlandschaften berühmt war, nahm seine junge Verwandte Marianne Kraus aus dem Odenwald zwischen 1785 und 1786 mehrfach als Gast auf und unterrichtete sie wahrscheinlich auch. Nach dem Brauch der Zeit führte Marianne ein Stammbuch, zu dem Schütz einen Eintrag beisteuerte: Mit leichter Hand entwarf er eine seiner Landschaften, die an die Rheingegenden erinnert, und versah sie mit Segelboot und Staffage. Ungewöhnlich für Schütz ist nur das Motiv des Ausblicks durch eine Felsengrotte. Diese Art der kompositionellen Rahmung des Bildes im Bild ist wohl als ein Tribut an die Höhlen-Mode zu verstehen, die im ausgehenden 18. Jahrhundert zu einem Inbegriff des Pittoresken wurde.

PM

14

14
Johann Heinrich Meyer (1755-1829)

Tropfsteinhöhle

Aus: Mahlerische Reise in die Italienische Schweiz, mit geästen Blättern von I. H. Meyer, Titelvignette
Zürich 1793
Frankfurter Goethe-Museum, Inv.Nr. IX M 84 / E 3

Mit Ludwig Hess und Conrad Steiner unternahm der Züricher Kupferstecher Meyer 1789 eine Künstler-Reise in die italienische Schweiz, deren Sehenswürdigkeiten er in Wort und Bild festhielt. Von Lauis, dem heutigen Lugano, ging der Weg nach Porlezza. Am Luganer See landeten die drei Freunde „zu Resche“, um die „unterirdischen Tropfstein-Grotten“ zu besuchen, die dann auch das Motiv für die Titelvignette lieferten. „Welch sonderbares Spiel der Natur erblikt man hier unter der Erde! Ein hohes unregelmäßiges Gewölbe von unzähligen komisch geformten langen Zap-

13

15

16

fen zusammengeküttet, deren Spizen auf das Haupt dessen herabzuzielen scheinen, der sich in diese Heiligthümer unterirrdischer Gottheiten wagt. Das abtriefende Wasser treibt ein beständig musikalisches Spiel in diesen Höhlen, gleich dem Geflüster geschwäziger Nymphen, und die benezten Zapfen von Tropfstein glänzen im Lichte der Fakel" (40f.).

PM

15
Louis Mayer (1791-1843)

Reißenstein bei Neidlingen (Blick aus einer Felsenhöhle des Heimenstein)

Vor 1837
Deckfarben über Bleistift auf rohweißem Papier, Randlinie in Schwarz, 9,7 x 15,1 cm
Staatsgalerie Stuttgart, Graphische Sammlung, Inv.Nr. C50 / 226

16
Louis Mayer (1791-1843)

Nebelhöhle, Tropfsteinhalle

Vor 1837
Deckfarben über Bleistift auf rohweißem Papier, Randlinie in Schwarz, 9,7 x 15,1 cm
Staatsgalerie Stuttgart, Graphische Sammlung, Inv.Nr. C50 / 227

Der Landschaftsmaler Louis Mayer schuf mit den beiden Ansichten aus der Schwäbischen Alb zwei von 30 Vorlagen für die Stahlstiche in Gustav Schwabs *Wanderungen durch Schwaben* (1837, Abb. S. 104, 122). Die Veröffentlichung war Teil der Buchreihe *Das malerische und romantische Deutschland* des Leipziger Verlegers Georg Wigand. Schwab, Theologe und Philologe, wählt die Motive gemeinsam mit Louis Mayer, dem jüngeren Bruder seines Dichterfreundes Karl Mayer, aus und nimmt im Text Bezug auf die Bilder, um dem Leser so einen Gesamteindruck der dargestellten Landschaften zu vermitteln.
Mayer zeigt die Ruine der Burg Reißenstein („Riesenstein") im Ausblick aus einer gegenüber in „blühender Einsamkeit" liegenden Höhle. Hier habe der Sage nach der Riese Heim gehaust, der die Festung erbaut haben und als Geist noch heute über einen ungeheuren Schatz wachen soll. Im „Eingeweide des Felsens" werden einige Fledermäuse aufgescheucht (Schwab [1837] 2001, 139). Ihren Besuch des berühmten Nebellochs haben die Wanderer auf den Pfingstmontag gelegt, den Tag, an dem die Tropfsteinpracht alljährlich feierlich beleuchtet wird. Denn: „Die malerischen Schönheiten Schwabens beschränken sich nicht auf seine Oberfläche, sie setzen sich selbst unter dem Boden fort; [...] selbst hier, wo man es weniger erwarten sollte, herrscht das Gesetz der größten Mannigfaltigkeit [...] mit stillem Staunen langt man in der Tiefe der finstern und geheimnisvollen Unterwelt an" und sieht im Funkeln „von unzähligen Lichtern" jenes „Wunderwerk der Natur", das Wilhelm Hauff 1826 in dem von Schwab zitierten Heimat- und Geschichtsroman *Lichtenstein* beschreibt: „Glänzend weiße Felsen faßten die Wände ein, Schwibbögen, Wölbungen, über deren Kühnheit das irdische Auge staunte, bildeten die glänzende Kuppel; der Tropfstein [...] hing voll von Millionen kleiner Tröpfchen, die in allen Farben des Regenbogens den Schein zurückwarfen und als silberreine Quellen in kristallene Schalen sich sammelten. In grotesken Gestalten standen Felsen umher, und die aufgeregte Phantasie, das trunkene Auge glaubte bald eine Kapelle, bald große Altäre mit reicher Draperie und gotisch verzierten Kanzeln zu sehen. Selbst die Orgel fehlte dem unterirdischen Dome nicht, und die wechselnden Schatten des Fackellichtes, die an den Wänden hin- und herzogen, schienen geheimnisvoll erhabne Bilder von Märtyrern und Heiligen in ihren Nischen bald auf-, bald zuzudecken" (Schwab [1837] 2001, 157-162).

FE

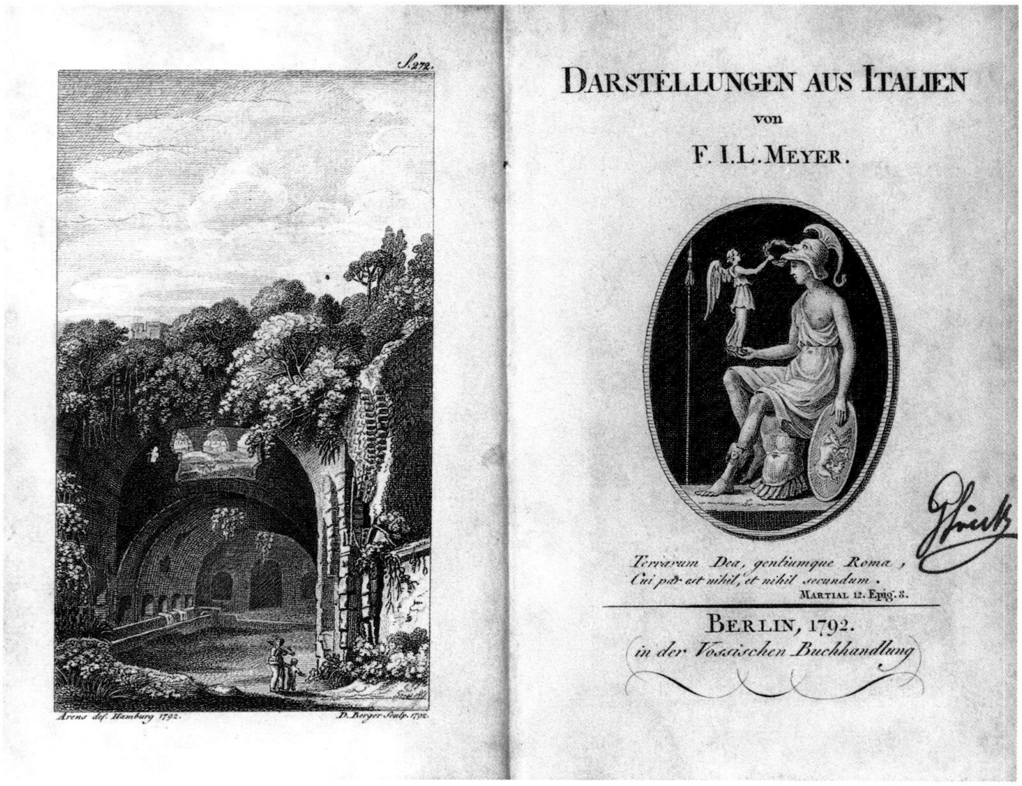
S.272.
Arens del. Hamburg 1792.
D. Berger Sculp. 1792.
DARSTELLUNGEN AUS ITALIEN
von
F. I.L. MEYER.
Terrarum Dea, gentiumque Roma,
Cui par est nihil, et nihil secundum.
MARTIAL 12. Epig. 8.
BERLIN, 1792.
in der Vossischen Buchhandlung

24

3 Reisen nach Italien

Pilger, Kavaliere, Gelehrte, Künstler, Bildungshungrige, Touristen: Der Strom der Italienbesucher schwoll unaufhörlich an und mit ihm die Menge der niedergeschriebenen Berichte. Die Geschichte des Reiseberichts ist als Geschichte des Sehens lesbar. Bereits um 1770 aber galt der Markt für Reiseliteratur als gesättigt. Gleichwohl würde es, darüber war sich Wilhelm Heinse im klaren, nie ein endgültiges Buch über Italien geben: „Zwar sind schon nur über Rom ganze Zimmer voll Folianten, Quart- und Oktavbände, geschrieben, gezeichnet und in Kupfer gestochen worden, allein an Ort und Stelle findet man alles ganz anders [...]" (1782; zit. nach Haufe 1965, 39). Die ältere Italienliteratur begnügte sich häufig damit, das Wissen vorangegangener Generationen zu sammeln und zu kommentieren. Viele Reisen waren eine Fortsetzung des europäisch vernetzten Gelehrtenalltags, während die Kavalierstouren des 17. und frühen 18. Jahrhunderts vor allem die Einführung in die höfische Gesellschaft bezweckten.

Erst im späteren 18. Jahrhundert verlieh der zentrale Gedanke individueller Bildung den vormals zweckorientierten bürgerlichen Reisen eine ganzheitliche Ausrichtung: Herz, Verstand und Geschmack sollten gleichermaßen gebildet werden, womit auch die Erfahrungsbereiche der Natur- und Kunstbetrachtung größeres Gewicht bekamen. Anstelle der kanonischen Deutung standardisierter Besichtigungen rückten die Reisenden zunehmend den eigenen Blick ins Zentrum. Die Berichte bezeugen bestimmte Sichtweisen und thematisieren sie auch. Damit konnten sie nicht nur der Reisevorbereitung und als praktischer Führer, sondern auch als Anleitung oder Kritik der Wahrnehmung auf Reisen dienen. Gegenüber dem enzyklopädischen Ansatz eines Johann Jacob Volkmann, dessen *Nachrichten von Italien* Goethe als vielseitiges Referenzwerk dienten, stellten Reisende nun auch bewußt subjektive Beobachtungen auf eingeschränkten Interessefeldern vor. Begriffe wie *Darstellungen*, *Fragmente* oder *Skizzen* in den Titeln ihrer Publikationen zeigen zudem die Rolle der Malerei als dem neuen – ästhetischen – Wahrnehmungsparadigma an. In aller Konsequenz ist der malerische Blick auf Italien anhand der opulent illustrierten *Voyages pittoresques* nachzuvollziehen, die in der Abfolge der Ansichten auch die Zuhausegebliebenen (wie uns spätere Leser) am Genuß der Kunst- und Naturschönheiten Italiens teilhaben lassen.

FE

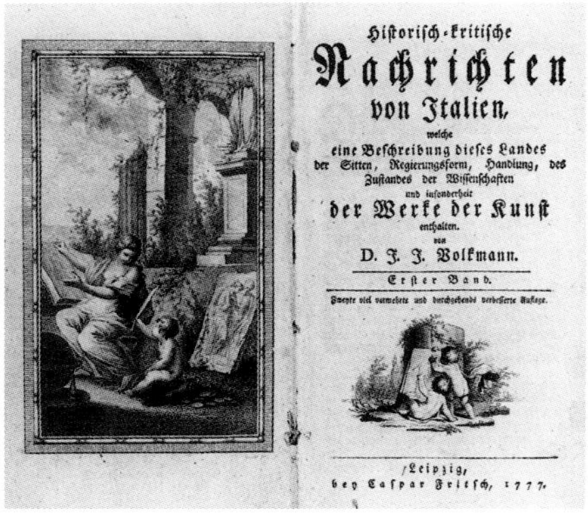

17

17
Johann Jacob Volkmann (1732-1803)

Historisch-kritische Nachrichten von Italien, welche eine Beschreibung dieses Landes, der Sitten, Regierungsform, Handlung, des Zustandes der Wissenschaften und insonderheit der Werke der Kunst enthalten

2., erweiterte Auflage, 6 Bde., I
Leipzig 1777/78
Frontispiz und Titelvignette mit Allegorien der schönen Künste, gestochen von Christian Gottlieb Geyser
Frankfurter Goethe-Museum,
Inv. Nr. III E 72 / c 56

Der Leipziger Reise- und Kunstschriftsteller Volkmann hielt sich 1757/58 in Rom auf und schloß sich dort dem Kreis um Winckelmann und Anton Raphael Mengs an. Aus eigener Kenntnis, hauptsächlich aber aufgrund einschlägiger englischer und französischer Reisewerke, veröffentlichte er 1770/71 die Erstausgabe der *Nachrichten aus Italien,* die zu einem der beliebtesten Reiseführer des ausgehenden 18. Jahrhunderts avancierten. Im Unterschied zu den herkömmlichen Folianten, etwa der achtbändigen, enzyklopädisch angelegten *Voyage d'un François en Italie* [...] von Joseph Jerôme de Lalande (Venedig/Paris 1769), die er auswertete, wollte Volkmann ein komprimiertes Reisehandbuch vorlegen, das Platz im Gepäck hatte und tatsächlich unterwegs benutzt werden konnte. Dabei sollte es, wie schon der Untertitel sagt, umfassende Informationen bieten und eine „Beschreibung von Italien liefern, welche die bisherigen an Brauchbarkeit und Vollständigkeit übertreffen wird" (I, Vorbericht, xxxii). Volkmann legte auf eine Betrachtungsweise Wert, die alle Phänomene einschloß und auch nach Ursachen und Wirkungen fragte. Die glanzvolle Entfaltung der Künste in Italien führte er beispielsweise auf den an Schönheit und Harmonie so reichen Nährboden zurück: „Die schönen Modelle, welche die Natur allenthalben darstellet, die vortreffliche Harmonie, die sich auch bey den sonderbarsten und seltensten Gegenständen auf eine gewissen Weise zeigt, sind gleichsam eine unerschöpfliche Quelle, woraus Künstler von Genie große, edle und angenehme Gedanken nehmen, und dadurch ihren Werken einen neuen Werth geben können" (I, 3). Auf die Blüte der Kunst in Italien, die nach Volkmanns Meinung einen Großteil der Besucher anzieht, bezieht sich das Frontispiz des ersten Bandes.

Wie viele andere Reisende folgte auch Goethe Volkmanns Spuren, um die Sehenswürdigkeiten in Italien, namentlich in Rom, aufzusuchen. Auch für Goethe war „der Volkmann" ein unersetzliches Vademecum, dessen unerschöpfliche Gelehrsamkeit er rühmte, nicht ohne zuweilen seine Trockenheit, seine Abhängigkeit von älteren Kompendien und so manches schiefe Urteil zu monieren.

Volkmann widmete sich auch den unterirdischen Attraktionen Italiens, vor allem, wenn sie dem klassischen Kanon entsprachen und durch Geschichte und Literatur nobiliert waren. So bringt der dritte Band, den eine Vignette mit dem rauchenden Vesuv ziert, eine vollständige Abhandlung der antiken Monumente Neapels und der Phlegräischen Felder.

PM

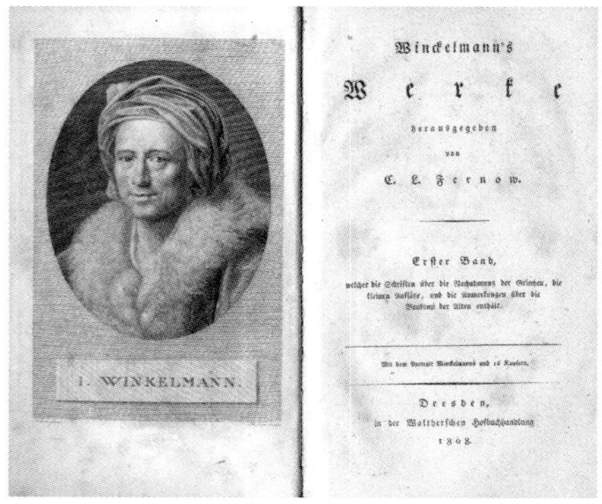

18

18
Johann Joachim Winckelmann (1717-1768)

Winckelmann's Werke

Hrsg. von Carl Ludwig Fernow u.a.
8 Bde., 1808-1820, I
Dresden 1808
Frontispiz mit dem Porträt Winckelmanns nach dem Gemälde von Anton von Maron, gestochen von Johann Heinrich Lips
Frankfurter Goethe-Museum,
Inv.Nr. IX W 90 / B 1

„Ich glaube ich bin nach Rom gekommen, denenjenigen die Rom nach mir sehen werden die Augen ein wenig zu öffnen" (7. Juli 1756; zit. nach Kat. Auch ich in Arkadien 1966, 39), beteuerte Winckelmann, der 1755 in der Stadt eingetroffen war, und der nachhaltige Einfluß, den er bis weit ins 19. Jahrhundert ausübte, sollte ihm recht geben. Mit seiner bedingungslosen Verehrung der Antike, aus der er ein neues ästhetisches Ideal ableitete, verhalf er der klassischen Formensprache

in weiten Kreisen zur Durchsetzung. Noch in Dresden hatte er 1755 seine *Gedanken über die Nachahmung der griechischen Werke in der Malerey und Bildhauerkunst* veröffentlicht, wo sich die vielzitierte These findet: „Das allgemeine vorzügliche Kennzeichen der griechischen Meisterstücke ist endlich eine edle Einfalt, und eine stille Größe, so wohl in der Stellung als im Ausdrucke" (I, 31). In Rom bestätigte sich Winckelmanns Vorstellung von der Antike; hier fand er mit Unterstützung seines Gönners, des Kardinals Albani, das angemessene Wirkungsfeld. Goethe beschreibt das einfühlsam: „Er sieht seine Wünsche erfüllt, sein Glück begründet, seine Hoffnungen überbefriedigt. Verkörpert stehen seine Ideen um ihn her, mit Staunen wandert er durch die Reste eines Riesenzeitalters, das Herrlichste, was die Kunst hervorgebracht hat, steht unter freiem Himmel; unentgeltlich, wie zu den Sternen des Firmaments, wendet er seine Augen zu solchen Wunderwerken empor, und jeder verschlossene Schatz öffnet sich für eine kleine Gabe" (Goethe, WA I, Bd. 46, 36).
1764 erschien Winckelmanns Hauptwerk, die *Geschichte der Kunst des Alterthums*. Obwohl subjektive Elemente einfließen, gilt Winckelmann als der Begründer einer wissenschaftlich beobachtenden Kunstgeschichte, für die er ein Repertorium der damals bekannten antiken Werke geschaffen hat. Vor dem Hintergrund der Aufklärung, die danach strebte, die Welt systematisch zu erklären, kann Winckelmanns Kunstgeschichte als einer „der großen Ordnungsentwürfe des 18. Jahrhunderts" begriffen werden (Lepenies 1984, 19). Ein zentraler Gedanke war die Wachstums-Metaphorik, die Winckelmann aus dem naturgeschichtlichen Denken auf die Entwicklung der Kunst übertrug, um sie als organischen Prozeß von Wachstum, Blüte und Verfall definieren zu können.
Winckelmann gelang es zusammen mit dem Künstlerfreund Mengs, Rom für die Folgezeit zum wichtigsten künstlerischen Zentrum Europas zu machen, wobei Antike und Renaissance das christliche Mittelalter und die Epoche des Barock eindeutig überlagerten. Unter Winckelmanns Ägide wurde ein verbindlicher Kanon aller herausragenden Kunstwerke festgeschrieben, deren Besichtigung und Nachahmung dringend empfohlen wurde, ein Kanon, der gerade für Italien-Reisende und Künstler obligatorisch wurde.
Daß Winckelmann, den das Ungestaltete, Formlose schreckte, wenig Interesse am unterirdischen Italien zeigte, soweit es nicht wie in Herculaneum Schätze antiker Kunst barg, ist nicht weiter erstaunlich. Das Sublime der Grotten und Höhlen widersprach seinem Schönheitsempfinden, doch wenn Aussicht auf die Entdeckung antiker Relikte bestand, wagte er sich selbst an gefährliche Höhlenabenteuer (vgl. R. 23).
Die erste Werkausgabe von Winckelmanns verstreut erschienenen Schriften begründete Carl Ludwig Fernow, der 1794-1803 in Rom weilte und sich als Kunsttheoretiker der klassizistischen Ästhetik verschrieb. Nach seiner Rückkehr erhielt er eine Professur für Ästhetik in Jena und wirkte danach von 1804 bis zu seinem Tod im Jahr 1808 in Weimar als Bibliothekar von Herzogin Anna Amalia von Sachsen-Weimar.
PM

Reise durch Sicilien und Großgriechenland.
Zürich, bey Orell, Geßner, Füeßlin und Comp. 1771.

19

19
Johann Hermann von Riedesel (1740-1785)

Reise durch Sicilien und Großgriechenland

Zürich 1771
Titelvignette von Salomon Geßner
Frankfurter Goethe-Museum,
Inv.Nr. III / a 5

Riedesel, der Autor des ersten deutschen Sizilien-Reiseberichts des 18. Jahrhunderts, brach 1767 von Neapel nach Palermo mit dem Selbstverständnis auf, den verlängerten Arm seines an Rom gebundenen Mentors Winckelmann zu bilden, den er vergeblich zu einem Besuch Siziliens eingeladen hatte. Winckelmanns ambitioniertes Programm, alle Zeugnisse griechischer Kultur in der *Magna Graecia* aufzunehmen, lag der Reisebeschreibung zugrunde, die 1773 ins Englische und Französische übersetzt und ein großer Erfolg wurde (vgl.

Osterkamp 1992). Auf einer musterbildenden Route sparte Riedesel das Landesinnere Siziliens weitgehend aus, besichtigte, beschrieb und vermaß dagegen eine Vielzahl weitgehend unbekannter griechischer Bauten und Kunstwerke.
Immer wieder berichtet er auch über Begegnungen mit Menschen von idealer 'griechischer' Schönheit. Trotz seiner empirisch-kritischen Grundhaltung unterlag Riedesel der Verlokkung, ihr Leben und ihre Sitten zu zeitlosen Idyllen zu stilisieren. Bezeichnenderweise figuriert auf dem Titelblatt eine in Kupfer gestochene Idylle des europaweit gerühmten „neuen Theokrits", des Schweizers Salomon Geßner (vgl. Kat.Nr. 106, 107). Die dargestellte Szene zweier Putti in Betrachtung eines Sarkophages ist als Variante des „Et in Arcadia Ego"-Motivs aufzufassen. Sie deutet auf eine zweite, dem archäologischen Programm eng verbundene Zielrichtung der Reise: die Suche nach jenen arkadischen Gefilden, denen in der klassizistischen Idylle die italienische Landschaft als idealer Ort zugewiesen wurde. In seiner verklärenden Schilderung der zum Teil noch in Höhlen lebenden Hirten (vgl. Kat.Nr. 101, 102) oder des unverdorbenen Bergvolkes am Ätna als „natürliche" Menschen verbindet Riedesel Winckelmanns Griechentraum mit Jean-Jacques Rousseaus Ideal des einfachen Lebens in der Natur. Er gehört zu den wichtigsten Initiatoren der in den Jahren 1767-1770 einsetzenden Entdekkung des bisher wenig besuchten Sizilien durch nordeuropäische Reisende.
FE

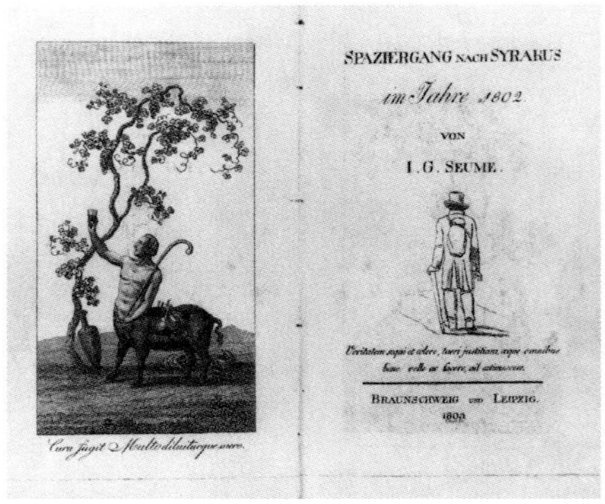

20

20
Johann Gottfried Seume (1763-1810)

Spaziergang nach Syrakus im Jahre 1802

Braunschweig und Leipzig 1803
Titelvignette und Frontispiz von
Johann Christian Reinhart
Frankfurter Goethe-Museum,
Inv.Nr. IX S 57 / E 13

Nach einem Studium, zuerst der Theologie, dann von Jura, Philosophie, Philologie und Geschichte in Leipzig sowie einer eher unglücklichen militärischen Karriere, arbeitete der aus Sachsen stammende Seume als Verlagskorrektor. Sein tatsächlich als Fußreise unternommener *Spaziergang nach Syrakus* ist in vieler Hinsicht als Gegenreise angelegt (vgl. Oswald 1985, 45-61; Behrmann 1996, 189-213; Seume 1994, 299-312). Auf Schusters Rappen unterwegs, pflegt er eine unprätentiöse, kritisch-distanzierte Perspektive, der die Überzeugung zugrunde liegt, im Gehen mehr als im Fahren zu sehen. Er verweigert sich dem herrschenden Geschmack und entzieht sich dem bei Bildungsreisenden seiner Zeit vorherrschenden Kunst- und Antikeninteresse. Die Landschaft betrachtet er in aufklärerischer Tradition meist unter dem Aspekt der Nützlichkeit – oder aber im Lichte der Literatur. Im Rucksack führte Seume eine stattliche Handbibliothek von Taschenausgaben antiker Autoren mit.
Auf der Grundlage seiner enormen Belesenheit weiß er einerseits die antiquarischen Traditionen klassischer Orte ins Subjektive zu wenden, andererseits weniger bekannte Orte durch den Vergleich mit Mythen und Dichtung aufzuwerten. So bereitet er sich und den Leser schon im istrischen Karstgebirge mit einer „furchtbare[n] Höllenfahrt" in den Höhlen bei Adlersberg auf Italiens Unterwelten vor (R. 1). Als Liebhaber vergilischer Poesie sucht Seume dann in Kampanien deren Orte auf, um schließlich am Grab des Dichters ein Bekenntnis abzulegen: Er will an die Authentizität dieses umstrittenen Baus glauben (R. 22). Die Deutung der Grotte am Avernersee hingegen ironisiert er mit einer witzigen Anrufung der kumäischen Sibylle (R. 48).
FE

21
Henry Swinburne (1743-1803)

Reisen durch beide Sicilien, welche in den Jahren 1777, 1778, 1779 und 1780 Von Heinrich Swinburne, Esqr. zurückgelegt worden.

Übersetzt und mit Anmerkungen
erläutert von Johann Reinhold Forster.
Eine gefaltete Karte eingeklebt:
„Das Koenigreich beider Sicilien"
Hamburg 1785-1787
Goethe-Museum Düsseldorf,
Inv. Nr. 7805a/b/1995

Swinburnes zuerst 1783-1785 in London erschienene *Travels in the Two Sicilies* berichten von seiner 1777-1780 zusammen mit seiner Frau durchge-

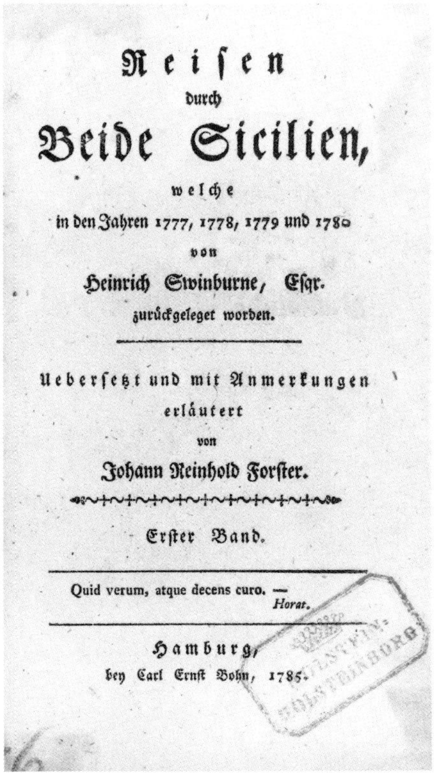

Reisen
durch
Beide Sicilien,
welche
in den Jahren 1777, 1778, 1779 und 1780
von
Heinrich Swinburne, Esqr.
zurückgeleget worden.

Uebersetzt und mit Anmerkungen
erläutert
von
Johann Reinhold Forster.

Erster Band.

Quid verum, atque decens curo. — Horat.

Hamburg,
bey Carl Ernst Bohn, 1785.

21

führten Reise (vgl. Kanceff/ Rampone 1991-1995, Bd. 41, 315-324). Der Übersetzer Reinhold Forster, der dieses Buch seinen „Landsleuten lesbar gemacht“ hat, überreicht es mit einer Widmung dem „regierenden Herzog von Braunschweig und Lüneburg“. Er weist darauf hin, daß „ein Mann von Kenntnissen, von Geschmacke und gesunder Beurtheilung“ „einen Theil von Italien“ beschreibt, „den die wenigsten unserer gewöhnlichen Reisenden besuchen“. Das Werk des Engländers sei „eine sowohl angenehme als auch unterrichtende Reisebeschreibung“, denn „von ihm geführt, betritt man mit Vergnügen, diesen klassischen Grund“. Swinburne wird beschrieben als „ein wohlhabender Mann, der sein ererbtes Landguth in Yorkshire bewohnt, und nach seinen zurückgelegten Reisen in Muße, bey gutem Auskommen, einer schönen Büchersammlung, einer angenehmen vortrefflichen Gattin, und einigen Kindern, als Philosoph seine Tage durchlebt“. Gewissenhafte Wahrheitsliebe kennzeichnet seine ausführlich beschreibenden Texte, die am „Ausdrucke des Verfassers“ erkennen lassen, „was man von einer erzählten Sache zu halten habe“. Swinburne selbst schildert die Schwierigkeiten des Autors, der vielen fremden Eindrücken begegnet und sich gezwungen sieht, Mitteilenswertes auszuwählen. Ein Reiseführer unterliegt dem Wandel der Zeit und soll gegenüber früheren Ausgaben neue Akzente setzen. Je länger sich der Autor im Land aufhält und damit eine Fülle von Kenntnissen auf vielen Gebieten erwirbt, umso schwieriger wird die objektive Beurteilung des Erfahrenen.

Swinburnes Schilderungen umfassen das Klima, den Naturraum und seine Nutzung durch den Menschen, die Tierwelt, Wirtschaft und Handel, Religion, Geschichte, Kunst, Theater und Literatur einer Region. Alle Elemente werden aus einer unmittelbaren Beziehung zueinander beobachtet, erklärt und daher auf moderne Weise vermittelt. Goethe würdigt in seinem „Philipp Hackert“-Buch (Goethe, WA I, Bd.46, 327) den „verständigen einsichtigen Swinburne“.

HS

22

Charles Mercier Dupaty (1744-1788)

Briefe über Italien vom Jahre 1785

Aus dem Französischen
von Georg Forster, 2 Bde.
Mainz 1789/90
Frankfurter Goethe-Museum,
Inv.Nr. IX F 59 / F 1 a 1

Der hochgestellte französische Jurist Charles Dupaty interessierte sich vornehmlich für die rechtlichen Institutionen und den Vergleich staatlicher Ordnungen, als er 1785 von Genua über Florenz und Rom bis nach Neapel reiste. Die kurz vor seinem Tod 1788 anonym in Rom und Paris veröffentlichten, von den Zeitgenossen vielgerühmten *Lettres sur l'Italie, en 1785* bezeugen aber auch ein ausgeprägtes literarisches Talent. Dupaty brach mit den Konventionen der bisherigen Reiseliteratur. Anstelle von Kunstwerken, naturhistorischen Sammelstükken und ähnlichen Souvenirs wollte Dupaty aus Italien Eindrücke, Gefühle und Ideen mitbringen. Gegenüber der literarischen und kunsthistorischen Gelehrsamkeit, die Reisende immer wieder in Italien beweisen wollten, rückt er das persönlich Empfundene in den Mittelpunkt (vgl. Stärk 1994, 142ff.; Heidmann Vischer 1993, 35f.). Georg Forster, der die Briefe ins Deutsche übersetzte, lobte den Franzosen für seinen „glühenden“ Schönheitssinn und die „Spontaneität seiner Gefühle“. Er sei ein „Meister der Sprache“, der „oft mit ein paar Worten die Eindrücke, die er empfieng, auch in andern zu erwecken, oder eigentlich die Bilder seiner Phantasie mit Meisterstrichen zu crayonnieren versteht“ (Forster, AA, V , 350, u. XI, 160-162). Wir erhalten eindringliche Beschreibungen aus den Katakomben Roms, von klassischen Orten wie der Grotte

der Egeria und dem Grab Vergils sowie von Italiens schrecklich-schöner Natur. Schwärmerisch teilt Dupaty sein synästhetisches Erlebnis der Neptunsgrotte mit (R. 6). Die radikal subjektive Schilderung der von einem Wasserfall durchspülten Felshöhle in ihren Wirkungen auf all seine Sinne weist auf die romantischen Berichte späterer Reisender voraus. Die Grotte erscheint als Ort der Verzauberung durch eine wundervolle Natur. Auch am Krater des gerade aktiven Vesuvs macht er die Schreibfeder zum Pinsel, um mit Worten das „schöne Gemälde", das sich ihm bot, in all seinen Kontrasten zu 'malen' (R. 9).
FE

23
Johann Wolfgang von Goethe (1749-1832)

Aus meinem Leben
Zweyter Abtheilung Erster und
Zweyter Theil, 2 Bde.
Auch ich in Arcadien!
Stuttgart und Tübingen 1816/17
(Erstdruck der *Italienischen Reise*)
Frankfurter Goethe-Museum,
Inv.Nr. III E 46 / 1
Goethe-Museum Düsseldorf, Sign. GA 2

Goethes *Italienische Reise* hat Schule gemacht wie kaum ein zweiter Reisebericht; noch heute wandeln begeisterte Italienfahrer – seinen Spuren folgend – auf „classischem Boden". Obwohl sich die einzelnen Stationen gut nachvollziehen lassen und mit Informationen über Kunst, Natur und Volksleben nicht gespart wird, trägt der Text nicht den Charakter eines Reiseführers oder Handbuchs. Vielmehr bietet Goethe die erste literarisch überzeugende Formulierung des Mythos Italien, und darin liegt sicher ein Grund für die Wirkungskraft des Buches. Die autobiographische Anlage läßt den Leser zudem an einem tiefgreifenden, sehr persönlichen Bildungserlebnis teilhaben, das die Reise in modernem Sinn als Weg zu sich selbst erfahrbar macht.
Goethe stellte sich bewußt in die Tradition von Winckelmann (vgl. Kat.Nr. 18), ließ sich aber auch von der einschlägigen Reiseliteratur, etwa von Volkmann und Riedesel, leiten (vgl. Kat.Nr. 17, 19). Sein wichtigstes Anliegen blieb jedoch stets, der eigenen Erfahrung bildhaften Ausdruck zu verleihen. Schon sein Vater Johann Caspar Goethe hatte im Jahr 1740 die Grand Tour unternommen (R. 12); diese Bildungsreise zählte zu den prägenden Eindrücken, die er dem Sohn vermittelte. Johann Wolfgang von Goethe brach im Herbst 1786 heimlich von Karlsbad nach Italien auf; um sich „von den phisisch moralischen Übeln zu heilen", die ihn „in Deutschland quälten und [...] zuletzt unbrauchbar machten", aber auch, um „den heisen Durst nach wahrer Kunst zu stillen" (25. Januar 1788; Goethe, WA IV, Bd. 8, 327). Am 29. Oktober erreichte er Rom, das Ziel langjähriger Sehnsucht. Im Februar 1787 ging er nach Neapel und schloß Ende März eine Sizilien-Reise an. Über Neapel kehrte er im Sommer nach Rom zurück, wo er, abgesehen von Ausflügen in die Umgebung, bis zum April 1788 blieb. Im Juni traf er schließlich wieder in Weimar ein – als ein anderer nun, „wiedergeboren" in seinem Arkadien und „ganzer geworden", wie er befand.
Der Reisebericht entstand im Zuge biographischer Arbeiten erst viele Jahre später. Die Redaktion des Lebensberichts von Philipp Hackert, den Goethe 1811 nach dessen Aufzeichnungen edierte, reizte ihn, seinen eigenen italienischen Aufenthalt, der ei-

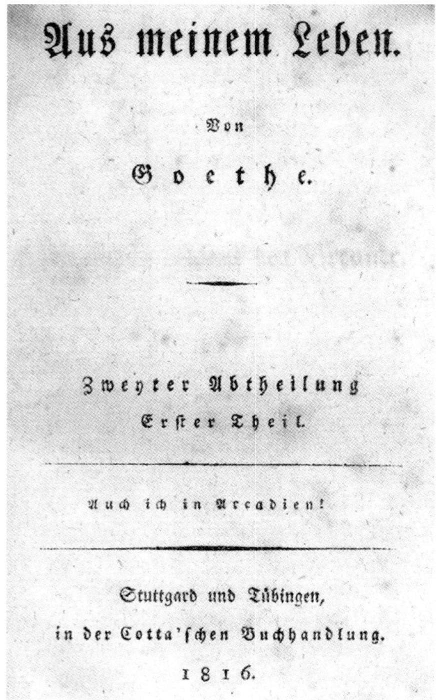
Aus meinem Leben.
Von
Goethe.
Zweyter Abtheilung
Erster Theil.
Auch ich in Arcadien!
Stuttgard und Tübingen,
in der Cotta'schen Buchhandlung.
1816.

23

nen Gipfelpunkt seines Lebens bildete, in eine literarische Form umzugießen. Als Grundlage konnte er sein Reisetagebuch und seine umfangreiche Korrespondenz mit den Daheimgebliebenen ebenso heranziehen wie die zahlreich in Italien entstandenen Zeichnungen. 1816 erschien der erste, 1817 der zweite Teil der *Italienischen Reise* unter dem Titel *Aus meinem Leben.* Das signifikante Motto „Auch ich in Arcadien", das diese beiden Bände begleitet, entfiel bei der erst 1829 erfolgten Veröffentlichung des letzten Teils, der den „Zweiten Römischen Aufenthalt" enthält und in die „Ausgabe letzter Hand" aufgenommen wurde.
Bei den eingehenden Schilderungen von Kunst und Natur, Land und Leuten wird auch das unterirdische Italien gestreift, doch eher nebensächlich, als hätte der Autor wenig Lust, das Licht des Südens mit den finsteren Höhlen zu vertauschen. Vielleicht spielt die antiromantische Zielrich-

tung der *Italienischen Reise* eine Rolle, wenn das amorphe, die Einbildungskraft aufregende Dunkel des Erdinneren vor der klaren klassischen Form zurücktreten muß, vielleicht gemahnt die Unterwelt Goethe auch zu sehr an den Tod, den er bekanntermaßen nicht zu „statuieren“ pflegte. In Rom schob er den Besuch der „Catacomben bei St. Sebastian“ bis zuletzt auf, um dann die „dumpfigen Räume“ schnellstens wieder zu verlassen, da ihn „alsobald ein solches Mißbehagen“ befiel, daß er sich „an's Tageslicht“ flüchten mußte (April 1788; Goethe, WA I, Bd. 32, 326f.; vgl. unten, S. 137). Die Katakomben des Kapuzinerklosters bei Palermo betrachtete er hingegen ganz rational im Hinblick auf ihre architektonische Konstruktion, die ohne Hilfe von Mauerwerk aus dem gewachsenen Tuffstein herausgearbeitet war; von den gespenstisch mumifizierten Toten ist nicht die Rede (10. April 1787; ebd., Bd. 31, 119f.). Sehenswürdigkeiten wie die Latomien von Syrakus (vgl. Kat.Nr. 82-85) scheinen ihn nicht interessiert zu haben oder lagen zu weit abseits seiner Route, und die Cervara-Höhlen bei Rom wurden erst später populär (vgl. Kat.Nr. 74-77). Lediglich die lieblich gelegene Grotte der Egeria suchte Goethe in Rom bei einem Spaziergang auf (vgl. Kat.Nr. 78-81). Die Neptunsgrotte bei Tivoli findet erstaunlicherweise keine Erwähnung, obwohl Goethe die Gegend mit Hackert durchstreifte, der ihm dieses von ihm so oft dargestellte Motiv (Kat.Nr. 40) sicher gezeigt hat.

Lediglich eine Grotte erfüllte Goethe mit Entzücken: die Grabkapelle der heiligen Rosalie am Monte Pellegrino bei Palermo (6. April 1787; WA I, Bd. 31, 100-105). Eine natürliche Höhle mit dem Altar und den Reliquien der Heiligen war so umbaut, daß Architektur und Natur zu einer reizvollen Einheit verschmolzen. Gesteigert wurde die Atmosphäre durch die Gegenwart der heiligen Rosalie, die als „schöne Schläferin“ dem Ort eine besondere Weihe verlieh. Der sizilianische Gottesdienst, das von den Grottenwänden tropfende Wasser, die überhängenden Felsen übten, zum Gesamtkunstwerk vereint, einen so unwiderstehlichen Zauber auf den Reisenden aus, daß er ausnahmsweise lange im mystischen Dunkel verblieb. In Pompeji und Herculaneum gab es schließlich noch einen unterirdischen Bezirk, den Goethe schätzen mußte, da er dort im Gefolge Winckelmanns eine ganze antike Welt für sich entdekken konnte. Die Ausgrabungen würdigte er denn auch einer gründlichen Besichtigung (vgl. Kat.Nr. 62-65).

Anders als die Höhlen übten die oberirdisch sichtbaren Wirkungen unterirdischer „plutonischer“ Phänomene auf den überzeugten „Neptunisten“ Goethe , der in Italien auch die Erdgeschichte studieren wollte, eine große Anziehungskraft aus. In Sizilien suchte er den Krater des Ätna zu erforschen, obwohl ihn der anhaltende Sturm fast in den Abgrund riß (vgl. ebd., 192f.). Ausführlich berichtet Goethe auch von drei Vesuv-Besteigungen und vom Besuch der Phlegräischen Felder (März 1787; WA I, Bd. 31, 20ff., 28-32, 64-67). Das Erlebnis der furchterregend ausbrechenden Lava, von Qualm und Glut im Kontrast zur fruchtbaren Schönheit des Landes veranlaßten Goethe zu der topisch gewordenen Reflexion „dieses mitten im Paradies aufgethürmten Höllengipfels“, wo Schönes und Schreckliches unauflösbar miteinander verbunden erscheinen (ebd., 66f.; vgl. oben, S. 13).

PM

24
Friedrich Johann Lorenz Meyer (1760-1844)

Darstellungen aus Italien

Berlin 1792

Frontispiz mit einem Blick in die Maecenas-Villa in Tivoli; Titelvignette mit der Dea Roma in einem Medaillon

Kupferstich von Daniel Berger nach Johann August Arens

Bez. u. l.: „Arens del. Hamburg 1792“, u. r.: „D. Berger Sculp 1792.“, o. r.: „S. 272“

Frankfurter Goethe-Museum, Inv.Nr. IX M 81 / E 1

Goethe-Museum Düsseldorf, Inv.Nr. KK 5587

Abb. siehe Seite 50

F. J. Lorenz Meyer, „Doktor der Rechte und Domherr in Hamburg“, verfaßte neun Jahre nach seiner Reise den Bericht „in den Stunden der Rückerinnerung“. Im Vorwort präzisiert er die Prinzipien seiner Darstellung, die keineswegs „systematisch und vollständig“ sein soll. Authentische Grundlage ist das an Ort und Stelle verfaßte Tagebuch. Detailreiche Erinnerung und konkrete Aufzeichnung werden hier zu skizzenhaften Texten zusammengefügt. Beobachtete Eindrücke werden aus subjektiver Perspektive wahrgenommen und in bildhafter Sprache mitgeteilt. Die Texte sind dem Jugendfreund Frankenberg, einem „Kammerrath und Gutsbesitzer“, gewidmet. Die Skizzen von Italien sollen die Vorstellung an die zurückliegende gemeinsame Reise wiederbeleben. Die Titelvignette zeigt Dea Roma, die ein Schild mit Remus, Romulus und Wölfin hält und von einer Nike oder Viktoria bekränzt wird, das Frontispiz einen Blick in die Maecenas-Villa in Tivoli (vgl. Kat.Nr. 42).

HS

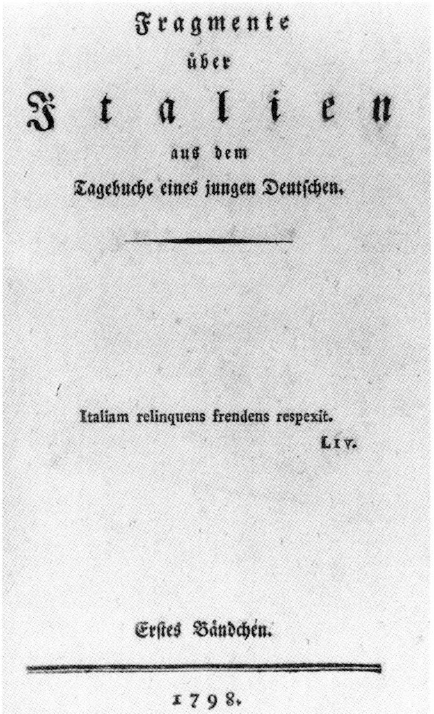
Fragmente
über
Italien
aus dem
Tagebuche eines jungen Deutschen.

Italiam relinquens frendens respexit.
Liv.

Erstes Bändchen.

1798.

25

25
Karl-Joseph Stegmann (1767-1837)

Fragmente über Italien aus dem Tagebuche eines jungen Deutschen

2 Bde.
Zürich 1798
Goethe-Museum Düsseldorf,
Inv.Nr. 7301b/1993

Der Verfasser möchte namentlich nicht genannt sein, weil er seine schriftstellerischen Fähigkeiten als gering einschätzt. Aus dem kurzen Vorwort erfährt der Leser, daß er seine Aufzeichnungen während eines zweijährigen Aufenthalts in Italien niederschrieb. Beispielhaft seien wacher „Beobachtungsgeist“ und „brennende Lernbegierde“, die das südliche Land in seinem Besucher hervorrufe. Gerade die Anonymität des Autors ist es, die die Identifikation des Lesers mit dem Erlebenden fördert. Italien gilt als „eine so unerschöpfliche Fundgrube des Wissenswürdigen“, daß dieses Thema eine Veröffentlichung privat-persönlicher Wahrnehmungen rechtfertigt. Die *Fragmente über Italien* sollen kein leitender Reiseführer mit praktischen Hinweisen sein, sondern sie stellen die Erfahrungen eines Menschen mit „Freimüthigkeit“ und „Wahrheitsliebe“ dar. Es wird eine individuell erlebte Wirklichkeit beschrieben, die aufgrund der subjektiven Betrachtungsweise neue Perspektiven eröffnet. Stegmann fügt in seinen Bändchen herkömmliche Themen zur Landeskunde, zu Kunst (Theater, Oper), zu einzelnen Städten und Regionen des Landes zusammen. Vergleichsweise umfangreich fällt seine Beschäftigung mit dem „Nationalcharakter“ und „Gesellschaftlichen Umgang“ aus. Er setzt sich mit Regierung, Gesellschafts- und Berufsstrukturen, Armee und Kirche kritisch auseinander.
Bücher dieser Art möchten aufgrund individueller Studien Wissen vermitteln und verstehen sich zugleich als authentische Vorbereitung für eine Reise nach Italien. Doch auch hier gilt: „Der Blick auf die Fremde gibt immer auch über den Beobachter und Berichterstatter Auskunft, und so erscheint hinter dem, was deutschen Reisenden an Italien bemerkenswert schien, zugleich auch ein Bild Deutschlands. [...] (Oswald 1985, 7-9).
HS

26
Karl Philipp Moritz (1756-1793)

Reisen eines Deutschen in Italien in den Jahren 1786 bis 1788

3 Bde., 1792/93, I

Berlin 1792

Frontispiz mit Architekturdarstellungen, gestochen von Daniel Berger nach Peter Ludwig Lütke

Bez. u. l.: „Lütke jun: del:“,
u. r.: „D. Berger sc. 1791“

Frankfurter Goethe-Museum,
Inv.Nr. IX M 130 / E 11

Aus dem „abscheulichen Schulkerker“ in Berlin, wo er seit 1778 als Gymnasiallehrer tätig ist, bricht Moritz, nachdem er sich bereits seit 1784 mehr Raum für seine schriftstellerische Tätigkeit geschaffen hat, nach Italien auf. Die Reise läßt er sich vorfinanzieren von dem Verleger Campe, dem er ein Reisehandbuch und ein Werk über die Altertümer abzuliefern verspricht (vgl. Behrmann 1996, 105-136). Das Frontispiz nach Peter Ludwig Lütke, einem Schüler Hackerts, weist mit Darstellungen des Tempels der Concordia in Rom (oben) und des Sibyllentempels in Tivoli (unten) die Überlieferungen der Antike als das Hauptziel der Reise aus.
Unterwegs gibt es zahllose Anlässe für klassische Reminiszenzen. Beim Besuch von Vergils Grotte in seinem Geburtsort in Pietola und der Grotten von Ciceros Landsitz in Mola, sowie bei seinen Ausflügen in die Campagna gedenkt Moritz immer wieder der antiken Dichter, vor allem Horaz'. Zahlreich sind die Gelegenheiten, das Verhältnis von Antike und Gegenwart nach eigener Anschauung auszuloten. In Rom widmet er sich primär dem Studium der bildenden Kunst. Unter dem Eindruck von Winckelmanns Antikenverständnis und im

26

ständigen Austausch mit Goethe, der ihn nach einem Reitunfall am römischen Krankenbett betreute, entwikkelte er die Grundlagen seines 1791 erschienenen mytho-poetischen Werks *Götterlehre oder Mythologische Dichtungen der Alten*.
Der begeisterten Beschäftigung mit der Antike stehen schwärmerische Beschreibungen von Landschaftserlebnissen gegenüber. Die „seligen Gründe" einer Felsschlucht bei Sorrent, wo sich ihm „die höchsten Schönheiten der sich selbst gelaßnen Natur" zeigen, kann er nur mit Wehmut verlassen (II, 53); die Schlucht des Aniene bei Tivoli ist ihm ein „Heiligthum der schaffenden und wirkenden Natur" (II, 123); selbstverständlich besucht er auch die malerisch reizvolle Grotte der Egeria, die Lütke in einem Stich festhält (vgl. Kat.Nr. 80).
FE

27
Friederike Brun (1765-1835)

Sitten- und Landschaftsstudien von Neapel und seinen Umgebungen in Briefen und Zuschriften entworfen in den Jahren 1809-1810 nebst spätern Zusätzen

Leipzig 1818

Frontispiz (ausklappbare Tafel) mit der Aquatinta-Radierung „Impluvium oder Cortile im Styl der zu Pompeji aufgegrabenen Wohnungen" von Wilhelm Friedrich Schlotterbeck nach Gustav Hetsch

Frankfurter Goethe-Museum,
Inv.Nr. IX B 218 / E 4

Friederike Brun, geb. Münter, wuchs in Kopenhagen in einem musischen Kreis auf und entdeckte früh ihr schriftstellerisches Talent. Seit 1783 war sie mit dem dänischen Konsul Konstantin Brun verheiratet, mit dem sie in Petersburg lebte, bevor sie wieder nach Kopenhagen zurückkehrte. Sie reiste viel und schloß zahlreiche Bekanntschaften mit bedeutenden Persönlichkeiten ihrer Zeit, vornehmlich aus dem Bereich der Kunst und Literatur. Auf einer Reise in den Süden lernte sie den Schriftsteller Karl Viktor von Bonstetten und den Lyriker Friedrich von Matthisson kennen. Stand sie zunächst unter dem Einfluß Klopstocks, so schloß sie sich jetzt eng an den empfindsamen Klassizismus Matthissons an. Ihre Reiseerlebnisse und -eindrücke legte sie in zahlreichen Aufsätzen und Büchern nieder, wobei sie einen flüssigen Übergangsstil zwischen Klassik und Romantik entwikkelte, der sich durch seine assoziative Phantasie auszeichnet. Friederike Bruns Erzählweise wirkt gefühlsbetont, oft schwärmerisch, zeugt aber von einem wachen Blick für die Geschehnisse, was sie zu einer wichtigen Zeitzeugin macht.

Als Schriftstellerin war Friederike Brun nicht unumstritten; so entwirft Goethe gegenüber Schiller ein kritisches Bild von ihr: „Welch eine sonderbare Mischung von Selbstbetrug und Klarheit diese Frau zu ihrer Existenz braucht, ist kaum denckbar, und was sie und ihr Cirkel sich für eine Terminologie gemacht haben um das zu beseitigen was ihnen nicht ansteht und das was sie besitzen als die Schlange Mosis aufzustellen, ist höchst merckwürdig" (Goethe, WA IV, Bd. 10, 280).
Böttiger, der Herausgeber der *Sitten und Landschaftsstudien*, nennt sie dagegen eine „seltene Meisterin" in der „Kunst mit der Feder zu malen" (Vorwort, xi). Mit ihrer „Art von Landschaftsmalerei" (ebd., xii) fing sie immer wieder den Zauber italienischer Höhlen ein. In den zuvor erschienenen *Prosaischen Schriften* waren dies u.a. die Nymphengrotten und das Emissarium am Albaner See (vgl. R. 28), die sogenannte Grotta dei Tritoni bei Neapel sowie die paradiesische Grotta di Bonca bei la Cava mit ihren Stalaktiten (vgl. R. 3 und Kat.Nr. 96); in den *Landschaftsstudien* schildert sie die „magische Szene" einer Befahrung der schauerlichen Sirenengrotten bei Sorrent (vgl. R. 57).
FE/PM

30

4 Naturwunder: Höhlen, Felsbögen, Abgründe

In Italiens vulkanischen Gebirgen, in den zerklüfteten Küsten- und Flußlandschaften gab es zahlreiche natürliche Höhlen zu besuchen. Bis weit ins 18. Jahrhundert waren diese aber meist nur dann von Interesse, wenn sie mit antiker Geschichte oder mit Mythen in Verbindung gebracht werden konnten. Höhlenführer leiteten die Reisenden in ihrer Wahrnehmung, dem gebildeten Besucher drängten sich literarische Assoziationen auf. Um 1800 beachtete man dann zunehmend auch Höhlen, die zunächst durch dieses Raster gefallen waren. Entweder dachte man sie als potentielle Schauplätze klassischer Geschichten – der Freiherr von Hammer-Purgstall etwa imaginiert einen langen Reigen von phantastischen Projektionen (R. 2) – oder aber man betrachtete sie als sinnliches Schauspiel in ihren erhabenen und malerischen Qualitäten. Die *Ciceroni* warteten mit eigens inszenierten, optischen und akustischen Effekten auf, um dem neuen Augenmerk Rechnung zu tragen (vgl. R. 1).

In Felsbögen, -toren und -brücken, wie man sie bei Sorrent und Amalfi vorfand, bewunderte man nun die Natur als kühne Baumeisterin. Der Blick in den Abgrund und der Weg durch die Schlucht offenbarten eine übermächtige, schauerlich oder feierlich erhabene Natur. Mit der Gewalt des Wassers hat sie tiefe Täler in den Stein geschnitten und wirft Fragen nach der geologischen Entstehung ihrer Gebilde auf.

Nach alter Tradition suchten die Eremiten die Abgeschiedenheit der Höhlen, diese konzentrierte, intime Sphäre abseits der Städte. Im frühen 19. Jahrhundert folgten ihnen die Künstler dorthin und fanden unberührte Landschaften, die zur Meditation und zum Träumen einluden. Die bedrohlichen Aspekte düster klaffender Höhlenöffnungen wichen in den Darstellungen dem quasi-religiösen Winkel und dem *locus amoenus*. Am fruchtbaren Ufer eines Gebirgsbachs, im kühlen Grund eines Felstals oder im Schatten einer Höhlenöffnung läßt sich die mediterrane Hitze gut ertragen. Oftmals bieten sich malerisch gerahmte Ausblicke auf die Umgegend. An einsamen Flecken, wo allenfalls ein Hirte mit seiner Herde lagert, kann der Blick sich den Details widmen. Unmittelbare Eindrücke der Farbenvielfalt, der atmosphärischen Wirkung und Kontraste zu verschiedenen Tages- und Jahreszeiten geben nach der Natur gemalte Aquarell- und Ölskizzen. Sie gewinnen den Höhlen – jenseits des Kriteriums des Kuriosen, das frühere Darstellungen rechtfertigte – neue ästhetische Reize ab.

FE

28
Friedrich Wilhelm Gmelin (1764-1820)

Felsenhöhle bei Sorrent

1792
Schwarze Kreide, Pinsel in Braun, Deckweiß auf hellbraunem Papier, 57,5 x 42,5 cm
Bez. r. u.: „ a Sorrento / W. F. Gmelin / fecit / 1792"
Staatliche Kunsthalle Karlsruhe
Inv.Nr. 1990-169

28

Zwischen hoch aufragenden Felswänden tritt aus einer nur zum Teil einsehbaren Höhle ein Fluß, der durch einen aus dem Gebirge herabschießenden Wasserfall gespeist wird. Es ist einer der Wasserläufe, die tiefe Schluchten in die Tuffsteinterrasse bei Sorrent geschnitten haben. Erst der zweite Blick entdeckt am Fuße dieser Ehrfurcht gebietenden, übermächtigen Felskulisse einen lesenden Eremiten. Die Treppe, auf der er sitzt, führt zu einem einfachen, kapellenartigen Gebäude, das ein großes, hölzernes Kreuz birgt. Der einsame Ort am Ende der Klamm entspricht ganz dem vorromantischen Geschmack an solchen Rückzugsorten. In der christlichen Kunst sind wilde, gebirgige Landschaften und Höhlen seit jeher der typische Aufenthalt von Einsiedlern. Mit der um 1800 einsetzenden Ästhetisierung der Religion wurde dies wieder verstärkt zum Thema. In zahlreichen Bildern von süditalienischen Klöstern und Mönchen im Umfeld von Grotten entfalten die deutschen Romantiker um 1820/30 die religiös-meditative Aura der Höhlen (vgl. Röder 1987, 96-98). Empfindsame Besucher fanden diese auch in den Gärten der Zeit. Künstliche Grotten und Eremitagen boten dort Gelegenheit zur Einkehr, zur Zwiesprache mit der Natur und mit sich selbst (vgl. Kat. Eremiten und Ermitagen 1993, 18f.). Gmelin kam 1787 nach Rom und verbrachte dort fast sein gesamtes weiteres Leben. 1788-1790 zog er nach Neapel, wo er auf Einladung Jakob Philipp Hackerts dessen Landschaften stach, um dann in Rom neben seiner Tätigkeit als Zeichner einen blühenden Handel mit Stichen nach Veduten und klassischen Ideallandschaften zu betreiben. Er stand in Kontakt mit der dortigen deutschen Künstlerkolonie. Mit Johann Christian Reinhart zusammen soll er 1810 die Grotten von Cervara wiederentdeckt haben (vgl. Kat.Nr. 74-77; Kat. Hackert 1994, 253ff., 342).
FE

29
Johann Heinrich Schilbach (1798-1851)

Steiler Treppenweg in Sorrent

1825
Aquarell und Feder in Graubraun auf graublauem Papier, 51,1 x 43,2 cm
Auf grauem Karton aufgezogen und mit geprägtem Goldpapierstreifen umrandet
Bez. r. u.: „Sorrent den 29t July 1825"
Hessisches Landesmuseum Darmstadt,
Inv.Nr. HZ 718

1823 zusammen mit Ernst Fries nach Italien gekommen, machte sich der Darmstädter Maler Schilbach mit einigen Künstlerfreunden (unter ihnen Ludwig Richter, der in seinen *Lebenserinnerungen* von der Reise berichtet;

29

vgl. R. 32) im April 1825 von Rom nach Neapel auf. Die Landschaften Kampaniens boten ihnen zahlreiche Gegenstände. Besonders beliebt war seit den 1820er Jahren das zerklüftete, an Felshöhlen reiche Mühlental (Vallone dei Mulini) bei Sorrent. In den Darstellungen erhält diese imposante ‚natürliche Architektur', die durch einige Brücken und in den Fels geschlagene Stufen ergänzt ist, den Anschein einer Ruine (vergleichbar etwa der Grotte von Posillipo: Nr. 58, 59, 61). Die Ansichten folgten bald einer verfestigten Typologie. So nimmt Schilbach die Felsenschlucht etwa von der gleichen Stelle auf, die 1823 schon Heinrich Reinhold (Ölstudie, Hamburger Kunsthalle) wählte, als er dort gemeinsam mit Carl Wilhelm Götzloff und Johann Joachim Faber gezeichnet hatte. Während Reinhold an die Quelle am Fuß der Treppe eine einsame weibliche Gestalt – sie ist als romantisches Fruchtbarkeits- und Schöpfungssymbol zu verstehen – setzte, verfolgen wir bei Schilbach das alltägliche Kommen und Gehen der waschenden und Wasser schöpfenden Frauen (Kat. Schilbach 2000, Nr. 32). Möglicherweise deutet das pittoreske Genremotiv auf eine spätere Entstehung der sorgfältig aquarellierten Federzeichnung im Atelier.

FE

30

Ernst Fries (1801-1833)

Felsentor bei Sorrent

1826
Aquarell über Bleistift auf weißem, starkem Papier, 17,8 x 22,5 cm
Bez. Rückseite: „Sorrent den 9t Aug.1826."
Kurpfälzisches Museum Heidelberg, Inv.Nr. Z 334

Abb. siehe Seite 60

Ein Jahr nach Schilbach besuchte auch Ernst Fries die Felsschlucht bei Sorrent und wählte für eine Bleistiftzeichnung des dortigen Treppenwegs einen entsprechenden Standpunkt und Ausschnitt (Wechssler 2000, Nr. 377). Gänzlich unkonventionell in Technik und Farbe ist dagegen dieses Aquarell eines Felsbogens in derselben Kluft (Wechssler 2000, Nr. 378; Kat. Fries 2001, Nr. 64). Auch das Motiv dieser wechselseitig vorspringenden und an einer Stelle zu einem Tor ausgewaschenen Felsnasen wurde von mehreren Künstlern behandelt (vgl. Galassi 1991, Abb. 122-124). Mit seinem effektvollen Hell-Dunkel und dem erstaunlich großzügigen Duktus hebt sich Fries' Aquarell aber deutlich von vergleichbaren Darstellungen ab. Fries hat die übliche Blickrichtung umgekehrt und führt in zwei Durchblicken, durch die Felsschlucht links und das markante Tor rechts, eine bisher ungekannte Farbigkeit vor. In differenzierten Tönen suggeriert er die Wärme und das Licht der südlichen Landschaft im Kontrast zum kühlen Grund des Flußtals, wo es sich auch im Hochsommer angenehm arbeiten ließ.

FE

31
Ernst Fries (1801-1833)

Baumbestandener felsiger Abhang mit Höhle

1826/27
Öl auf Papier auf Karton, 25,4 x 34,5 cm
Kurpfälzisches Museum Heidelberg, Inv.Nr. G 198

1826 traf Fries während eines Ausflugs in Civita Castellana auf Camille Corot, mit dem er für zwei Wochen zusammen arbeitete. Von dem Franzosen erhielt er wohl Anregungen zu Ölstudien, eine Praxis, die schon in den Jahren zuvor einige deutsche Künstler in Italien pflegten (u.a. Johann Martin von Rohden, Franz Ferdinand Oehme, Carl-Wilhelm Götzloff). Das Skizzieren in der Natur hatte in Rom eine noch längere, bis auf Claude Lorrain und Gaspard Dughet zurückreichende Tradition. Um 1800 kam dann die Freilichtmalerei in Öl in Mode. Sie erlaubte es einerseits, flüchtige Naturwahrnehmungen unmittelbar festzuhalten, andererseits entband sie die Landschaftsmaler von ihrer Verpflichtung auf traditionell bedeutsame Motive. Die topographische Zuordnung verlor an Bedeutung oder spielte gar keine Rolle mehr. Man konzentrierte sich mitunter auf kleine Naturausschnitte wie die markante Felspartie in Fries' Ölskizze (Wechssler 2000, Nr. 497; Kat. Fries 2001, Nr. 75). Die Dramatik des Lichts allein wäre schon Thema genug für eine solche Studie. Über hohem Horizont ragen herbstlich gefärbte Bäume in einen klaren Himmel, darunter liegt blendend hell das plastische Relief eines Felsabhangs und kontrastiert scharf mit einer dunklen Höhle, die sich an seinem Fuß öffnet.
Immer wieder faszinierte Fries das Untergründige als der dunkle Aspekt

31

32

der italienischen Landschaft – ob man an seine Skizzen der Felshöhlen von Cervara denkt, an Quellgrotten, die er zeichnete, oder den unheimlichen Stollen, der am Bildrand einer Ideallandschaft von 1830 in den Berg führt. In der vorliegenden Ölskizze wird das Felsloch – aus dem landschaftlichen Kontext gelöst – zum Hauptgegenstand des Bildes. Von rechts führt ein Weg in die bedrohlich wirkende Höhle. An ihrem Eingang ist noch ein rechtwinkliger Absatz zu erkennen, bevor sich der Blick, der sich ihrer Sogwirkung kaum entziehen kann, in tiefem Schwarz verliert.

FE

33

32

Carl Morgenstern (1811-1893)

Felsbogen bei Civitella

Um 1835
Öl auf Papier, auf Leinwand aufgeklebt, 44,8 x 58,6 cm
Bez. u. l. (eingekratzt): „Civitella 5 26 July 1836 C. M* -"
Städtische Galerie im Städelschen Kunstinstitut, Frankfurt am Main, Inv.Nr. SG 1068

Aus einer bekannten Frankfurter Malerfamilie stammend, reiste Carl Morgenstern 1834 nach Italien und hielt sich bis 1837 meist in Rom auf (Kat. Morgenstern 1999). Im Juli und August 1836 unternahm er zusammen mit drei Malerkollegen (Ernst Willers, Hanns Gustav von Haugk, H. Meyer) eine Wanderung nach Civitella und fertigte mehrere Ansichten des im Sabinergebirge gelegenen Städtchens und seiner Umgebung an. Bereits am 22. Juli hatte er in einer mit „4" numerierten Ölstudie denselben Felsbogen von der anderen Seite aus dargestellt (Städelsches Kunstinstitut, Inv.Nr. SG 227). Wie in der gezeigten Nr. „5" dient der natürliche Bogen als Rahmen für ein Bild im Bild. Das steinerne Tor schiebt sich bildparallel vor die Landschaft und gibt den Blick auf lichtdurchflutete, baumbestandene Anhöhen im Hintergrund frei. Ein kleiner Bach fließt durch den Bogen und wird auf seinem Weg durch Büsche und Gräser begleitet, auf deren Blattwerk die Sonne spielt. Morgenstern studiert, wie das Licht die Oberflächen des Gesteins modelliert und sich im bodenbedeckenden Wasser spiegelt. Über 50 in der italienischen Landschaft entstandene Farbskizzen (sowie weitere von späteren Italienaufenthalten) bildeten die Grundlage für Morgensterns zahlreiche, im Atelier entstandene Italien-Bilder, die ihn schnell über Frankfurt hinaus bekannt machten. Mit beliebten Motiven in verklärender Darstellung deckte er den unersättlichen Bedarf seiner nordeuropäischen Auftraggeber.

FE

33

Ferdinand Kobell (1740-1799)

Heroische Landschaft mit Felsbogen

Feder mit Tusche auf hellbraun getöntem Papier, 34,5 x 48,3 cm
Kunstsammlungen zu Weimar, Inv.Nr. KK 1541

Ferdinand war der Bruder und Lehrer von Franz Kobell (vgl. Kat.Nr. 97), Mitglied der in Mannheim ansässigen, 1794 im Gefolge des Kurfürsten nach München übersiedelten Künstlerfamilie. 1771 wurde er von Carl Theodor zum „Kabinetts-Landschaftsmaler" ernannt. In der kurfürstlichen Gemäldegalerie hatte er die niederländische Landschaftsmalerei des 17. Jahrhunderts studiert, deren Vorbild er zeitlebens verbunden blieb (vgl. Schweizer 1962). Auch die Weimarer Tuschzeichnung ist fest in der Gattungshierarchie verankert, die aus der Tradition der Ideallandschaft des 17. Jahrhunderts abgeleitet wurde. Der an höchster Stelle rangierenden Historienma-

lerei versuchten die Landschaftsmaler ihre Naturdarstellungen durch eingesetzte Figurenszenen anzunähern. Gegenüber dem 'pastoralen' oder 'landmäßigen' Stil sollte sich im Verständnis der klassizistischen Kunsttheorie die 'heroische' Landschaft dadurch auszeichnen, daß sie eine geeignete Bühne für die Darstellung historischer Heldentaten abgab (vgl. Kat. Heroismus und Idylle 1984, 170-172). Im späteren 18. Jahrhundert konnte aber auch die Landschaft selbst zum eigentlich heroischen Gegenstand werden.
So stellt Kobell eine bizarre Felslandschaft ohne Figuren vor. Die drei hintereinander nach links in die Bildtiefe gestaffelten Felsenbögen wird er so nicht in der Natur vorgefunden haben. Zusammen mit dem antikisierenden Monument, das im Durchblick rechts erscheint, hat er vielmehr einzelne Landschaftselemente zu einem idealen Ort komponiert, an dem Kunst und Natur vieldeutig verschränkt sind. Beim Betrachter sollten die mächtigen, dynamisch geschwungenen Felsformationen, die sich zu einer Art Arkade ordnen, wohl ein Gefühl der Ehrfurcht vor der Größe der Natur bewirken. Mit der Gewalt der Elemente wurde diese Felsarchitektur geschaffen, doch sie wird ebensowenig von Dauer sein wie das von Menschenhand errichtete Bauwerk. Die alles vereinnahmende Vegetation macht beide zu Ruinen und stimmt das Thema der Vergänglichkeit an.
FE

34

34
Jakob Philipp Hackert (1737-1807)

Im Tal von La Cava

1796
Feder und Pinsel in Braun über Bleistift, 46,9 x 69,8 cm
Bez. u. r.: „a Vietri de la Cava Filippo Hackert f. 1796“
Frankfurter Goethe-Museum, Inv.Nr. III-14662

Hackert gehörte zweifellos zu den erfolgreichsten und anerkanntesten Landschaftsmalern seiner Zeit. Durch seine Schule gingen viele Künstler, auch wenn sie danach zu einer konträren Gestaltungsweise gelangen sollten. Im Bemühen um eine vollkommene Wiedergabe der Natur schloß Hackert sich an die Tradition der idealen Landschaftsmalerei des *Seicento* an, begnügte sich aber nicht mit stimmungsvoller Schönheit, sondern suchte einen wissenschaftlich begründeten Zugang zu den Naturphänomenen, um sie möglichst getreu darstellen zu können. Er kam 1768 nach Rom; 1786 zog er als Hofmaler von König Ferdinand IV. nach Neapel. Hackert unternahm lange Streifzüge mit dem Skizzenbuch durch die italienischen Regionen, die er in zahllosen Veduten und Idealansichten festhielt, und entdeckte dabei auch das unterirdische Italien für sich.
Zu seinen Lieblingsmotiven gehörte das Tal von La Cava bei dem Städtchen Cava dei Tirreni in der Gegend von Salerno, das wegen seiner reizvollen Landschaft, seines heilsamen Klimas und seiner reichen Vegetation recht beliebt war. Auf Anraten seines Arztes hielt Hackert sich mehrfach dort auf und unternahm „malerische“ Streifzüge; dabei entstanden Skizzen, die er in sorgfältige, für den Verkauf gedachte Kompositionen umsetzte. Mit naturwissenschaftlichem Interesse studierte er die vulkanischen Bergformationen, die von zahlreichen Grotten und Klüften durchzogen sind, worauf schon der Name „Cava“ hindeutet. Ein Beispiel für Hackerts genaue Beobachtung bietet die Zeich-

nung des Wegs zwischen Vietri und Cava dei Tirreni (Nordhoff 1994, Nr. 881), der auf einer Bogenbrücke über schäumende Wasserkaskaden führt; hölzerne Vorrichtungen an der oberen Stufe dienten vermutlich zum Stauen des Wildbachs. Hinter der Straße ragt, vom oberen Bildrand überschnitten, ein schrundiges Bergmassiv auf, das von Höhlen und Felsspalten durchsetzt ist. Am Ende der Brücke öffnet sich ein Tor mit Gatter, vielleicht der Eingang eines Tunnels – diese in ungewissem Dunkel verschwindenden Zugänge zum Inneren des Bergs haben den Zeichner offensichtlich besonders fasziniert (R. 3).

PM

35

35
Unbekannter Künstler

Hirtenszene unter gemauertem Bogen mit Blick auf einen See

Aquarell, 39,5 x 60 cm
Bez. r. im Bild: „à Salerno Royaume des Naples"
Goethe-Museum Düsseldorf

Im Gegensatz zu zahlreichen Höhleneingängen, die von außen als dunkel werdender Raum dargestellt werden, schaut der Betrachter des Bildes aus dem Höhlenraum in die Helligkeit des Tages. Der Schutz und die Kühle im Schatten der Höhle vermitteln sich, denn der Hirt und die Rinder in der Bildmitte ziehen auf kleiner Fläche die Wärme des Sonnenlichts vor. Das Bild selbst wird strukturiert durch einen weit gespannten, bogenförmigen Höhleneingang, der eine Verbindung aus natürlichem Gestein und Mauerwerk darstellt. Die morphologische Form wird von der Architektur aufgegriffen und fortgeführt. Äste und rankende Pflanzen verdecken von außen den Eingang, von innen gesehen lockern sie die Linie des strengen Bogens auf. Der Untergrund im Eingangsbereich wird von mächtigen, unförmigen und bearbeiteten Felsquadern gebildet, die neben- und übereinander liegen. Ein zugemauerter Eingang in der rechten Bildhälfte deutet auf eine frühere andere Nutzung hin. Türrahmen und Supraporte sind aus schmalen, rötlichen Ziegeln, Muster bildend, auffällig gemauert. Im Kontrast zu dem dunklen Innenraum steht die Aussicht auf den tiefergelegenen See und das andere Ufer mit seinen gebirgigen Höhen. Die Gebirgsrücken zeigen Spuren von rinnenförmiger Verwitterung und Auswaschung wie sie in mediterranen Gebieten vorkommen. Die Farben sind klar und kraftvoll gewählt, zarte blau-grüne Eindrücke leuchten lokkend vor dem Dunkel der Höhle. Alle dargestellten Gegenstände sind scharf konturiert. Wolkenloser Himmel spannt sich von weiß-blauen Tönen bis zum tiefen Blau im Zenit. Ein Vogel belebt die Himmelsfläche und läßt sie zum Raum werden. Auf dem blau-grünen See sind Segelschiffe sichtbar, menschliche Siedlungen werden nicht angedeutet. Im Mittelpunkt des Bildes spielt sich eine Hirtenszene ab: Ein junger Hirt, auf seinen Stab gestützt, bildet eine Senkrechte unter dem Felsbogen, die sich nach oben durch eine herunterhängende Pflanze optisch verlängert. Seine einfache Kleidung mit der dichten Fellweste betont die Nähe zu seinen Tieren. Der hohe Grottenbogen fügt optisch Mensch und Tiere friedvoll unter sich zusammen. Es scheint, als würde sich diese ruhige Szene, an nicht bestimmtem Ort, außerhalb jedes anderen menschlichen Einflusses abspielen.

HS

36

36
Giovanni Volpato (1733-1803)

Blick aus einer südländischen Höhle auf Felsen, See und eine Stadt

Aquarell, aufgezogen auf graue Pappe,
25 x 36 cm
Goethe-Museum Düsseldorf

Das Aquarell, Volpato zugeschrieben, ist nicht datiert. In seinem Geburtsort Bassano wurde Volpato als Steinmetz ausgebildet; seine Grundlagen als Stecher erhielt er bei Bartolozzi in Venedig. Seit ca. 1771 in Rom, gründete er eine Kupferstecherschule und arbeitete mit Louis Ducros (vgl. Kat.Nr. 57, 58) in einer Werkgemeinschaft.

Das Bild zeigt den Blick aus einem Höhlenraum auf einen davor befindlichen Felsblock. Tief unten liegt ein See; den Horizont bildet eine mit feinen Linien angedeutete hochgebaute Stadt. Der bogenförmige Höhleneingang umschließt das Bild wie ein steinerner Rahmen, der oben nicht ganz geschlossen, sondern von herunterhängendem Gesträuch bekränzt wird. Der Felsblock, der vielleicht zu früheren Zeiten den Eingang zur Höhle verschlossen hielt, türmt sich wie ein Bruchstück vor dem Eingang. Oben auf dem spitzen Felsen versucht ein Hütejunge mit breitkrempigem Hut zwei Ziegen zu erreichen, die bis an die äußerste Felsenkante gelaufen sind. Daß diese Höhle ein Aufenthaltsort für Mensch und Tier ist, zeigen eine dreistufige, in den Felsen gehauene Treppe und am Rand des Eingangs angeordnete Begrenzungssteine. Volpato besticht mit feiner Linienführung, die einzelne Bereiche von einander zu trennen vermag: Uferbegrenzung, grau-rötliche Bruchkanten am Felsen, Schattenkanten auf Blättern. Zwei im Gespräch befindliche Abbati stehen etwas unterhalb des Höhleneingangs und beleben mit ausgestrecktem Arm die Perspektive in die Ferne. Jede der Figuren verlebendigt das starre Höhlenszenario. Je nach dem Stand der Sonne wird der Eingang der Höhle von ihren Strahlen erfaßt, die Steine nehmen für kurze Zeit Licht und Hitze auf, bevor sie wieder zum Schatten der Höhle gehören. Am gegenüberliegen Ufer fällt das Licht in breitem Schein wie durch einen Filter auf den See. Das Bild besticht in seiner Lichtregie und Detailfreude. Offen bleibt die Frage nach der genauen Lokalisierung des Ortes.
HS

Aus den Reiseberichten

Reisebericht 1

Magische Beleuchtung

Johann Gottfried Seume

Endlich kamen wir, nach vielem Irren und Suchen, in noch einer halben Stunde am Eingange der Höhle [von Adlersberg bei Prewald] an. Dieser ist romantisch wild und schauerlich in einem tiefen Kessel, rund umher mit großen Felsenstücken umgeben und mit dem dichtesten Schwarzwalde bewachsen. Hier zündeten wir in dem Gewölbe halb am Tage die Fackel an und gingen in die Höhle hinein, ungefähr eine Viertelstunde über verschiedene Felsenfälle, sehr abschüssig immer bergab. Beym Hinabsteigen hörte ich links in einer ungeheuern Tiefe einen Strom rauschen [...]. Wir stiegen nicht ohne Gefahr noch einige hundert Schritte weiter über ungeheuere eingestürzte Felsenstücke immer bergab, und mein Führer sagte mir, weiter würde er nicht gehen, er wisse nun keinen Weg mehr und die Fackel würde sonst nicht den Rückweg dauern. Er mochte wohl nicht der beste Wegweiser seyn. Aber die Fackel brannte wirklich in der großen Tiefe und vermuthlich in der Nähe von Dünsten nur mit Mühe; wir stiegen also wieder heraus und förderten uns bald zu Tage. [...] Nun standen wir am Eingange der andern Grotte, wo sich der Fluß in den Felsen hineinstürzt. [...] In einiger Entfernung vom Eingange erweitert sich das Gewölbe, es wird sehr hoch und breit, man hört links den Fluß wieder herauschen, und bald kommt man auf eine natürliche Felsenbrücke über denselben mitten unter dem Gewölbe. Hier thut die Flamme der Fackeln eine furchtbar schöne Wirkung. Man hört das Wasser unter sich, und sieht über sich und rund um sich die Nacht des hohen, breiten Gewölbes. Hier haben die Führer die Gewohnheit einige Bund Stroh auf den Felsenwänden der Brücke anzuzünden, und hatten diesmahl sehr reichlich zugetragen. Die magische Beleuchtung der ganzenunterirdischen Brückenregion mit ihrem schauerlichen Felsengewölbe, den grotesken Felsenwänden und dem unten im Abgrunde rauschenden Strom macht einen der schönsten Anblicke, deren ich mir bewußt bin. Wenn der Strohhaufen fast verzehrt ist, stürzt man ihn von der Brücke hinab in den Strom, und so sieht man ihn unten in der Tiefe auf dem Wasserbette noch einige Augenblicke fortglühen. Die plötzlich aufsteigende weite Flammenhelle und die schnell zurückkehrende Finsterniß, wo man bey dem schwachen Fackellichte nur einige Schritte sieht, macht einen überraschenden Kontrast. [...] Ich ging nun links am Flusse jenseits der Brücke ungefähr noch einige hundert Schritte weiter fort; dann aber mußten wir anfangen mit Lebensgefahr über die Felsen am Wasser hinzuklettern. Mein Führer sagte, es sey unmöglich weiter zu kommen. Das glaube ich nun eben nicht: aber es war Schwierigkeit und Gefahr; ich wollte den Weg im Sonnenlichte weiter und wir krochen und wandelten zurück. Die Bielshöhle bey Elbingerode hat mehr Verschiedenheit und die benachbarte Baumannshöhle einige vielleicht eben so große Parthien aufzuweisen; aber sie haben nichts ähnliches, wie die furchtbare Höllenfahrt in der ersten und der Fluß und die Brücke in der letztern sind. Die Tropfsteine sind in den Harzhöhlen häufiger, grotesker und schöner als hier.

Seume, Johann Gottfried:
Spaziergang nach Syrakus im Jahre 1802.
Braunschweig / Leipzig 1803, 72-75

Reisebericht 2

In den Schlünden der Nacht

Joseph Freiherr von Hammer-Purgstall

Der Gedanke, daß wir uns den Grotten näherten, diesen heiligen Stätten, wo die Natur dem Menschen ihre Orakelsprüche ans Herz legt, begeisterte mich zu einer eigenen Stimmung, mit der ich mich in der Höhle von *Delphi* oder *Antiparos*, der Grotte FINGALS, oder der Cumäischen SIBYLLE genähert haben würde.

Zwischen Bergen und Nebeln, durch Klüfte und Mondenschein ging der Weg gleichsam die Vorbereitungsstraße zu den Eleusinischen Mysterien der Schöpfung. [...] Weiter hin schäumt der *Poyk*, [...] und stürzt sich endlich mit Brausen in den Abgrund hinunter, an dessen Seite man zu der Grotte eingeht. Sonst fallen die Flüsse von den Bergen; hier fällt der Fluß in den Berg. Ein hohes gothisches Felsengewölbe ist sein Eingang. In der Höhe hangen Schwalbennester, und in der Tiefe ragen schäumende Baumgerippe und moosige Steine hervor. Eine Schaar von Vögeln fliegt oben und unten aus und ein. [...]

Ist dies der Eingang in die Tanarischen Schlünde? – Sind dies die Seelen, die zur Unterwelt fliegen, die leichten Schaaren der Schatten? Sind es die heiligen Vögel PROSERPINENS, der Königin der Unterwelt? – Rauch und Dampf dringt aus dem Eingange der Höhlen; an den geschwärzten Felsen lecken rothe Flammen. – Es sind die brennenden Baumäste unserer Führer, die uns damit, anstatt mit Fackeln, durch die Regionen der Finsternisse leuchten wollen. Gleich am Eingange links ist der Felsen durchgeschlagen; man erblickt noch einmal im dürftigen Dunkel des schwindenden Tageslichtes die hereinstürzenden Wasser, und man vernimmt noch einmal ihr Getöse; dann verliert es sich allgemach, so wie man weiter fortschreitet, bis eine feierliche Stille ringsum zu herrschen anfängt. – Wo wandeln wir hier auf den Pfaden der Nacht, und durch das Grauen des erstorbenen Lebens? – Sind diese Wände aus dem Eise der Mitternacht, oder mit dem grauen Mörtel zerschlagener Gebeine aufgeführt? – Hat sich hier die Ewigkeit mit dem Tode, oder nur die Nacht mit dem Stillschweigen vermählt? – Nein! denn ein dumpfes Brausen schallt zu uns herauf, indeß wir mit wankenden Knieen abwärts steigen. – Immer weiter steigen wir hinunter, und immer lauter brauset die Tiefe –

Amazing scene! Behold!
the glooms disclose,
I see the rivers in their infant beds!
Deep, deep, I hear them
lab'ring to get free! [Thomson]

Hier ist das Reich des Avernus! – Hört ihr den Phlegeton sich über die Felsen wälzen? seht ihr die Fackeln, von den Errinyen geschwungen? Hört ihr ihre Schlangen emporzischen? – Sprühend fallen die Funken in den Schlund der Nacht: dies sind die Sterne des Erebus; so schwammen einst Sonnen im Grausen des Chaos. – Zur Rechten und zur Linken toset der Abgrund; die Fakkeln leuchten hinunter, daß die Finsternis sichtbarer werde. – Umsonst! – Das Auge schweifet umher auf luftigen Schattenbildern, die steigend und sinkend in einander zerrinnen; das Ohr horcht Tönen der Geister.

Multa modis simulacra videt volitantia minis,
Et varias audit voces, fruiturque Deorum
Colloquio, atque imis Acheronta adfatur
Avernis. [Vergil]

Von hier aus ist es dem kühnsten Sterblichen nicht vergönnet, weiter zu dringen. Steil stürzet der Felsen hinab in die Fluthen, die zu seinen Füßen zürnen. Wir haben blutigen Fackelschein in die Tiefen gesendet; aber der Schimmer zitterte zurück: wir haben Steine in den Abgrund geworfen; aber erst spät vernahmen wir das Aufrauschen der Fluthen. So haben wir denn, wie YOUNG sagt, die Geheimnisse der Natur durchforschet, und an die innerste Kammer des Todes geklopft; allein wir konnten sie nicht ergründen, und die Pforten des Todes blieben verschlossen.

Von hier ging der Weg zu der, eine Stunde davon entlegenen, *Magdalenen-Grotte*. [...] Unsere Führer zogen auf einer Seite die verworrenen Ranken der Gesträuche aus einander, und bahnten uns den Pfad über einen engen, mit niedrigem Gebüsche bewachsenen Abhang, von dem wir bald den wahren Eingang zu der Höhle sahen. Er ist furchtbar-erhaben. Wir befanden uns, wie wir jetzt bemerkten, in einem kleinen Felsenkessel, den wir noch weiter hinab steigen mußten. Den Boden decken Disteln, Dornen und Nesseln. Die unserem Wege entgegen gesetzte Felswand ist unbekleidet, bis auf den Gipfel, den ein Wald krönt; auf der anderen Seite stehen Bäume auf Bäumen, wie senkrecht über einander. Dieser vorbereitende Anblick erstarret den Kommenden. Es ist unmöglich, in der ersten Minute einen Schritt weiter zu thun. Endlich wanken die Füße mechanisch fort. Und nun gähnet in der tiefsten Tiefe des Kessels die Erde, als wollte sie alle ihre Kinder, und das ganze Leben des Himmels auf einmal verschlingen. Nur die Annäherung zu diesem Schlunde des Schreckens kann mit dem Gedanken, hinein zu treten, vertraut machen.

„Auf einmal gähnt im tiefsten Felsengrund
„Uns eine Höhle an, vor deren finstern Schlund
„Ein prasselnd Feuer flammt. In wunderbaren Gestalten
„Ragt aus der dunkeln Nacht das angestrahlte Gestein,
„Mit wildem Gebüsche versetzt, das aus den schwarzen Spalten
„Herab nickt und im Widerschein
„Als grünes Feuer brennt.

OBERON

Hier brauset kein Fluß, hier fliegt kein Vogel; am Eingange verstummet das Leben, erblindet der Tag. Aber einige Schritte weiter hin wird das Leben und Wirken der Natur in diesen einsamen Werkstätten den menschlichen Sinnen vernehmbar. Von allen Wänden fallen dicke, breite, schwere, mit Erde geschwängerte Tropfen plätschernd nieder. Man glaubt das Picken der großen Zeitenuhr zu hören, die Pulsschläge der Gebirgsadern, oder die Fußtritte der Gnomen zu vernehmen. Ist hier nicht der Palast, sind hier nicht die Zaubergärten ihres mächtigen Königes? – Säulen streben empor in mancherlei Ordnungen, mit wundersamen Knäufen und Stühlen; sie tragen seltsame Gewölbe und prächtige Hallen. Bald vereinzelt, und bald in Schaaren zusammengedrängt, bilden sie Gänge, Säle und Bogen; Festonen, Blumenkränze und mäandrische Gewinde verzieren sie.

Hier und da scheinen gewaltige Umwälzungen und fürchterliche Erdbeben den Palast und seine Grundfeste erschüttert zu haben. Gewölbe sind eingestürzet, und Mauern zerspalten. An der Decke hangen Knäufe von Säulen, deren Schäfte nicht senkrecht unter dem Kopfe derselben, sondern einen Schritt weit, und noch mehr, seitwärts, darüber hinaus hangen. Zwischen den Palästen scheinen weite Gartenanlagen durch die Zeit in Verfall gerathen zu seyn: große Cascaden, die, im Augenblicke des heftigsten Sturzes und der schäumendsten Brandung, ergriffen und in Stein verwandelt worden sind; Bienenkörbe, groß wie weite Säle der Menschen, und Zimmer, klein wie gewöhnliche Bienenkörbe; Tropfquellen, rieselnde Fäden von Wasser, und kleine Bäche, die sich in Weiher und Teiche sammeln; ein Heilbrunnen, dessen Wasser den Fieberkranken augenblickliche Genesung gewährt; steigende und sinkende Parterre; Alleen und Irrgärten – Alles sagt: dies sind die Paläste, die Zaubergärten des Königs der Gnomen. In dieser Überzeugung kehrten wir an das Tageslicht zurück.

Hammer-Purgstall, Joseph von: Zeichnungen auf einer Reise von Wien über Triest nach Venedig, und von da zurück durch Tyrol und Salzburg im Jahre 1798, Berlin 1800, 94-104

Reisebericht 3

Romantischer Ausblick aus einer Stalaktitenhöhle

Friederike Brun

Man reitet ¾ Stunden bis ans Ende des Thälchens [Valle Molina bei la Cava], wo es in einer Felsschlucht sich schließt, durch welche aus dem Gebirg ein schöner Wasserfall herabstürzt. Alle diese Kalkfelsen waren von Tropfsteinwasser durchfiltert; die großen Massen in horizontalen Banden schwarz und weiß gestreift, und mit mannigfach wechselndem Grün der Gebüsche bekränzt, bieten von fern äußerst mahlerische Parthien dar, so wie man über dem Walddunkel der Klüfte auf hangendem und einsamen Pfade sich dem Thalende nähert.

Über und unter dem Wasserfall ist eine schön geöffnete Stalaktiten-Höhle gebildet, durch einen Tropfsteinpfeiler gestützt, und mit Seitenlogen geschmückt; an den herabhangenden Zapfen der Stalaktiten schwebte ein zartes Netz von hellgrünem, und mit der Violetten-Blüthe geschmücktem *Antirrhinum hedera folia*, zitternd vom Hauch sanfter Lüfte, und den hindurch perlenden Wassertropfen; um die Grotte grünten Myrthenbüsche und schlanke junge Manna-Eschen. Neben dem Wasserfall ist eine kleine Mühle mit einem Hüttchen erbaut, in einer der reizendsten Lagen, so ich je gesehn. Die Hütte stand einsam, doch offen, und nur einige schneeweiße Täubchen flogen traulich aus und ein, und erschienen uns als die sanften Genien der lieblichen Einsiedeley.

Aus dem harmonischen Helldunkel der Grotte blickt man durch die lange grüne Kluft der bewaldeten Bergseiten zurück, auf die fruchtbaren Säume der östlichen Bergreihe von la Cava, wo hell die Sonne anglänzte, und, in Reben, Kornfeldern und Wiesen, die weißen Häuser, Klöster und Kapellen zerstreut liegen. Welche Natur! Wie zart und heimlich ihre Schönheit; und wie wenig Reisende kennen la Cava's Paradiese! Hackert und Kniep haben hier oft studiert, und bey letzterm sah' ich Abbildungen, nach denen ich mich hier gleich einheimisch fand. Dieser romantische Ort heißt la Grotta di Ponega [Grotta di Bonea].

Brun, Friederike: Prosaische Schriften, 4 Bde., Zürich 1799-1801, IV, 245f. [verfaßt 1796]

37

5 Grotten und Kaskaden

Tivoli, die Sommerfrische der römischen Kaiser und Dichter, war mit seinen antiken Monumenten und Villenanlagen seit jeher das beliebteste Ausflugsziel in der Umgebung Roms. Adlige auf *Grand Tour* hatten besonders die Wasserspiele und Grotten im Park der Villa d'Este als technische Wunderwerke ihrer Zeit geschätzt. Im späteren 18. Jahrhundert aber lief die nahegelegene Schlucht des Anio mit ihren natürlichen Wasserfällen und Felshöhlen der künstlichen Gartenanlage den Rang ab. Giovanni Volpatos und Jakob Philipp Hackerts Ansichten zeigen die zerklüftete Flußlandschaft. Goethe nahm hier bei Hackert Zeichenunterricht und setzte damit eine lange Tradition fort, derzufolge Tivoli die Schule der Landschaftsmaler war. Seit Claude Lorrain (1600-1682) hier nach der Natur skizzierte und seinen Landschaftsstil entwickelte, kamen Generationen von Künstlern und Touristen, um die berühmten Schauplätze seiner Gemälde zu finden. Man besichtigte die Landschaft wie eine Galerie unter freiem Himmel. In seinem außerordentlich erfolgreichen Reiseführer schildert der schottische Schulmeister und Schriftsteller Joseph Forsyth die gängige Praxis, sich auf einem Rundweg von einem Aussichtspunkt zum nächsten führen zu lassen (R. 4).

Höhepunkte der Tour waren die Reste der Villa des Maecenas und die Neptunsgrotte im Felsen unterhalb des Vestatempels. Hackert zeigt die Höhle als außergewöhnliches Naturphänomen, als Arena eines ebenso schrecklichen wie malerischen Kampfes der Elemente, dem die Touristen aus sicherer Distanz beiwohnen. Als synästhetisches Erlebnis beschreiben Reisende wie Charles Dupaty (R. 6) den Aufenthalt in der Neptunsgrotte, wo das Schauspiel des herabschnellenden, tosenden, an den Felsen zerstäubenden und aufschäumenden Wassers die Sinne betört. Bedrohlicher noch und erhaben in ihrer Wirkung schildern Maler und Reisebeschreiber die großen Kaskaden in Tivoli, die ähnlich wie die Wasserfälle im weiter nördlich gelegenen Terni die elementare Gewalt der Natur vor Augen führen. Auch in den Substruktionen der sogenannten Maecenas-Villa, durch die man einen Nebenarm des Anio-Flusses leitete, kontrastierte ein dynamisch bewegter Wasserfall mit der Statik rahmender Steinstrukturen. Die pittoresken Eingriffe der Natur in die ruinöse Architektur wurden zu beliebten Gegenständen der Landschaftszeichner, die meist im berühmten 'Gasthaus zur Sibylle' abstiegen und mehrere Tage in der Gegend skizzierten.
FE

38

37

Jakob Philipp Hackert (1737-1807)

Die Wasserfälle von Terni

1772
Aquarell über Feder in Braun, 51 x 37,6 cm
Bez. u. r. auf einem Stein: „à Terni / J. Ph: Hackert. f. 1772."
Frankfurter Goethe-Museum, Inv.Nr. III-13848

Abb. siehe Seite 72

Einen spektakulären Anblick bietet die Cascata delle Marmore bei Terni in Umbrien, die im 18. Jahrhundert neben Tivoli zu den berühmtesten Wasserfällen Italiens zählte und viele Reisende anzog. Hackert hielt den oberen Teil der Cascata in unmittelbarer Nahsicht fest, so daß die steilragende Felswand fast die ganze Bildfläche ausfüllt (Nordhoff 1994, Nr. 650; Krönig/Wegner 1994, 131f.; Weidner 1998, 86). Der Sturz der schäumenden Wassermassen in das 160 Meter tiefer gelegene Flußbett der Nera bleibt unsichtbar. Die Bildschwelle markiert ein terrassenartiger Felsvorsprung, das *belvedere superiore*, auf dem sich einige Kavaliere weit vorwagen, um durch eine Gischtwolke hindurch den Abgrund auszuloten. Hier wird Hakkerts grundlegendes Interesse deutlich, die Natur genau zu studieren und in allen Einzelheiten getreu wiederzugeben, wobei er der besonderen Materialität von Wasser und Gischt, Gestein und Vegetation große Aufmerksamkeit widmet. Sein wichtigstes künstlerisches Anliegen ist es jedoch, die Natur in ihrer elementaren Gewalt unter dem Aspekt des Erhabenen anschaulich zu machen, was ihm bei dieser realistischen, erlebnisnahen Detailwiedergabe weit überzeugender gelingt als bei dem später entstandenen Konstrukt einer idealen Gesamtansicht der Cascata delle Marmore (Federzeichnung und Kupferstich, vgl. Weidner 1998, Abb. 138f.).

PM

38

Giovanni Volpato (1733-1803)

Ansicht von Tivoli

Aquarell über Bleistift, 51,7 x 72,5 cm
Goethe-Museum Düsseldorf

In den Bergen nordöstlich von Rom liegt Tivoli, das antike Tibur, die hochgebaute Stadt am Aniene, der in kaskadenartige Wasserfälle übergeht.

Volpato hebt in seiner für ein Aquarell ungewöhnlich kraftvollen Darstellung besonders den wuchtigen felsigen Untergrund hervor, auf dessen oberster Kante vor dem Abgrund sich Tivoli ausbreitet: erkennbar als farblich zurückgenommene, dichte Ansammlung von Gebäuden, überragt vom Vestatempel. Nur ein schmales Stück blauer Himmel wird am oberen Bildrand über der Stadt sichtbar. Hier treten Zeugnisse von Kunst und alter Kultur hinter den gewaltigen Kräften der Natur zurück. Das gefestigte Zusammenspiel der rot-braunen Felsmassen, die zu steinernen Bögen aufgetürmt sind, bestimmt das Bild wie ein Rahmen. Diese morphologische Statik wird erhellt und bewegt von den herabstürzenden, formbildenden Wassermassen des Anio, die in einem von Felsen gehaltenen grau-grünen See ruhig aufgefangen werden. Volpato hält so ein Naturschauspiel von ungemeiner Kraft in seiner Bildkomposition fest. Vom Fuß der Wasserfälle aus gesehen liegt Tivoli hoch oben unmittelbar über zwei aneinandergrenzenden Gebirgskomplexen, die ihrerseits wiederum einen bogenförmigen Hohlraum in der Felswand bilden. Diese scheinbare Gefährdung des unterhöhlten Orts verleiht dem Bild zusätzliche Spannung. Eine bewegte Figurengruppe, die am linken unteren Bildrand auf felsigem Untergrund positioniert ist, leitet die Blickrichtung des Betrachters auf die schäumende Stromschnelle am unteren Bildrand. Zwei Frauen und zwei Männer agieren aufgeregt und sind im Begriff ein Netz in Richtung des Wassers zu schleppen. Die angstvolle Gestik läßt auf einen Unglücksfall am steilen Flußufer schließen, dem nun die Rettung folgen soll.

HS

39

Jakob Philipp Hackert (1737-1807)

Der Vestatempel in Tivoli

1769
Aquarell über Tuschfeder, 28,5 x 37,7 cm
Goethe-Museum Düsseldorf

Goethe, der Tivoli verschiedentlich als fernen Blickpunkt (Frascati, 15. November 1786) und in Rom von der Kuppel des Petersdoms am Horizont erwähnt (Rom, 22. November 1786), verbringt mit dem Freund und Maler Hackert im Juni 1787 eindrucksvolle Stunden an diesem an Aussichten reichen Ort (vgl. Kat.Nr. 41). 18 Jahre zuvor entsteht Hackerts farbenfrohes Aquarell (Nordhoff 1994, Nr. 604), in dessen linker Bildhälfte der von Säulen getragene Rundtempel, ein Vestatempel, aufragt. Vesta galt bei den Römern als Göttin des häuslichen Herdes und des heiligen Herdfeuers, das in einem Tempel ohne Kultbild am Fuß des Palatins von den Vestalinnen gehütet wurde und den Bestand des Staates symbolisierte. Die christlich gewordenen Römer stellten 382 den Dienst der Vesta ein. Die Tempel verloren damit ihre Bedeutung und verfielen. Tivoli besaß im 18. Jahrhundert als historischer Ort besondere Anziehungskraft; bereits in der römischen Kaiserzeit entstanden Landsitze und prachtvolle Villenanlagen auf der kühleren Höhe.
Künstler hat dieser Platz zu allen Zeiten herausgefordert. Hackert betont in seinem Aquarell neben dem architektonischen Höhepunkt den Blick über sanfte Hügel in die Weite der Ebene hinein. Der Besucher von Tivoli gewinnt Überblick und damit eine neue Perspektive für das tiefergelegene Umland. Die gewölbeartigen Substruktionen verbinden den Tempel mit dem felsigen Untergrund, der steil abfallend die hier nur angedeutete Schlucht bildet, in der man die sogenannte Neptunsgrotte besuchte.

HS

39

40

40
Jakob Philipp Hackert (1737-1807)

Die Neptunsgrotte in Tivoli

1773
Feder und Pinsel in Braun und Grau,
46,6 x 35 cm
Bez. am oberen Bildrand: „La Grotte de Neptune à Tivoli / J. Ph. Hackert. f. 1773"
Frankfurter Goethe-Museum,
Inv.Nr. III-15436

Die Neptunsgrotte bei Tivoli, eine vielgerühmte Touristenattraktion (vgl. R. 4, 5), hat Hackert zwischen 1771 (vielleicht sogar schon 1769) und 1781 mehrfach festgehalten, teils nach der Natur, teils anhand seiner Studien im Atelier (Nordhoff 1994, Nr. 79, 645, 767, 777, 1004 und 1196). Es ist eine Felsenhöhle in der Steilwand unterhalb der Stadt, in die sich, nachdem er sich als Cascata Grande zu Tale gestürzt hat, der Fluß Aniene ergießt. Ein hoher Felsenbogen wölbt sich wie ein Portal vor der Grotte und durch seine schweren Steinmassen hindurch wird der schäumende Schleier des Wasserfalls sichtbar, der durch diesen Kontrast noch transparenter und leichter wirkt. Am beruhigten Wasserspiegel im Vordergrund genießen zwei kleine Gestalten in Rückenansicht das Naturschauspiel und beziehen auf diese Weise den Bildbetrachter mit ein, ein Darstellungsmodus, den Hackert bei seinen Staffagefiguren immer wieder variiert.
PM

41
Jakob Philipp Hackert (1737-1807)

Tivoli mit der Villa d'Este und der Villa des Maecenas

1787
Feder und Pinsel in Braun über Bleistift,
56,4 x 68,8 cm
Frankfurter Goethe-Museum,
Inv.Nr. III-9761

Die detaillierte Vedute (Nordhoff 1994, Nr. 1179) läßt rechts auf dem Bergrücken Tivoli mit dem Tempio della Tosse erkennen, in der Mitte die Villa d'Este mit ihren Zypressen und Pinien sowie die Villa des Maecenas und die Cascatellen auf halber Höhe. Das Blatt entstand wahrscheinlich während des gemeinsamen Zeichen-Aufenthalts mit Goethe in Tivoli im Juni 1787. In der *Italienischen Reise* notiert Goethe: „Dieser Tage war ich in Tivoli und habe eins der ersten Naturschauspiele gesehen. Es gehören die Wasserfälle dort mit den Ruinen und dem ganzen Complex der Land-

41

schaft zu den Gegenständen, deren Bekanntschaft uns im tiefsten Grund reicher macht. [...] Ich war mit Herrn Hackert draußen, der eine unglaubliche Meisterschaft hat, die Natur abzuschreiben und der Zeichnung gleich eine Gestalt zu geben“ (WA I, Bd. 32,4).
PM

42
Johann August Arens (gest. 1806)

Blick in die Maecenas-Villa in Tivoli

Aus: Friedrich Johann Lorenz Meyer.
Darstellungen aus Italien
Berlin 1792
Titelkupfer von Daniel Berger nach
Johann August Arens, 6,7 x 11,3 cm
Bez. u. l.: „Arens del. Hamburg 1792.“,
u. r.: „D. Berger Sculp. 1792.“, o.r.: „S. 272.“
Goethe-Museum Düsseldorf,
Inv. Nr. KK 5587
Abb. siehe Seite 50

F. J. Lorenz Meyer betont in dem neun Jahre nach seiner Reise verfaßten Bericht (vgl. Kat.Nr. 24) die subjektive Perspektivik: „Nur den Eindruck theile ich in diesen ausgehobenen Zügen jener großen und reichen Bilder mit, den ihr Anblick auf mich wirkte“ (Vorwort, v). In diesem Sinne widmet er der Villa des Maecanas einen eigenen Abschnitt: „Mäcenas, der geschmeidige Günstling Augusts, und der geschmeichelte Gönner der Dichter, die ihm wetteifernd Weihrauch streueten, hatte in Tibur seine Villa. Am Abhang des Stadtberges, auf der Felsenwand, wo herab die große Kaskatelle sich in das Thal ergießt, liegt sie in Ruinen. Wenigstens hält man jene großen Reste Römischer Gebäude dafür: und wahrlich! Diese Lage war der Wohnung eines Beschützers der Künste würdig. Romantisch, frei, und weit beherrschend, lag sie da. Hier die Aussicht in die schönste Thalgegend des stürzenden Anio, gegen den großen Wasserfall, und die Berge drüben; dort, in die reiche Ebene von Rom, bis an das Meer, und die Stadt selbst. – Die Villa bestand, wie die Ruinen schließen lassen, aus einem großen Untergewölbe, das an den sich erhebenden Berg angelehnt war, und aus einem darüber gebauten Stockwerk. Jenes ward von dem Tiburtinischen Weg, der Landstraße von Rom nach Tibur durchschnitten. Zwei Öffnungen in dem Gewölbe erleuchteten von oben herab diesen Weg, an dessen beiden Seiten gewölbte Gemächer lagen, wovon einige wahrscheinlich zur Ökonomie dienten, und andre, wegen ihrer kühlen Lage, zu Sommerwohnungen bestimmt waren. Auf diesem starken Gewölbe ruhete der obere Theil der Villa [...] Zwischen wildem Gebüsch, Bäumen und Rebenhügeln, liegen jetzt diese Ruinen. Die von den untern Gewölben der Villa, sind von großem Charakter und höchst malerischer Wirkung. [...] Sehr wahr stellt, so viel der Raum es zuließ, das Titelkupfer die malerische Aussicht dieser Untergewölbe der Villa, dar. Das Blatt ist nach einer Handzeichnung des Herrn J.A. Arens, Herzogl. Sachsen-Weimarschen Bauraths und Architekten in Hamburg – eines Mannes von ausgebildetem Talent in seinem Fach, und von ächtem Gefühl für das Große und Schöne in den Werken der Natur und der Kunst – gestochen. Er zeichnete bei seinem Aufenthalt in Rom im Jahr 1787 dieses Blatt, nach den Ruinen selbst“ (272-277).
Dargestellt ist der „Durchgang des Tiburtinischen Weges“.
HS

43

Lichtverhältnisse zur Hervorhebung architektonischer Strukturen als auch vegetative Elemente und das lebendig bewegte Wasser zeichnen Gmelins Darstellung aus.
HS

43
Wilhelm Friedrich Gmelin (1760-1820)

Halle im obern Stocke der Villa des Maecenas zu Tivoli

1796
Kupferstich, 43,5 x 58 cm Plattenrand
Bez. u. r.: „W F Gmelin fec:", mittig: „Halle im obern Stocke der Villa des Maecenas zu Tivoli. zu finden bey I. F. Frauenholz zu Nürnberg."
Goethe-Museum Düsseldorf

Wilhelm Friedrich Gmelin eignete sich in zehnjähriger Lehrzeit die Grabstichel- und Aquatintatechnik an, kam 1787 nach Rom und ging im Frühling 1787 nach Neapel, wo er auf Philipp Hackerts Einladung dessen Veduten zu stechen begann. In den Jahren 1798-1800 lebte er in Dresden, anschließend bis zu seinem Tod wieder in Rom. Gmelin verkehrte mit Fernow, Hirt, Seume, Friederike Brun und Wilhelm von Humboldt. Seine Kupferstiche fanden viel Anklang und waren begehrte Handelsobjekte. Die Villa des Maecenas zu Tivoli gehörte mehrfach zu seinen künstlerischen Themen.
Der Kupferstich zeigt die mächtige, mit einer bogenförmigen Decke überspannte Halle in der mehrstöckigen Villa des Maecenas. Entgegen der bis zum Ende des 18. Jahrhunderts vorherrschenden Meinung, daß sich in diesem Raum die ehemaligen Stallungen der Villa des Maecenas befunden hätten, handelt es sich wohl um Teile eines Herkules-Heiligtums aus dem 1. Jahrhundert v. Chr. Kaskadenartige Wasserfälle des umgeleiteten Aniene fließen durch den hallenartigen Raum, der sich auf dem Bild perspektivisch in die Tiefe verjüngt. Die nach außen zum Tal führende, rechte Seite wird von bogenförmigen hohen Fenstern durchbrochen, die Tageslicht in die Halle fallen lassen. Üppig wuchernde Vegetation bedeckt die Landschaft im Innern der Halle. Im vorderen Mittelgrund lagern zwei antikisierende Figuren, die ins Gespräch vertieft sind. Sowohl die fein nuancierten

44
Wilhelm Friedrich Gmelin (1760-1820)

Aussicht im untern Stocke der Villa des Maecenas zu Tivoli

1796
Kupferstich, 43,5 x 58 cm Plattenrand
Bez. u. r.: „gestochen von W: F. Gmelin 1796.", mittig: „Aussicht im untern Stocke der Villa des Maecenas zu Tivoli. zu finden bey I. F. Frauenholz zu Nürnberg."
Goethe-Museum Düsseldorf

Diese weitere Ansicht aus der Villa des Maecenas zeigt eine tonnengewölbte Halle, die in einen lichtdurchfluteten eckigen Vorraum überführt wird. In gerader Richtung fließt Wasser durch die gestaffelten Gebäudeteile. Zwei hohe, bogenförmige Durchbrüche leiten das Wasser zur Talseite in die Tiefe. Die innerhalb dieser Ruine natürlich gewachsene Landschaft mutet arkadisch an, auf sanften Rasenhügeln sitzen und stehen Menschen beieinander. Ein Mann trägt, gestützt auf einen Stab, einen anderen auf dem Rücken durch einen auf den Bogen zustrebenden, knietiefen Wasserarm. Die Tatsache, daß das Wasser nur wenige Meter von der hoch gelegenen Villa weiter in die Tiefe stürzt, verleiht der idyllischen Szene etwas latent Bedrohliches. Es ist dennoch ein heiteres Bild überraschender Durchblicke von vorn bis zum weithin in der Landschaft sichtbaren, von Bergen begrenzten Horizont. Im unmittelbaren Vordergrund finden sich groß- und kleinblättrige Pflanzen, die auf moo-

44

menten, wie z.B. (Licht-) Wärme, Feuchtigkeit, (Wasser-) Kühle, die das Bild in seiner Gesamtheit beim Betrachter hervorruft.

HS

sigem Boden in feuchter Atmosphäre wuchern. Auf der linken Seite wird ein gemauertes Mundloch sichtbar, das ebenfalls Wasser aus der Dunkelheit zuführt. Harte (Mauer) und weiche (Moos) Bestandteile des Bildes werden ausgewogen kontrastiert. Gmelin gelingt es so, Kunst und Natur harmonisch miteinander zu verbinden. Licht und Schatten betonen hierbei gleichermaßen wirksam Strukturen des Mauerwerks oder der Landschaft im Hintergrund. Eine besondere Wirkung liegt in atmosphärischen Ele-

45

Johann Christian Reinhart (1761-1847)

Das Innere des Grabmals der Familie Naso an der Straße von Terni

Aus der Folge „Die Römischen Grabdenkmäler"
1792
Radierung, 14,8 x 20,4 cm
Bez. u. r.: „C. Reinhart f. Romae 1792",
u. l.: „Interiore del sepolcro della Famiglia de Nasoni sulla Strada de Terni"
Frankfurter Goethe-Museum,
Inv.Nr. III-14012/2

Reinhart, der Ende 1789 in Rom eingetroffen war und dort seine Wahlheimat fand, orientierte sich am Vorbild der klassischen Ideallandschaft des *Seicento*. Auch bei seinen Veduten kam es ihm stets darauf an, die Sehenswürdigkeiten nicht in Form von einfachen Ansichten wiederzugeben, sondern gleich eine „malerische" Ansicht zu wählen, um die Landschaft in ihrer historischen Würde und elementaren Schönheit zur Geltung zu bringen. Davon zeugt bereits die frühe Folge der antiken Grabdenkmäler, insbesondere das Grabmal der Familie Naso (Feuchtmayr 1975, 79, 396; Schmid 1998, 152-161), das im Schutz einer Grotte liegt. Das künstlich gefügte Grabdenkmal und die natürliche Höhle mit ihrem opaken Wasserspiegel steigern sich gegenseitig in ihrer Bedeutung und verweisen auf Tod und Dunkelheit, wie die Höhle ja allgemein als Sinnbild des Eingangs in die Unterwelt, ins Totenreich gilt.

PM

45

Aus den Reiseberichten

Reisebericht 4

Der Hügel von Tivoli ist überall Bild

Joseph Forsyth

Bei unserer Ankunft in Tivoli mieteten wir einen *Cicerone* und Esel, um uns auf dem malerischen Rundweg der Hügel zu führen. [...] Unser Führer war ein örtlicher Lateiner. Obwohl er die Sprache so wenig kannte wie jeder andere Papagei, zitierte er mit gutem Akzent und Besonnenheit all die antiken Dichter, die ihm in die Quere kamen. [...] Bevor er sich selbst als *Cicerone* einführte, war er von Landschaftsmalern beschäftigt worden, um ihr Gerät auf dem Hügel herum zu tragen. Von ihnen hat er die besten Bemerkungen über die Landschaft aufgeschnappt, er ließ uns an den schönsten Aussichtspunkten anhalten, er dozierte, grinste aus Bewunderung, unterhielt uns und war glücklich. Als wir zum Sibyllen-Gasthaus zurückkamen, fanden wir Touristen wie uns, auf Eseln wie dem unsrigen, an den Wänden durch englische Zeichner karikiert.

Der Hügel von Tivoli ist überall Bild. Die Stadt, die Villen, die Ruinen, die Felsen, die Wasserfälle im Vordergrund; die Sabinerberge, die drei Monticelli, Soracte, Frascati, die Campagna und Rom in der Ferne. Diese ergeben eine Abfolge von Landschaften, die im Vergnügen, das sie bringen, der reichsten Sammlung von Bildern Claudes überlegen ist. Tivoli kann nicht beschrieben werden: Es gibt kein getreues Porträt davon: Alle Ansichten verändern und verschönern es: Sie sind dichterische Übersetzungen eines unerreichten Originals.

Forsyth, Joseph Esq: Remarks on Antiquities, Arts, and Letters during an Excursion in Italy in the Years 1802 and 1803, London 1813, 271-275 [Übers. FE]

Reisebericht 5

Die Neptunsgrotte, von der Natur geschaffen

Tage-Buch einer Reise nach Italien

[...] die Grotte liegt in der Tiefe, wo sich der Fluß gleich nach dem großen Wasserfall über die hohen Felsen senkelrecht herunter stürzet; in diese Tiefen zu kommen, führt ein schmaler Fußpfad [...] längst den Felsen hin, und wer seine Sinnen nicht recht zusammen behaltet, kann da leicht einen fatalen Sprung machen. [...] Diese Grotte scheint von Natur geschaffen, und theils durch das herunter strömende Wasser ausgehöhlt zu seyn. Solche stellt ein 15 Schuh hohes und eben so breites Gebäude vor, welches auf drey Seiten durchsichtig ist. Der majestätische Anblick des, über 5 Etagen hoch herunterstürzenden Wassers, das Geräusche, das Getöse, ja das Donnern dieses gewaltigen Elementes, verursachet abwechselnd Schrekken und Bewunderung, so wie Vergnügen; der ganze Cörper wird erschüttert, und der Geist weis sich kaum zu finden; die Grotte ist ringsumher, so wie auch das Innere des Gewölbes mit Moos und Kräuter von prächtiger grüner Farbe bewachsen. Man steht da auf den glatten Steinen, wird naß, und man bleibet dennoch stehen; die Scene ist zu fremd und zu auffallend, als daß man solche so geschwinde wieder verlassen könnte; linker Hand bietet sich dann noch ein kleiner Wasserfall dem Auge dar, gleich als ob solcher dahin gestellt worden wäre, um das fürchterliche des grossen Wasserausses [sic!] auf eine angenehme Art zu mildern. Die steilen Felsen, mit den man sich auf 3 Seiten wie eingeschlossen siehet, geben dem Ganzen noch mehr Würde, und zärtliche Tauben welche da herum flattern, und in den Felsen-Gebüschen ihre Wohnung aufgepflanzt haben, scheinen zu verkündigen, daß Citoyen Neptun mit der Mamsell Venus in gutem Einverständniß auch in dieser wilden Gegend zu leben weiß! [...] Die Grotte Neptuns zu beschreiben, ist unsere Feder zu stumpf!

Tage-Buch einer Reise nach Italien, im Jahre 1794, Mannheim 1802, 134f.

Reiseberícht 6

Das überwältigende Naturschauspiel der Cascata Grande

Charles Dupaty

Hier neigt sich eine Felsenmasse über einem fürchterlichen Abgrunde vor, hölt und wölbt sich, und bleibt kühn auf zwey ungeheuren Schwibbögen gestützt. Durch diese hindurch, durch die Regenbogen, die sich kreuzen und ihre Wölbung besetzen, durch die Gras- und Mooskränze, die von ihrem Rand herabhangen, erblick' ich endlich die wütenden Wellen wieder; noch fallen sie über die Felsenspitzen, brechen sich, springen von einer auf die andere, kämpfen untereinander, tauchen sich, verschwinden, – und jezt sind sie im Abgrund. Ich horche ihrem Donner, horche dem allgemeinen Wiederhall, horche der ringsum schweigenden Stille.

Diese Wellen, jene Höhe, der Abgrund, das Getöse; dort ein jäher Absturz, dessen düstre Farbe von tausendjähriger Dauer zeugt; hier die moosbekränzten, da die mit Dornen und wilden Kräutern straubigen Felsengehänge; die zerstreuten Sonnenstralen, die auf dem Felsen, auf dem Wasser, zwischen den Blumen hintanzen, spielen, sich brechen; die gescheuchten Vögel, deren Stimme vor dem Wehen und Brausen der Gewässer schweigt: mit welchem Taumel, welcher Verzauberung das alles meine Sinne ergreift!

Dupaty, Charles: Briefe über Italien vom Jahr 1785 [Lettres sur l'Italie, en 1785, dt.], aus dem Französischen von Georg Forster, 2 Bde., Mainz 1790 [2 Bde., Rom / Paris 1788], I, 215f.

Reisebericht 7

Wütend schäumende, brüllende Wasser

Karl Friedrich Benkowitz

Er [der Wasserfall] hat etwas angenehmes und reizendes für das Auge, und das wilde Brausen erschüttert; aber nach meiner Meinung würde er in der Schweiz als unbedeutend erscheinen, und wenig Aufmerksamkeit erregen. Er muß, wie mancher wichtige Mann, auf einem gewissen Standpuncte stehen, um wichtig zu seyn. Das Wasser stürzt sich nachher zwischen die Felsen in eine Tiefe, und kömmt unten in einer Felshöhle wieder zum Vorschein, wodurch die Grotte des Neptun gebildet wird.

Diese Grotte gehört zu den wenigen Dingen in der Welt, welche die Erwartung übertreffen. Man steigt in einer beträchtlichen Entfernung von dem Wasserfall auf einem schmalen Fußsteige tief zu ihr hinunter, aber man wird auch für diese Mühe belohnt. Ein ganzer Fluß kommt oben aus einer innern Höhlung des Felsens herunter, stürzt sich in eine mit Felsenwänden umgebene Grotte hinab wenigstens zwanzig Fuß hoch und bringt dadurch ein Schauspiel hervor, das in seiner Art einzig ist. Die ganze Grotte ist mit wütend schäumenden Wassern angefüllt, die in einem unendlichen Kampfe begriffen sind. Die heruntergestürzte und auf einem Felsgrunde zerschellte Fluth steigt, in weißem Schaum aufgelöst, wieder empor, wütet dem stürzenden Fluß entgegen, wird auf die Seite gedrängt, stürzt von neuem herunter, und wird von den kommenden Fluthen aufs neue empor gerissen. Dies Ungeheuer giebt sich selber die Kräfte, gegen sich zu kämpfen; es gleicht dem Enceladus, der neue Stärke bekömmt, wenn er den Boden berührt.

Die ganze Grotte ist das Bild des schrecklichsten Kampfes eines schrecklichen Elements. Mahlen läßt sich die Scene nicht, obwohl viele Künstler sich damit beschäftigen; denn wer kann Toben, Wüten, Zerstäuben, Brüllen und eine ewige Veränderung durch den Pinsel darstellen? Welchen Augenblick soll er ergreifen? Hier ist jeder Augenblick von dem folgenden wütend verschlungen, ehe man ihn wahrzunehmen vermochte. [...] Tivoli hat seine Schönheit einer Erdrevolution zu verdanken, und Italien ist überhaupt das Land der Ruinen, sowohl von menschlichen Werken, als auch von der Natur.

Benkowitz, Karl Friedrich: Reisen von Neapel in die umliegenden Gegenden. Nebst Reminiscenzen von meiner Rückreise nach Deutschland und einigen Nachrichten über das letzte Erdbeben in Neapel, Berlin 1806, 214-217 [Italienreise 1802/03]

46

6 Unterirdische Feuer: Italiens Vulkane

Im Schatten des Vesuv, wo sich vielerorts die Erde öffnete, um heißen Quellen und Dämpfen Austritt zu gewähren, konzentrierte sich das Interesse an der Natur auf vulkanische Phänomene. Seit dem späten 16. Jahrhundert fanden neben dem feuerspeienden Berg eine beträchtliche Anzahl geologischer Kuriositäten Eingang in die Guidenliteratur und Reiseberichte: die Schwefelvorkommen und der kochende See aus Schlamm in der Solfatara bei Pozzuoli ebenso wie die seit der Antike genutzten Heilquellen. Für Reisende, die sich nicht in die „von der Natur eingerichteten Schwitzstuben“ (Brosses [1799] 1918-1922, I, 324) begeben wollten, demonstrierten Führer die aus dem Erdinneren kommende Hitze: Aus den sogenannten Öfen des Nero kehrten sie schweißüberströmt mit dort im Thermalwasser gekochten Eiern zurück (vgl. R. 13). Gelegenheit für eine Inszenierung der todbringenden Kräfte der Natur bot sich am Ufer des Kratersees von Agnano. Zu den Standards eines Ausflugs in die Phlegräischen (d.h. brennenden) Felder gehörte die Vorführung eines Hundes, der dort in einer kleinen Felshöhle einen grausamen Erstickungstod durch ausströmende Gase zu sterben schien, nur um – in den See geworfen – wie durch ein Wunder wieder zum Leben zu erwachen (vgl. R. 12). Die Hundsgrotte faszinierte als erschreckendes Beispiel des unter dem Boden brodelnden Infernos, das latent die ganze Gegend ebenso bedrohte wie das Leben des einzelnen, der eine Höhlenbegehung oder Vulkanbesteigung wagte.

Die süditalienischen Vulkane traten in den Jahren nach 1760 in eine Phase verstärkter Tätigkeit und lockten Naturwissenschaftler wie William Hamilton oder Lazzaro Spallanzani, aber auch zahlreiche Landschaftsmaler, die mit effektvollen Nachtstücken dem besonders unter englischen *Grand Tourists* verbreiteten Geschmack für das Sublime entsprachen. Am Krater des Stromboli oder des Ätna stand man Auge in Auge mit einer unberechenbaren Natur, die das Land mit Fruchtbarkeit segnete, um im nächsten Moment mit zerstörerischer Gewalt aus dem Erdinneren hervorzubrechen. In Kampanien, wo Paradies und Hölle so eng beieinander zu liegen schienen (vgl. Chateaubriand: R. 10), versprach der Aufstieg auf den Vesuv ein „Schauspiel der Natur“, das Johann Heinrich Bartels 1786 (R. 8) „mit Zittern und Entsezen füllete, dem aber an Grösse, Schönheit und Majestät, nichts verglichen werden kann“.

FE

47

46
Eliza Gore (1754-1802)

Nächtlicher Vesuvausbruch

1775
Aquarell und Deckfarben, 33,1 x 45,4 cm
Kunstsammlungen zu Weimar,
Inv.Nr. KK 8948

Abb. siehe Seite 82

47
Eliza Gore (1754-1802)

Vesuvausbruch

1775
Aquarell und Deckfarben, 33,3 x 44,7 cm
Kunstsammlungen zu Weimar,
Inv.Nr. KK 8949

Eliza, die Tochter des Engländers Charles Gore, der zwischen 1774 und 1778 mit seiner Familie in Italien lebte und 1777 zusammen mit Jakob Philipp Hackert Sizilien bereiste, griff mit ihren Gouachen ein besonders beliebtes Thema der Landschaftsmalerei der Zeit auf. Hackert, bei dem die ambitionierte Amateurzeichnerin in Rom Unterricht nahm (vgl. Kat.Nr. 78), hielt im Januar 1774 mit wissenschaftlicher Präzision eine Eruption fest, und Gore zeigt einen ähnlichen nächtlichen Flankenausbruch. Möglicherweise erfuhr sie durch Hackert, der in Neapel mit Sir William Hamilton (vgl. Kat.Nr. 61) in Kontakt stand, von der geologischen Bildung des Vulkans und den Ursachen dieser Katastrophe. Im Vordergrund stehen jedoch die malerischen Qualitäten der dargestellten Naturereignisse. Das erhabene, schaurig-schöne Geschehen wird durch winzig kleine Figuren vermittelt, die es noch gewaltiger erscheinen lassen. Besonders mit der nächtlichen Landschaft nähert sich Eliza Gore dabei den Effektstücken nach der Art Pierre-Jacques Volaires an, eines Schülers von Vernet, der sich 1769 in Neapel niederließ und auf spektakuläre, dramatisch beleuchtete Vesuv-

48

ausbrüche spezialisierte (zu Hackerts und Volaires Gemälden: Kat. Goethe und die Kunst 1994, Nr. 279-281; Kat. Grand Tour 1996, Nr. 98, 101; Keller 1990). Prächtige Farbkontraste entwickeln sich zwischen zwei Lichtquellen, dem kühlen Mond, der rechts über dem ansonsten ruhigen Golf von Neapel steht, und dem hitzigen Feuer der in den Himmel aufschießenden und sich in glühenden Strömen ins Tal ergießenden Lava. Die Staffage weist dieses Naturschauspiel als Touristenattraktion aus: Wer sich den beschwerlichen Aufstieg über scharfkantiges Lavagestein nicht zu Fuß zutraute, konnte sich auf einem Esel hinaufführen und schließlich auf einer Art Bahre zu den besten Aussichtspunkten tragen lassen.

FE

48
Franz Ludwig Catel (1778-1856)

Blick aus einer Grotte in Neapel auf den Vesuv

1820
Öl auf Papier, auf Karton aufgezogen, 16,3 x 25,3 cm
Bez. l. an der Mauer: "F Catel"
Casa di Goethe, Rom, Inv.Nr. V 9

Der Landschaftsmaler Catel, der seit 1811 in Rom lebte, nahm bevorzugt Motive aus dem italienischen Süden in sein Repertoire auf. 1820/21 arbeitete er mit Johan Christian Dahl in Neapel, 1824 besuchte er mit Karl Friedrich Schinkel und anderen Künstlerfreunden den Golf von Neapel und Salerno. Catels Grottenausblick findet sein Gegenstück in einem Gemälde von Dahl, das im November 1820 entstand (Kat. Dahl 1988, Nr. 26), doch auch im Januar 1821 berichtet Dahl in seinem Tagebuch von gemeinsamen Grotten-Studien: „War zusammen mit Catel im Freien und malte mehrere Kleinigkeiten – [...] das Innere einer großen Grotte, Höhle bei Poselyp [...]" (ebd., Nr. 35).
Sowohl Dahl als auch Catel wählen als Rahmen für ihren Ausblick auf den Golf von Neapel mit dem Vesuv eine halb natürliche, halb von Menschenhand geschaffene Grottenarchitektur, die den Fernblick vom Dunklen ins Helle effektvoll steigert. Ein Boot verbindet bei beiden Künstlern Ferne und Nähe und bringt zugleich ein Element der Bewegung ins Bild. Während Dahl die Meereslandschaft durch eine graue Wolkenstimmung verschleiert, taucht Catel sie in gleißendes Sonnenlicht und steigert so den Kontrast zwischen dem Inneren der Grotte, die sich in einem finsteren Gang fortsetzt, und dem lichten Golf von Neapel, über dem der Vesuv wie eine Vision aufragt. Das Gebäude links vor dem Ausgang der Grotte wurde als der Palazzo Donn'Anna identifiziert.

PM

49

49

Maximilian Misson (1650-1722)

Die Hundsgrotte

Aus: Maximilian Misson. Nouveau voyage d'Italie. Avec un memoire contenant des avis utiles à ceux qui voudront faire le mesme voyage, nach S. 322

Den Haag [1691] ²1694

Ausklappbarer Kupferstich, 15 x 18 cm

Bez. auf einem Schriftband: „La Grotte du Chien"

Frankfurter Goethe-Museum, Inv.Nr. I R / 49

Misson stand als Hofmeister im Dienst des Duke of Ormond und begleitete dessen Enkel 1687/88 auf ihrer *Grand Tour* nach Italien. Als literarische Frucht dieser Reise erschien 1691 die Erstausgabe der *Nouveau voyage d'Italie*, ein mit zahlreichen Kupferstichen illustrierter Reiseführer in Briefform, der die bisherigen Vertreter dieses Genres weit übertraf. Es ist die erste ausführliche und detaillierte Beschreibung des Landes. Der Schwerpunkt liegt bei den Stationen Venedig und Rom; Neapel bildete den Wendepunkt des 'Giro'. Das Buch war ein großer Erfolg, wurde mehrfach aufgelegt und in mehrere Sprachen übersetzt. Für zwei Generationen von Italienreisenden war es der maßgebliche Leitfaden.

Als eine besondere Attraktion nimmt Misson die Hundsgrotte am See von Agnano auf (323f.). Ein Kupferstich zeigt den niedrigen rechteckigen Zugang zu der Höhle, in die zur Demonstration für eine Reisegruppe gerade ein Hund gebracht, während ein anderer in den See geworfen wird. Der Kaiserliche Rat Johann Caspar Goethe, der auf seiner Italienreise 1740 Missons Spuren folgte, erläutert die makabre Vorführung der giftigen Dämpfe dieser Grotte: Ein Hund wurde mit dem Kopf in die Schwefeldämpfe am Boden der Höhle gedrückt, bis er das Bewußtsein verlor. Um die Heilkraft des Agnano-Sees zu beweisen, warf man ihn anschließend ins Wasser; meist kam er wieder zu sich (vgl. R. 12).

PM

50

Max de Rogissart (um 1700)

Solfatara

Aus: Max de Rogissart. Les délices de l'Italie, contenant une description exacte du pais, des principales Villes, de toutes les Antiquitez, & de toutes les raretez qui s'y trouvent [...]. 4 Bde., III, vor S. 291

Paris ²1707

Kupferstich von Louise Magdeleine Cochin (geb. Horthemels), 6, 7 cm x 12, 5 cm

Bez. o. r.: „Tom 3 pag. 291, u. mittig: „Solfatara"

Stiftung Weimarer Klassik, Herzogin Anna Amalia Bibliothek, Sign. J8 : 6 (c)

50

Eine allgemeine Beschreibung will der aus Paris stammende Rogissart von allem geben, was in Italien selten und einzigartig ist, so daß sein Buch als Führer, aber auch für die Vor- und Nachbereitung einer Reise dienen kann. Der vierbändige Reisebericht, der zuerst 1706 in Leiden und gleichzeitig auch in deutscher Übersetzung erschien (*Die Anmuthigkeiten in Italien*, Berlin 1706), wird durch zahlreiche Kupferstiche illustriert, denen der Autor besondere Bedeutung beimaß. Im Vorwort hält er ein frühes Plädoyer für die Nützlichkeit der Bilder, ohne deren Unterstützung bloße Beschreibungen nur einen sehr unvollkommenen Eindruck von Monumenten und Landschaften vermittelten. Mehrere Bildtafeln zeigen den Vesuv und die vulkanische Natur der Phlegräischen Felder, den Avernersee, den See von Agnano und die Solfatara. Der wegen seiner Schwefelvorkommen Solfatara genannte Krater ist schon bei Strabon als das antike *Forum Vulcani* beschrieben, was ihn nobilitierte und vielen Reisenden Grund genug für einen Besuch war.

Beteuert Rogissart auch, daß die Stiche ein getreues Bild gäben, läßt der Vergleich mit anderen Ansichten dieser Zeit doch gewisse Darstellungskonventionen erkennen (vgl. Horn-Onken 1976, Abb. 7, 9, 12, 13). Während versucht wird, im Vordergrund mit Gruppen von Reisenden die Authentizität des Gezeigten zu belegen, sind die im Hintergrund vereinzelt aufsteigenden Rauchfahnen zur Bildformel für den untergründig noch aktiven Vulkan geworden. Der unsichere Boden in diesem durch Bimssteinhügel eingefaßten Kessel ließ die Reisenden vor latenten Gefahren erschauern (vgl. R. 11). Hier konnten aber die für einen halb erloschenen Vulkan typischen Phänomene beobachtet werden. An sogenannten Mofetten (zu denen auch die Hundsgrotte zu zählen ist; vgl. Kat.Nr. 49) strömt Kohlensäure vulkanischen Ursprungs aus. Heißer Schlamm brodelt aus der Erde hervor und bildet einen breiigen, kochenden See. Dem beißenden Geruch der aus Erdritzen aufsteigenden Schwefeldämpfe (Fumarolen) verdankt die nahegelegene Stadt Pozzuoli ihren Namen: (lat.) Puteoli, die Stinkende.

FE

51
Jean Hoüel (1735-1813)

Der Krater des Ätna

Aus: Jean Hoüel. Voyage pittoresque des isles de Sicile, de Malte et de Lipari, où l'on traite des Antiquités qui s'y trouvent encore, des principaux Phénomènes qui la Nature y offre, du Costume des Habitants et de Quelques Usages. 4 Bde., 1782-1787, II, Taf. CXXIII

Paris 1783

Aquatinta-Radierung, 22,5 x 35,5 cm

Bez.: o. r.: „Pl. CXXIII.", u. l.: „Dessiné et gravé par J. Hoüel.", u. mittig: „Vue de la bouche supérieure de l'Etna / prise de dessous les bords du Cratere."

Niedersächsische Staats- und Universitätsbibliothek Göttingen, Sign. GR 2 ITIN I, 930

Universitäts- und Stadtbibliothek Köln, Sign. GG14 / 345

In seiner Geburtsstadt Rouen und in Paris als Maler, Graphiker und Architekt ausgebildet, wurde Jean Hoüel 1769 für ein Stipendium der Académie de France nach Rom empfohlen. Als Reisebegleiter des Marquis d'Havrincourt und englischer Amateure besuchte er 1772 ein erstes Mal Neapel und Sizilien. Um die Vorlagen für die 264, meist zwei Bilder umfassenden Tafeln seiner großen *Voyage pittoresque* anzufertigen, verbrachte Hoüel dann nochmals fast vier Jahre, von 1776 bis 1779, auf Sizilien. An die 1000 auf der Reise entstandene Zeichnungen und Gouachen befinden sich heute im Louvre und in der Eremitage in St. Petersburg, wohin sie Hoüel an Katharina die Große verkaufte, um das aufwendig illustrierte Reisewerk zu finanzieren (vgl. Vloberg 1930; Kat. Hoüel 1990). In dem für die *Voyage pittoresque* werbenden Katalog versprach er nicht nur antike Monumente, sondern auch einzigartige Naturphänomene als große Attraktionen Siziliens zu präsentieren. Der Natur-

51

forscher, der auf Sizilien die Ergebnisse natürlicher Vorgänge untersuche, erhalte dort die Grundlage für weitreichende Spekulationen über die geologische Entstehung dieses Landes. Sein mineralogisches Interesse leitete Houëls Blick und teilt sich auch auf den Bildtafeln mit. Die Aquatinta-Radierungen, die spektakulären Ansichten etwa der Vulkane auf den liparischen Inseln und des Ätna, genügen in ihrer malerischen Tonigkeit höchsten künstlerischen Ansprüchen und zugleich dem wissenschaftlichen Anspruch auf empirische Genauigkeit. Das von ihm beschriebene gemischte Gefühl von Staunen und Schrecken angesichts der überwältigenden Natur, der allseits aufsteigenden Dampfwolken auf dem Ätnakrater, signalisiert eine Staffagefigur mit pathetisch ausgebreiteten Armen. Insgesamt steht bei der Folge mehrerer Ätna-Ansichten aber die Analyse im Vordergrund. Houël konnte hier noch die Spuren eines katastrophalen Wasserausbruchs von 1755 verfolgen, in dessen Folge sich auf dem Gipfel bei Eruptionen mehrere Krater öffneten. Vor Ort tauschte er sich mit dem Domherren Giuseppe Recupero aus, der mit eigenen Augen das Geschehen verfolgt hatte, als das kochende Wasser die Schneedecke des über 3000 m hohen Vulkans zum Schmelzen brachte und bis ins Meer hinabfloß. Aus dem beobachteten Befund entwickelte Houël eine „Hypothèse sur la formation des Volcans“ (II, 88-90). Der vulkanologische Essay knüpft noch entfernt an das anthropomorphe Weltmodell Athanasius Kirchers an, der in *Mundus subterraneus* (1664/65) die Erde als lebenden Organismus begriff, in dem Wasser und Feuer stoffwechselgleich zirkulierten. Houël vermutet zwischen den Vulkanen Siziliens Verbindungen und Austausch, die im Erdinneren durch eine Art vitales System geregelt würden.

FE

52
Giuseppe Lanfranchi (um 1800)

Der Gipfel des Ätna

Aus: Lazzaro Spallanzani. Reisen in beyde Sizilien und in einige Gegenden der Appenninen [Viaggi alle due Sicilie e in alcune parti dell'Appennino, dt.]. [6 Bde., Pavia 1792-1797] 4 Bde., 1795-1798, I, Taf.II

Leipzig 1795

Kupferstich von F. Anderloni (abgebildet aus dem ital. Original)

Bez. l. u.: "Jos. Lanfranchi Reg.ae Vni.s Pap.ae Pictor del.", mittig: "Sommità del Monte Etna", r. u.: "F. Anderloni sc."

Stiftung Weimarer Klassik, Herzogin Anna Amalia Bibliothek, Sign. J, 8: 365 (a-d)

52

Mit einer Art von heiligem Grauen hatte selbst noch ein routinierter Vulkanologe wie Lazzaro Spallanzani beim Aufstieg auf den Ätna zu ringen. Die vielen Legenden und die Erzählungen der Reisenden hatten ihm einigen Schrecken eingeflößt, doch die treibende Neugierde gewann schnell wieder Überhand. Mit etwas Glück findet er den Krater relativ ruhig vor und will nun die Geheimnisse des Vulkans lüften. Der Professor für Naturgeschichte an der Universität zu Padua berichtet in seinen *Viaggi alle due Sicilie* von Feldforschungen, die er Anfang der 1790er Jahre an verschiedenen Vulkanen betrieb. Seine streng empirischen Beobachtungen werden durch Bildtafeln nach Vorlagen Lanfranchis illustriert, der den Forscher als Zeichner begleitete. Auf dem Ätna hat sich Lanfranchi selbst an der mit „G" bezeichneten Stelle mit abgebildet, von der aus er die Ansicht anfertigte. Die Buchstaben „A" bezeichnen den Rand einer 1784 aus dem Kratergipfel ausgetretenen Lava, „B" den Kraterrand mit seinem Spalt, „C" eine vom Künstler vorgenommene Aussparung, die Einblick in das Innere gewährt, wo aus einer Öffnung „E" auf dem Kraterboden „D" sich die große Rauchsäule „F" erhebt, während im Nordosten eine kleinere, „H", entströmt.

Um die Wege und Wirkungen der Laven und heißen vulkanischen Gase zu verfolgen, untersuchte Spallanzani auch mehrere vulkanische Grotten. Ihre Innenwände sind zum Teil mit Mineralien inkrustiert. In einer durch den Lavafluß gebildeten Höhle am liparischen Krater Vulcanello suchte Spallanzani einen merkwürdig brodelnden See auf (vgl. oben, S. 20). Er widerspricht der gängigen These, daß unterirdische Hitze das Wasser dieses Sees zum Kochen bringe. Für die außergewöhnliche Bläschenbildung sieht er vielmehr einen chemischen Prozeß verantwortlich, die Bildung von Carbongasen. Lanfranchi verleiht dieser These Anschaulichkeit: Die aufsteigenden Gase liegen wie Kugeln auf der ansonsten glatten Oberfläche des Sees, die stärker bewegt sein müßte, wenn das Wasser kochte. Um dies zu zeigen, schneidet Lanfranchi die im Innern des Berges versteckte Grotte im Bild auf, und anstatt auf allen vieren durch den engen Gang „A" zu kriechen, kann der Betrachter sie bequem einsehen.

FE

53

53
Jakob Philipp Hackert (1737-1807)

Die Ziegengrotte am Ätna

Aus dem Zyklus „Vues de la Sicile“, Blatt 11

Nach 1777

Radierung von Balthasar Anton Duncker nach Jakob Philipp Hackert, 15,6 x 20,4 cm Plattenrand

Bez. u. l.: „J.Ph. Hackert pinx:“, u. r.: „B.A. Dunker sculp:“, mittig: „La Grotte des Chevres sur l'Etna“

Goethe-Museum Düsseldorf, Restnachlaß Ph. Hackert, Inv. Nr. NW 2206/18h/1995

Philipp Hackert unternahm 1777 seine erste Sizilienreise zusammen mit dem Marinemaler Charles Gore und dem Schriftsteller Richard Payne Knight. Im Anschluß bereitete Hakkert die Radierungsfolge *Vues de la Sicile peintes par Ja.Ph. Hackert gravées par B.A. Duncker* vor, die zwischen 1782 und 1786 auf den Markt kam (Weidner 1998, 67). Es entstanden 12 Blätter und ein Titelblatt. Neun Motive sind im Restnachlaß erhalten (vgl. Kat. Hackert 1995). In seinem Philipp Hackert-Buch schildert Goethe die Sizilienreise anhand der Ausführungen Knights (Goethe, WA I, Bd.46, 151-224).

Während die übrigen sieben Radierungen Ansichten von Tempeln oder Tempelruinen aus Agrigent und Segesta vorstellen, wählt Hackert hier Motive aus der vielgestaltigen Landschaft um den Ätna aus. Er setzt eine flache Grotte aus vulkanischem Gestein in die Bildmitte. Überhängendes, poröses Material bietet einer Gruppe Menschen Schutz in der freien Natur. Gegenüber der unberechenbaren Gewalt des im Hintergrund aufragenden Ätna bietet die Ziegengrotte Geborgenheit im Untergrund dieser unruhigen Erde. Die Bildkomposition fügt auf kleinem Raum Elemente der Idylle zusammen. Sperrige Äste liegen zusammengetragen für ein späteres Lagerfeuer. An der Ziegenhöhle gönnten sich die Reisenden üblicherweise einige Stunden Schlaf, um dann zum Gipfel aufzubrechen und bei Sonnenaufgang die Blicke in den Krater und von dort auf die erwachende Landschaft zu genießen.

Die Lavagrotte ist ein Ort der Ruhe und des Friedens, den die Natur so geschaffen hat, aber ebenso wieder zerstören kann. Parallel zum literarischen Idyllen-Verständnis, wie es sich etwa in Goethes *Hermann und Dorothea* oder Kleists *Das Erdbeben in Chili* entwickelt, erscheint idyllisches Leben in seiner Begrenzt- und Bedrohtheit.
HS

54

54
Jakob Philipp Hackert (1737-1807)

Der Krater des Ätna

Aus dem Zyklus „Vues de la Sicile“, Blatt 12

Nach 1777

Radierung von Balthasar Anton Duncker nach Jakob Philipp Hackert, 15,4 x 20 cm Plattenrand

Bez. u. l.: „J.Ph. Hackert pinx:“, u. r.: „B.A. Dunker sculp.“, mittig: „Le Crater de l'Etna Avec les restes de la tour du Philosophe“

Goethe-Museum Düsseldorf, Restnachlaß Ph. Hackert, Inv. Nr. NW 2206/18i/1995

Am 28. Mai 1777 besuchte Hackert die weitläufige, karge Gipfelregion des Ätna, dessen lebendiges Inneres an einer dauerhaften Rauchwolke erkennbar ist. Im Mittelpunkt des Bildes erhebt sich der zerklüftete Krater. Von hier aus sucht sich die strömende Lava in weiten Bögen Haupt- und Nebenwege. Hackert, der für die Darstellung vielgestaltiger Vegetation bekannt ist, muß auf dieses für seine Handschrift charakteristische Motiv verzichten. Es gelingt ihm dennoch, die atmosphärische Bewegtheit der schutzlosen Gegend herauszustellen. Es ist der Wind, der den Rauch vertreibt, die Kleider der Wanderer flattern läßt und mit äolischer Kraft die freiliegende Oberfläche bearbeitet. Am rechten Bildrand wird ein halbzerfallenes Fundament aus Steinen sichtbar. Es sind die Überreste des sogenannten *Torre del filosofo*, den Legenden mit dem antiken Philosophen Empedokles verbinden (vgl. oben, S. 12). Die besondere Wirkung der Radierung erklärt sich aus der lebendigen Bewegtheit des Strömens, Fließens, Wehens, Fliegens. Auch der laufende Hund gehört mit zu diesem Thema. Schattierungen im Gestein, die der Helligkeit zugewandte und dem Licht abgewandte Seite werden von Hackert plastisch herausmodelliert und betonen so die statische Form und eigenartige Schönheit des Berges. Es ist anzunehmen, daß Hackert beide Kupferstiche, Nr. 11 und Nr. 12, in ihrer gegensätzlichen Aussage kontrastiv gestaltet hat. Er unterscheidet Höhle und Krater, Ruhe und Dynamik, Schutz und Unbehaustheit. Erst beide Radierungen zusammen vermitteln einen umfassenden Eindruck dieser wechselvollen Landschaft (vgl. Krönig/Wegner 1994, 145ff.).

HS

Aus den Reiseberichten

Reisebericht 8

Auf dem Vesuv: Hier war alles in Aufrur

Johann Heinrich Bartels

Der anbrechende Tag half uns nichts, die diken, schwarzen Rauchwolken verbreiteten eine egyptische Finsterniß um uns her, und schinen sich, zwischen den beiden Bergspitzen hingejaget, und dort eingeschlossen, bei Anbruche des Tages eher zu vermehren als zu vermindern. Ohngefähr 60 Schritte hatten wir zu machen um durch diese Dampfmasse durchzudringen, und es glükete uns nicht eher, als nach zweistündigem Versuche. Unsere Kleider und Hüte sahen wir, nachdem wir hindurchgedrungen waren, mit einer roten diken Schwefelkruste überzogen, die sich tief eingefressen hatte, und nicht wieder abzumachen war. Unsere Mühe ward uns hinlänglich belonet; es glükete uns an den fortrauschenden Feuerstrom so nahe zu kommen, daß ich meinen Stok darin tauchen konnte, der so gleich in hellen Flammen stand, und wir sahen ein Schauspiel der Natur, das uns mit Zittern und Entsezen füllete, dem aber an Grösse, Schönheit und Majestät, nichts verglichen werden kann. [...]

Der höhere Teil des hieran gränzenden, noch flißenden Feuerstromes selbst, hatte auch schon bis zu dem Orte hin, aus dem er hervorbrach, außenher die glühend rote Feuerfarbe verloren, sah aschgrau aus, und bildete dadurch einen verschlossenen Kanal, durch den das Feuer hinfloß; wie heftig es unten hin brausete, sah man deutlich aus den durch einige Rizen zischend hervorsprudelnden Flammen. Ein unbeschreibbares Getöse drang übrigens aus diesem Feuerkanal herauf, und eine Hize dampfete er von sich, wie man sie in dem heissesten Schwizbade nicht findet, und die nicht nur die Solen meiner Schuhe, sondern selbst Korkunterlagen in denselben verbrannte. Aber einige Schritte weiter verbarg keine erkaltete Kruste den Flammenstrom, er kam unter der Deke hervor, und sausete mit unnennbarem Geräusche im ebnen Laufe dahin. Den Anblik kann ich Ihnen nicht beschreiben, er erfüllete mich mit banger Furcht, und pressete unwillkürlich einen Tränenstrom aus meinen Augen.

Dike, schwarze, schwerbelastete Dampfwolken hingen über ihm, wie ein Baldachin, die der Feuerschein des unten hinrauschenden Stromes selbst, zu einer glühenden Masse umzuschaffen schien. So war hier unter einem fürchterlichen Chaos, ein Flammenstrom, und über ihm eine feurige Wolke, die den ganzen Horizont rötete, und sich selbst in einer schwarzen Pyramide endigte. Hier war alles in Aufrur, und Zerstörung – und hinab in die Tife sah man in der fridlichsten Stille den Hafen und die Stadt Neapel, auf die die Morgensonne ihre ersten Stralen warf; dieser Anblik verursachete einen sonderbaren Kontrast, die beiden Extremitäten, allbelebende Ruhe, und fürchterliche Feuerzerstörung grenzeten nah an einander, und es schien als erblassete die Natur in jener, wie sie die Glut in dieser entdekete.

Bartels, Johann Heinrich: Briefe über Calabrien und Sizilien, 4 Bde., Göttingen 1787-1792, IV, 843-846 [Italienreise 1786]

Reisebericht 9

Die Einöde, die Nacht, der brennende Berg und ich da!

Charles Dupaty

Diese Zeilen, hier auf den Höhen des Vesuvs geschrieben, indeß seine ausbrechende Flamme mir leuchtet, vergleiche ich mit einer Denkmünze, die zum Gedächtnis meiner Reise geschlagen wäre, damit einst, wenn einige von meinen Kindern auch hierher kommen sollten, das Schauspiel dieses Brandes zu bewundern, dieser Augenblick aus ihres Vaters Leben, ihnen wieder erinnerlich würde, und das Andenken in ihren Augen die Pracht des großen Anblicks noch verschönerte. [...]

Noch eine Stunde lang gieng der Weg durch die schönsten Obstgärten, und dann kam ich an eine ungeheure Lave, die der Vesuv vor etwa sechzig Jahren ausgeworfen hat. [...]

Wir mußten jezt mit großer Mühe über Haufen von Schlacken steigen, die unter unsern Füßen wegrollten. Ich hielt einen Augenblick inne, um die Gegend zu betrachten.
Vor mir umfieng die Nacht mit ihren Schatten den Berg, und die Wolken, vom Rauch verdichtet, schwebten um sein Haupt. Im Rücken sank die Sonne hinter das Gebirge, und ihre letzten schwachen Stralen erleuchteten das Gestade von Posilippo, Neapel und das Meer. Ueber der Insel Caprea erschien der Mond am Horizont. In demselben Augenblick glänzte das Meer im dreyfachen Licht der Sonne, des Monds und des Vesuvs; ein schönes Gemälde!
Dunkel und Glanz; öde, verlassene, schaudervolle Natur, und lachende, beseelte, fruchtbare Natur; die Reihe des Todes und des Lebens neben einander!
Wie ich mich an diesen Contrasten geweidet hatte, drang ich in die Wolkengegend, und stieg ununterbrochen fort, bis ich endlich den Krater erreichte.
Das ist er also! Seit so vielen Jahrhunderten brennt er, dieser furchtbare Vulkan! So viele Städte hat er verschlungen, so viele Menschen hingeraft! und jezt, in diesem Augenblick bedroht er den weiten Umfang der Länder zu meinen Füßen, bedroht das sorglose Neapel, wo man jezt lacht, und tanzt und singt, und nicht einmal an den Vesuv und seine Schrecken denkt. Welch ein Schein umgiebt den Krater! Ha, welche Glut in seinem Schlunde! Dumpf brüllt der feurige Abgrund; jezt schießt aus seiner Mitte, unter schrecklichem Donner und Krachen und einem dichten Aschenregen, die Feuersäule garbenähnlich empor. Millionen Funken erfüllen die Luft; schwarze Steine zu tausenden, fahren zischend heraus, stürzen herab, springen hoch auf, fallen wieder und rollen fort. Eben rollt hier ein Stein, nicht hundert Schritte von mir. Plötzlich schließt sich der Abgrund; plötzlich thut er sich wieder auf und speyt einen abermaligen Brand. Das glühende Lavameer steigt bis an den Rand des Kraters, schwillt, kocht, fließt über, und furcht in langen Feuerströmen die schwarzen Abstürze des Berges.
Ich war ganz ausser mir. Die Einöde, die Höhe, die Nacht, der brennende Berg und ich da!
Die Nacht hätte ich hier zubringen, ich hätte sehen mögen, wie die Sonne mit dem blendenden Glanz ihres Lichtes die Glut des Brandes löschte. Aber schon empfand ich eine durchdringende Kälte; der Wind stürmte mit Gewalt; ich mußte mich bequemen hinabzusteigen, so sehr es mich auch schmerzte. Von einem solchen Schauspiel, den Blick, der jezt der lezte seyn soll, zu wenden, o ist das hart! Fahre hin Vesuv, und Lave fahre hin, und du Flamme, womit die gähnende Tiefe glänzt und sich krönt! Solltest du einst, furchtbarer und so wenig gefürchteter Berg, diese Schlösser, diese Dörfer, diese Stadt in deiner Asche begraben, o so laß es nicht in dem Augenblick geschehen, wenn meine Kinder sie besuchen!

Dupaty, Charles: Briefe über Italien vom Jahr 1785 [Lettres sur l'Italie, en 1785, dt.], aus dem Französischen von Georg Forster, 2 Bde., Mainz 1790 [2 Bde., Rom / Paris 1788], II, 175-180

Reisebericht 10

Das Paradies, von der Hölle aus gesehen

François René de Chateaubriand

Jetzt zertheilen sich die Wolken, auf einigen Punkten; ich erblicke plötzlich, und in Zwischenräumen, Portici, Caprea, Ischia, Pausilippo, das mit weißen Fischersegeln bedeckte Meer, und die mit Orangenbäumen prangende Küste des Meerbusens von Neapel; es ist das Paradies, von der Hölle aus gesehen.
[...] Wir sind auf dem Boden des Abgrundes. Es ist mir unmöglich, dieses Chaos zu schildern.
[...] Die allgemeine Farbe des Schlundes ist die einer todten Kohle. Aber die Natur weiß auch über die furchtbarsten Gegenstände Anmuth zu verbreiten. Die Lava ist an einigen Stellen himmelblau, meergrün, gelb und pomeranzenfarbig. Granitblöcke, von der Gewalt des Feuers umhergeworfen und gedreht, haben an ihren Spitzen sich zurückgebogen wie Palmen oder Blätter von Bärenklau. Die vulcanische Materie bildet, wenn sie auf den Felsstücken, über die sie sich ergossen, erkaltet, hier und da Einsatzrosen, Armleuchter, Bänder; sie stellt auch Pflanzenfiguren und Thiergestalten dar, und ahmt die bunten Zeichnungen nach, die man im Agathe findet. Ich habe auf einem bläulichen Felsen einen Schwan von weißer Lava bemerkt, der vortrefflich gemodelt war; man hätte geschworen, diesen schönen Vogel zu sehen, wie er auf einem ruhigen Wasserspiegel schläft, den Kopf unter seinen Flügeln verborgen und den langen Hals, wie eine Rolle von Seide, über seinen Rücken gelegt. Ad vada Maeandri cecinit albus olor*. Ich finde hier jene gänzliche

Stille wieder, die ich ehemals, um die Mittagsstunde, in den Wäldern Amerika's bemerkte, wenn ich, den Athem an mich haltend, nichts hörte als das Schlagen der Pulsadern in den Schläfen und das Klopfen meines Herzens. Bisweilen nur heulen Windstöße, die von der Höhe des Kegels in die Tiefe des Schlundes dringen, in meinen Kleidern oder pfeifen um meinen Stock; auch höre ich das Rollen einiger Steine, die den Tritten meines Führers entgleiten, wenn er über die Aschenhaufen klimmt. Ein verwirrtes Echo, dem Klingen des Metalls oder Glases ähnlich, verlängert dieses Geräusch, dann ist alles still.
Welch ein Kontrast zwischen dieser Todtenstille und dem entsetzlichen Getöse, das diese nämlichen Stätten erschütterte, als der Vulcan das Feuer aus seinen Eingeweiden schleuderte und die Erde in Finsternis hüllte! Hier lernt man philosophische Betrachtungen anstellen und mit Mitleid auf die Werke der Menschen herabsehen. Was sind in der That alle jene berühmten Umwälzungen der Reiche im Vergleiche mit diesen Naturereignissen, welche die Gestalt der Erde und der Meere umwandeln?

* An den Ufern des Mäander sang der weiße Schwan

Chateaubriand, François René de: Chateaubriands Reise nach Italien [Voyage en Italie, dt.], übers. von K. Schnetzler, Freiburg 1828, 71-82 [Italienreise 1804]

Reisebericht 11

Das Forum der Vulkane – Bilder einer unbekannten Gefahr

Friedrich Johann Lorenz Meyer

Unweit dieser Gegend öffnet sich das Feuerthal der *Solfatara*, ein anderer eingestürzter Schlund eines alten feuerspeienden Berges, *Vulkans Vorhoff* * genannt. Er brennt noch in seinen Tiefen, und duldet nur eine leichte Erdrinde über sich, die bei geringer heraufwärts wirkender Gewalt des unterirdischen Feuers bald zersprengt sein und den Schlund wieder öffnen würde. Von spitz geformten Hügeln eingeschlossen, deren fruchttragende Seiten mit dem nackten Thal merkwürdig abstechen, ist dieses Thal nur zum Theil mit kurzem, halb dorrendem Gebüsch bewachsen, die größre Hälfte aber mit aschfarbigem Sand bedeckt. Jeder Fußtritt auf das hohle Erdgewölbe, das den Feuerschlund deckt, hallt schreckend wieder; das Rollen von Steinen, die über die Fläche hingeworfen werden, tönt, einem entfernten Donner ähnlich, herauf, und auf den starken Steinwurf in eine Vertiefung der Erde erfolgte mit einer leichten Erschütterung ein furchtbarer Knall in der zurückhallenden Tiefe. Der Boden ist warm und an einigen Stellen glühend heiß. Hier steigen leichte Schwefeldünste auf, und schweben über der Fläche; dort bricht ein dicker Dampf aus der aufgegrabenen Erde hervor, und setzt Schwefel-Alaun- und Salmiaktheile an. Neben diesem Loch hört man ein starkes Brausen, wie von einem in dem Abgrund hinrauschenden Strom. – Der Anblick dieses in seinen Eingeweiden brennenden Thales wirkt noch stärker auf die gespannte Einbildungskraft, als selbst der Anblick des offnen und ruhigen Vesuvkraters, so wie ich ihn sah. Die verborgenen Ursachen dieser Wirkungen des Feuers auf die hohle *Solfatara* zeugen schreckende Bilder einer nahen und unbekannten Gefahr, die den auf der leichten Rinde des brennenden Abgrundes Wandelnden jeden Augenblick überraschen zu können scheint. Am offnen Krater des Vesuvs schweigt diese Furcht, weil die herannahende Gefahr eines Feuerausbruches sich vorher ankündigt. Dort glaubt man sich in Sicherheit, und gewöhnt sich an den Anblick des rauchenden Abgrundes; hier ahndet man eine Gefahr, die sich bei dem längern Verweilen vermehrt. Jeder Fußtritt erschreckt; der Unerfahrne scheuet sich, mit seinen Begleitern auf einen Fleck hinzutreten, um eine Last nicht zu vermehren, welche die leichte Erdrinde kaum zu tragen scheint; das heftige Getöse in der Erde kündigt dem bange Horchenden ein nahes Erdbeben an; fühlbar ist die Hitze des Bodens an den Fußsohlen; die aus ihm heraufsteigenden Schwefeldünste beengen das Athmen. – Vergebens kämpft die ruhige Überlegung gegen das schreckende Phantom, das die arbeitende Phantasie sich hier bei allen diesen Erscheinungen selbst schafft. – Man eilt hinweg aus diesem böser Vorbedeutungen vollen Thal, und freuet sich nach der Rückkehr auf den festen Boden, wie der über stürmende Meereswogen in den sichern Port anlangende Schiffer, einer nahen Todesgefahr entgangen zu sein.

* *Forum Vulcani.*

Meyer, Friedrich Johann Lorenz: Darstellungen aus Italien, Berlin 1792, 448-451

Reiseberich 12

Wunder und Wissenschaft in der Grotta del Cane

Johann Caspar Goethe

In der Hundsgrotte, einer kleinen und nicht von Menschenhand gemachten Höhle, zeigte man uns den üblichen Versuch mit dem Hund und mit zwei Hennen. Der Schließer kniet sich dabei vorsichtig soweit auf den Boden nieder, daß er ihn gut erreichen kann, wobei er den Kopf ganz aufrecht hält. In dieser Haltung packt er den Hund und drückt ihn mit dem Kopf nach unten auf die Erde; der Hund gibt dann ziemlich bald Zeichen der Ohnmacht von sich, verdreht die Augen, läßt die Zunge heraushängen und bleibt wie tot liegen. Wenn er dann kein Lebenszeichen mehr von sich gibt, wirft man ihn aus der Höhle hinaus und in den nahegelegenen See, wo seine Lebensgeister allmählich wieder erwachen, so daß er zurück an Land schwimmt. Dasselbe wurde mit den beiden Hennen wiederholt, wobei aber die eine tatsächlich ihr Leben verlor, während die andere erst dann wieder zu sich kam, als man auch sie in den See geworfen hatte. [...] handelt es sich hier auf jeden Fall um einen merkwürdigen Vorgang, den man bereits an den verschiedensten Tierarten, ja sogar schon mit Menschen und immer mit derselben Wirkung erprobt hat. Der Abate und spätere Bischoff Sarnelli berichtet von einem Versuch, den man auf Befehl des Vizekönigs Don Pedro de Toledo mit zwei Sklaven vornahm, die dabei ums Leben kamen. Auch ein gewisser Edelmann, der sich in der Höhle bückte, um einen Stein aufzuheben, wurde von den Dämpfen erstickt; als man ihn in den See legte, kam er zwar noch einmal zu sich, aber kurz darauf starb er. Ich hatte dennoch keine Bedenken, diese Höhle in aufrechter Haltung zu betreten, was ich auch ohne jede Gefahr tat. Mir kam diese, wie ich schon sagte, kleine und nicht von Menschenhand gemachte Felsenhöhle wie ein stark beheiztes Zimmer vor; in die Nase stieg mir der Geruch von Schwefel, dessen heiße Dämpfe sich oben an der Decke festsetzen und dann Tropfen für Tropfen herabfallen. Ich wagte es freilich nicht, den Kopf zu senken, weil ich nicht dieselbe Erfahrung machen wollte wie besagter Edelmann. Merkwürdig war es auch anzusehen, wie eine Kerze und eine Fackel erloschen, als man sie zu Boden hielt, wo die Ausdünstungen so stark sind, daß sie jedes Lebewesen umbringen.

Goethe, Johann Caspar: Reise durch Italien im Jahre 1740 (Viaggio per l'Italia), übers. und komm. von Albert Meier, München 1986, 183f.

Reisebericht 13

Gekochte Eier aus Neros Schwitzbad

Karl Friedrich Benkowitz

Nachdem wir an dem steilen Felsen hinaufgeklettert waren, kamen wir unter einige Gewölbe, die theils natürliche Felsgewölbe, theils von Menschenhänden erbaut zu seyn schienen. Es war, als wäre hier vor einer Felshöhle ehemals ein Vorhaus angelegt gewesen. Indem ich in diesen Hallen herumging, bemerkte ich, daß von den Gewölben ein Rauch heruntersteig, von welchem ich die Ursache nicht zu entdecken vermochte. In einigen war er so stark, daß ich ihn deutlich aus den Oeffnungen, die hie und da in der Decke waren, herausziehen sah. Dabei spürte ich eine gewisse Wärme, die von oben herunter kam. Indem ich mich über diese Erscheinung wunderte, kam ein Mann herbei, der sich bis aufs Hemde ausgezogen hatte, und einige Hühnereier in der Hand trug. Er sagte uns, daß wir ihm folgen möchten, und führte uns zu einem engen dunklen Gang, der sich in den Felsen hineinschlängelte. Er selber ging mit einer Fackel voran. Wir folgten ihm hinter einander, denn einer hatte nur immer Platz in diesem engen Gange.

Indem wir hineintraten, bemerkte ich, daß oben aus dem Gange ein sehr starker Dampf hervorkam. Wir waren ungefähr zehn Schritt vorwärts gegangen, als ich eine große Wärme von oben empfand. Mit jedem Schritte wurde diese stärker, und ich vermochte es kaum mehr auszuhalten, als unser Führer uns zurief, daß wir uns bücken möchten. Ich that dies geschwind, und spürte eine merklich kühlere Luft, die mir sehr willkommen war. Die größte Hitze war an der Decke, von welcher sie ausging. Aber es dauerte nicht mehr lange, als diese so niedrig wurde, daß auch das Bükken nicht mehr half, denn die Hitze verbreitete sich überall.

Wir befanden uns in einer engen, unbekannten Höhle, in welcher man sich kaum umzudrehen vermochte, worin wir auf Händen und Füßen fortkriechen mußten, und dennoch vor Hitze kaum aushalten konnten. Unter diesen Umständen bekam ich Lust, umzukehren, und mein Hintermann war ebenfalls nicht abgeneigt dazu. Wir halfen uns in der Dunkelheit so gut wir konnten, wandten uns so niedrig wie möglich um, um nicht zu sehr von der Hitze zu leiden, und krochen wieder gegen das Tageslicht zu. Ich war froh, als ich wieder aufrecht stehen

konnte (denn ich bin nie ein Freund vom Kriechen gewesen, selbst in der Finsterniß nicht), und von dieser Reise in den Orcus, oder in das Fegefeuer zurückkam.
Nach fünf Minuten kam auch die übrige Gesellschaft aus der merkwürdigen Höhle wieder hervor, und zwar halb verblindet, schweißtriefend und mit Staub bedeckt, als wenn sie aus der Schlacht käme. Der Kerl mit den Eiern erschien zuletzt wieder, und zwar waren seine Eier gekocht, und er bot sie zum Essen an.
Obwohl ich nun nicht das Ende dieses unterirdischen Ganges gesehen habe, so kann ich doch meinen Lesern darüber das referiren, was ich von Augenzeugen erfahren habe. Da, wo die Höhle sich endigt, und wovon ich nicht mehr weit entfernt war, ist ein kleines siedend heißes Wasser, worin man zu jeder Zeit Eier kochen kann. Die Hitze ist hier so groß, daß man sie in der Kleidung beinahe unerträglich findet, und daß nur ein Nackender, der in eine heftige Transpiration geräth, ihr widersteht.
Die Höhle heißt mit ihren Vorhallen deshalb *le stuffe di Nerone*, weil dieser Kaiser sie als Schwitzbäder gebrauchte, und man würde auch nicht leicht einen bequemern Ort dazu finden können. [...] Dieser warme Dampf hat durchaus nichts unangenehmes und erstickendes, sondern vielmehr etwas heilsames, und besonders für eine schwache Brust.

Benkowitz, Karl Friedrich: Reisen von Neapel in die umliegenden Gegenden. Nebst Reminiscenzen von meiner Rückreise nach Deutschland und einigen Nachrichten über das letzte Erdbeben in Neapel, Berlin 1806, 92-96 [Italienreise 1802/03]

Reisebericht 14

Das Labor der Natur am Aetna

Dominique Vivant Denon

Wir hatten bereits einige Bänke von Firnschnee passiert, und es herrschte eisige Kälte, als wir auf dem Plateau dieses schrecklichen alten Kraters mit seinem Durchmesser von drei Meilen anlangten. Darin sind drei Berge oder Vulkane entstanden, und aus dem Schlund des mittleren, am höchsten aufragenden Berges strömen ohne Unterlaß Dämpfe jenes ewigen Feuers empor. Im Leben werde ich nicht den Eindruck vergessen, den ich bei der Annäherung an diesen eindrucksvollen Ort empfing, der wie für Menschen verboten und den Göttern der Hölle geweiht war. Alles dort scheint der Natur entfremdet: keine Vegetation, nicht eine Regung lebender Wesen stört die fürchterliche Ruhe der Nacht. Alles liegt tot da – oder vielmehr hat noch nichts zu leben begonnen, nichts sich gepaart und verbunden; es herrscht das Chaos der Elemente. Eine ätherische Luft, die alles Seiende in Aufruhr versetzt und dem Menschen aufzeigt, daß er sich hier außerhalb der Regionen bewegt, an die ihn seine Organe binden. Der Eindringling wird seiner Kühnheit gewahr; es ist, als träte man in das Labor der Natur ein, um ihr ihre Geheimnisse zu entwenden; man spürt einen Schauer angesichts dieses Frevels, doch zugleich keimt Stolz über den eigenen Mut auf. Mit der Zeit wollte mir diese Ebene als ein Heiligtum erscheinen, und der Lichtschimmer, der uns zur Orientierung diente, als das Urfeuer, das weiter zurückreicht als die Erde und sie einst zum Leben erweckte. Dieser ungeheure Raum wurde auf geheimnisvolle Weise allein von den aus dem Krater aufsteigenden feurigen Dämpfen erhellt. Während wir in der Mitte des Plateaus standen, verwandelte sich das Feuer in eine Rauchsäule. Eben ging der Mond auf und gab dem Ort eine völlig andere, jedoch nicht minder schrecklich erscheinende Färbung; er schien uns wie für die finsteren Mysterien der Hekate* vorbereitet.

* [Erdgöttin der griechischen Mythologie.]

Denon, Dominique Vivant: Voyage en Sicile, Paris 1788, 36f. [Italienreise 1777/78; Übers. WB]

Reisebericht 15

Höhlengeister am Aetna

Henry Swinburne

Die Bewohner unterhielten uns mit vielen wunderbaren Erzählungen von bösen Geistern und Cobolden, welche die Höhlen am Aetna bewohnen [...] und da ein jeder Erzähler versuchte seine Geschichte fürchterlicher zu machen [...], so konnte ich bemerken, daß der ganze Kreis bis zu einem so lächerlichen Grade des Schreckens gestiegen war, daß ein schnelles Klopfen an der Thüre [des Bauernhauses, in dem er die Nacht vor der Kraterbesteigung verbringt] ihnen Todesangst verursacht haben würde.

Swinburne, Henry: Auszug aus Heinrich Swinburne. Reisen durch beide Sicilien in den Jahren 1777, 1778, 1779, 1780, in: Neue Sammlung der besten und neuesten Reisebeschreibungen [...], 35 Bde., Berlin 1763-1802, VII (1791), 1-384 [= Travels in the Two Sicilies in the Years 1777, 1778, 1779, and 1780, 2 Bde., London 1783-1785; übers. von Johann Reinhold Forster, Hamburg 1785-1787], 311

Reisebericht 16

Das höllenmäßigste Gemälde

Jean Hoüel

Man führte mich hierauf zu den Bädern des heil. Calogero, die am Fuße eines von den Bergen angelegt sind, auf deren einem die Stadt Sciacca liegt; [...] Eine dieser Höhlen dient zum Schwitzbade; ich trat hinein und augenblicklich waren meine Kleider ganz vom Schweiß durchnäßt. Um mich ganz von den wunderbaren Dingen zu überzeugen, die mir von dieser Grotte erzählt worden waren, entkleidete ich mich bis auf die Unterhosen, und nahm eine kleine Lampe mit, die ich vom Pater Gardian des Karmelitenklosters, diese finstere Felskluft zu erleuchten, erhalten hatte.

Beschreibung der
Grotte des Schwitzbades

Ich begab mich noch vor der für die Badenden bestimmten Stunde in die Höle und fand da 33 bestimmte Pläze 11 zur Rechten und 22 zur Linken. Sie sind über einer fortlaufenden Steinbank eingehauen und ihre Lehnen ausgehölt und zugerundet, so daß man sie für große Hohlkehlen von Säulen halten könnte. Hier sieht man einige Schriftzüge, die man für Arabisch und Hebräisch ausgiebt; da man sie aber nicht zu lesen vermag, so sind es vielleicht karthagische oder phönicische. Man vermuthet, daß sie Gattungen oder Grade von Krankheiten anzeigten, die hier geheilt werden konnten. Ich nahm Riß und Maaß von diesem Werke, welches [...] vom *Dädalus* herrühren soll.

Die Grotte ist in Fels gehauen, denn wenn sie auch ein Werk der Natur seyn sollte; so hat doch wenigstens die Kunst viel nachgeholfen. [...] Ich nahm mir vor, von dieser Höle in eine andere zu gehen, aus welcher die Hitze kommt, und die durch ein Loch mit dieser zusammenhängt, das einem Ofenloche gleicht, und dem Boden gleich durchbrochen ist. Man entsetzte sich über meinen Entschluß, suchte mich von diesem Vorhaben abzubringen, nannte mich tollkühn, wandte mir ein, daß dieser Ort ganz unbekannt sey und daß schon mehrere Neugierige ihr Grab darinn gefunden hätten. Ich ließ sie reden, nahm meine kleine Lampe und kroch auf Händen und Füßen hinein. Ein starker Wind bließ mir von innen heraus entgegen und endlich gelangte ich in eine Grotte, welche mir größtentheil das Werk der Natur zu seyn schien. [...] Hier sah ich nur dunkle Gegenstände, und die Begierde hinab zu steigen quälte mich so sehr, daß ich, trotz der Gefahr hinab zu fallen, mich zu verwunden, oder gar umzukommen, oder meine Lampe auszulöschen und mich in diesem finstern ganz unbekannten Ort zu verirren, wo ich leicht in einen nahe seyn sollenden Brunnen stürzen konnte, dennoch meiner Neugierde nicht zu widerstehen vermochte, sondern das Wagestück des Hinabsteigens unternahm. Mit Mühe kam ich hinunter. Der schlüpfrige Boden, die nassen glatten Felswände boten mir keinen Halt dar; ich wäre verloren gewesen, wäre mir der Fuß ausgeglitscht. Würklich fand ich hier den obenerwähnten Brunnen, und über ihm eine nischen artige Hölung.

Alles dies sah ich zwar; allein ich hatte keine Zeichenstifte bey mir, auch konnte ich nichts abmessen, weil ich meine Instrumente bey meinen Kleidern zurückgelassen hatte. Mein Licht wurde schwächer, meine Kräfte nahmen ab, die Hitze der Grotte zwang mir einen außerordentlich starken Schweiß aus. Ich befand mich in einer Gefahr, die mir keine lange Wahl übrig ließ; ich muste Kräfte zur Wiederkehr haben, und ich trat diese auf dem nämlichen Weg ohne Zögerung an, jedoch mit Verdruß, weil ich weder Riß noch Maaß hatte nehmen können. Als ich aus dieser Grotte in die Badehöle wieder eintrat, wurde ich gewahr, daß hier die Luft noch erstickender war, als an dem Ort, den ich eben verlassen hatte. Den Leuten, die mich erwarteten, war die Zeit meines Aufenthalts in jener Felskluft sehr lange geworden; sie hatten mich öfters gerufen; glaubten, ich sey vor Hitze erstickt, denn sie konnten nicht begreifen, daß die Luft in diesen innern Hölen erträglicher seyn sollte, als in der äußern; sie zankten mich aus, und wünschten mir Glück, sie warfen mir meine Verwegenheit vor und erzählten mir tausend schreckliche Geschichten.

Statt der Antwort erklärte ich ihnen, daß ich gleich wieder mit meinen Bleystiften dahin zurück zu kehren gesonnen sey; ich bot demjenigen Geld an, der mich begleiten, und mir eine Fackel und eine Laterne tragen wolle; jedermann hielt mich für wahnsinnig und bebte für mich und sich. Sogar meine Leute wollten weder mit gehen, noch mich allein gehen lassen. Nur einer ließ sich durch die Hoffnung des Gewinns bewegen. Jetzt aber betrachteten mich die übrigen voll Mitleids und Unmuths; sie glaubten, ich verdiente nicht zu leben, weil ich es wagte einen so gefährlichen Ort nochmals zu betreten, aus dem ich bloß durch ein Wunderwerk wieder entkommen wäre.

Mein Begleiter zog sich, so wie ich, nackt aus, ich ließ ihn vorausgehen; und zeichnete und maß die ganze

Grotte. Ich stieg an den Rand des Brunnens, maß dessen Tiefe mit einem Stein, den ich an einen Faden gebunden hatte [...]. Der Mensch, der mir leuchtete, war auf einem etwas höhern Fels stehen geblieben, als der Ort war, wo ich stand. Seine hagre, nackte Gestalt mit emporsträubenden Haaren und der brennenden Fackel in der Hand, welche diese dunklen Gewölbe, diese fürchterlichen Felsen erhellte, stellte das höllenmäßigste Gemälde vor, das ein Maler oder Dichter je für die Einbildungskraft hervorbrachte.

Seine schwache Seele schöpfte bald Unruhe, seine Ungeduld vermehrte die Hirngespinnste, die er sich schuf; er rief mir öfters zu: er würde umkommen, die Hitze sey ihm unerträglich. Als er aber vollends sah, daß ich mich an seinem Anblick ergötzte, drohte er, mich zu verlassen, und verließ mich auch würklich. Ich weilte noch einige Zeit. Mein Licht verlosch; zum Glück war mein Geschäffte vollendet, und ich befand mich schon in den oberen Teilen der Höle; ich kroch tappend durch das Loch, und erschien noch zur rechten Zeit.

Die Zurückkunft meines Begleiters ohne mich, ließ keinen Zweifel übrig, daß ich umgekommen seyn müsse; man warf Verdacht auf ihn, entweder dazu beygetragen, oder mir wenigstens nicht beygestanden zu haben; man ließ ihn in Verhaft nehmen. Meine Leute befanden sich in der lebhaftesten Unruhe. Sie traten zum Loch und riefen mir laut zu; indeß die anderen für mich beteten und sich erkundigten: ob ich auch ein guter römischkatholischer Christ sey? Die Bestürzung war allgemein.

Doch der Auftritt ward noch sonderbarer, als ich aus dem Loche, wie aus einem Grabe hervorkam. Erstaunen

Abb. 17 Jean Houël. Badegrotte. *Aquatinta aus: Houël 1782-1787, I, Taf. XXIV*

malte sich auf allen Gesichtern. Fast alle waren zornig und schimpften über meine Kühnheit; andere hingegen lobten meinen Muth. Der Arzt des Ortes war eifersüchtig über meine Entdeckungen; die Mönche verlangten eine Opferkerze für den Sankt Calogero, durch dessen heiligen Beystand ich augenscheinlich allein dieser großen Gefahr entronnen sey. Ich tröstete jene, dankte diesen, und theilte einiges Geld aus. Mein armer Begleiter erhielt jetzt seine Freiheit wieder, da man gewiß überzeugt war, daß ich nicht todt, und meine Gestalt keine Erscheinung aus der anderen Welt war. Alles war nun wieder zufrieden gestellt.

[...] Unterredung, die ich mit zwey Barfüßern hatte, und welche die Mönche jenes Landes zu treffend malt, als daß ich sie hier übergehen dürfte. Sie fiel im Kloster vor, wo ich wohnte. Der Pater Gardian hatte Lust, mit mir zu sprechen; er besuchte mich am Abend des nämlichen Tages, an welchem ich in der Grotte gewesen war, und kaum war er eingetreten, so folgte ihm ein anderer Mönch entweder aus Neugierde, oder um ihn zu unterstützen. "Sie sehen dort," fing der Pater an, "den Berg des heiligen Calogero; er ist jetzt nackt, und war ehehin mit Holz und Schatten bedeckt, ein anmuthiger Ort; allein diese schöne Gegend war mit Teufeln angefüllt, welche das ganze Land plagten. Der heilige Calogero kam und bezog die Hölen, die sich oben auf dem Berge befinden; die Teufel schrien fürchterlich; aber den Heiligen entsetzte dies nicht, er behielt seine Wohnung bey; endlich vermochten es die Teufel nicht länger in der Nähe eines so heiligen Mannes auszuhalten, sie verließen den Wald, den man sogleich abrodete." Ich konnte mich des Lachens nicht enthalten. "Glauben Sie's nur," erwiderte der Gardian sehr ernsthaft," denn das, was wir ihnen hier erzählen, steht in den Gebeten des Heiligen, die wir täglich lesen." "Und wo sind sie hingeflogen, jene Teufel?" fragte ich; "sagen Sie es mir doch, meine Paters, und ich gehe sogleich dahin, sey es am Tage oder bey Nacht; ich stehe ihnen dafür, daß sie mir so wenig zu Leide thun werden, als mir in der Grotte widerfuhr." Ich glaubte, sie würden hierüber erstaunen, aber ich ward nicht wenig überrascht, als sie mir mit der größten Kaltblütigkeit antworteten: "Denken Sie etwan, wir wissen nicht, wie das zugeht? glauben sie, es sey uns unbekannt, daß ihr Franzosen Euch schon längst mit den unterirdischen Geistern so vertraut gemacht habt, daß wohl gar viele von Euch kleine unsichtbare *Diabolos familiares* in ihren Tobacksdosen führen, die ihnen bey ihren Unternehmungen beystehen?"

[...] Was konnte ich auf solche Albernheiten antworten? sollte ich böse werden oder lachen? Ich that das letztere, und die guten Mönche bewirteten mich sehr gut, ob sie mich gleich für einen Freund des Teufels hielten.

Weder um sie lächerlich noch verächtlich zu machen, erzähle ich diese Geschichte, sondern bloß um zu zeigen, was aus dem Menschen wird, wenn ihm guter Unterricht fehlt, und wenn er jene unersättliche Begierde, nach Wahrheit zu forschen, womit ihn die Natur begabte, blos dazu anwendet, um Märchen zu sammeln.

So tief sind die Nachkommen eines Diodors, Archimeds, Theokrits, eines Epicharms und Aristarchs, und so vieler anderer großer Männer herabgesunken!

Hoüel, Jean: Houels Reisen durch Sizilien, Maltha und die Liparischen Inseln. Eine Übersetzung aus dem großen und kostbaren französischen Originalwerke von J. H. Keerl Königl. Preuß. würkl. Regierungs- und Consistorialassessor, 6 Bde., Gotha 1797-1809 [= Voyage pittoresque des isles de Sicile, de Malte et de Lipari [...], 4 Bde, Paris 1782-1787, dt.], I, 96-103, 108f. [Italienreise 1776-1779]

57

7 Kampaniens klassischer Boden

Kampanien und insbesondere die Landschaft der Phlegräischen Felder westlich von Neapel bildeten „wegen berühmter vilfältiger Antiquitäten dergleichen sonst nicht in der ganzen Welt zu finden" (Hieronymus Welsch, 1658) seit jeher den an Attraktionen reichen Höhepunkt einer Reise nach Süditalien. Hier landeten die ersten Griechen, hier reihen sich die Zeugnisse römischer Macht- und Prachtentfaltung entlang der Küsten auf. Im Umfeld bedeutender Handels- und Flottenhäfen lag das Zentrum römischer *Villeggiatura*, und Baia galt als der eleganteste Badeort der Antike. Im Gegensatz zu weitgehend zerstörten Theatern und Tempeln hatten sich einige unterirdische Werke römischer Architekten und Ingenieure erstaunlich gut erhalten: gewaltige Zisternen, Bäderanlagen und lange Straßentunnel, die man durch das vulkanische Tuffgestein getrieben hatte. Sie waren Bestandteile eines festen Kanons von Sehenswürdigkeiten, die vor allem nach ihrer historisch-literarischen Bedeutsamkeit bemessen wurden. Wie sehr die Besichtigungen standardisiert waren, zeigen zahlreiche Reiseberichte und in prägnantester Form die listenartigen Legenden der vor Ort sowie zur Vorbereitung oder als Erinnerungshilfe gebrauchten Übersichtskarten.

Unbezweifelt war das einstige Lustrevier der Römer mittlerweile nur mehr eine „ergreiste Schönheit" (Brosses [1799] 1881-1922, I, 327), deren Verfall durch die vulkanische Natur, durch Überschwemmungen und Erdbeben noch beschleunigt wurde. Daß man diese antike Landschaft über Jahrhunderte vor allem geistig aus den klassischen Quellen heraus rekonstruiert hatte, wurde vielen erst angesichts der spektakulären Grabungsergebnisse bewußt, die in Herculaneum seit 1738 und Pompeji seit 1748 ans Licht kamen. Der Unterschied der phlegräischen Ruinen zu den wiederentdeckten Städten am Vesuv, wo die Antike bis in Details des Alltagslebens konserviert schien, war allzu sinnfällig. Bereits im weiteren Verlauf des 18. Jahrhunderts kam es zu einer deutlichen Verlagerung des touristischen Interesses an den östlichen Golf von Neapel, beschleunigt durch den Zulauf, den die Amalfi-Küste seit dem frühen 19. Jahrhundert fand. Die 'lebendige' Antike lief der althergebrachten den Rang ab – eine Konkurrenz der Reiseziele, die den in der Aufklärung aufkommenden Gegensatz zwischen text-fixierter Philologie und objekt-orientierter Archäologie widerspiegelt.

FE

55
Giuseppe Bracci (18. Jahrhundert)

Karte des Golfs von Neapel mit seinen antiken Stätten

1772

Kolorierter Kupferstich von Antoine Alexandre Joseph Cardon, hrsg. von Filippo Morghen, 62,3 x 91,5 cm

Bez. u. l. im Bild: „Gius. Bracci del.", u. r. im Bild: „A. Cardon scul.", u. r. auf dem Schriftband: „Appo F. Morgh. Con Priv. Reg. 1772." Am linken und rechten Rand je ein Schriftband mit dem Verzeichnis der neapolitanischen Altertümer. Beschriftungen auf der Karte sowie in Form antiker Schrifttafeln im unteren Bildfeld.

Frankfurter Goethe-Museum, Inv.Nr. III-13451

Die aufwendig gestaltete Karte zeigt außer dem Golf von Neapel mit seinen antiken Stätten eine nächtliche Szene mit dem Vesuvausbruch, der 79 n.Chr. Pompeji und Herculaneum verschüttet hat. Ein Relief, eine Vase und Schrifttafeln deuten auf die reichen Antikenfunde der Gegend. Ein dorischer Tempel trägt Ehrenschilder mit den Namen von William Hamilton und Catharina Barlow.
Der Name Hamiltons wird in der ausführlichen Beschriftung öfter erwähnt. Die Karte dürfte im Zusammenhang mit Projekten Hamiltons (vgl. Kat.Nr. 61, 66) entstanden sein, der Bracci wie auch Cardon als künstlerische Mitarbeiter beschäftigte. Bracci fertigte Stichreproduktionen seiner ersten Antikensammlung an, und Cardon, der darüber hinaus Neapel-Panoramen nach Zeichnungen von Bracci stach, arbeitete 1765 ebenfalls an der Publikation der Sammlung Hamiltons mit. „Cardon inv. et sculp. Napoli 1765" ist ein Gegenstück zu der Neapel-Karte bezeichnet, das 1772 von Morghen publiziert wurde (Frankfurter Goethe-Museum). Bei diesem Gegenstück handelt es sich um eine zeitgenössische Karte des Golfs von Neapel mit Architekturdarstellungen im Tageslicht.
PM

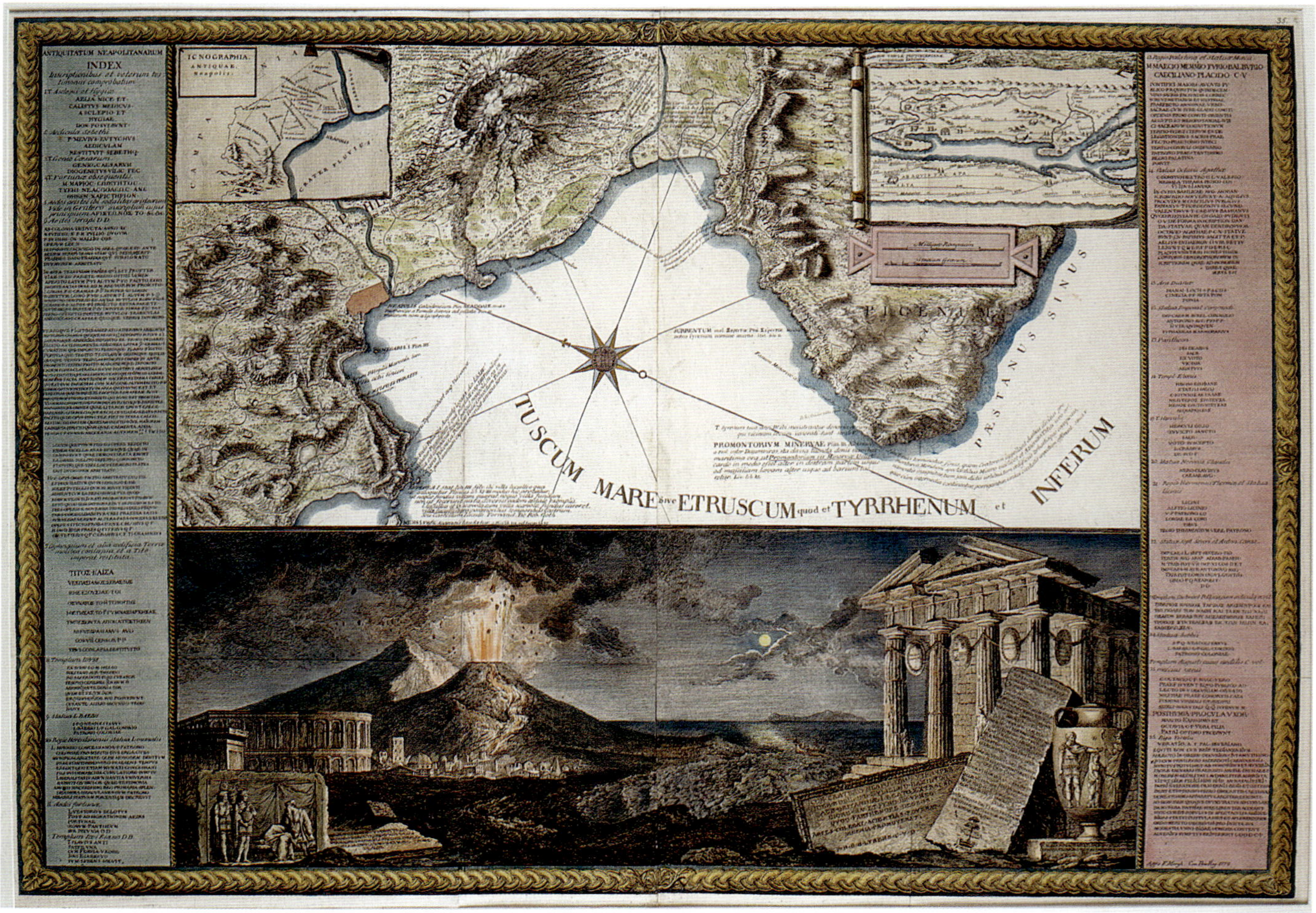

55

56
Hermann Friedländer (1790-1851)

Innenansicht des Amphitheaters von Pozzuoli

Aus: Hermann Friedländer: Views in Italy, during a Journey in the years 1815 and 1816, Taf. [3]

London 1821

Kupferstich von Neele & Son
13, 7 cm x 10, 7 cm

Bez. o. r.: „Voy. 3 No XXVI", u. r.: „Neele & Son, fc 352, Strand.", mittig: „AMPHITHEATRE OF POZZUOLE.", darunter mittig: „Published, April 14.1821, by R. Phillips & Co. Bride Court, Bridge Street, London."

Stiftung Weimarer Klassik, Herzogin Anna Amalia Bibliothek, Sign. Aa 9 : pr [5] (Stück 7 in Sammelbd.)

56

Pozzuoli, in der Antike bedeutendstes Handelszentrum Italiens und wichtigster Sklavenmarkt Roms im westlichen Mittelmeer, wurde wegen seiner berühmten Thermal- und Schwefelbäder, aber auch wegen seiner römischen Monumente besucht. Das in der zweiten Hälfte des 1. Jahrhunderts errichtete Amphitheater, das für Seekämpfe komplett unter Wasser gesetzt werden konnte (vgl. Amalfitano 1990, 75ff.), weist ein weitläufiges und bestens erhaltenes (wenn auch großenteils erst nach 1839 freigelegtes) System unterirdischer Korridore auf, weswegen das Theater zu den suggestivsten Denkmälern der Antike gehört. In seinen zuerst in Leipzig 1819/20 veröffentlichten *Ansichten von Italien während einer Reise in den Jahren 1815 und 1816* zeigt Friedländer einen der konzentrischen Wandelgänge, die auf mehreren Ebenen zu den Sitzen führten und in älteren Darstellungen den Anschein unterirdischer Felstunnel erhalten.

Bereits der Herausgeber der ersten wissenschaftlichen Publikation der phlegräischen Denkmäler (*Antichitá di Pozzuoli: Puteolanae Antiquitates*, Neapel 1768), der Antiquar Paolo Antonio Paoli, tendierte zu einer Poetisierung der archäologischen Stätten (das Amphitheater auf Taf.XXV; vgl. Fino 1993, 88). Zunehmend setzte sich eine Wahrnehmung im Zeichen des Malerischen durch, die von der historischen Bedeutung der Monumente weitgehend absah. Als verfallene und vernachlässigte Ruine war das Gebäude um 1800 überwuchert von jener „üppigen Vegetation", die Goethe charakterisierte als „eingreifend wo sie nur irgend vermag, sich über alles Ertödtete erhebend" (Goethe, WA I, Bd. 31, 20).
FE

57
Abraham-Louis-Rodolphe Ducros (1748-1810)

Die Grotte von Posillipo

Zwischen 1794 und 1800
Feder und braune Tinte, Aquarell,
79 x 110 cm
Musée cantonal des Beaux-Arts, Lausanne, Inv.Nr. 822

Abb. siehe Seite 100

Der Schweizer Abraham-Louis-Rodolphe Ducros brach 1776 zu einer Reise nach Italien auf und ließ sich in Rom nieder (vgl. Niemeijer / Booy 1994; Kat. Ducros 1998), wo er in Zusammenarbeit mit Giovanni Volpato (vgl. Kat.Nr. 38) sehr erfolgreich kolorierte Stiche und großformatige Aquarelle als Souvenirs für Italienreisende produzierte. Bis Anfang unseres Jahrhunderts führte die alte Verbindung von Pozzuoli nach Neapel alle Reisenden durch das Nadelöhr der sogenannten Grotta di Posillipo. Agrippas Architekt Cocceius hatte im ersten vorchristlichen Jahrhundert den etwa 700 Meter langen Straßendurchstich graben lassen (Amalfitano 1990, 38-41). Der Tunnel, ein Meisterstück römischer Ingenieurskunst, war auch Durchgangsweg für den obligaten Ausflug von Neapel zu den an Geschichte reichen Phlegräischen Feldern. Zu einer wichtigen Station der klassischen Italienreise wurde er aufgrund seiner Nachbarschaft mit dem sogenannten Grab des Vergil (vgl. Kat.Nr. 60).
In seinem großformatigen Aquarell zeigt Ducros eine in pastose Farbigkeit getauchte und durch Schattenspiele pittoresk verlebendigte Felslandschaft. Bildbeherrschend ist die unmäßig monumentalisierte Grotte, die, wie das Denkmal links, von Pflanzen überwuchert und kaum mehr als

58

Architektur erkennbar ist. Einer poetischen Vision gleich öffnet sich der turmhohe Eingang und führt in die Eingeweide jenes Berges, der Neapel von den Gegenden trennt, in denen der Mythos – allen voran Vergil – die Unterwelt lokalisierte. Winzig nur ist das Licht am Ende des Tunnels zu sehen, noch winziger erscheinen die Passanten darin. Daß ausländische Besucher diese ebenso ungeheure wie unbequeme Durchfahrt als überwältigendes Erlebnis empfanden (vgl. R. 20, 21), läßt die Neapolitaner offensichtlich unberührt. Am Fuße der Ruinen gehen sie ihren alltäglichen Geschäften nach. Mit Freude am Detail schildert Ducros diese Szenen aus dem Volksleben.

FE

58
Abraham-Louis-Rodolphe Ducros (1748-1810)

Der Merkurtempel in Baia

Zwischen 1794 und 1800
Aquarell, Gouache-Höhungen für die Figuren, 67,5 x 104 cm
Musée cantonal des Beaux-Arts, Lausanne, Inv.Nr. 834

Der sogenannte Merkurtempel ist einer von drei großen Kuppelräumen der römischen Thermen von Baia, die noch nicht eingestürzt waren und daher zu den Höhepunkten des phlegräischen Ausflugs zählten (im heutigen Archäologischen Park; vgl. Amalfitano 1990, 204-209). Ducros zeigt das überschwemmte und von Pflanzen überwucherte Gebäude sowie das touristische Treiben darin. Da man es nicht trockenen Fußes betreten konnte, bot sich ein Ritt huckepack auf dem Rücken eines der Bauern an, welche die Reisenden hier schon erwarteten. Während die einen also knietief durch das Wasser waten, werden einige Damen zur Mitte hin getragen.
Die gewaltige Kuppel nimmt Ducros wie durch ein Weitwinkel-Objektiv auf und vergrößert sie dadurch optisch. Ohnehin scheint er weniger an einer detaillierten Dokumentation des historischen Gebäudes interessiert als an einer Ästhetisierung der Architektur in ihrem Verhältnis zur Natur. Der Blick fällt auf Spuren der Verwitterung und auf pittoreske Spiegelun-

59

gen. Ein Lichtstrahl aus dem Kuppelauge wird auf die Wand rechts projiziert und entfaltet im Kontrast mit der dunklen Bogenöffnung darunter ein Spiel von Licht und Schatten, Positiv und Negativ, das Künstler immer wieder bei der Darstellung von Höhlen reizte. Die Formen der verfallenden Architektur sind durch Klettergewächse und Moose verschleiert, und Ducros verwischt die Grenzen zwischen künstlich Gebautem und natürlich Entstandenem. In der Ruine nähern sich Architektur und Natur soweit an, daß der Tempel einer weiten Fels- oder Meeresgrotte gleicht.
FE

59
John Smith (um 1800)

Die Grotte von Posillipo

Aus: John Smith. Select Views in Italy, with Topographical and Historical Descriptions in English and French. 2 Bde., 1792-1796, II, Taf.55

London 1796

Kupferstich von Benjamin Thomas Pouncy, 12,7 x 19 cm

Bez. u. l.: „Drawn by J.Smith", u. r.: „Engraved by B. T. Pouncy", mittig: „Entrance into the Grotto of Posilipo. LONDON, Published 1 Jan. 1798, by John Smith, Willm. Byrne & James Edwards. Plate 55"

Stiftung Weimarer Klassik, Herzogin Anna Amalia Bibliothek, Sign. Th B 2 : 14

Für die *Select Views in Italy* stellte John Smith eine Auswahl „interessanter" Ansichten der „schönsten und malerischsten Szenen" zusammen, mit Bezug auf die antiken Monumente und Naturschönheiten Italiens. Die Tafeln sollten in bewußt einfacher und getreuer Darstellung dem Betrachter ein Bild der charakteristischsten und in Italien einzigartigen Sehenswürdigkeiten geben. Abgesehen von einer kurzen Einleitung werden die Ansichten allein von knappen, im Titel erwähnten geografischen und historischen Anmerkungen in Englisch und Französich kommentiert. Station für Station ermöglichen sie dem blätternden Leser/Betrachter, eine Reise über den Apennin nach Rom und Neapel, bis nach Sizilien und zurück visuell nachzuvollziehen.
Es entspricht Smiths ausdrücklichem Bemühen um eine ungeschönte – d.h. unverfälschte – Wiedergabe des Gesehenen, daß er in seiner Darstellung des Straßentunnels wie zahlreiche Zeichner und Vedutenmaler seit dem frühen 18. Jahrhundert einem oftmals wiederholten Kompositionsschema folgt. Es zeigt das monumentale Ensemble mit einer Gedenktafel im Vordergrund links, dem hohen Grotteneingang mit Durchblick zum anderen Ende und dem Dichtergrab auf dem Felsen oberhalb der Straße. Seit dem 14. Jahrhundert galt ein bis heute nicht sicher identifiziertes römisches Kolumbarium als Vergils letzte Ruhestätte (vgl. Trapp 1984). Die antike Grotta di Posillipo wurde als *Grotta Virgiliana* berühmt und zog wahre Pilgerströme von Touristen an. Der Volksaberglaube nahm ältere Legenden vom Wundertäter und Schwarzkünstler Vergil auf und wollte sogar Vergil selbst als den magischen Erbauer der Grotte sehen, der diese binnen eines Tages in den Berg gegraben hätte.
FE

60

60
Charles Clérisseau (1721-1820)

Das Grab des Vergil

Um 1750/60

Kupferstich von Domenico Cunego nach Charles Clérisseau, 46 x 60 cm Plattenrand

Bez. u. l.: „C. Clerisseau P.", u. r.: „D. Cunego Sc. Roma", linke Bildhälfte mittig: „Tomb of Virgil / Placed over the entrance of the Grotto of Posilippo / on the side next the city of Naples", rechte Bildhälfte mittig: „Tombeau de Virgile placé sur l'entrée de la grotte de Posilippe du côté / de la ville de Naples"

Goethe-Museum Düsseldorf

Clérisseau, der an der Pariser Akademie studiert hat, trat im Juli 1749 in die Académie de France zu Rom ein. Nach einem Aufenthalt in Dalmatien und Venedig kehrte er 1762 nach Rom zurück und widmete sich bis 1767 primär der Architekturmalerei für Fremde und dem Studium der antiken Bauten. Vergil (70-19 v. Chr.) war der erste und berühmteste Dichter der augusteischen Zeit. Bei der Rückkehr von einer Reise nach Griechenland starb er in Brundisium (Brindisi) und wurde in Neapel, seinem Lieblingsaufenthalt, begraben. Ob das dargestellte Grab in Neapel wirklich die authentische letzte Ruhestätte ist, bleibt zweifelhaft (vgl. Trapp 1984).

In seinem großzügig angelegten Kupferstich stellt Clérisseau links das einem stumpfen Kegel ähnelnde Grabmal mit seinem dunklen, höhlenartigen Eingang dar. Auf der Oberfläche wachsen Bäume und Sträucher, bemächtigen sich des verfallenden Baus. Belebt wird der unregelmäßige Platz, der sich nach hinten auf den Posillipo, das traditionelle Villenviertel Neapels, öffnet, von einigen Besuchern, die sich in kleine Gruppen aufteilen. Drei Männer stehen im Eingang, bemüht die richtigen Schritte zu setzen, wobei Stöcke behilflich sind. In der Bildmitte sind drei weitere Männer ins Gespräch vertieft. Eine Frau in weitem Gewand sitzt auf der Treppe und schaut einem herabsteigenden Mann entgegen. Auch die in einiger Entfernung stehenden und knieenden Menschen zeigen einander Auffälliges und Mitteilenswertes. Es handelt sich um einen Ort des lebendigen, gestenreichen Gesprächs und der Begegnung. Mit großer Selbstverständlichkeit und Natürlichkeit bewegt man sich in der Nähe des würdigen Orts ganz im Sinne Vergils, dessen einfache Grabschrift in der Überlieferung lautet: "Mantua gab mir das Leben, Calabrien nahm es, Neapel / birgt mich; Weiden besang, Felder und Führer mein Lied" (Vergil 1995, 288).
HS

61

61
Pietro Fabris (18. Jahrhundert)

Eingang zur Grotte von Posillipo

Aus: William Hamilton. Campi Phlegraei: Observations on the Volcanos of the two Sicilies. Textbd., Tafelbd., Suppl., 1776-1779, Taf.XVI

Neapel 1779

In Gouache kolorierter Kupferstich von Pietro Fabris, 21,5 x 39,2 cm

Bez. u. r.: „P.F." Monogramm, Bez. unterhalb: „GROTTA of PAUSILIPO", „GROTTE de PAUSILIPO"

Stiftung Weimarer Klassik, Herzogin Anna Amalia Bibliothek, Sign. Th D 1 : pr (i)

Pietro Fabris löste sich aus der durch die Straßenführung vorgegebenen Achse, um mit dem Rücken zur Wand ein ungewöhnliches 'Porträt' des gegenüberliegenden Felsens zu geben. In der Legende heißt es: „Der Hauptzweck dieser Zeichnung ist es, eine genaue Vorstellung von dem Aussehen des Schnitts durch einen Teil des Bergs zu geben, der aus jener Art von vulkanischem Gestein zusammengesetzt ist, die man Tuff nennt [...]." Sie diente der Vermittlung naturwissenschaftlicher Beobachtungen und erschien 1776 in den *Campi Phlegraei* Sir William Hamiltons, des englischen Botschafters in Neapel. Nachdem Hamilton die Ergebnisse langjähriger vulkanologischer Beobachtungen der Royal Society in London 1772 und 1774 vorgelegt hatte, betrieb er diese einzigartige Kooperation von Kunst und Wissenschaft. Die *Campi Phlegraei* gelten als Meilenstein in der Geschichte der Geologie und hatten großen Einfluß auf naturgeschichtlich interessierte Maler bis zur Mitte des 19. Jahrhunderts (Cheetham 1984). Das drucktechnische Meisterwerk setzte die Maßstäbe für die Illuminationsgraphik der kommenden Jahrzehnte (Weidner 1998, 88-90).

Hamilton erkannte, daß der Tunnel eine geologisch interpretierbare Sektion der Gesteinsschichten darstellte und sozusagen Einblick in die Archive der Natur gab, deren Deutung die historische Geologie übernahm. Fabris, der zuvor in Neapel vor allem Veduten mit volkstümlichen und höfischen Szenen malte, sollte mit seinen Ansichten die Anatomie eines durch die Aktivität der Vulkane geprägten Landstrichs bei Neapel und damit den Ursprung dieser Berge beleuchten. Die benachbarten, berühmten Monumente sind bei Fabris aus dem Blickfeld geraten.

FE

62

Schiffe am Auslaufen hinderte. Die blühenden Städte Pompeji und Herculaneum waren nach dieser Tragödie vom Erdboden verschwunden. Erst im 18. Jahrhundert wurden sie durch Grabungen wieder erschlossen, und was dabei zutage gefördert wurde, bedeutete eine Sensation für die Kunstwelt. Goethe, der 1787 sowohl die Ausgrabungen als auch die Sammlung in Portici besichtigte, gibt den etwas makabren Kommentar: „Es ist viel Unheil in der Welt geschehen, aber wenig, das den Nachkommen so viel Freude gemacht hätte" (Goethe, WA I, Bd. 31, 47).
PM

62
Johann Wolfgang von Goethe (1749-1832)

Der Vesuvausbruch im Jahr 79 n.Chr.

1787
Bleistift, Feder in Braun, grau laviert, 10 x 13,9 cm
Kunstsammlungen Weimar, Inv.Nr. KK 1303

In Neapel erlebte Goethe am 1./2. Juni 1787 eine Eruption des Vesuv mit, wovon er in der *Italienischen Reise* ausführlich berichtet. Unter diesem Eindruck entstand auch die Skizze des Vulkanausbruchs im Jahr 79 n.Chr. (Goethe, Corpus VI B, Nr. 65; Maisak 1996, Nr. 104), der Pompeji und Herculaneum zerstört hatte. Goethe versucht, das Geschehen in seiner historischen Dimension zu fassen und entwirft eine Kulisse antiker Architektur zu Füßen des Vulkans, dessen Eruption die Sonne verdunkelt und als drohende Wolke sichtbar wird, bevor Lava und Ascheregen alles unter sich begraben. „Bedenkt man die Entfernung dieses Orts vom Vesuv, so kann die bedeckende vulkanische Masse weder durch ein Schleudern noch durch einen Windstoß hierher getrieben sein; man muss sich vielmehr vorstellen, dass diese Steine und Asche eine Zeitlang wolkenartig in der Luft geschwebt, bis sie endlich über diesem unglücklichen Orte niedergegangen" (Goethe, WA I, Bd. 31, 38), erklärte er das Phänomen. Als historischer Gewährsmann diente ihm Plinius der Jüngere, der in einem Brief an Tacitus die Katastrophe beschreibt, bei der sein Onkel Plinius der Ältere, Naturforscher und Kommandant der römischen Flotte, bei Stabiae ums Leben kam, als er den Bedrohten mit seinem Schiff zu Hilfe eilen wollte. Die Flüchtenden aus Pompeji, die, wie Goethe skizzenhaft andeutet, übers Meer zu entkommen suchten, starben ebenfalls, da der Nordwestwind ihre

63
Jakob Philipp Hackert (1737-1807)

Ausgrabungen in Herculaneum

Nach 1782
Pinsel in Braun und Grau, 34,5 x 50,5 cm
Bez.: „Filippo Hackert"
Goethe-Museum Düsseldorf

Herculaneum wurde bei der Katastrophe im Jahr 79 n. Chr. unter einem schlammigen Strom aus Asche und Wasser begraben, der erstarrte und die Ruinen bis zu einer Höhe von 20 Metern bedeckte; darüber entstand die neue Stadt Resina. Als das antike Herculaneum 1738 entdeckt wurde, begannen die Ausgrabungen unter der Hoheit der Bourbonenkönige, die vornehmlich ihre Kunstsammlung zu bereichern wünschten. Die Grabungsarbeiten waren weit schwieriger als in Pompeji und wurden ohne jede Rücksicht auf archäologische Interessen durchgeführt. In seinem *Sendschreiben von den herculanischen Entdeckungen*, der ersten wissenschaftlichen Würdigung, beklagt Winckelmann 1762 die unersetzlichen Verluste, die der dilettantische Raubbau mit sich brachte. Die Zeichnung (Nordhoff 1994, Nr. 1148) vermittelt ein Bild der Ausgrabungsstätte, bei der mühsam der Boden über Rampen ausgeschachtet wird. Im Hintergrund sieht man das obere Drittel eines Säulenportikus aus dem Erdreich ragen. Die im Vordergrund dekorativ zur Schau gestellten Funde, die zwei Kavaliere begutachten, lassen an eine Inszenierung denken. Tatsächlich hat Hackert das Blatt nicht nach der Natur aufgenommen; vielmehr handelt es sich um eine Kopie aus dem 1782 erschienenen zweiten Band der *Voyage Pittoresque* des Abbé de Saint-Non, wo auf Seite 3 eine von Guttenberg nach einer Zeichnung von Hubert Robert radierte Vignette die Ausgrabungen in Herculaneum zeigt. Hackert hatte vermutlich selbst noch keine Zeichenerlaubnis erhalten, wollte aber trotzdem ein Bild der Ausgrabung geben.

PM

63

64

Tommaso Piroli (um 1752-1824)

Ariadne auf Naxos

Aus: Le Antichità di Ercolano.
9 Bde., 1757-1792, II, Taf.14
Rom 1789
Kupferstich, 14,8 x 10,5 cm
Frankfurter Goethe-Museum,
Inv.Nr. II L A / a 9

Die Funde, die in Pompeji und Herculaneum ausgegraben wurden, gelangten in den Palazzo Reale in Portici, wo sie nur einem kleinen Kreis zugänglich gemacht wurden. Auch die Veröffentlichung der großartigen Antikensammlung durfte ohne Erlaubnis des Königs nicht erfolgen. Den Besuchern des Museums, darunter Winckelmann und Goethe, war jede Art von Aufzeichnungen untersagt. Mit königlichem Privileg erschien zunächst lediglich die neunbändige Edition der *Antichità di Ercolano*, ein von Piroli prächtig illustrierter Katalog der Sammlung, der die Objekte in

64

Portici nach Sachgruppen gliedert, beschreibt und in Kupferstichen reproduziert. Der archäologische Kontext wird dabei nicht berücksichtigt, ebensowenig läßt die einförmige Reproduktionstechnik eine stilgeschichtliche Betrachtung zu. Dennoch prägte dieses Stichwerk die Rezeption entscheidend und übte einen beträchtlichen Einfluß auf die damalige Antikenmode aus. Goethe hat das Werk ebenfalls benutzt und bezieht sich in *Philostrats Gemälde* auf einzelne Tafeln, so auch auf die „Fabel" von Ariadne, die, von Theseus auf der Insel Naxos verlassen, in einer Felsengrotte um ihn trauert (vgl. Kat.Nr. 93, 95). „Theseus mit seinen heftig rudernden Athenern gewinnt schon, heimathsüchtig, das hohe Meer [...] Im ruhigsten Gegensatz liegt Ariadne auf bemoostem Felsen [...] Die volle Brust, der nackte Oberkörper ziehen das Auge hin" (Goethe, WA I, Bd. 49, 93). Als Teil eines dekorativen Frieses erscheint im unteren Bildfeld eine von zwei Widdern flankierte Vase.

PM

65

65
Jakob Philipp Hackert (1737-1807)

Das Theater in Pompeji

Aus einer Folge von sechs Pompeji-Veduten, 1792-1796. Blatt 2

1793

Radierung von Georg Hackert, 38,4 x 55,3 cm

Bez. u. l.: „Ph. Hackert pinx. 1793", u. r.: „George Hackert sculp.", mittig: „Veduta del Teatro di Pompei, presa dall' estremità del Portico superiore", darunter: „Si vende a Napoli presso l'Autore Incisore di S.M. [...] Con Privilegio. No. 2."

Frankfurter Goethe-Museum, Inv.Nr. III-13213

Nach früheren Zufallsgrabungen wurde das verschüttete Pompeji seit 1748 in größerem Stil freigelegt. Die Bourbonenkönige ließen die Grabungsbezirke absperren und die Funde, die ihr Eigentum waren, in den Palazzo Reale nach Portici verbringen. Eine Veröffentlichung der Grabungen war ohne Genehmigung nicht möglich. Eine Ansicht aus Pompeji konnte Hamilton 1776 in seine *Campi Phlegraei* aufnehmen, und dem Abbé de Saint-Non wurden 1782 sogar 16 Tafeln für den zweiten Band seiner *Voyage Pittoresque* erlaubt. Hackert, der seit 1786 Hofmaler König Ferdinands IV. von Neapel war, erhielt 1792 – nachdem der letzte Band der *Antichità di Ercolano* (vgl. Kat.Nr. 64) veröffentlicht war – die Gelegenheit, auf dem Gelände von Pompeji Studien nach der Natur zu betreiben. Daraus entstand eine Serie von sechs Gouachen sowie eine Radierungsfolge zur druckgraphischen Verbreitung (vgl. Nordhoff 1994, Nr. 235-237 und Weidner 1995, 77-82).

Die Abfolge der Motive entsprach der damals üblichen Besichtigungstour. Der Rundgang begann bei der Gladiatorenkaserne, deren ausgegrabener Hof rechts im Vordergrund der Radierung zu sehen ist. Von dort wurde der Besucher über eine Treppe zum *Forum triangulare* geleitet. Hier bot sich ein Ausblick vom südöstlichen Stadtrand über den gesamten Grabungsbezirk, dessen unterschiedliches Bodenniveau deutlich zu erkennen ist. Im Zentrum liegt das 1789 freigelegte Theater mit seinem halbrunden, vertieften Zuschauerraum, in dem noch vereinzelte Sitzbänke stehen. Dahinter fällt ein Strohdach ins Auge, das die Ausgrabungen am Isis-Tempel schützt. Links säumt eine Reihe von dorischen Säulenstümpfen die Straße zwischen Theater und Forum triangulare, in deren Sichtachse der Vesuv emporragt – ein Mahnzeichen inmitten der freundlichen Gartenlandschaft.

PM

66

66

Christoph Heinrich Kniep (1755-1825)

Lord und Lady Hamilton bei der Freilegung eines antiken Grabes bei Nola

Aus: Johann Heinrich Wilhelm Tischbein. Collection of Engravings from ancient vases of greek workmanship discovered in sepulchres in the Kingdom of the two Sicilies, but chiefly in the neighbourhood of Naples during the course of the years MDCCLXXXIX and MDCCLXXXX. Now in the possession of Sir W. Hamilton [...], 1791-1795, I, Frontispiz

1791

Kupferstich von August Clener, 37,7 x 29,2 cm

Bez. u.l.: „C.H. Kniep del. Neap. 1790", u.r.: „Aug. Clener sculp.", mittig: „Archaeophilorum. Sodalitio. Londinensi. Gugl. Hamiltonus. Bal. Ord. Eques. D.D.D."

Frankfurter Goethe-Museum, Inv.Nr. III-14520

In Neapel gab Johann Heinrich Wilhelm Tischbein zwischen 1791 und 1795 ein dreiteiliges Stichwerk mit der Darstellung antiker Vasen aus dem Besitz Lord William Hamiltons heraus; ein letzter Band erschien 1803. Das Frontispiz entwarf Kniep (Striehl 1998, 196), der eine für das 18. Jahrhundert charakteristische Grabungssituation vorstellt, bei der, um schnell zu spektakulären Funden zu kommen, alle archäologischen Belange vernachlässigt wurden. In einem tief ausgeschachteten Areal wird ein etruskischer Sarkophag aufgestemmt, der außer einem Skelett eine Reihe von bemalten Tongefäßen enthüllt. Solche Grabbeigaben waren begehrte Sammelobjekte, die ein ganzes Heer von Ausgräbern aus der Erde förderte. Lord Hamilton, der im Bild mit Kennermiene eine Vase begutachtet, hatte zwei umfangreiche Sammlungen zusammengetragen: Die erste verkaufte er ans Britische Museum; die zweite, von Tischbein illustrierte Vasensammlung versank 1798 bei einem Schiffbruch im Golf von Neapel. Rechts ist die elegante Erscheinung Lady Emma Hamiltons zu bewundern, die mit lebenden Bildern nach antiken Kunstwerken großes Aufsehen erregte.

PM

67
Jean Honoré Fragonard
(1732-1806)

Entdeckung eines Grabes in Pompeji

Aus: Jean-Claude Richard Abbé de Saint-Non: Voyage pittoresque ou description des Royaumes de Naples et de Sicile. 4 Bde., 1781-1786, I, nach S. 88, Nr. 89

Paris 1781

Kupferstich von Claude-Mathieu Feßard, 15,5 x 22,5 cm

Bez. u. l.: „Deßiné par Fragonard Peintre du Roi.“, darunter: „N°89“, u. r.: „Gravé par Feßard“, darunter: „A. P. D. R.“, mittig: „Vue d'un Caveau découvert à Pompeii près du Vésuve / Faisant partie d'une Maison située sur les Murs de cette ancienne Ville.“

Niedersächsische Staats- und Universitätsbibliothek Göttingen, Sign. GR ITIN I, 945

Universitäts- und Stadtbibliothek Köln, Sign. GG14 / 335

67

Fragonard, der 1756 als Stipendiat der Académie de France nach Rom kam, verkehrte dort 1759-1761 freundschaftlich mit dem Abbé de Saint-Non, der ihn (wie auch Hubert Robert) mäzenatisch unterstützte, ihm 1761 eine Neapelreise ermöglichte und anschließend mit ihm zusammen nach Frankreich zurückkehrte. Zusätzlich zu den Zeichnungen nach Gemälden und Fresken in Neapel, die Fragonard damals für Saint-Non anfertigte, entstanden auf einer zweiten Italienreise weitere Vorlagen für die Illustrationen der *Voyage pittoresque*. Hierzu gehört die Entdeckung eines Grabes in Pompeji, das der Franzose zusammen mit Bergeret de Grancourt besuchte. Auf der 1774 datierten, heute im Musée des Arts Decoratifs von Lyon befindlichen Zeichnung (Inv. 429; Lamers 1995, Nr. 296a), der Vorlage für den Stich, ist die Szene kurz beschrieben als „[...] chambre ou on voit une feme [sic] qui s'est trouvé [sic] surprise par les cendres du Vésuve“. In seinem Journal erläutert Bergeret am 6. Mai 1774: „In einem Haus unter anderen, in einem Kellerraum, wo man ohne Zweifel die Wäsche gemacht hat, sieht man all die Utensilien, Ofen, Waschplatz, usw. [...] und einen Haufen Asche, unter dem der Kadaver einer Frau liegt, die, nachdem sie versucht hat, sich vor der feinen Asche zu retten, die überall eintrat, auf den Rücken dorthin geworfen wurde, wo sie starb. Das ganze Verhalten zeigt sich perfekt an der Bewegung, die alles das andeutet, und man bleibt in Verzückung [*extase*] über den seither verstrichenen Zeitraum von 1700 Jahren“ (Bergeret 1895, 314f.; Übers. FE). Das makabre Schauspiel offenbart sich im Kegel eines von oben einfallenden Lichtstrahls. Neben Fragonard und Bergeret sehen wir wahrscheinlich deren Frauen und Bergerets Söhne sowie ihren Führer mit dem Schlüssel in der Hand. Er wendet sich den Touristen zu, um die Überraschung zu sehen, die sich auf ihren Gesichtern abzeichnet. Viel mehr als die steinernen Überreste frappiert die Präsenz eines Menschen aus der Antike, das entdeckte Skelett, das die Reisenden über den plötzlichen Tod, den die Naturkatastrophe am Vesuv brachte, und die Wechselfälle des Schicksals meditieren läßt.
FE

68

68
François Mazois (1783-1826)

Entdeckung eines Skeletts im Bad

Aus: Les Ruines de Pompéi. Dessinée et mesurées par Mazois pendant les années 1810 et 1811. Publiées à Paris 1812. Paris 1812-1838, 4 Text- u. 4 Tafelbde., II-Planches, Taf. XXXIV

Paris 1824

Radierung von A. Testa, 18 x 27 cm

Bez. o. r.: „II. P[t]. Planche XXXIV.", u. l.: „F. Mazois del[t].", u. r.: „A. Testa sculp.[t]"

Niedersächsische Staats- und Universitätsbibliothek Göttingen, Sign. GR 2 ARCH I, 4732

Universitäts- und Stadtbibliothek Köln, Sign. K4/159

François Mazois war seit 1808 als Architekt in Neapel tätig und erstellte zahlreiche Pläne von antiken Monumenten in Kampanien, wo er auch selbst Ausgrabungen unternahm. Nach der faszinierenden Lektüre von Winckelmanns *Geschichte der Kunst des Altertums* unternahm er zwischen 1809 und 1822 in mehreren Phasen und in einem gewaltigen Kraftakt die zeichnerische Dokumentation der *Ruines de Pompéi*. Nach Mazois' Überzeugung rührte die Bedeutung von Pompeji von der einzigartigen Gelegenheit her, die wiederentdeckte Stadt in ihrer Gesamtheit studieren zu können. Über 450 Ansichten und Pläne der Bauten sowie Reproduktionen der ausgegrabenen Kunstgegenstände zieren die vier prächtigen Tafelbände seines einflußreichen Werks. Mazois legte nicht weniger als die Summe der unter den Bourbonen durchgeführten Grabungen vor.

Private Häuser schätzte Mazois ebensosehr wie die großen Tempel und Theater, da sie ein Bild des häuslichen Lebens vermitteln und uns über antike Gebräuche informieren.

Auf die Pläne der sogenannten Casa di Giuseppe II (im Hintergrund ein Ofen zum Erhitzen des Wassers), das Mazois als eines der schönsten Häuser Pompejis bezeichnet, folgt die Szene mit dem Skelett in einem Baderaum. Sie ist möglicherweise durch Fragonards Vorbild angeregt (vgl. Kat.Nr. 67). Ohne daß Mazois die Umstände erläutert, ahnt man das Kalkül des *Cicerone*, der dieses Schreckensbild des unerwartet kommenden Todes in seine Standard-Tour aufgenommen haben wird, um keinem Reisenden die überraschende „Entdeckung" vorzuenthalten. Mazois' Ader für das Makabre dokumentiert ein Brief an Mlle. Duval: „Ich saß in Pompeji auf einer hohen, brüchigen Mauer. Plötzlich brach sie zusammen, und ich stürzte kopfüber auf das antike Marmorpflaster [...] Ich muß Ihnen gestehen, daß ich niemals eine bessere Gelegenheit zu sterben gefunden hätte, noch einen Ort, an dem ich lieber bestattet würde" (zit. nach Etienne 1995, 27).

FE

Aus den Reiseberichten

Reisebericht 17

Geheiligt, malerisch, poetisch

Joseph Jerôme Lalande

Durch das Feuer, den Schwefel, die Höhlen, die Mofetten*, die Spuren von Vulkanen, die Reisen von Odysseus, Herkules und Aeneas wurden die Gefilde, die jenen als Schauplatz dienten, so ehrwürdig, so heilig, so malerisch, gleichsam poetisch, daß man sich nicht über ihre Berühmtheit und die Legenden erstaunen sollte, mit denen sie geziert worden sind.

* [Stellen, an denen Kohlensäure vulkanischen Ursprungs aus dem Boden ausströmt.]

Lalande, Joseph Jerôme: Voyage d'un François en Italie, fait dans les années 1765 & 1766 [...], 8 Bde., Venedig/Paris 1769, VII, 58 [Übers. WB]

Reisebericht 18

Kunst und Natur im Widerstreit

Jean-Claude Richard Abbé de Saint-Non

Die Gewässer, die Feuer, die Menschen, Kunst und Natur scheinen sich die Herrschaft über diesen Winkel der Erde streitig gemacht, ihn wechselseitig in Besitz genommen, verwüstet, verschönert, ganz umgestaltet zu haben, ohne seine Schönheit mehr als bloß der Art nach zu verwandeln und seine Merkwürdigkeit immer nur noch vergrößernd. Von den schaffenskräftigsten und mächtigsten Völkern des Universums, den Griechen und Römern, wurde er nacheinander besiedelt, von Erdbeben erschüttert, unter der Asche von Vulkanen begraben, und indem er schließlich das Gepräge aller möglichen verschiedenen Formen an sich hat, ist er zur Schule der Künste, zum Laboratorium der Naturforscher und zum Schaustück der Geschichte geworden, und alles das wird er auf immer bleiben.

Saint-Non, Jean-Claude Richard Abbé de: Voyage pittoresque ou description des Royaumes de Naples et de Sicile, 4 Bde., Paris 1781-1786, II (1782), 159 [Übers. WB]

Reisebericht 19

Einblick in die Annalen der Natur

Friedrich Leopold Graf zu Stolberg

Keine Gegend ist wohl reicher an Alterthümern verschiedner Art, als die hiesige. [...] Die Kunde der griechischen Geschichte führet dich oft hier auf Spuren einer Zeit, in welcher Rom, die allverschlingende Rom, noch von Italiens südlichen Bewohnern, geschweige von den Griechen nicht gekannt ward; ja auf Zeiten, in welchen Rom, wenn wir seine Gründung dem Romulus zuschreiben wollen, noch nicht stand. Noch frühere Sagen wurden durch Dichter erhalten, von Dichtern geschmückt. Und offen, aber selten gelesen, seltner verstanden, liegen hier für den Freund der Naturkunde die großen Annalen der Natur. Unterirdische Feuer erschütterten zu verschiednen Zeiten diesen wunderbaren Schauplatz, der so manche Veränderungen zeigt. Die hohe, weit ins Meer hineinlaufende Erdzunge des Posilipo, besteht aus volkanischem Stoff. Hier findest du eingesunkne, dort neu erhobne Berge. Erst in diesem Jahrhundert ward das Herkulaneum entdeckt, eine der ältesten griechischen Städte. Portici und Resina stehen über dieser Stadt, welche seit mehr als siebzehnhundert Jahren ungefunden, verschüttet lag. Jene beiden Orte stehen in Gefahr, gleich dem gesunknen Herkulaneum verschüttet zu werden. Über ihren Trümmern werden vielleicht wieder Kinder einer jüngern Zeit bauen, werden im dritten Stockwerk wohnen, wie itzt das zweite bewohnet wird; wie, bis zum ersten Regierungsjahre des Titus, das erste Stockwerk bewohnet ward. [...] Am funfzehnten besuchten wir Gegenden [der Campi flegrei], welche interessant durch die Geschichte, reizend als Gefilde der Poesie, interessanter noch und reizender durch die Natur sind.

Stolberg, Friedrich Leopold Graf zu: Reise in Deutschland, der Schweiz, Italien und Sicilien, 4 Bde., Tafelbd., Königsberg/Leipzig 1794, III, 56f.; II, 314 [Italienreise 1792]

Abb. 18 Hubert Robert. Grotte von Posillipo, *wohl 1760. Öl auf Leinwand, Paris, Musée du Petit Palais*

Reisebericht 20

Wie Schatten, die in die Elysischen Felder ziehen

Philippe Petit-Radel

Der Eingang zur Grotte ist wirklich malerisch: [...] vor der Höhle selbst ist ein Kommen und Gehen, das Überraschung bei jedem erzeugen muß, der zum ersten Mal an einem solchen Spektakel teilhat: Wer sich mit mythologischen Vorstellungen trägt, kann hier leicht den Eindruck haben, er stehe an dem Weg, auf dem die Schatten zu den nahegelegenen Elysischen Gefilden gelangen. Rechts vom Eingang steht ein kleines Kapellchen, worin eine Lampe vor einer Madonnenfigur brennt, und kein frommer Mann wird vorbeigehen, ohne sie anzurufen.

Petit-Radel, Philippe: Voyage historique, chorographique et philosophique dans les principales villes de l'Italie, En 1811 et 1812, 3 Bde., Paris 1815, III, 194f. [Übers. WB]

Reiseberichte 21

Ein Tunnel voller Lärm, Staub und Gefahren

Henry Swinburne

Hier [...] kam ich zu der Grotte, die in einer aufsteigenden Linie von Osten nach Westen das Vorgebirge des Posillipo durchdringt; sie ist in den Tuffstein geschnitten, ist gewölbt und erhält Licht durch zwei Mundlöcher und einige diagonale Öffnungen in der Decke; [...]. Der Staub hier ist im Sommer unerträglich* und die Lichtknappheit zu allen Zeiten beunruhigend, weil das durch die oben erwähnten Öffnungen eingelassene Licht und der schwache Schimmer einer in der Mitte vor einem Bild brennenden Lampe keine Sicherheit bringen vor der Gefahr überfahren, gegen die Wand gequetscht oder zumindest von den Reisigbündeln verletzt zu werden, welche Esel ständig aus den Wäldern bringen. Ich könnte mich nie richtig an diese unterirdische Straße gewöhnen; mit hastigen Schritten suchte ich stattdessen diese Stätte des Lärms, der Düsterkeit, des Staubs und ungesunder Feuchtigkeiten zu verlassen und wunderte mich gleichzeitig, wie Reisende sich, ob sie allein oder in Gesellschaft waren, zu jeder Stunde an einen solchen Ort wagen konnten ohne eine Wache, um Angriffen vorzubeugen, oder ausreichendes Licht, um einen lauernden Meuchelmörder zu entdecken. – Wäre eine ähnliche Durchfahrt in der Nähe irgendeiner anderen Hauptstadt notwendig, würde es der ständigen Anstrengung des Magistrats bedürfen, um Leben und Besitz der Einwohner zu schützen; bei London würde sich keiner außer einem Verrückten dort hineinwagen. Es ist freilich überraschend, diese Sicherheit in einem Land vorzufinden, das so schlecht mit Polizeidiensten versorgt ist; das wirft ein ehrenvolles Licht auf den Nationalcharakter und tatsächlich geziemt es sich für mich zu dessen Gunsten Zeugnis abzulegen, da ich während meines langen Aufenthalts unter den Neapolitanern und meinen unzähligen Ausritten und Wanderungen durch viele Teile des Königreichs niemals eine Beleidigung erfuhr noch irgendeinen Grund sah eine erwarten zu müssen.

* Die Belästigung vermehrt sich noch jedesmal, wenn der König durchfährt, da die Straße dann mit einem neuen Sandbelag bestreut wird.

Swinburne, Henry: Travels in the Two Sicilies in the Years 1777, 1778, 1779, and 1780, 2 Bde., London 1783-1785, II, 55f. [Übers. FE]

Reiseberichte 22

An Vergils Grab

Johann Gottfried Seume

Heute besuchte ich auch Virgils Grab. Die umständliche Beschreibung mag Dir ein Anderer machen. Es ist ein romantisches, idyllisches Plätzchen; und ich bin geneigt zu glauben, der Dichter sey hier begraben gewesen, die Urne mag nun hinzugekommen seyn, wohin sie wolle. Das Gebäudchen ist wohl nichts anders als ein Grab, nicht weit von dem Eingange der Grotte Posilippo, und eine der schönsten Stellen in der schönen Gegend. Ich weiß nicht, warum man sich nun mit allem Fleiß bemüht, den Mann auf die andere Seite der Stadt zu begraben, wo er nicht halb so schön liegt, wenn auch der Vesuv nicht sein Nachbar wäre. Ich bin nicht Antiquar; aber die ganze Behauptung, daß er dort drüben liege, beruht doch wohl nur auf der Nachricht, er sey am Berge Vesuv begraben worden. Das ist er aber auch, wenn er hier liegt; denn der Berg ist gerade gegen über: in einigen Stunden war er dort, wenn er zu Lande ging, und setzte er sich in ein Boot, so ging es noch schneller. Die Entfernung eines solchen Nachbars, wie Vesuv ist, wird nicht eben so genau genommen. Alle übrige Umstände sind mehr für diese Seite der Stadt. Hier ist die reichste, schönste Gegend, hier waren die vorzüglichsten Niederlassungen der römischen Großen, vornehmlich auf der Spitze des Posilippo die Gärten des Pollio, der ein Freund war des römischen Autokrators und ein Freund des Dichters; nach dieser Gegend lagen Puteoli und Bajä und Cumä, der Avernus und Misene, die Lieblingsgegenstände seiner Dichtungen; diese Gegend war überhaupt der Spielraum seiner liebsten Phantasie. Wahrscheinlich hat er hier gewohnt, und wahrscheinlich ist er hier begraben. [...] Ich will nun auch einmal glauben; man hat für manchen Glauben weit schlechtere Gründe: und also glaube ich, daß dieses Maros Grab sey. Den Lorbeer suchst Du nun umsonst; die gottlosen Afterverehrer haben ihn so lange bezupft, daß kein Blättchen mehr davon zu sehen ist. Ich nahm mir die Mühe hinauf zu steigen und fand nichts als einige wild verschlungene Kräuter. Der Gärtner beklagte sich, daß die gottlosen vandalischen Franzosen ihm den allerletzten Zweig des heiligen Lorbers geraubt haben.

Seume, Johann Gottfried: Spaziergang nach Syrakus im Jahre 1802, Braunschweig / Leipzig 1803, 190f.

Reisebericht 23

Von den neuesten Herculanischen Entdeckungen

Johann Joachim Winckelmann

Die Arbeit an der Scena des Herculanischen Theaters wurde vor zwey Jahren unternommen [...].
Hier bekenne ich mich öffentlich meinem Freunde, dem Herrn Marchese Galiani, dem Verfasser der unvergleichlichen Italiänischen Uebersetzung des Vitruvius, verbunden, welcher mich nebst meinen Herren Reisegefährten in die unterirdischen Grüfte dieses Theaters führete, und uns [...] die Anlage desselben, sonderlich der Scena, mit derjenigen Deutlichkeit, die ihm eigen ist, zeigete. Denn ohne dergleichen Führer ist es unmöglich, da man aus einem engen Gange in den andern kriechen muß, sich einen Begriff nur von der Gegend, wo man ist, geschweige von der Anlage eines unbekannten Gebäudes, zu machen.
Es fehlte nicht viel, daß meine Neugier mir nicht beynahe das Leben gekostet hätte. Ich begab mich mit bloßen Füßen in eine Grotte voll Wasser, um ihre Konstrukzion genau zu untersuchen; da mir das Wasser bis an die Knie reichte, ging ich wieder hinaus und zog mich ganz aus. Ich begab mich noch einmal an meine Untersuchung, als ich aber in einen engen Gang gerieth, wo das Wasser höher war, als ich selbst, so löschte die Fackel im Wasser aus, und nur mit vieler Mühe konnte mir der ausserhalb der Grotte stehende Bediente wieder heraus helfen.

Winckelmann, Johann Joachim: Winckelmann's Werke; hrsg. von Carl Ludwig Fernow u.a., 9 Bde., Dresden 1808-1824, II (1808), 163f., 307f.

Reisebericht 24

Bei Fackelschein

Johann Wolfgang von Goethe

Nun durften wir nicht länger säumen, Herculanum und die ausgegrabene Sammlung in Portici zu sehen. Jene alte Stadt, am Fuße des Vesuvs liegend, war vollkommen mit Lava bedeckt, die sich durch nachfolgende Ausbrüche erhöhte, so daß die Gebäude jetzt sechzig Fuß unter der Erde liegen. Man entdeckte sie, indem man einen Brunnen grub und auf getäfelte Marmorfußböden traf. Jammerschade, daß die Ausgrabung nicht durch deutsche Bergleute recht planmäßig geschehen; denn gewiß ist bei einem zufällig räuberischen Nachwühlen manches edle Alterthum vergeudet worden. Man steigt sechzig Stufen hin-unter, in eine Gruft, wo man das ehmals unter freiem Himmel stehende Theater bei Fackelschein anstaunt und sich erzählen läßt, was alles da gefunden und hinaufgeschafft worden.

Goethe, Johann Wolfgang von: Italienische Reise, WA I, Bd. 31, 59

Reisebericht 25

Tempel und Kult der Isis

Jean-Claude Richard Abbé de Saint-Non

Aus den verbleibenden Überresten wird klar, daß die Abbildung* nicht idealisiert, denn sie ist auf dem gleichen Grundriß und in denselben Formen einer Architektur ausgeführt, die der Künstler so restauriert und wiederhergestellt hat, wie sie einst bestanden haben muß. Und er hat noch mehr getan, indem er sich die Freiheit genommen hat, die Priester der Isis für die Durchführung einer Zeremonie

Abb. 19 Louis-Jean Desprez. Isistempel in Pompeji, *Kupferstich aus: Saint-Non 1781-1786, II, Nr. 75*

im Dienst ihrer Gottheit wiederaufleben zu lassen. Die Zauberkraft der Kunst verbindet sich für diesen schönen Schein mit Wissen und Forschung, um uns derart vor Augen zu führen, was uns ohne eine solche Hilfe zu sehen verwehrt bleiben müßte. Übrigens finden wir auf über die Zeit geretteten Trümmern eine getreue Darstellung derselben Szene, und die Bilder, die Gebrauchsgegenstände, die Ausstattungsteile, all die antiken Zeugnisse, die am Ort aufgefunden wurden, haben im Geist des Künstlers die in den Werken der Alten bezeugte und detailliert geschilderte religiöse Zeremonie noch einmal aufsteigen lassen. In einen Irrtum nur könnte man verfallen, und zu ihm beizutragen hat sich der Künstler von seinem Genius hinreißen lassen, indem er sich entschied, die Figuren zu klein wiederzugeben, wodurch der Schauplatz und die Ausmaße des Bauwerks größer wirken, als sie in Wahrheit sind. Wir bescheiden uns mit dem Hinweis auf diese kleine Ungenauigkeit [...] und teilen außerdem auf einer der folgenden Tafeln die exakten Maße des Tempels für diejenigen Leser mit, die die peinlich genaue Wahrhaftigkeit dem gefälligen Trug vorziehen. [...] Es muß angesichts dieser Wiederherstellung des Isistempels wohl scheinen, als habe der geniale Künstler [...] gleichsam sich selbst den Mysterien und Kultübungen dieser ägyptischen Gottheit verschrieben. Seine glücklich und mühelos schaffende Einbildungskraft hat uns nicht nur den Tempel in seiner Gesamtheit wieder hergestellt, sondern gefiel sich darin, ihn uns hier während einer seiner prächtigsten Zeremonien und gemäß der Kenntnis vorzustellen, die ihm verschiedenste Hinterlassenschaften von den religiösen Riten zur Verehrung ihrer Gottheiten zugetragen haben.

* [Abb. 19]

Saint-Non, Jean-Claude Richard Abbé de: Voyage pittoresque ou description des Royaumes de Naples et de Sicile, 4 Bde., Paris 1781-1786, II (1782), 117 [Übers. WB]

Reisebericht 26

Auferstehung einer Stadt

August von Kotzebue

Jetzt hält der Wagen – zitternd steigst Du heraus. [...]
Ein brennender Berg ist allerdings ein großes Schauspiel, aber die Natur giebt es an mehreren Orten. Eine Stadt hingegen, eine große, reiche Stadt, die achtzehn Jahrhunderte lang tief im Grabe lag, dann zum erstenmal wieder von der Sonne beschienen wurde, und jetzt so fremd da steht unter den übrigen Städten, wie Einer ihrer vormaligen Bewohner unter seinen heutigen Enkeln stehen würde; eine solche Stadt ist einzig in der Welt. Die Gefühle, die an ihrem Thore mich ergriffen haben, diese Wehmuth, dieser Schauer, diese traumähnliche Beklommenheit – diese Neigung zu weinen, wie man sie wohl empfindet, wenn man etwas Edles, Großes erzählen hört – ja sagen kann ich ungefähr, wie mir zu Muthe war, aber lebendig darstellen nicht. [...] Es giebt Augenblicke im menschlichen Leben, die einzig da stehen, und sich nicht an die Kette der übrigen Erinnerungen anreihen lassen; es sind Punkte, die noch hell leuchten, wenn auch schon Nebel und Nacht die übrige Vergangenheit umhüllen; es sind die letzten Gegenstände auf welchen unser Auge noch verweilt, wenn Charons Kahn bereits vom Ufer stieß.

Kotzebue, August von: Erinnerungen von einer Reise aus Liefland nach Rom und Neapel, 3 Bde., Berlin 1805, I, 361-363, 358-360

76

8 Schauplatz der Geschichte: Rom, Campagna und Albaner Berge

Im Rom des 18. Jahrhunderts waren die Spuren antiker Größe allenfalls noch in wenigen Monumenten wie dem Kolosseum und den unter der Erde konservierten Wasserleitungen augenscheinlich. An ihnen entzündete sich die Einbildungskraft Piranesis, den die Idee einer hinter den Verheerungen der Zeit aufbewahrten Architektur trieb. Dem melancholischen Hang zu düsteren Ruinenlandschaften folgend, zogen die Künstler zunehmend auch zu antiken Grotten vor den Toren Roms. Südöstlich am Albane See reizvoll gelegen, fand ein Abflußkanal das Interesse der Archäologen. Piranesis phantastische Ansichten mußten sich zunächst gelehrter Kritik und den Vorwürfen einiger enttäuschter Besucher stellen, ehe um 1800 Reisende wieder die geheimnisvolle Anziehungskraft des Kanals suchten. Dem Wasser nachblickend träumte sich Friederike Brun hier in eine „Thatenumdrängte Vorzeit“ (R. 28). Während das durch den Kanal abfließende Wasser die Phantasie mit in das Dunkel vergangener Zeiten zog und dort schweifen ließ, sollte der Blick in den Spiegel der Quelle Egeria dem Besucher sein eigenes Unterbewußtes offenbaren. Seit alters stand dieses Nymphenheiligtum in dem Ruf, durch den Glanz des reflektierenden Wassers dem Besucher Gesichte einzugeben. In der stillen, zur Meditation einladenden Grotte versuchten Romantiker wie Johann Heinrich Eichholz diese Tradition wiederzubeleben (R. 31).
Besuche in den Grotten von Cervara gestaltete man im Gegensatz dazu als gesellige Ereignisse. Die verlassenen Steinbrüche waren Anfang des 19. Jahrhunderts ein gesuchtes Motiv und galten als Pflichtübung der Landschaftsmaler. Wenn bei den legendären Ausflügen auch Wein und Gesang bald gegenüber dem Zeichnen in den Vordergrund traten, ließen sich die Künstler doch weiterhin von den Tuffsteinhöhlen inspirieren. Vor der malerischen Kulisse inszenierten sie ein sibyllinisches Orakel, Nymphenbeschwörungen und Schäferspiele. Der *Carnevale dei Tedeschi* wurde zum zentralen Fest der Deutschrömer, das ihre Gemeinschaft, aber auch die Beziehungen zu Kunstschaffenden anderer Nationen und zur römischen Bevölkerung festigte, die von Jahr zu Jahr begeisterter mitfeierten. In der Abgeschiedenheit der Grotten nahm man sich die Freiheit zu respektloser Komik und konnte aufgestaute Agressionen gegen die Kunstdiktatur der Akademien und restriktive Behörden, gegen ungerechte Kritiker und wählerische Käufer ablassen.
FE

69

69
Giovanni Battista Piranesi (1720-1778)

Das Kolosseum in Rom

Um 1773-1778

Radierung, 49,4 x 70,8 cm

Bez. u. r.: „Cav. Piranesi F.", sowie Erklärung der Markierungen A-O in Schrifttafeln l. u.: „Veduta dell' Anfiteatro Flavio detto il Colosseo A Mancano i Gradi, e le sostruzioni B, che reggevano i detti Gradi. C Manca la Volta, sopra cui vi era il Podio, ove sedevano i Consili, il Senato, i Sacerdoti, e le Vergini Vestali, le quali stavano dirimpetto al Pretorio. D Sedeva l' Ordine Equestre. E Manca la Loggia, o Pulvinare per l' Imp.e
es sua Cor.te F Gradi, di dove scendeva l' Imp.e Tito dalle sue Terme." und r. u.: „G I Soldati Pretoriani quì disposti, e ne' passaggi. H Sedeva la Gioventù nobile co' loro Pedagoghi, ed altri attinenti ai Collegj, e Persone di rango. K Sedevano le Donne. L Scale per salir sopra a legar i Canapi per situar la Tenda. M Cappellette, e Croce nel mezzo, e Chiesa moderna. N Manca la Circonferenza esterna. O Avanzi di Stuchi lavorati a grottesco."

Frankfurter Goethe-Museum, Inv.Nr. III-13139

Piranesi hat das Kolosseum, dessen zerfallende Bogengänge den Eindruck einer halb künstlichen, halb natürlichen Grottenlandschaft erwecken (vgl. R. 27), mehrfach aus unterschiedlichen Blickwinkeln dargestellt. Aus seinen letzten Lebensjahren stammt die ungewöhnlichste Fassung (Kat. Piranesi 1999, Nr. 14.126): Sie zeigt das gewaltige Rund des antiken Theaters von oben aus der Vogelperspektive, wie es der Künstler von keinem Standpunkt aus wirklich wahrgenommen haben kann. Die visionäre Ruinenarchitektur, die in Form eines dunklen, bedrohlichen Kraters über der hell erleuchteten Arena ansteigt, füllt die ganze Bildfläche und scheint sie in ihrer Monumentalität zu sprengen. Das christliche Kreuz in der Mitte der Arena, die Kreuzwegstationen und die winzigen Staffagefiguren verlieren vor dieser Evokation vergangener antiker Größe jedes Gewicht.
PM

70
Christoph Heinrich Kniep (1755-1825)

Gemauerter Felsengang

Nach 1781
Schwarze Kreide und Feder in Grau auf braun getöntem Papier, Spuren von Weißhöhung, 25,2 x 24,7 cm
Kunstsammlungen zu Weimar, Inv.Nr. KK 2128

Nach Anfängen als Porträtzeichner widmete sich Kniep, der 1781 in Italien ankam, fast ausschließlich der Landschaftszeichnung. Er verkehrte in Rom einige Jahre im Umfeld Tischbeins und siedelte 1786 nach Neapel über. Das vorliegende Blatt (Striehl 1998, Nr. 448) ist einer Reihe von Ruinenstudien zuzurechnen, die teils mit dem Kolosseum in Rom, teils auch mit antiken Bauten in der Nähe Neapels in Verbindung gebracht werden können. Wahrscheinlich handelt es sich um ein Detail aus dem römischen Amphitheater, aus dessen brachliegenden Steinmassen die Stadt Jahrhunderte lang Baumaterial für ihre Paläste bezog. Die doppelten Ringhallen, die mehrstöckig die Arena umzogen und auf deren Gewölbemauern die Zuschauerreihen ruhten, waren großenteils zerstört und boten unzählige Einblicke ähnlich dem von Kniep festgehaltenen. Im Inneren des Kolosseums breitete sich mit der Zeit ein spezifischer Pflanzenwuchs aus, die sogenannte „Flora Colisea“, die an die 100 verschiedene Spezies zählte. Aus Tradition besuchten die in Rom weilenden Künstler die Ruine, um hier die Oberflächenstruktur des antiken Mauerwerks, der Quader und Ziegelschichten zu skizzieren oder um die Wirkungen des durch Arkaden und eingestürzte Gewölbe fallenden Lichts und der über den Steinen wuchernden Vegetation zu studieren.
FE

70

71

71
Johann Christian Reinhart (1761-1847)

Emissär des Albaner Sees

Aus: Almanach aus Rom für Künstler und Freunde der Bildenden Kunst. Erster Jahrgang. Herausgegeben von F. Sickler und C. Reinhart in Rom. Mit Kupfern und Charten, S. 12

Leipzig 1810

Kupferstich von Johann Christian Reinhart, 8 x 11,5 cm

Bez. u. l.: „Reinhart fec: Roma 1809.“, mittig: „Emissär des Albaner Sees.“

Goethe-Museum Düsseldorf, Inv.Nr. 2311/1960

Der Kupferstich illustriert den gleichnamigen Beitrag über einen „merkwürdigen Ort des alten Latiums“. Die Beschreibung beabsichtigt, „über den wirklichen Hergang, Zweck und Ausführung des Emissars im Albaner See“ Auskunft zu geben. „Die Natur der Urwelt und die Kunst der Vorzeit haben hier zwei merkwürdige Werke geschaffen. Das der erstern ist ein crystallheller, an mehreren Stellen sehr tiefer See in dem Schlunde eines, von einem alten Vulkan gebildeten, gegenwärtig mit der üppigsten Vegetazion von Castanienbäumen, Platanen, Myrten und Lorbeergebüschen überdeckten Craters; das der zweiten ist ein Emissar, oder ein durch den Fuß eines vulkanischen Felsenbergs gehauener

Canal, welcher eine halbe Stunde Weges lang das in sich aufgenommene Gewässer des Sees durch ein nie erleuchtetes Dunkel führt, um es gegen die Küste des Tyrrhener Meeres hin in Roms Ebene zu ergießen. [...] Aus dieser dunkeln Höle, die seit der Zeit, da durch sie der erste Wasserstrom sich stürzte, nur höchst selten ein menschlicher Fuß durchwandelt haben mag, scheint ein riesenhafter Geist des Alterthums sich ihm zu nähern, und ihm mit Gewalt die Achtung abzudringen, die er bloß den Thaten der Gegenwart aufbewahren zu können glaubte". Die Entstehung des Emissars wird auf eine Zeit zurückgeführt, als der See so hoch mit Wasser gefüllt war, daß eine Gefährdung für die umliegende Gegend bestand. Viele Fragen zur Entstehung und Behebung des Hochwassers sowie die genaue Datierung des aufwendigen Projekts werden im Begleittext von 1810 vielfältig diskutiert. Politische Beweggründe für die Erbauung des Kanals, dessen Eingang „einen großen Bogen, der wie eine Art von Halle mit ungeheuren Blöcken gemauert ist", bildet, werden in Erwägung gezogen. „Das erste, malerisch ausgeführte Kupfer stellt die Aussicht auf den Emissär vor, so, wie man von dem See aus nach ihm zu fährt. Er liegt, wie man bemerkt, im Gebüsche versteckt" (12-33). Das Rätsel des verborgenen, schwer zugänglichen, höhlenartigen Gangs zur Ableitung von Wasser macht den Reiz der sachlichen, aber spannenden Betrachtung aus.

HS

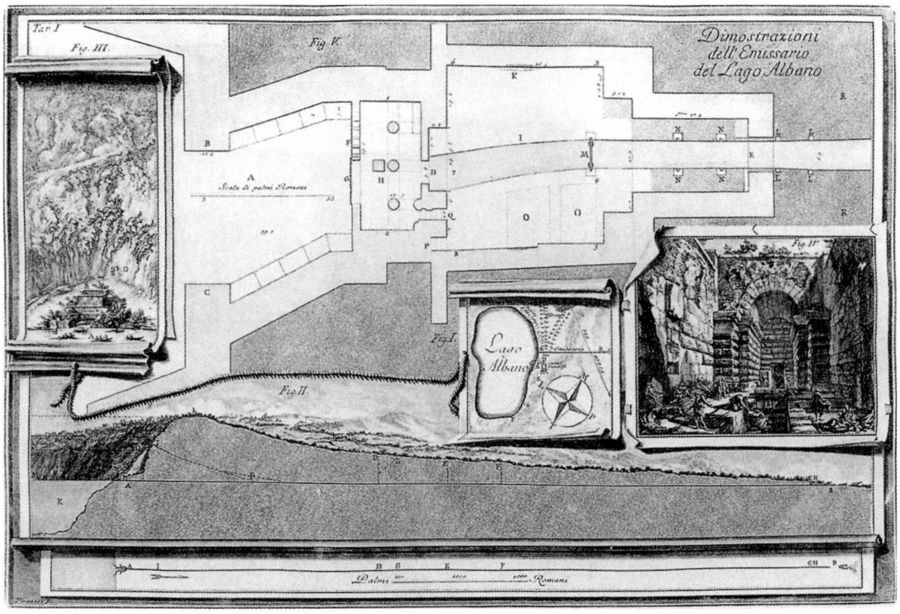

72 a

72
Giovanni Battista Piranesi (1720-1778)

Darstellungen des Entwässerungskanals des Albaner Sees

Aus: Descrizione e disegno dell'Emissario del Lago Albano di Giobatista Piranesi, Erstausgabe, Taf.6 VI [I = 72 a, V = 72 b]

Rom 1762

Radierung, 41,2 x 56 cm

Bez. r. o.: „Taf. VI.", r. u.: „Piranesi F.", r. u. im Bild: „DIMOSTRAZIONI / DELL' EMISSARIO / DEL. LAGO. ALBANNO/* Tartaro dell' aqua"

Museum Kunstpalast Düsseldorf, Inv. Nr. 58/ 67

Die Faszination unterirdischer Kanäle wie des Emissariums am Albaner See rührte nicht zuletzt von der Tatsache her, daß sich oberirdische Bauten aus vorkaiserlicher Zeit kaum erhalten hatten. Piranesi widmete dem Thema römischer Wasserleitungssysteme mehrere Untersuchungen und konnte sich fachlich dabei auf seine Ausbildung bei Matteo Lucchesi, Ingenieur beim venezianischen Wasseramt, stützen. In der mit neun Tafeln, zahlreichen Grund-, Aufrissen und Schnitten ausgestatteten *Descrizione e disegno dell'Emissario del Lago Albano* legte er die Ergebnisse seiner Erforschung des im 4. Jahrhundert v. Chr. entstandenen Kanals vor (Kat. Piranesi 1999, 200-214, Nr. 11.34-11.45). Mit diesem Meisterwerk römisch-antiker Ingenieurskunst, das nach Piranesis Ansicht in seiner Kombination aus *magnificenza, solidità* und *eleganza* der griechischen Architektur in nichts nachstand, kontrollierte man den Wasserspiegel des Sees. Bei der schwierigen Erkundung und Vermessung half einer der hier tätigen Fischer, den Piranesi engagierte und mit dem zusammen er sich als Figurenpaar in der Außenansicht rechts möglicherweise selbst dargestellt hat (Abb. 72 b).

Im Gegensatz zur dokumentarischen Nüchternheit der Pläne nehmen in den Ansichten die in den Berg gegra-

72 b

benen Räume den Charakter verwunschener unterirdischer Landschaften an. Architektur und Natur treten hier in einen düsteren Zweiklang. Malerisch greifen in das zyklopische Mauerwerk die kräftigen Wurzeln der umstehenden Steineichen ein. Zwischen mächtigen Pfeilern und bemoosten Wänden werfen Fischer Angel und Netze aus. Diese poetischen Visionen vom Inneren des Kanaleingangs sowie weiterer *Antichità d'Albano e di Castel Gandolfo*, die Piranesi 1764 veröffentlichte, werden heute als „vollgültiges Stück Romantik avant la lettre" gedeutet (Miller 1978, 270).
FE

72

73
Luigi Rossini (1790-1857)

Acqua Vergine in Rom

Aus: Le Antichità Romane / ossia raccolta / delle / più interessanti vedute di Roma antica / disegnate ed incise / dall' architetto incisore / Luigi Rossini Ravennate / in Numero centuna Vedute / Roma / presso in Negozio Scudellari via Condotti N. 19 e 20, e dall' autore via Felice N. 138.

1829

Radierung, 35,2 x 44,8 cm

Bez. u. l.: „Rossini dis. e inc.“, u. r.: „Roma 1822“ und „T. 13“, mittig: „Veduta del Condotto dell'Acqua Vergine situato alla Chiavica del Bufalo.“, darunter: „A. In questo luogo vi è stato costruito un muro moderno per divisione di due Cortili.“

Frankfurter Goethe-Museum, Inv.Nr. III Z / 38

73

Die lange Tradition des römischen Veduten-Stichs fand in Rossini ihren letzten bedeutenden Vertreter; über 1000 Radierungen zeugen von seiner Produktivität. Am Beginn seiner Laufbahn stehen die 101 Blätter der *Antichità Romane*, die Rom und seine Denkmäler in aller Ausführlichkeit schildern. Rossini greift bei seinen topographischen und architektonischen Darstellungen auf den seit Generationen festgeschriebenen Kanon der Sehenswürdigkeiten zurück, ergänzt ihn aber auch durch bislang wenig beachtete Ansichten oder bemüht sich um ungewöhnliche Perspektiven. Die kontrastreiche Anlage der Radierungen mit ihrem starken Helldunkel und die monumentale Inszenierung der Baudenkmäler läßt immer wieder das große Vorbild Piranesi durchscheinen, das Rossini jedoch auf den Boden einer prosaischeren Wahrnehmung zu stellen sucht. Das dramatische Pathos und die phantastischen Effekte Piranesis weichen bei ihm einer größeren Wirklichkeitstreue und stimmungsvollen Lebensnähe. Das kommt auch bei der Ansicht der Wasserleitung der Acqua Vergine zum Ausdruck, der die Vedutisten sonst wenig Aufmerksamkeit schenken. In zwei Strahlen ergießt sich das Wasser aus Maueröffnungen in eine schmale Rinne, die sich in der Gasse an der Mauer entlang zieht. Die Gasse ist überbaut und gleicht einer Unterführung; die schattigen Gewölbe und wuchtigen Mauerquader, über die Pflanzenwuchs herabfällt, verleihen ihr das Aussehen einer künstlichen Quellgrotte inmitten der Stadt. Sucht man den Ort heute, findet man ihn bei der Via del Nazareno und Via del Bufalo im Bezirk Trevi Colonna, nahe der Via del Tritone.
PM

74
Franz Nadorp (1794-1876)

Das Cervarafest (a)

Erscheinung der Sibylle beim Cervarafest (b)

Aus: Skizzenbuch
1832
Bleistift, Feder, mit Sepia laviert, 20,2 x 12,8 cm
Isselburg, Museum Wasserburg Anholt, Inv.Nr. Skizzenbuch LVIII, f 59r (b) und f 60r (a)

Von etwa 1824 an war es fester Brauch, alljährlich, bevor die Künstler ihr Winterquartier in Rom verließen und zur Arbeit in die Albaner Berge, nach Neapel oder Sizilien aufbrachen, in Cervara ein gemeinsames Frühlings- und Abschiedsfest zu feiern. Immer aufwendiger und mit großem Erfindungsreichtum inszenierte man nun den Ablauf. Einer der Höhepunkte der Zeremonien, für die man Anleihen bei höfischen und militärischen Traditionen, beim römischen Karneval sowie bei antiken Bräuchen machte, war die dramatisch gestaltete Befragung der Sibylle. Nachdem der Festzug angekommen war, zwang man in der dunkelsten Grotte mit Feuerwerk, Donnerschlägen und Pulverdampf die Seherin, aus der Tiefe aufzutauchen. Um sie recht zu inspirieren, beschwor man sie bei den drei besten Weinen des Kirchenstaates, Orvieto, Frascati und Est, Est, Est. „Ihre Orakelsprüche, bald tiefsinnig mystisch, bald trivial komisch, bezogen sich auf die Größe Roms, die Zukunft der Ponte Molle-Ritterschaft und die ewige Pest der Kunstschreiberei; war sie bei guter Laune, so verhieß sie die Ankunft vieler Fremder, die nichts von Kunst verstehen, aber ungezählte Gelder für Ankäufe bereit haben" (Noack 1907, 260; vgl. Eichler 1977, 84, 99-101). In seinem Skizzenbuch (vgl. Kat. Nadorp 1976, 30ff.; Kat. Künstlerleben in Rom 1991, Nr. 3.69-3.71) hält Franz Nadorp den Moment fest, da die Sibylle in wallenden Gewändern der bunten Künstlerschar erscheint.

Wie auch auf einer weiteren Zeichnung, die im Grotteninneren eine Gruppe inmitten von aufgepflanzten Standarten auf einem Hügel zeigt, erkennt man die Vielfalt phantasievoller Gewänder: Banditen-, Ritter- und Mönchskostüme, persiflierte Uniformen. Der Generalissimus der Ponte Molle-Gesellschaft, der Vereinigung deutscher Künstler in Rom, die als Trägerin und Veranstalterin auftrat, ist auf die unterirdische Anhöhe getreten, um seinen Brüdern die Feststrategie zu verkünden. Der Name der „Ponte Molle-Ritter" rührt von der Begrüßung und den Einweihungsriten her, die man Neuankömmlingen an der Milvischen Brücke vor Rom

74 a

74 b

(Ponte Molle) und in den angrenzenden Gasthäusern bereitete. Nadorp selbst, der 1827 zunächst als Begleiter des Prinzen zu Salm-Salm nach Rom kam, war fest in die Künstlerkolonie integriert. Er engagierte sich als Mitbegründer des römischen Künstlerbundes 1829 sowie des deutschen Künstlervereins, der schließlich ab 1845 die Cervarafeste organisierte.
FE

75

75
Carl Morgenstern (1811-1893)

Künstlerfest Cervara

Aus: Skizzenbuch mit 42 Blättern (nicht numeriert)
1837
Bleistiftskizze, 14,3 x 22,7 cm
Bez. im Bild mittig u.: „Künstlerfest", r. u.: „Cervara"
Städelsches Kunstinstitut, Graphische Sammlungen, Frankfurt am Main, Inv.Nr. 15878

Der Frankfurter Landschaftsmaler und Zeichner Morgenstern (vgl. Kat.Nr. 32) nahm 1836 und 1837 an den Cervarafesten teil. Neben einer Ölstudie der Cervaragrotten im Landschaftskontext haben sich eine weitere Ölskizze sowie das vorliegende Blatt aus dem Skizzenbuch erhalten, die von einem ähnlichen Standpunkt wie Nadorps Skizze die Festlichkeiten zeigen (Eichler 1977, 90, 101f., Abb. 5, 20, 21). Der Bildraum öffnet sich wie eine Bühne. Mit lockerem Strich deutet die Bleistiftzeichnung einzelne und in Gruppen stehende oder sitzende Figuren vor dem 'Feldherrenhügel' an, von dem herab wiederum der Präsident der Ponte Molle-Gesellschaft oder ein anderer Würdenträger mit ausgestrecktem Arm spricht (vgl. Kat.Nr. 74 a).
FE

76
Carl Morgenstern (1811-1893)

Künstlerfest in den Grotten von Cervara

1837
Ölstudie, 21,2 x 33,7 cm
Städelsches Kunstinstitut, Frankfurt am Main, Inv.Nr. 15881

Abb. siehe Seite 118

Die Ölskizze zeigt ein Fest aus der lebendigsten Periode der Cervarapartien. Mit flinkem Pinsel und Liebe fürs Detail notiert Morgenstern das vielfältige Szenarium. Mit der Ölskizze ist das richtige Medium gewählt, um das spontane Geschehen festzuhalten und einen lebendigen Eindruck zu vermitteln. Gegenüber der Bleistiftzeichnung ist der Ausschnitt etwas vergrößert, so daß rechts der Festzug in den Blick gerät. Im rechten Durchblick sehen wir oben die grasenden Esel, die man zurückgelassen hat. Von der Wiese her drängen die bunt verkleideten Künstler durch die rohen Arkaden des Steinbruchs in das Innere, während links aus einer Seitengrotte eine Gruppe Uniformierter bereits von der Sibyllenbefragung zurückkehrt (vgl. Eichler 1977, 101). Auf mehreren Etagen und Absätzen des noch anstehenden Gesteins postiert man sich. Dicht unterhalb der Grottendecke begrüßt vom obersten Podest wohl der Generalissimus der Festgesellschaft die Einmarschierenden. Die Rückenfiguren im Vordergrund scheinen abenteuerliche Landsknechte darzustellen. In der Mitte ist unter den Fahnen und Emblemen, die der Zug mitführt, deutlich die ausgestopfte und aufgespießte Figur eines Kunstkritikers zu erkennen. Die Vorliebe der teilnehmenden Künstler für Uniformen aller Völker und Zeiten sowie die Anleihen aus dem militärischen Zeremoniell hängen möglicherweise mit dem Gedanken zusammen, „in die Campagna hinaus auch eine Kampagne [...] unternehmen zu müssen" (Eichler 1977, 110). Die als unqualifiziert oder ungerecht empfundene „Kunstschreiberei" wäre ganz klar einer der Gegner gewesen, gegen die man diesen karnevalesken Feldzug führte.
FE

77

77
Karl Urban Keller (1772-1844)

Darstellungen aus den Felsenhöhlen bei Cervara

Aus: Skizzenbuch aus Italien, Blätter 15, 16

Wohl 1811

Feder in Schwarz, braun laviert, 11,2 x 18,8 cm

Blatt 15a: Bez. u. mittig: „Eingang in die Felsenhöhlen bei Cervara. Unser Mittagsmahl."; darunter: „Gmelin. Rode. Ruschwey. Meissner. Styler. Dikerhof. Wemmel. Schmitten. Huber. Fischer. Steinkopf. Leypold. Sikler. Riepenhausen. Keller."

Blatt 15b: Bez. u. mittig: „Felsenhöhlen aus altem vulkanischen Tuf, aus welchem die alten Römer gehauen haben, bei Cervara 8. Milien von Rom"

Blatt 16a: Bez. u. mittig: „Felsenhöhlen bei Cervara. Soll ehmals einem Tempel ähnlich gewesen seyn, von dem jetzt die Decke eingefallen/ Daß nur noch der in der Mitte stehende Fels als Pfeiler zu sehen ist."

Blatt 16b: Bez. u. mittig: „Das durchgebrochene Felsenthor in Cervara./ gegen Monte Celli und Genaro"

Staatsgalerie Stuttgart, Graphische Sammlung, Inv.Nr. 5554

Die östlich von Rom am Ufer des Anio gelegenen Grotten von Cervara dienten in der Antike als Tuffsteinbrüche. Die Eingänge waren lange hinter dichtem Buschwerk und Ranken versteckt und nur einigen Salpetersiedern sowie den Campagnahirten bekannt, die sie als Unterschlupf benutzten. Nur wenige Künstler besuchten sie, um hier nach der Natur zu zeichnen (so der Hamburger David Klöckner Ehrenstrahl 1655/56; vgl. Nisser 1948, Abb. 127, 128). Plötzliche Berühmtheit erlangten sie jedoch, als im Jahre 1810 die Landschaftsmaler Reinhart und Gmelin, die sich den Ruhm der 'Entdeckung' streitig machten, der deutschen Künstlerschaft in Rom von den geheimnisvollen Höhlen berichteten. Der Erfolg der ersten Künstlerausflüge dorthin, bei denen man wohl auch die malerischen Steinbrüche zeichnete, vor allem aber prächtige Picknicks und ausufernde Trinkgelage veranstaltete, ließen die Landpartien als „Cervarafeste" bald zur Institution

werden (vgl. Eichler 1977; Eichler 1996).
Für den schwäbischen Advokaten und Kunstdilettanten Karl Urban Keller war es offensichtlich ein erinnerungswürdiger Tag, als er – wohl bei einem zweiten Romaufenthalt 1811 – an den Feierlichkeiten teilnehmen konnte. So zeigt die erste von vier Darstellungen in seinem Skizzenbuch eine Gruppe namentlich benannter Künstler, die sich vor dem Eingang in das Höhlenlabyrinth zum Mittagessen versammelt haben. Während einer im Vordergrund die Esel hütet, mit denen der Proviant und weniger gehfreudige Kollegen transportiert wurden, machen sich zwei andere hinten zu einer Höhlenerkundung auf. Drei weitere Ansichten geben einen Eindruck von dem verwinkelten Höhlenbezirk. Von oben fällt Licht durch die eingebrochene Decke und modelliert die Felsmassen, an denen Ranken herabwachsen. Vor dunklen Höhlenöffnungen erhebt sich ein monolithischer Pfeiler, der an Darstellungen der Latomia del paradiso in Syrakus erinnert, wo in ähnlicher Weise der Kontrast von bizarren Felsen und lieblieblicher Vegetation reizte (vgl. Kat.Nr. 83). Ein mächtiges Felstor rahmt effektvoll den Ausblick auf die umgebende Landschaft.
FE

78

78
Eliza Gore (1754-1802)

Grotte der Egeria

Um 1776-1778
Aquarell und Deckfarben, 36,7 x 47,2 cm
Kunstsammlungen zu Weimar,
Inv.Nr. KK 9897

Im Süden von Rom liegt vor der Porta Capena unweit der Via Appia Antica bei der Via Appia Pignatelli die Grotte der Egeria, ein altes Nymphenheiligtum, das in seinem Verfall wieder von der Natur in Besitz genommen wurde. Die Grotte war im 18. Jahrhundert eine feste Station im Besichtigungsprogramm der Reisenden, die sie nicht nur wegen ihrer malerischen Lage aufsuchten, sondern an dieser Stelle auch auf den Spuren des römischen Mythos zu wandeln glaubten. Die Nymphe des Quells Egeria, die in der Antike auch als Geburtsgöttin verehrt wurde, besaß die Gabe der Weissagung. Ihren Rat soll der zweite König Roms, der als Friedensfürst gefeierte Numa Pompilius, bei der Ordnung des Staatswesens sowie des sakralen Lebens gesucht und befolgt haben. Ein römisches Nymphäum wurde ihr zu Ehren an der Quelle errichtet. So galt die Grotte der Egeria als ein sagenumwobener Platz, an dem die Vergangenheit fortlebte, während die von Menschenhand geschaffene Architektur zerfiel und die Natur das aus ihr hervorgegangene Heiligtum zurückeroberte.
Natur und Architektur durchdringen sich gegenseitig in dem Aquarell von Eliza Gore, die ein äußerst stimmungsvolles Bild des überwachsenen Hügels mit der Grotte am Wasser gibt. Die Staffagefigur des Reiters unterstreicht diese Wirkung noch. Die Künstlerin war die Tochter von Charles Gore, einem wohlhabenden englischen Amateurzeichner, der zwischen 1774 und 1778 mit seiner Familie in Italien lebte. 1776 freundete er sich mit

Hackert an, mit dem er im Sommer Kunstreisen unternahm und während des Winters in Rom Zeichenstudien betrieb. Eliza nahm daran teil und konnte von Hackerts Unterricht profitieren; so steht auch die „Grotte der Egeria" im Hinblick auf Komposition und Kolorit deutlich unter dem Einfluß des Lehrers. Goethe nannte Eliza Gore, die seit 1791 in Weimar lebte, eine „der würdigsten Schülerinnen Hackerts", die „gar geschickt landschaftliche Gegenstände" zeichnete und malte (Goethe, WA I, Bd. 46, 149 u. 340).

PM

79
Jacob Wilhelm Mechau (1745-1808)

Grotte der Egeria

1792
Feder in Grau, Pinsel in Braun, laviert, 43 x 55,8 cm
Kunstsammlungen zu Weimar, Inv.Nr. KK 2346

Der aus Sachsen stammende Mechau hielt sich zwischen 1776 und 1780 sowie zwischen 1790 und 1798 in Rom auf. Während seines zweiten römischen Aufenthalts stand er Reinhart nahe, dessen Vorliebe für die klassische Ideallandschaft er teilte. Mit Reinhart schuf Mechau die Sammlung der *Mahlerisch radirten Prospecte aus Italien*, die in der Frauenholzischen Kunsthandlung ediert wurde (vgl. Schwichtenberg-Winkler 1992). Auf der Suche nach bildwürdigen Ansichten in der Umgebung Roms zeichnet Mechau auch die Grotte der Egeria, die er als homogenen Teil ihrer landschaftlichen Umgebung begreift.

PM

79

80

80
Karl Philipp Moritz (1757-1793)

Reisen eines Deutschen in Italien in den Jahren 1786 bis 1788. 3 Bde., 1792-1793, III

Berlin 1793

Frontispiz mit der Grotte der Egeria in Rom, darunter im Medaillon Ponte Lucano und Grabmal der Plautier

Kupferstich von Daniel Berger 1792 nach Peter Ludwig Lütke

Frankfurter Goethe-Museum, Inv.Nr. IX M 130 / E 11

Moritz, der durch seinen autobiographischen Roman *Anton Reiser* bekannt geworden war, kam 1786 nach Rom, wo er sich dem Freundeskreis um Goethe anschloß. Wie für Rom-Reisende damals üblich, machte auch er einen Ausflug zur Grotte der Egeria. Moritz berichtet: „Wir kehrten von hier zurück, um den Quell der Nymphe Egeria zu besuchen, den wir mit Mühe fanden, weil er unter einem Hügel versteckt liegt, auf welchem noch ein alter von Backsteinen errichteter dem Bachus geweihter Tempel steht, dessen Halle noch mit kannelirten korinthischen Säulen von Marmor versehen ist, und der jetzt als eine christliche Kirche, den Namen St. Urbano führt. Von dem Haine der Egeria, am Fuß dieses Hügels, ist keine Spur mehr da. Die Quelle selbst aber sprudelt noch mit kühlendem klaren Wasser, und man sieht noch die alten marmornen Verzierungen; eine verstümmelte Statue der Nymphe, die diesen Ort bewohnte; die Nischen, worin die Bildsäulen der neun Musen standen; dies alles ist mit überhängendem grünen Gesträuch bewachsen, und das ganze macht einen reizenden mahlerischen Prospekt. Herr Lütke entwarf von dieser Grotte ebenfalls an Ort und Stelle eine Zeichnung, wovon sich eine genaue Darstellung auf der hier beigefügten Kupfertafel befindet" (III, 188).
PM

81

81
Luigi Rossini (1790-1857)

Die Grotte der Egeria

Aus: Le Antichità Romane / ossia raccolta / delle / più interessanti vedute di Roma antica / disegnate ed incise / dall' architetto incisore / Luigi Rossini Ravennate / in Numero centuna Vedute / Roma / presso in Negozio Scudellari via Condotti N. 19 e 20, e dall' autore via Felice N. 138.

1829

Radierung, 38,6 x 59,2 cm

Bez. u. l.: „Rossini dis. e inc.", u. r.: „Roma 1823" und „T. 35", mittig: „Veduta della Fonte, e delle Spelonche d' Egeria – fuori di Porta Capena."

Frankfurter Goethe-Museum, Inv.Nr. III Z / 38

Wird die Grotte der Egeria im 18. Jahrhundert oft aus der Distanz dargestellt, wobei der Innenraum in ungewissem Dunkel verbleibt, so wählt Rossini die Nahsicht und zieht den Betrachter unmittelbar ins Innere des halbzerfallenen Nymphäums. Natur und Architektur gehen fließend ineinander über und verleihen dem Ensemble eine neue, stimmungsvolle Qualität, ja einen geradezu romantischen Charakter (vgl. R. 30, 31). Das Wasserbecken wird von einem Gewölbe überfangen, dessen leere Nischen früher Statuen der Musen enthielten. Die Grotte schließt mit einer Apsis ab, die den steinernen Torso einer Quellnymphe birgt, darunter speist Quellwasser aus drei Öffnungen das Becken. Die Genauigkeit der Architektur-Wiedergabe belegt, daß Rossini dem archäologischen Aspekt großen Wert beimißt; so dokumentiert er beispielsweise die besondere Art des römischen Mauerwerks mit Resten des netzförmigen Opus reticulatum. Er füllt den Ort aber auch mit Alltagsleben, mit Wäscherinnen und einer Wasserträgerin mit Kind sowie einer Gruppe um einen Zeichner, dessen Tätigkeit die Bildwürdigkeit dieses Ortes unterstreicht.

PM

Aus den Reiseberichten

Reisebericht 27

In den Grotten des Kolosseums

Friedrich Johann Lorenz Meyer

Es war *am 16ten Juli*, als die theilnehmende Freundschaft, zur Feier des mir theuern Andenkens eines Tages, der einst ein geliebtes Leben hervorgehen sah, mir auf dieser mit Marmorbruchstücken des Altherthums bedeckten Terrasse [des Farnesischen Gartens], ein nächtliches Fest gab. Bei Fackelschein, und unter Musik und Gesang, wurden hier die Becher geleert; in einer Reihe hingestellte Seulenkapitäle dienten uns zu Sitzen; der Tisch war ein großes Gesimsestück von Marmor. Auf einem Marmorblock loderten, wie auf einem Altar, die über einander gelegten Fackeln, und erleuchteten die Stelle mit einem schönen Licht. [...] Die malerischen Wirkungen der Fackelbeleuchtung in diesen Grotten und Gängen, und in den kolossalen Bogengängen und Gewölben der Korridore des *Koliseo*, wohin wir aus dem Farnesischen Garten gingen, waren unbeschreiblich groß und feierlich. – Hier schien sich, durch den großen Wurf des Lichtes, zwischen den tiefen Schatten der halb zertrümmerten Bogengänge, und ihren weiten Öffnungen und Spalten, dies große Gewölbe bald zu erweitern, bald zu verengen; auf seinen Felsenpfeilern hier zu wanken, und dort fürchterlicher den Einsturz zu drohen. Allenthalben war das Auge in diesen, Katakomben ähnlichen, nächtlichen Gängen getäuscht, und die Einbildungskraft aufgeschreckt. Man weicht unfreiwillig zurück, um dem allgemeinen Einsturz zu entfliehen. – Kein fruchtbareres Feld ist für die Künstler in Rom, als dieses gewaltige Amphitheater, und seine gewölbten, halb eingestürzten Umgänge, aus deren Ruinen Gesträuch und Busch hervorwachsen. Zu allen Tageszeiten erscheinen diese einzelnen Theile des großen Ganzen in erhabnen Formen; furchtbar aber und unaussprechlich groß in der Nacht bei Mond- oder Fackelschein. Ich sah nie eine größre durch die Kunst des Malers hervorgebrachte Wirkung, als einige Darstellungen so beleuchteter Partien der Korridore des *Koliseo*, schwarz mit Biester oder Sepia getuscht, und mit Weiß gehoben. – Aus großen Bruchstücken dieses Kolosses sind ganze Palläste in *Rom* erbauet. Die Zeit hat darin verwüstet; die nordischen Barbaren haben daran zerstört: und dennoch steht er so groß und fest noch da. Alle diese Katstrophen konnten ihm schaden, aber ihn nicht verderben. Noch Jahrhunderte lang werden diese zusammen gebirgten Felsenmassen leben, wenn gleich einzelne Theile davon jährlich einstürzen. Gegen diese Größe ist der Verlust gering.

Meyer, Friedrich Johann Lorenz: Darstellungen aus Italien, Berlin 1792, 172-175

Reisebericht 28

Lago Albano – das Wirken der Natur über den Ruinen

Friederike Brun

EMISSARIUS
DES ALBANERSEES.
Dies ehrwürdige Monument aus den schönsten Zeiten Roms, ist von der hier waltenden Natur zum Heiligthume gebildet, und der Eindruck desselben ist einzig. Wir folgten einem kleinen Pfade hart am Ufer des Sees, und oft von der sanften Welle genetzt. Ulmen und Erlen schatten mit hellem Grün. Bald befanden wir uns an einem hohen viereckten Gemäuer – ein kleiner Hafen von schönen Steineichen umschirmt, öffnet hier den Ausfluß des Sees. Vergißmeinnicht (schöner, größer, blauer als ich sie je sah) Singrün, Cyklamen, roth und weißer Klee, und rankende Wicken blühen im hohen Grase: *Lotus* und *Akazia* glänzen mit goldenen Trauben aus tiefem Schatten.

Ein kleines Pförtchen wird geöffnet, man steigt eine Stufe hinab, und ist umfangen von hohem, uraltem Gemäuer, aus mächtigen Quaderstücken von Tuff und Travertin zusammengesetzt, ganz ähnlich den ehrwürdigen Überresten der Cloaca Maxima am Quell Juturnä. In der Tiefe des länglichen Vierecks ründet sich eine geräumige Halle; hindurch strömt der rauschende Canal; weit schaut man ihm

nach, unter die gebrochenen Felsen! Kleine Kerzen auf ein Brettchen gesteckt, glitten durch die acherontische Wölbung, und verschwanden bald in tiefer Nacht – dem Licht der Antiquaren ähnlich, auf dunkelm Zeitenstrom der Vorwelt!
Draußen flüsterten leise aus und ein die Wellen des Sees, durch die Oeffnung des Canales; hoch auf dem Rande der festen Mauer hat eine Steineiche gewurzelt, und ist zu ungeheurer Größe erwachsen. Bald theilt sich der gewaltige Stamm in zwey Riesenarme, die, voll und üppig begrünt, nicht allein des ganzen Gemäuers Raum überdecken, sondern in die Lüfte sich wölbend rund umher heiliges Dunkel verbreiten.
Drinnen ist leise Düsternheit, und nur durch wankende Blätter dringt des Aethers tiefe Bläue. Die Nachtigall lockt draußen im Blüthengebüsch – Ach! dies Wirken der Natur über den Ruinen – diese Muttertreue, die das versinkende Verlaßne, mit Schönheit und Anmuth kränzt – Diese Träume aus der Thatenumdrängten Vorzeit, in dieser seelenwiegenden dämmernden Stille! Ein Schauer nach dem andern durchrieselte mich – leise trat ich wieder ans Tageslicht, wo Duft und Blüthe und milde Sonnenlüfte Ausoniens mich empfiengen, wie aus einer Geisterhalle hervor.

Brun, Friederike: Prosaische Schriften, 4 Bde., Zürich 1799-1801, IV, 64-66 [über ihren Besuch 1796]

Reisebericht 29

Ein kühler Aufenthalt aus Kaiser Claudius Zeit

Karl Friedrich Schinkel

Zwischen Rom und Neapel
[...] Von da gingen wir einen schattigen Weg nach Castel Gandolfo, übersahn den herrlichen Albanersee, den Monte Cavo und Rocca di Papa dahinter [...]. Um den berühmten Emissario zu sehn, der das Wasser des Sees durch einen Felsenstollen in die römische Ebene abläßt, mußten wir in den tiefen Kessel des Sees hinabsteigen. Kerll blieb oben, Brandt badete sich gleich einen Augenblick im See. Auf dem Eingang zum Emissario sieht man eine schöne Felsgrotte, die zu Domitians Zeit tempelartig, jedoch unregelmäßig nach der Klüftung des Gesteins ausgebaut war und zu einem kühlen Aufenthalt und Bade dient. Beim Emissario schien es mir, daß, wenngleich der Geschichte nach die Stollenarbeit in die älteste Zeit der Republik fällt, die große davorgestellte Steinkonstruktion mit ihren runden und scheitrechten Gewölben trotz ihrer Kolossalität wohl erst aus Kaiser Claudius' Zeit sein dürfte. Höchst malerisch ist die berühmte große Schwarzeiche in dieser alten Vorkammer. Das Wasser fließt noch immer herrlich ab und dient jenseits zu Mühlen und andern Zwecken. In der Vorkammer fängt man sehr leicht die Fische des Sees.

Schinkel, Karl Friedrich: Reisen nach Italien. Tagebücher. Briefe. Zeichnungen. Aquarelle, hrsg. von Gottfried Riemann, Berlin 1979, 180f. [über seinen Besuch 1824]

Reisebericht 30

Grotte der Egeria – Meditationen

Philippe Petit-Radel

Wer Rom verließe, ohne wenigstens einige Ausflüge in die Umgegend gemacht zu haben, der erhielte nur einen mangelhaften Eindruck von den Schöpfungen des Wohllebens und des Geistes, die ihre antiken und ihre neuzeitlichen Bewohner hervorgebracht haben. [...] An den Anfang stellen wir die Quelle der Egeria, die um die drei Meilen entfernt von der Stadt zwischen Via Latina und Via Appia liegt, nahe dem einst unter dem Namen Almo bekannten Fluß. [...] Als wir einige bestellte Felder überquert hatten und über die tiefen Bäche gesprungen waren, die jedes Anwesen umgrenzen, den Widerstand der Hecken überwunden hatten, die sich unserem Vormarsch entgegensetzten, nicht wenige Hügel hinauf- und hinabgestiegen waren, wollten wir schon die Hoffnung aufgeben, das Ziel unserer Sehnsucht noch zu erreichen. Die Nymphe wollte entfliehen, und wir, ermüdet von der Fruchtlosigkeit unseres Strebens, waren schon nahe daran, zur Hauptstraße zurückzukehren, als wir auf einen Hirten stießen, der uns geradewegs zu seinem Unterschlupf geleitete. Eingang und Inneres seines Tempels bietet alles Malerische, was die Aufmerksamkeit eines dem Eindruck der ländlichen Natur verbundenen Malers zu fesseln vermag: Man stelle sich unter einem Hügel eine tiefe Höhlung vor, an deren Eingang Brombeersträucher ranken, außerdem Efeu und wilder Wein, der in verschlungenen Ranken zum Schmuck des Eingangs herabfällt, sodann zur Rechten eine Spalte, durch die mit der ganzen Kraft der Vegetation das Laub des innen wachsenden Rosenstrauchs dringt, und zur Linken eine Einwölbung voller Gestrüpp und Efeu, dessen kräftige Wurzeln die Fugen entlangwandern und derart die gebeugte Mauer am Einsturz hindern, man stelle sich weiter am Austritt der Quelle einen kleinen See vor, dessen Gewässer durch Schachtelhalme, Tannenwedel, Callas und andere Sumpfpflanzen in schönstem Grün eingefaßt werden, dann noch die religiöse Stimmung, die in diesem Rückzugswinkel herrscht, und so wird man eine angemessene Vorstellung von dieser friedlichen Grotte haben. Die alten, von Feuchtigkeit durchdrungenen Mauern sind da und dort von leichtem Moos überzogen, das ihre anstößige Rauheit mildert. Das Gewölbe neigt sich beiderseits herab bis zu ihren Ansätzen, wo auf jeder Seite drei dicht aneinandergereihte Nischen eingearbeitet sind; diese münden auf der Sockelzone und waren einstmals von Standbildern der Musen besetzt. Die ganze kleine Klause ist aus Ziegelsteinen aufgemauert, eingefaßt von kleinen quadratischen Steinen und stuckverkleidet. In der rückwärtigen Nische steht auf einem Vorsprung, unter dem sich die grünen Blätter von Glaskraut und Frauenhaar mischen, eine beschädigte Statue. Offenbar stellt sie eine Frau in der Haltung einer auf ihre Urne gestützten Flußgöttin dar. Zur Linken befindet sich ein großes Bassin, dessen Ränder mit Basaltsteinen verkleidet sind. Kristallklares Quellwasser erfüllt sie und verursacht ein zartes Plätschern, das in seiner Gleichförmigkeit zur Versenkung einlädt. An diesem religiösen Ort mag es sein,

Que fuyant le tumulte,
et dans soi recueillie,
Va s'asseoir la Mélancholie,
Pour y rêver en liberté.
DELILLE *

Wer von diesem Quell trinken will, muß erst auf einen steinernen Vorsprung treten, der die Grotte der Länge nach durchmißt und zu großen Felssteinen führt, die man überqueren muß, um zu der Austrittstelle zu gelangen. Als ich hinging, um meinen Durst zu stillen, und dabei der Statue nahekam, nahm ich die vielen darauf verzeichneten Namen wahr, und dem respekteischenden Geist des Ortes zum Trotz wagte ich, meinen eigenen zu den anderen zu setzen. Die Wasserläufe breiten eine kristalline Decke über den roten Sand der Grotte, die sie mit ihrer Frische durchdringen, und vereinigen sich dann mit dem Wasser, das Froschlöffel und Seerosen gedeihen läßt.

Al bel seggio riposto, ombroso e fosco
Ne mai pastori appressan ne bifolchi.
PETRARCA **

[...] Diese Grotte ist in ältester Zeit entstanden und wurde von dem frommen Numa der Nymphe Egeria geweiht. Das Wasser aus ihrer Quelle diente einst den Vestalinnen für ihre Kulthandlungen.

Egeria est quae praebet aquas,
Dea grata Camenis,
Illa Numae conjunx consiliumque fuit.
OVID, fast. III. ***

Hierher kam der gute König, angeblich um im geheimen mit der Nymphe, die einige Poeten zu seinem angetrauten Weib erklärten, zusammenzutreffen. Im Wissen, daß das Volk sich besser regiere, wenn man ihm einige Vorurteile läßt, behauptete er, mit ihr über bestimmte Punkte vertraulich zu beraten. [...] Die Umgebung war noch nicht, wie sie es heute ist, gerodet. Dichtes Gehölz vermittelte ihr damals ein noch religiöseres Erscheinungsbild. Seither wurden ringsum Monumente errichtet, die dem Land einen den Reichtümern der Natur ganz entgegengesetzten Schmuck verleihen. Juvenal jedenfalls gibt das zu verstehen, wo er gelegentlich der Steuern, die die Römer auf die größten Heiligtümer erhoben, folgendes ausführt:

in vallem Egeriae descendimus et speluncas
dissimiles veris. Quatò praestantius esset
Numen aquae, viridi si margine clauderet undas,
Herba, nec ingenuum violarent marmora tophum!****

* [Daß auf der Flucht vor dem Trubel die Melancholie/ sich niedersetzt, um im Rückzug auf sich selbst/ befreit vor sich hin zu träumen. (Übers. WB)]

** [Der schönen schattigen verborgnen Halde/ nahten statt Hirt und Bauer (träumerische/ Nymphen und Musen; Petrarca: Canzoniere, CCCXXIII, V.40-42; zit. nach Petrarca 1989)]

*** [Sie, die das Wasser dort bietet – Egeria ist's, eine Göttin, / Frau und Ratgeberin Numas, der Musenschar lieb. (Ovid: Fasti, III, V.275f.; zit. nach Ovid 1995)]

**** [Wir stiegen in das Tal der Egeria hinab und zu den Grotten, / die den natürlichen jetzt unähnlich sind. Wieviel gegenwärtiger/ wäre die Gottheit in den Wassern, wenn Gras mit grünendem Rand / die Wellen einschlösse und nicht der Marmor den ursprünglichen Tuffstein entstellte. (Juvenal: Saturarum Libri V, III, 17-20; zit. nach Juvenal 1993)]

Petit-Radel, Philippe: Voyage historique, chorographique et philosophique dans les principales villes de l'Italie, En 1811 et 1812, 3 Bde., Paris 1815, II, 385-389 [Übers. WB]

Reiseberich 31

Genius loci

Johann Heinrich Eichholz

[...] wildes Gebüsch verschließt halb den Eingang; dies macht diese merkwürdige Grotte [der Egeria] ungemein malerisch. Gewissermaßen ist sie also, kann man sagen, wieder in integrum restituirt; denn so, vielleicht noch wild-anmuthiger, mag sie ehedem gewesen seyn. Schon Juvenal beklagte sich zu seiner Zeit, daß man sie zu sehr verziert habe.* [...] setzte mich auf den Rand des Bassins. Auf seinem klaren spiegelnden Wasser stieg heiter das Bild der Vergangenheit, ruhig – zwar etwas bethräut – aber doch lächelnd und ruhig das Bild der Zukunft vor mir empor. Ich sah die Gestalt eines einfachen, großen, liebenswürdigen Menschen vor mir aus dem Gewässer aufsteigen [...]:
„Zweifle nicht [...]
Es wohnt ein Gott dir im Busen –
Handle, wie er dich lehrt! Weiter bedarf es dir nichts."

* Satyr. II. 17.

Eichholz, Johann Heinrich: Briefe über Italien, oder Schilderung der Einwohner von Venedig, Rom, Neapel und Florenz, in Hinsicht auf Charakter, Cultur des Geistes und Industrie derselben; nebst beigefügten Bemerkungen über Alterthümer und Kunst, 4 Bde., Zürich 1806-1811, IV, 98-101 [Italienreise 1804]

Reisebericht 32

Künstlerfeste vor den Toren Roms

Ludwig Richter

Die Cervara, ein antiker Steinbruch in der Campagna, liegt etwas über zwei Stunden von der Stadt entfernt, und dahin bewegte sich an einem schönen Sonntagmorgen eine sehr zahlreiche Gesellschaft von Künstlern und Gelehrten, von vier mit Wein und Proviant beladenen Eselein und ihren Treibern gefolgt. Schon im vorigen Jahre war ich mit einigen Freunden hier gewesen und kannte das interessante Terrain. Auf einem Wiesenplan, von felsigen Hügeln umgeben, lagerte man sich zunächst zum Frühstück. Unzählige Grotten, prächtig von Efeu und Buschwerk überwachsen, wurden durchstöbert; einige derselben waren von Leuten bewohnt, denen man allein nicht gern begegnet wäre. Die Gesellschaft zerstreute sich jetzt in den Hügeln, einige, um zu zeichnen, Freund Pettrich, um womöglich ein paar Lerchen zu einem Mittagsbraten zu schießen, wieder andere wälzten Steine zu Sitzen in einem weiten Ring, in dessen Mitte auf einen größeren Block das Weinfaß gelegt wurde. Der „lange" Bildhauer Freund, Freund und Faktotum Thorwaldsens, und der treffliche Bissen rissen Efeu und wilden Wein zu Kränzen von den Felsen, wobei ich von einem der Skorpione gestochen wurde, welche zu Hunderten in den feuchten Felsritzen saßen. Der Stich dieser kleinen Bestie ist in dieser Jahreszeit nicht schlimmer als ein Wespenstich und bewirkte nur eine starke Beule in der Hand. Braun, Stirnbrand und Hermann hatten indessen ein gewaltiges Feuer angezündet und beschäftigten sich mit dem Zurüsten des Mittagessens.

Mit Freund Thiele hatte ich mich auf eine der Höhen gelagert; hier waren wir dem Getümmel entrückt; fern von der Stadt her trug die Luft ein summendes Getöne unzähliger Glocken und Glöcklein herüber [...]. Doch aus diesen Stimmungen und idealen Regionen wurden wir auf unserer olympischen Höhe durch den Opferduft von gebratenem Fleisch und dito Würstchen geweckt, welcher vom Festplatz heraufdrang und unseren Nasen lieblich deuchte. Wir kamen just in das lauteste Jubilieren hinein; denn eben war man beschäftigt, einen feierlichen Aufzug zu ordnen, den Flor zu Esel und im antiken Senatorenkostüm anzuführen hatte. Von dem isolierten Felsenklotze hielt er eine komische Anrede, worin er um erneute Aufnahme bat und gut Regiment versprach. [...] Darauf wurde er heftig embrassiert, und die Gesellschaft begab sich, nach Speise und Trank heftig verlangend, zum schönstens geschmückten Steinring, lagerte sich auf dem Rasen um das Weinfaß, und ein jeder schmauste, was er sich mitgebracht oder besorgt hatte; jubelnd verfloß die Zeit im Fluge. Die Sänger, und es waren vortreffliche darunter, sangen ihre schönsten Lieder, Persönlichkeiten, die sich bisher ferner gestanden hatten, schlossen sich näher aneinander, Brüderschaften wurden getrunken, hie und da auch solche, die nur der Wein zuwege gebracht hatte, und die lustigsten Szenen, Scherze und Witze sprudelten immer lebhafter und steigerten die Lust, bis der Abend nahte und die Rückkehr angetreten werden mußte.

Richter, Ludwig: Lebenserinnerungen eines deutschen Malers, mit einem Nachwort von Gottfried Knapp, Frankfurt a.M. 1980, 223-226 [zum Jahr 1824]

87

9 Kerker und Katakomben

Verlies und Grab, Kerker und Katakomben sind unter der Erde den Blicken entzogen. Sie aufzudecken und zu besuchen bedeutet, mit Geschichten von Tod, Qual und Martyrium konfrontiert zu werden. Die schauerlichen Spuren – Ketten, an denen Gefangene verendeten, oder Särge, in denen die Knochen verfolgter Christen ruhen – wecken Erinnerungen an die dunklen Kapitel politischer oder religiöser Auseinandersetzungen. Als Gedächtnisorte fungierten die als Gefängnisse gebrauchten Steinbrüche von Syrakus und die unterirdischen Begräbnisstätten Roms oder Neapels gleichermaßen. Lange war ihre Bedeutung festgelegt auf diese historische Dimension.
Um aus dem Schatten des Tyrannen Dionysios zu treten, mußten die Assoziationen an seine Greueltaten, die sich in Syrakus unwillkürlich einstellten, bewußt verdrängt werden. Erst dann konnten die malerischen Steinbrüche in ihrem ästhetischen Reiz genossen werden. Bezüglich der Katakomben, die im 17. Jahrhundert vorrangig Orte der Devotion waren, förderte die anhaltende historische und archäologische Diskussion um ihre heidnischen oder christlichen Ursprünge eine zunehmend weltliche Wahrnehmung. Bereits um die Mitte des 17. Jahrhunderts gab es erste Ansätze einer touristischen Sichtweise der Katakomben (vgl. Meyer 1985). Die neuen Rom-Pilger um 1800 schenkten der unterirdischen Stadt aber nur mehr am Rande Beachtung. Vielsagend ist die Abneigung Goethes, dem die römischen Katakomben wohl zu sehr auf die Tradition des *memento mori* fixiert waren. Er zögerte seinen Besuch bis auf die letzten Tage des zweiten römischen Aufenthalts hinaus, um dann „sogleich wieder ans Tageslicht" emporzusteigen und sich „lange Zeit nachher" (1827) durch das ausführliche Studium der Bildtafeln in Antonio Bosios *Roma sotterranea* „hinlänglich" zu entschädigen (Goethe, WA I, Bd. 32, 326f.). Durch Piranesis visionäre Darstellung und Erforschung der – nicht zuletzt unterirdischen – Größe Roms inspiriert, schufen sich antikenbegeisterte Rom-Besucher Gegenorte, etwa im Pantheon, im Kolosseum oder in den Kaisergräbern, an denen sie die Kunst wie eine Ersatzreligion verehrten. Da die in den Katakomben erhaltenen Malereien und Skulpturen aber die einzigen weithin bekannten frühchristlichen Kunstwerke waren und man lange glaubte, die frühchristliche Kunst sei als rein sepulkrale entstanden, galten diese weiterhin als *die* „Repräsentanten" des frühen Christentums und fanden zunehmend das Interesse der Kunsthistoriker.
FE

82

83
Cooper Willyams (1762-1816)

Höhlen nahe Syrakus

Aus: Cooper Willyams. A Voyage up the Mediterranean in his Majesty's Ship the Swiftsure, one of the Squadron under the Command of Rear-Admiral Sir Horatio Nelson [...] with a Description of the Battle of the Nile on the first of August 1798, [...], nach S. 30, Taf. 5

London, 1802

Aquatinta-Radierung von Joseph Constantine Stadler nach Cooper Willyams, 15,5 x 22 cm

Bez. u. l.: „Cooper Wilyams del.'", u. r.: „J. C. Stadler sculp.'", mittig: „Caverns near Syracuse / London Pub. by J. White Fleet Street 1801"

Niedersächsische Staats- und Universitätsbibliothek Göttingen, Sign. ITIN, I 2253

82
Jean Houël (1735-1813)

Ansicht der Latomien von Syrakus, die man das Paradies nennt

Aus: Jean Houël. Voyage pittoresque des isles de Sicile, de Malte et de Lipari [...]. 4 Bde., 1782-1787, III, Taf. CLXXX

Paris 1785

Aquatinta-Radierung, 23 x 36 cm

Bez. o. r.: „Pl. CLXXX.", u. l.: „Dessiné et gravé par J. Houël", u. mittig: „Vue de la Latomie / appelée le Paradis."

Niedersächsische Staats- und Universitätsbibliothek Göttingen, Sign. GR 2 ITIN I, 930

Universitäts- und Stadtbibliothek Köln, Sign. GG14 / 345

Die antiken Steinbrüche im heutigen archäologischen Park von Syrakus erlangten historische Berühmtheit, als im Peloponnesischen Krieg die 'Sizilien-Expedition' Athens 406 v.Chr. hier ihr grausames Ende nahm. Der Tyrann Dionysios ließ in den sogenannten Latomien 7000 Athener einkerkern und töten. Später stürzten die Steinbrüche teilweise ein, und in der *Latomia del Paradiso*, die nun größtenteils unter freiem Himmel lag, konnte man idyllische Szenen vorfinden. Schafe, die friedvoll zwischen Felsbrocken und üppiger Vegetation weideten, bildeten einen spannungsvollen Kontrast zu den finsteren Höhlen, vor allem zu dem sogenannten Ohr des Dionysios, in dem sich die Erinnerungen an jenes dunkle Kapitel der Geschichte konzentrierten. Ihr nach oben spitz zulaufender Eingang ist in Houëls Gesamtansicht hinten links zu erkennen, während im Mittelgrund noch einer der Felspfeiler steht, die ursprünglich die Decke der bis dorthin reichenden Steinbruchhöhle stützten. Im Text zu seiner Innenansicht (vgl. oben, S. 24, Abb. 10) beschreibt Houël das berühmte Echo in dieser Grotte und den ohrenbetäubenden Lärm, den die laut rufenden, klatschenden, ins Horn blasenden und Pistolen abfeuernden Besucher hier veranstalten.
FE

Willyams, als Kaplan in der Gefolgschaft Lord Nelsons nach Ägypten unterwegs, zeigt in einer der Skizzen, die er als Autodidakt eigenhändig vor Ort angefertigt hat, die Steinbruchgrotten von Syrakus mit dem Ohr des Dionysios links. Grundlage für die Legendenbildung um diese Höhle war zum einen ihre gewundene, langgezogene Form, die einem Gehörgang gleicht, zum anderen eine an ihrem Scheitel befindliche Kammer. Von dort aus – es war wohl der Maler Caravaggio, der die Anekdote spann – soll Dionysios selbst, der den Kerker zu einem Teil seines Palastes gemacht habe, die Geheimnisse der Gefangenen belauscht und sich an ihrem Klagen geweidet haben. Das geflüsterte Wort ist hier auch aus großer Entfernung noch deutlich zu verstehen und verleiht der Vorstellung von der Grotte als Meisterwerk antiker Akustik Wahrscheinlichkeit. Zwar konnten Besucher in Syrakus berechtigte Zweifel an der legendären Funktion des akustischen Phänomens haben, doch

83

selbst kritischen Reisenden wie Johann Heinrich Bartels erschien die Umwandlung eines Steinbruchs in ein Gefängnis als „sinnreich und erfinderisch" (Bartels 1787-1792, III, 142). Die Eisenringe hingen immer noch fest in der Wand und riefen die Qualen der Gefangenen ins Gedächtnis.
Der Vorhang aus Blättern, der sich links vor das finstere Ohr des Dionysios schiebt, war den meisten Besuchern als pittoreskes Element willkommen; im Kontext der brüchig gewordenen, einsturzgefährdeten Steinbrüche sah man darin aber auch einen Hinweis auf den durch die Natur beschleunigten Verfall dieser Ruine. Willyams beschreibt die Latomien als romantischen Flecken, der während der Sommermonate, wenn das Klima unerträglich sei, einen „entzückenden Rückzugsort" (30) darstellen müsse.
FE

84
Johann Adolph Darnstedt (1769-1844)

Eingang zu Dionisius Ohr

Aus: Göttingischer Taschen-Kalender für das Jahr 1804, S. 66

Göttingen 1804

Kupferstich von Johann August Nahl nach Johann Adolph Darnstedt, 11,9 x 7,6 cm

Bez. o. r.: „III", u. r.: „J.A. Darnstedt sc.", mittig: „Eingang zu Dionisius Ohr".

Goethe-Museum Düsseldorf, Inv. Nr. 3035/1963

Der Taschenkalender enthält „zwölf Landschaften aus Deutschlands, Helvetiens und Welschlands Gefilden". Folgende Erklärung wird dem Kupferstich beigegeben: „Nr. III. Der Eingang zu einer Höhle auf Sicilien, unter dem Nahmen Dionysius-Ohr bekannt, ist ein unzerstörbares Alterthums-Ueberbleibsel. Dionys, der Tyrann von Syracus, legte diese Grotte so an, daß jeder schwache oder starke Laut, der darin entstand, sich an einem gewissen Orte, als in einem Brennungspuncte vereinigte. Hier hatte der Tyrann ein kleines Kabinett, und behorchte die Gespräche der Gefangenen, die er dann, nach dem was er gehört hatte, frey sprach oder verdammte. Die neueste Beschreibung findet man in der Reise des Kapellans auf dem Kriegsschiffe Swiftssure, die er im Jahr 1803 zu London im Druck heraus gab". Es handelt sich um eine Nachzeichnung der sechsten Tafel aus dem besagten Werk von Cooper Willyams (vgl. Kat.Nr. 83).
Durch den Abbau von Kalkgestein entstanden in der Nähe von Syrakus mächtige Höhlen, die untereinander wie in einem System verbunden waren. Einen dieser Gänge nennt man wegen seiner Ähnlichkeit mit einem Gehörgang *Orecchio Dionisi*.
Dionysios der Ältere wurde nach dem Kampf gegen die Karthager als syrakusischer Feldherr in der Zeit von 405-367 v. Chr. zum herrschenden

84

Tyrannen von Syrakus, der die Stadt zur größten und bedeutendsten der damaligen bekannten Welt machte. Viele Gelehrte aus der Antike, unter ihnen Damokles, Platon und Philoxenos besuchten den Hof von Syrakus. Während seiner fast 40jährigen, oft grausamen Tyrannenherrschaft war Dionysios I. nicht nur der uneingeschränkte Herrscher über Sizilien und Unteritalien, sondern er galt als die mächtigste und profilierteste Herrscherpersönlichkeit der gesamten antiken Welt. Bekannt ist die Gestalt des Dionys aus Schillers Ballade *Die Bürgschaft* (1798). Johann Gottfried Seume schildert ausführlich in seinem *Spaziergang nach Syracus im Jahre 1802* einen Besuch an dem berühmten Ort: „Wir gingen zu den Latomien und zwar zu dem berüchtigten Ohre des Dionysius. Akustisch genug ist es ausgehauen und man hat ihm nicht ohne Grunde diesen Namen gegeben. Ein Blättchen Papier, das man am Eingange zerreißt, macht ein betäubendes Geräusch, und wenn man stark in die Hand klatscht, giebt es einen Knall wie einen Büchsenschuß, nur etwas dumpfer. Wir wandelten durch die ganze Tiefe und darin hin und her. Landolina zeigte mir vorzüglich die Art, wie es ausgehauen war [...]. Oben am Eingange ist das Kämmerchen, welches ehemals für das Lauscheplätzchen des Dionysius galt. [...] In dem Vorhofe des so genannten Ohres treiben die Seiler ihr Wesen, und vor demselben sind die Intervallen der Felsenklüfte mit kleinen Gärten, vorzüglich von Feigenbäumen, romantisch durchpflanzt" (Seume 1803, 249ff.; vgl. Kat.Nr. 20).
HS

85
Claude-Louis Châtelet (1749/50-1795)

Innenansicht der Latomien von Syrakus

Aus: Jean-Claude Richard Abbé de Saint-Non. Voyage pittoresque ou description des Royaumes de Naples et de Sicile. 4 Bde., 1781-1786, IV/2, Nr. 115, nach S. 288

Paris 1786

Kupferstich von Jacques-Joseph Coiny nach Claude-Louis Châtelet, 17 x 23,5 cm

Bez. u. l.: „Dessinée par Chatelet", darunter: „N°115", u. r.: „Gravée par Coyni", darunter: „A. P. D. R.", mittig: „S.de Vuë de l'intérieure des Lathomies/ de Syracuse"

Niedersächsische Staats- und Universitätsbibliothek Göttingen, Sign. GR ITIN I, 945

Universitäts- und Stadtbibliothek Köln, Sign. GG14 / 335

Der Pariser Landschaftszeichner Châtelet bereiste Süditalien 1777/78 als Mitglied der von Dominique Vivant Denon geleiteten Gruppe von Künstlern, die im Auftrag des Abbé de Saint-Non die Vorlagen für die Tafeln zu dessen *Voyage pittoresque* anzufertigen hatte. Innerhalb des illustrierten Werks zeichnet sich Châtelet durch die Intensität seiner atmosphärischen Ansichten aus. Schildert seine Außenansicht der Latomien das Zusammenspiel reizvoll fragmentierter Felsen und pittoresker Vegetation, so zeigen seine beiden Innenansichten karge unterirdische Steinwüsten, 'einzigartige' chthonische Räume von monumentalen Ausmaßen, in deren Tiefen Menschen ihr düsteres Gewerbe treiben. Sie vermitteln die unheimliche Wirkung, die auch diese neben dem Ohr des Dionysios gelegenen Höhlen auf die damaligen Besucher ausübten. Reisende berichteten von einer „romantischen Zauberszene", von einer „bewohnte[n] plutonische[n] Höhle" (vgl. oben, S. 26). Saint-Non verglich die dargestellte Salpetersiederei mit der Schmiede des Vulkan. Châtelets

85

86

Aufmerksamkeit gilt nicht nur zahlreichen Figuren, die um einen großen Ofen herum, aus dem dicke Rauchwolken aufsteigen, verschiedenen Tätigkeiten nachgehen, sondern auch der imposanten Felsenszenerie. Er schildert das delikate Spiel des von rechts oben einfallenden Lichts auf den rauhen Steinwänden, kantigen Vorsprüngen und bizarren Felspfeilern, die in der kontrastreichen Darstellung eine eigene Ästhetik entfalten, auf die Saint-Non und Houël in ihren Texten hinweisen (vgl. R. 35, 36).
FE

86
Giovanni Battista Piranesi (1720-1778)

Der Pfeiler mit der Lampe

Aus der Folge der „INVENZIONI CAPRIC DI CARCERI ALL' ACQVA FORTE DATTE IN LUCE DA GIOVANI BUZARD IN ROMA MERCANTE AL CORSO"
1750
Radierung, 40,4 x 54,4 cm
Frankfurter Goethe-Museum, Inv.Nr. III-14009

In seinem bekanntesten Werk, den *Carceri*, entwickelt Piranesi beklemmende Gefängnisarchitekturen, die er zunächst unter der Erde imaginierte und deren Innenräume bisweilen an von Menschenhand geschaffene Höhlen und Grotten erinnern (vgl. Kupfer 1992). Die Verliese der Engelsburg, der Kerker im Tarpeischen Felsen oder der Mamertinische Kerker könnten in Rom diese visionären Bildfindungen inspiriert haben. Im Blatt *Der Pfeiler mit der Lampe* wird der Charakter eines höhlenartigen Verlieses besonders deutlich herausgestellt. Ohne Rücksicht auf architektonische Gesetzmäßigkeiten scheinen sich die Schichten des Raums mit ihren Bögen und Gewölben um die gedrungene Mittelstütze ornamental zu durchdringen, so daß der Eindruck einer ausweglosen, Schrecken erregenden Kulisse entsteht (vgl. oben, S. 24).
Die Radierung gibt den Urzustand der Platte wieder; in der zweiten Fassung von 1761 (Kat. Piranesi 1999, Nr. 7.15) erfolgt eine stärkere Differenzierung der räumlichen Struktur.
PM

87
Antonio Bosio (1575-1629)

Ansichten aus den Katakomben Roms

Aus: Antonio Bosio: Roma subterranea in qua post Antonium Bosium antesignanum, io: severanum congreg. oratorii presbyterum, et celebres alios Scribtores antiqua christianorum et praecipue Martyrum Coemeteria, Tituli, Monimenta, Epitaphia, Inscriptiones, ac nobiliora sanctorum sepulchra sex libris distincta illustrantur [...], Titelkupfer

Rom 1651

Kupferstich von F. Baronius, 39,2 x 26,3 cm

Goethe-Museum Düsseldorf, Sign. GF1

Abb. siehe Seite 136

Nach der Wiederentdeckung vieler vergessener oder vernachlässigter Katakomben im 16. Jahrhundert erkannte die römische Kirche schnell die Bedeutung der dort gefundenen frühchristlichen Zeugnisse für die Attraktivität der *Roma sancta*. Dank dieser neu erschlossenen Heiligtümer konnte die Stadt der Gebeine Petri ihre hervorragende Rolle als Pilgerziel gegen

humanistische und nachreformatorische Rom-Kritiker behaupten. Die wissenschaftliche Erforschung kulminierte 1634 in Antonio Bosios Buch *Roma sotterranea*, das eine Summe aller bislang bekannten unterirdischen Grabstätten zog. Die italienisch verfaßte Schrift wurde von dem Oratorianer-Pater Paulus Aringhi noch stärker ins Polemische gewendet, ins Lateinische übertragen und 1651 in Rom und Paris, 1659 in Köln publiziert, wodurch sie gegenüber der ursprünglichen italienischen Ausgabe eine breitere europäische Leserschaft erreichte. Eine deutsche Übersetzung durch Christoff Baumann erschien 1668 in Arnheim. Bis heute gilt die gelehrte und reich illustrierte Veröffentlichung der christlichen Archäologie als unentbehrliches Instrument.
Bosios Werk war ursprünglich aber nicht primär wissenschaftlich motiviert, sondern verfolgte ein religiöses Ziel: Die „Wiegen des neugeborenen [...] Glaubens“ sollten zugänglich gemacht werden und zur „Herrlichkeit der Stadt Rom“ und ihrer katholischen Kirche beitragen. Gerade in der Finsternis der Katakomben seien die strahlenden Zeichen des Glaubenssieges über den Tod zu finden, die das heidnisch-antike Rom verblassen ließen und den unterdrückten Christen zu einem späten Triumph über das kaiserliche Rom verhülfen. Bosio lehrt seinen Leser, die vielen Grabinschriften als inspirierende „Geschichtsbücher“ über das Leben und Sterben der Märtyrer zu verstehen. Ihretwegen sei das ganze „unterirdische Rom“ höher zu achten als das überirdische (Vorbericht, viii verso).
FE

88
Edward Wright
(1690er-nach 1758)

Blick in die Katakomben von Neapel

Aus: Edward Wright. Some Observations Made in Travelling through France, Italy, &c. In the Years 1720, 1721, and 1722. 2 Bde., I, S. 159 oben

London 1730

Stich von Gerard van der Gucht nach Edward Wright, 13,5 x 18 cm

Bez. o. r.: „Pag.159“, u. r.: „G. Vandergucht Fecit.“, mittig: „View in the Catacombs of Naples.“

Niedersächsische Staats- und Universitätsbibliothek Göttingen, Sign. ITIN I, 914

Mit zwei Ansichten gibt der Physiker Edward Wright in seinen Reisebeobachtungen – einer Standard-Tour mit Schwerpunkten auf der Kunst – Einblicke in die weitläufigen Anlagen der Katakomben von Neapel, einer „perfekten unterirdischen Stadt“ (I, 163). Die Vorlagen stammen von eigener Hand, sind vor Ort entstanden. Wenn Wright auch die Begrenztheit seines eigenen Talents einräumen muß, kann er doch auf die Authentizität und Treue (*Fidelity*) seiner Zeichnungen verweisen (Vorwort, vi). Man erkennt die Struktur, die regelmäßige Anlage der unterirdischen Hallen und die Plazierung der nach Körpergröße unterschiedlich proportionierten Grabnischen. Diese seien allerdings allesamt von Räubern geöffnet worden, so daß man nichts weiter als trockene Knochen vorfinde. Auch die Mosaiken, welche die Gräber verzierten, seien weitgehend zerstört.
Wohl ist es Wright selbst, der über diese „außergewöhnliche Szene der Sterblichkeit“ (I, 163) oder auch über die exemplarischen Viten der Märtyrer ins Grübeln gekommen ist. Von Totenschädeln und Knochenresten umgeben, sitzt er zu Füßen der bis

88

89

unter die Gewölbe reichenden Grabnischen, in die die Leichname seitlich gelegt wurden. Sie sähen aus wie „viele dicke Regale" (I, 160). Ganz in antiquarischer Tradition überträgt Wright einige Inschriften von Sarkophagen und Beischriften von Wandmalereien. Bereits Bosio hatte zur lehrreichen christlichen Lektüre der Grabsteine aufgerufen, und spätere Besucher betonten wiederholt die formale Analogie von Katakomben und Bibliotheken (vgl. R. 40).
FE

89
Louis-Jean Desprez (1743-1804)

Zwei Ansichten der Katakomben von Neapel

Aus: Jean-Claude Richard Abbé de Saint-Non. Voyage pittoresque ou description des Royaumes de Naples et de Sicile, 4 Bde., 1781-1786, I, Nr. 39, nach S. 80

Paris 1781

Kupferstiche von Jean Duplessi-Bertaux, François M. I. Queverdo und Joseph Longueil, je 15 x 22 cm

Oben (vgl. S. 22, Abb. 9): Bez. u. l.: „Gravé à l'eau forte par Du Pleßis Bertaux", darunter: „N°39", u. r.: „Terminé au Burin par Longueil", darunter: „A. P. D. R.", mittig: „1.ere Vue prise dans les Catacombes de Naples. / L'on a representé dans cette Salle souterraine S.t Janvier prêchant la Religion aux 1.ers Chrétiens."

Unten: Bez. u. l.: „Gravé à l'eau forte par Queverdo", darunter: „N°39", u. r.: „Terminé par Longueil", darunter: „A. P. D. R.", mittig: „ 2.de Vue deßinée d'après Nature dans les Catacombes de Naplea / Representant S.t Janvier disant la Messe. / Ces deux Compositions sont de Després Pensionnaire du Roi à Rome."

Niedersächsische Staats- und Universitätsbibliothek Göttingen, Sign. GR ITIN I, 945

Universitäts- und Stadtbibliothek Köln, Sign. GG14 / 335

Als Zeichner im Gefolge Vivant Denons war Desprez 1777/78 in Süditalien vor allem für die Architekturdarstellungen zuständig, die später in

Saint-Nons *Voyage pittoresque* erscheinen sollten. Seinem Hang zum Theater (von 1784 an war er als Architekt und Bühnenbildner am schwedischen Hof tätig) folgte Desprez in mannigfaltigen Inszenierungen, in denen die Staffagefiguren historische Ereignisse sowie religiöse und volkstümliche Gebräuche vorführen. So unterscheiden sich Desprez' Innenansichten der neapolitanischen Katakomben von früheren Darstellungen am auffälligsten dadurch, daß sich in ihnen weder Pilger noch Antiquare und Touristen aufhalten. Der zeitgenössische Besichtigungsbetrieb ist gegen den liturgischen der christlichen Urgemeinden ausgetauscht, das *memento mori* gegen historische Zeugenschaft. Wir verfolgen den zweifachen Auftritt des Hl. Januarius, des 304 enthaupteten Bischofs von Benevent, prominenten Patrons und Schutzheiligen Neapels gegen die Naturgewalten des Vesuvs. Während der beistehende Text die vieldiskutierte Frage stellt, ob in den Katakomben überhaupt derartige religiöse Feiern stattfanden und ob größere unterirdische Räume tatsächlich von den Urchristen im Geheimen gegraben werden konnten (vgl. R. 39), vermitteln im Bild die schieren Mengen von Glaubensanhängern das Gründungspathos einer aufstrebenden Religion. Der dortigen kritischen Analyse hält Desprez in der ersten Ansicht (vgl. oben, S. 22, Abb. 9) eine scheinbar genuine, großzügig und symmetrisch angelegte Kirchenarchitektur entgegen. Ist der Raum der zweiten Ansicht auch eindeutig als Begräbnisstätte erkennbar, so sind es doch sakrale Funktionen, in denen er offensichtlich von Beginn an stand. Desprez inszeniert den Ursprung der Kirche im Untergrund und steht damit in einer Tradition der Romantisierung der Urkirche, die bis auf Antonio Bosio zurückgeht. Theatralisch werden die düsteren Hallen, im übertragenen Sinn auch die Seelen der Gläubigen, von natürlichem und künstlichem Licht erleuchtet.

FE

90

90
Seroux d'Agincourt (1730-1814)

Darstellung der berühmtesten heidnischen und christlichen Katakomben

Aus: Jean-Baptiste-Louis-Georges Seroux d'Agincourt. Histoire de l'art par les monumens, depuis sa décadence au IVe siècle jusqu'à son renouvellement au XVIe. 6 Bde., III, Taf. IX

Paris 1823

Kupferstich, 23 x 35 cm

Bez.: o. l.: „Archit", o. r. „Pl. IX", u. mittig: „Tableau des Catacombes les plus célébres, tant payennes que chrétiennes"

Niedersächsische Staats- und Universitätsbibliothek Göttingen, Sign. Art. plast. I, 3235

Universitäts- und Stadtbibliothek Köln, Sign. K2 / 2

Mit seiner reich illustrierten Veröffentlichung lieferte Seroux auf dem Gebiet der frühchristlichen Kunst eine umfassende Dokumentation wie sie Piranesi in den 1756 erschienenen *Antichità Romane* für die klassischen Altertümer des unterirdischen Roms leistete. Der adlige Kunstliebhaber, der 1779 als Reisender nach Rom kam und dort bis zu seinem Tod 1814 blieb, hatte sich dem Studium der spätantiken und mittelalterlichen Kunst verschrieben. Mehrere Tafeln seiner posthum erschienenen *Histoire de l'art* zeigen Malereien und Reliefs, die 'primitive' Kunst der italienischen Katakomben, die Seroux nicht nur als Zeugnisse frühchristlicher Glaubenspraxis, sondern erstmals auch aus ästhetischer Sicht untersuchte. An ihnen wollte er einen Verfallsprozeß demonstrieren, der auf dem Gebiet der Kunst dem langsamen Fall des Römischen Reichs entsprochen habe. Gleichwohl empfand Seroux angesichts des immensen, noch am abgelegensten Ort betriebenen Aufwands zur Ausstattung christlicher Gräber tiefe Verehrung. Inmitten von 25 Grundrissen, Schnitten und Details verschiedener Katakomben zeigt er sich selbst in Denkerpose zwischen geöffneten Gräbern sitzend und meditierend. Im Kommentar beschreibt Seroux die sukzessive Wirkung der Katakomben auf den einsamen Betrachter: Nachdem sein erstauntes Auge die Gegenstände erfaßt habe, ergreife den Besucher eine „vage Unruhe", eine Vielzahl von religiösen, historischen und philosophischen Ideen ströme gleichzeitig auf ihn ein, um dann einer tiefen Stille Platz zu machen, einem Schlaf, der demjenigen der hier Ruhenden nicht unähnlich sei (I, 22f; vgl. R. 43).
FE

Aus den Reiseberichten

Reisebericht 33

Furchtbare Ruinen – wunderbare Zaubergärten

Georg Arnold Jacobi

Wir erstiegen darauf eine Felsenhöhe, und vor uns lag nun Syracus, des weit berühmten Corinths berühmtere Tochter, ehemals die große, die herrliche unter den Städten [...]. Zahllos drängten sich in mir bey dem Anblick Erinnerungen und Gefühle. Hier wandelte Gelon, der geliebte Herrscher, hier der edle Dion, hier Timoleon, der liebenswürdige Held, des Glückes und der Freyheit Sohn [...]. Der Vorhang ist längst gefallen. Zwischen modernden Steinhaufen ritt ich jetzt durch die ehemals so prächtigen Gassen von Achradina, trachtete im Geiste die gewaltigen Trümmer zu ergänzen, dachte mir die Wiederholung des großen Schauspiels; – da ergriff mich Grauen und Entsetzen. O des beklagenswerthen, immer von neuem getäuschten Geschlechts! Wer vermag sie anzuschauen ohne Jammer, diese Leichen seiner Städte, diese Grabsteine seiner Völker, mit der unauslöschlichen leuchtenden Inschrift, die warnend, aber ach! vergeblich, zu späten Enkeln redet! – Es erblickt sie der einsame Wanderer. – Erschrocken bebt er vor dem Bilde der Vergangenheit zurück, sieht bekümmert auf sein Zeitalter, entflieht, und segnet die auf der Zukunft ruhende Hülle. [...]

Der Anblick dieser ungeheueren Kluft [der Latomie der Kapuziner] ist einzig in seiner Art. Hier sieht man schroffe Felsenwände in den Himmel emporstarren, dort ungeheuere Thore, Brücken, Pfeiler wie Thürme, und dort gewaltige Felsstücke übereinander gehäuft. Man staunt vor diesen abentheuerlichen verworrenen Gestalten, wunderbar ergriffen von Bildern einer wilden Phantasie, die aus ihnen hervorblickt. Noch als eine nackte Steingrube muß dieser ehemalige Marterort der grauenvollste aller Kerker gewesen seyn; jetzt verhüllt eine freudige Vegetation alle seine Schrecken, und mildert durch ihr holdes Lächeln den Anblick der rohen ungeheueren Massen. Oelbäume dringen aus den Spalten des Felsens hervor, und von dem grünenden Rande der Kluft hängen lange Kränze, aus Epheu und Brombeer-Ranken geflochten, spielend fast bis auf den Boden hinab. Hier schatten hohe Nußbäume, reifen saftige Feigen, Granaten, Maulbeeren und goldene Pomeranzen. Liebliche Düfte strömen aus Kräutern und Bäumen. Die ganze Kluft scheint ein wunderbarer Zaubergarten.

Jacobi, Georg Arnold: Briefe aus der Schweiz und Italien in das väterliche Haus nach Düsseldorf geschrieben, 2 Bde., Lübeck / Leipzig 1796-1797, II, 318-320, 342f. [Italienreise 1792]

Reisebericht 34

Das Ohr des Dionysius

Johann Hermann von Riedesel

Eine Miglie vor Siracusa [...] sahe ich die berühmten Latomiä, in welchen das Ohr des Dionysius (Orecchio di Dionisio) eingehauen ist. Dieses ist eine grosse Grotte, welche [...] die Form eines lateinischen S. hat, oben schneidtförmig zuläuft, und sich gegen unten allmälig erweitert. Die Bauart derselben bringt ganz natürlicher Weise ein so starkes Echo hervor, und welches so leise allen Schall wiederholet, daß das Zerreissen eines Blattes Papier sich ganz deutlich von einem Ende zu dem andern hören läßt. Daß dieses mit Fleiß in den Felsen gehauen worden, siehet man deutlich. Daß aber die Gefängnisse von Siracusa in diesen Latomiis gewesen, und Dionysius besonders sich derselben dazu bedient, zeugen Diodorus und andre Schriftsteller; ja Cicero in seinen Reden gegen Verres klagt ihn einer nämlichen Tyranney in Ansehung dieser Gefängnisse an. Da nun in diesem Echo gewisse Löcher in den Felsen gehauen sind, welche zu nichts als der Befestigung von Ketten gedienet haben können, und in der Höhe, wo der Mittelpunkt des Echos ist, eine kleine Kammer, welche für eine Person räumlich genug ist, eingehauen steht, so ist wohl nichts anders daraus zu vermuthen, als daß solches zu Erforschung der Gedanken, welches Gericht das Kennzeichen der höchsten Tyranney ist, erfunden worden. Es ist mit Kunst und Proportion gemacht: Daß aber nur Archimedes solches machen könne, ist eine lächerliche Meinung; indem in manchen Sälen dieses nämliche Echo durch eine ohngefähre Proportion, ohne den Willen des Architecten, erhalten worden.

Riedesel, Johann Hermann von: Reise durch Sicilien und Großgriechenland, Zürich 1771, 88-90 [Italienreise 1767]

Reisebericht 35

Einzigartig und malerisch

Jean-Claude Richard Abbé de Saint-Non

Man kann wohl sagen, daß die Zeit, die alles entstellt, bevor sie es ganz zerstört, hier einmal die gegenteilige Wirkung erzielt hat. Denn wenn man von den tragischen Ereignissen absieht, die sich hier zugetragen haben und unwillkürlich in Erinnerung rufen, so nimmt man nurmehr einen abwechslungsreichen und malerischen Ort wahr. Was einst die Arbeit der Menschen an Symmetrie hervorgebracht haben mag, ist unter den Felsbrocken verschwunden, die sich oben von der Wölbung lösten und übereinander stürzten. [...] Die größte der drei Grotten beherbergt Arbeiter, die dort Nitratsalz abbauen. Sie sind schwarz wie Zyklopen und lassen recht passend die Erinnerung an Gemälde mit der Schmiede des Vulkan aufkommen. Das Innere der zweiten Grotte ist noch geheimnisvoller und ungewöhnlicher. Die Decke dieses Steinbruchs wird einzig von Säulen getragen, die aus dem Fels selbst herausgemeißelt wurden, und zwar in seiner ganzen Höhe. Es sind gleichsam Rustika-Säulen*, die mit der Zeit rot wurden und an riesige Stalaktiten erinnern. Sie versperren den Eingang zur Grotte und lassen nur schwach und gebrochen das Tageslicht eindringen. Die Weite dieser unterirdischen Räume und der Schall in den Höhlungen macht, daß noch der geringste Laut die Ruhe stört, in deren Heiligtum wir uns befinden: Dies ist der in die Wüste hineingebaute Tempel der Stille. [...] Düsterer noch und eindringlicher ist der Eindruck, den die dritte Grotte hervorruft [das sogenannte "Ohr des Dionysius"]. Dies ist die Höhle der Sybille. Es schaudert den Antwortsuchenden, und man vermeint ihre Antwort zu hören. [...] In ihrer einzigartigen Form und malerischen Umgebung wäre jene Grotta della favella oder Redende Grotte gut geeignet, zu Reisen in die bemerkenswerte Gegend und angenehmen Ausflügen daselbst zu verlocken, könnte man nur vergessen, wie sie entstanden ist, mit welchen furchtbaren Leiden die gewaltigen Grabungen erkauft wurden und welchen Schrecken sie als Instrument und Bühne gedient hat. So aber weicht die Gefälligkeit, man nimmt sie nicht mehr recht wahr.

* [Die in der Hierarchie der klassischen Säulenordnungen ganz unten angesiedelte ist die sogenannte Rustika, die gemäß der antiken und antikisierenden Architekturtheorie der Verwendung für ländliche Gebäude aller Art, auch für Gartenanlagen und Grotten sowie Zweckbauten im Dienst etwa der Wehrarchitektur und des Justizvollzugs vorbehalten war.]

Saint-Non, Jean-Claude Richard Abbé de: Voyage pittoresque ou description des Royaumes de Naples et de Sicile, 4 Bde., Paris 1781-1786, IV/ 2 (1786), 287-291 [nach dem Bericht Vivant Denons 1777/78; Übers. WB]

Reisebericht 36

Die Effekte von Licht und Schall

Jean Hoüel

Mich dünkte, daß zur besseren Kenntnis der örtlichen Gegebenheiten ein Grundriß ratsam sei, aus dem man die Zahl, die Form und das Ausmaß der vier riesigen, in den Nordteil der Latomien gegrabenen Grotten ersehen könne. Ich gebe keine Einzelansichten der Höhlen, weil sie dem Gedächtnis keinen Anhaltspunkt geben, es sei denn, daß sie groß und malerisch wirkten. [...] einige werden zur Herstellung von Salpeter genutzt. Die Schmelzöfen, die Feuer, der Rauch machen diese schönen Grotten dem Eingang zur Hölle ähnlich. Die plump behauenen Pfeiler sind von einer Rauheit, die zusammen mit den Bodenunebenheiten im Eingangsbereich ebenso wie in der Tiefe der Grotten überaus malerische Effekte erzeugt. Mit jedem Schritt steigern sich diese Effekte durch das Aussehen der riesigen Felsbrocken, die die Zeit herauslöste und immer noch herauslöst, sei es von der Decke oder von den Seitenwänden der Grotten. Die Brocken liegen in alle Richtungen verstreut da und zeigen Flächen und Kanten, die, wie man sie auch betrachtet, mit ihren Lichtflecken und Schattenzonen so abwechslungsreich zueinander stehen, daß ich mich nicht sattsehen konnte und den Eindruck, den das Bild auf mich gemacht hatte, noch lange bewahrte, als ich mich von dem Ort losgerissen hatte. [...] Wenn vor- und nachmittags das Licht der Sonne in die Höhle fällt, erzeugt es ein brennendes Foyer, von dem aus ihre gebündelten, allseits aufleuchtenden Strahlen in jeden Winkel vordringen und große

Helligkeit bis ans Ende der Grotten verbreiten. Wie der Lärm wirkt das Licht bis in die unregelmäßigen und tiefen Mulden fort, indem es auf die Felsen trifft und von dort zurückgeworfen wird. Daraus entsteht für die Augen ein Effekt ähnlich jenem, dem die von Echos fortgesetzten und in der Ferne verklingenden Geräusche die Ohren aussetzen. Man male sich, soweit es denn möglich ist, diese Spiele des Lichts und all die wechselhaften Farben aus, die die Sonne auf ihrem Weg über die Unebenheiten des brüchigen Felsens nach und nach hervorbringt. Man wird spüren, daß sie nicht umhin können, dem Auge eines feinsinnigen Malers ein sehr lebhaftes und fesselndes Schauspiel zu eröffnen.

Houël, Jean: Voyage pittoresque des isles de Sicile, de Malte et de Lipari, où l'on traite des Antiquités qui s'y trouvent encore, des principaux Phénomènes qui la Nature y offre, du Costume des Habitants et de Quelques Usages, 4 Bde., Paris 1782-1787, III (1785), 77, 80f. [Italienreise 1776-1779; Übers. WB]

Reisebericht 37

Höhlenabenteuer vor den Toren Roms

Johann Christian von Mannlich

Es hielt sich damals in Rom ein französischer Edelmann auf, namens Bellefontaine, ein großer Liebhaber jeder Kunst, der sich seine Zeit an der französischen Akademie und in den Konzerten vertrieb. Diesem erzählte bei einem Diner sein Antiquar (denn er verlegte sich auch auf das Studium der Altertümer) von den Katakomben, die sich nach seiner Ansicht in einem Umkreise von mehr als zwanzig Meilen um Rom erstreckten. Gleichzeitig erbot er sich, uns jenen Teil zu zeigen, der an die unterirdischen Gänge von St. Sebastian und St. Lorenz angrenzt. Wir begaben uns also nach der Mahlzeit dorthin. Da aber diese Katakomben täglich von Reisenden und Neugierigen aufgesucht und alle Gräber geöffnet und leer waren, so genügte mir dieser Besuch nicht, erweckte vielmehr in mir den Wunsch, auch jene in der Campagna zu sehen, von denen der Antiquar gesagt hatte, daß man sie an den Löchern in den Feldern erkenne, die gewöhnlich von Gestrüpp und Dornen umwuchert und bedeckt seien. Uns ein andermal dorthin zu führen, schlug er rundweg mit der Begründung ab, daß alle, die in diese Grabstätten der Märtyrer einzudringen wagten, die Exkommunikation träfe, und man außerdem Gefahr liefe, sich darin zu verirren oder lebendig begraben zu werden.

Abends sprach ich meinen Kameraden davon, die alle gleichfalls das Verlangen offenbarten, sie zu besuchen. Bereits tags darauf machten wir uns, Heurtier, Alizard, Vanloo, Valdré und ich, mit mehreren Knäueln Schnur, mit Hämmern, Zangen, Feuerzeug, Fackeln und Kerzen versehen, auf den Weg, ohne starke Seile zum Hinablassen in die Öffnungen oder Zisternen zu vergessen, die wir vorfinden sollten. Nach langem Suchen stießen wir endlich auf eine ziemlich weite, von Brombeersträuchern und Dornengestrüpp umwachsene Grube; sie maß mindestens achtzehn Fuß. Die Furcht vor Schlangen oder Skorpionen schreckte uns im ersten Augenblicke zurück. Nachdem wir aber eine Fackel angezündet und das dicke Seil festgebunden hatten, entschloß ich mich, hinabzusteigen. Ich befand mich auf einer abgerutschten Erdmasse, vor mir ein kaum drei Fuß breites Loch, das nach abwärts führte. Ich hielt dann meine Fackel vor mich hin, um nach Reptilien zu sehen, und kroch auf allen vieren hinein. Valdré, der nach mir hinabgestiegen war, knüpfte seine Schnur an dem starken Seile fest und folgte mir nach. Die übrigen taten desgleichen, Alizard ausgenommen. Dieser mußte Posten stehen, das Seil bewachen und uns, sollten wir nicht mehr wiederkehren, in diesen unterirdischen Räumen suchen lassen. In dem schmalen, kaum mehr als sieben Fuß breiten Gange auf Händen und Füßen dahinkriechend, vermochte ich, durch die vorgestreckte Fackel geblendet, nichts zu sehen. Aber etwas zurückgebeugt, das Licht hinter meinen Rücken haltend, sah ich mich in einem Gewölbe, das ohne jede Mauerung einfach in die Erde gegraben war, ungefähr sechseinhalb Fuß hoch und fünf Fuß breit. Zu meiner Rechten und Linken befanden sich in der Wand drei Gräber übereinander, von denen jedes ein vollständig erhaltenes Skelett barg. Die Steine, welche ehedem die Leichname bedeckt hatten, waren alle zu Boden gefallen und erschwerten uns das Vordringen. Soweit der Fackelschein diese langgestreckte Gruft erleuchtete, gewahrte man nichts als blendendweiße Knochengerüste, deren abgefallene Rippen und losgelöste Fußknöchel die Erde bedeckten.

Geradeaus unter Abwickeln der Schnur vorwärtsschreitend, entdeckten wir zu beiden Seiten, unseren Weg kreuzend, noch andere Gewölbe mit Gräbern, denen wir jedoch aus Furcht, uns in diesem gewaltigen unterirdischen Labyrinth zu verlieren, nicht zu folgen wagten. Da wir bisher noch keine einzige verschlossene Grabstätte gefunden hatten, bogen wir einmal nach rechts ab. Von den in die

Wandpfeiler zwischen den Gräbern eingemauerten Totenlämpchen hatten wir uns bereits die Taschen vollgesteckt. Nach ungefähr hundert Schritten entdeckte ich einen Grabstein, der noch nicht von der Stelle gerückt war. Von ungestümer Neugierde erfüllt, brachte ich ihn mit einem Hammerschlag zu Fall, ohne seine Inschrift gelesen zu haben. Tiefer als die übrigen, barg dieses Grab ein paar Skelette, wohl die zweier zärtlicher Gatten, die vereint gestorben waren, und an der Rückwand, der Mutter zur Seite, das eines Kindes. Nach einigen kleinen Gegenständen greifend, berührte ich das Skelett, das, obwohl scheinbar unversehrt, in Staub zerfiel und keine andere Spur zurückließ als eine weiße, mehlähnliche Masse. Neben dem Kinde lag silbernes Spielzeug, mit Glöckchen und kleinen Elfenbeinstäbchen behangen, die knetbar wie Wachs waren, während das Silber schwarz wie Blei aussah. Beim Scheine des Lichtes fiel mir eine Armspange aus vergoldetem Kupfer in die Augen, die durch ihr Gewicht den im Laufe von anderthalb Jahrtausenden infolge der Feuchtigkeit weich gewordenen Vorderarm durchschnitten hatte. Nachdem unsere Schnur abgewickelt war, gelangten wir durch sie geleitet auf dem gleichen Wege wieder ins Freie hinaus.
Dieser erste Ausflug, der uns so sehr gefesselt hatte, veranlaßte Chevalier Bellefontaine und noch einige andere, sich bei dem nächsten zu beteiligen. [...] Ich öffnete eines der Gräber und fand neben dem Skelett eine leichte, in eine Ecke eingemauerte Phiole von *terra sigillata*, deren Deckel ein formloses Stück Schiefer bildete. Diese hübsche, reich verzierte und schön geformte Phiole umschloß eine fette und schwärzliche Masse, die wie Kleister bis zu einer gewissen Höhe festklebte. Vermutlich handelte es sich um das Grab eines Märtyrers, und das Gefäß hatte ehedem wohl einen Teil seines Blutes enthalten, das er für den heiligen Glauben vergossen. Mehrere Lampen aus den mit Kalk eingemauerten Pilastern waren noch reicher verziert und schöner als jene der oberen Stockwerke. Bei unserer Weiterwanderung stießen wir auf einen kleinen Saal mit marmornen Säulen und dann auf zwei weitere, die gleichfalls keine Gräber aufwiesen. Sowohl Mauern wie Decke waren mit Stuck wohl verkleidet; der erste davon war mit Freskomalereien ausgeschmückt, die Weinlaub und Trauben, Vögel und einige Äsopische Fabeln darstellten. Im letzten Saal erhob sich, an die Wand gelehnt, ein Altar, darüber in Fresko gemalt Christus am Kreuz, die Heilige Jungfrau und St. Johannes. Wohl kaum konnten die ersten Christen zur Zeit der Verfolgungen besser geborgen sein, als hier unter der Erde, wo sie sich versammelten und ihre Feste und Gottesdienste abhielten.
Es beherrschte und rührte uns alle ohne Ausnahme ehrfurchtvolles Empfinden an dieser Zufluchtsstätte der Gerechten. Aber schon bald gewann die Neugierde wie der Wunsch, ein Erinnerungszeichen an diesen heiligen Ort zu besitzen, die Oberhand. So schnitt sich jeder von uns einige Stücke aus dem gemalten Mauerwerk des Vorsaales. Der Kreuzigungsgruppe jedoch wurde ehrende Schonung zuteil. Ich selbst wählte mir die Fabel vom Wolf und Lamm, einen sehr geschickt gemalten Vogel und eine Traube mit Weinlaub. Nichts war müheloser, als diesen Stuck von der Mauer zu lösen, der sich, weich wie Käse, leicht von der Erde losschälen ließ, auf die er einfach aufgesetzt war; ihn aber heil ans Tageslicht zu bringen, bedurfte es höchster Vorsicht. [...] Aber welcher Schrecken packte uns, als wir die Abwesenheit unserer beiden Kameraden bemerkten! [...] Ihre Kerzen waren am Erlöschen. Im Geiste sahen sie sich schon in ewige Finsternis versetzt und jeder Aussicht auf Hilfe beraubt. [...] Aber sie hatten das unbeschreibliche Glück, von weitem lichten Tagesschimmer zu erblicken, der durch einen unserem Eingange ähnlichen Schacht in dieses beharrliche Dunkel fiel. [...] Tags darauf waren wir alle krank. Das verminderte allerdings unsere Begeisterung für derartige unterirdische Entdeckungsreisen, vermochte jedoch nicht, uns den Geschmack daran zu nehmen.

Mannlich, Johann Christian von: Rokoko und Revolution. Lebenserinnerungen des Johann Christian von Mannlich 1741-1822, hrsg. von Eugen Stollreither, Stuttgart 1966, 94-99 [Italienreise 1766-1770]

Reisebericht 38

Verhungern oder Lebendigbegrabenwerden

Johann Konrad Friederich

Nach beinahe zwei Stunden Harrens sah ich endlich einen unansehnlichen altmodischen Fiaker ziemlich langsam von Rom aus antraben, so daß ich zweifelte, daß dieser den mir so teuren Schatz enthalten könne. Bald hielt er vor der Kirchentüre still und zwei verschleierte Frauengestalten, von denen die eine einen göttlichen Wuchs verriet, entstiegen dem alten Rumpelkasten und traten in die Kirche. [...] „Nun kommen Sie, wir wollen in die Katakomben hinabsteigen." – Ich winkte dem Kustoden, der schon, von mir unterrichtet, eine Fackel brachte und auch mir eine angezündete Kerze reichte. Wir folgten unserem Führer und stiegen durch die sich in der Nähe der San-Sebastian-Kapelle befindliche Türe in das unermeßliche Totenreich hinab. Auf der Treppe angekommen, reichte ich der schönen Fürstin die Hand, deren Berührung mich durch Mark und Bein elektrisierte; ihre Begleiterin, eine gefällige Freundin und vertraute Gesellschafterin, mußte auf ihr Geheiß mit einem Laternchen vor uns und dicht hinter unserem Führer gehen. Unten in dem ersten Gang angekommen, drückte ich die in der meinigen ruhende Hand beinahe zitternd an mein schon hochpochendes Herz und dann auf den Mund einen Feuerkuß, streifte aber dabei mit der Kerze an die Mauern, so daß ihr Licht schnell erlosch.

Unser Führer eilte indessen unaufhaltsam voran [...]. Nun hielt er wieder an, um uns einen Haufen Knochen zu zeigen; lauter heilige Märtyrerknochen, von denen etwas wegzunehmen bei Strafe des Kirchenbannes verboten war. Niemand von uns spürte einige Lust, sich diesem auszusetzen, und wir ließen die Knochen unberührt. Es ging weiter die Kreuz und die Quere in diesem Knochenlabyrinth, in dem ich endlich so weit mit meiner schönen Principessa zurückblieb, daß wir zuletzt Fackel- und Laternenschein, die sich in den krummen Seitengängen verloren, aus dem Gesicht bekamen, und Aphroditen huldigend, den Hauch der Liebe in vollen Zügen atmend, uns so ganz vergaßen, daß es uns nicht im entferntesten in den Sinn kam, daß wir hier Gefahr liefen, wenn wir unseren Führer verlieren möchten, das Tageslicht nicht mehr zu schauen. [...] Die Wahrheit zu gestehen, fing es auch mir an, nicht ganz wohl bei der Sache zu werden [...] ich schrie nun aus vollem Halse mit einer Donnerstimme: „Signor Kustode! Signor Kustode!“ Aber alles blieb still und stumm. Ich wiederholte mein Rufen, keine andere Antwort als der Widerhall, da mein mehrmals wiederholtes starkes Rufen noch immer ohne Erfolg blieb, und von allen Todesarten mir das Verhungern oder Lebendigbegrabenwerden die schrecklichste schien. Doch tröstete ich mich, in diesem Fall wenigstens in den Armen der Liebe eines Engels und mit demselben zu sterben.

Unsere Lage wurde aber immer bedenklicher, denn wir konnten nur mit der äußersten Vorsicht einen Schritt vor-, rück- oder seitwärts wagen, aus Furcht, in eine der Gruben oder Abgründe zu fallen. Wir schmiegten uns nun inniger aneinander und hielten uns so fest umschlungen, daß wir nur noch ein Leib und eine Seele schienen. Die Furcht schwand abermals in einem seligen Vergessen, aus dem aber das Erwachen um so ängstlicher war, da immer noch kein Kustode und kein hoffnungsvoller Lichtstrahl erscheinen wollte. Jetzt verdoppelte ich mein Rufen und Schreien, wir schritten endlich aufs Geratewohl vor- oder rückwärts, jedoch mit aller Behutsamkeit mit den Händen längs den Wänden streifend, denn ich hatte weder Stock noch Degen, da ich, um Aufsehen zu vermeiden, in Zivilkleidern gekommen war. Es mochten etwa drei Viertelstunden sein, abwechselnd Augenblicke der höchsten Wonne und der höchsten Pein, und nachdem ich mich matt und heiser geschrien und meine schöne Gefährtin schon einen Strom von Tränen aus ihren holden Augensternen, die mir aber jetzt nicht leuchteten, vergossen hatte, als wir plötzlich einen Lichtstrahl in weiter Ferne gewahrten, der aber auch ebenso schnell wieder verschwand, so daß ich nicht einmal Zeit zum Rufen gehabt. Jetzt schrie ich aus allen Kräften, und wir hatten das Vergnügen, den Strahl zum zweitenmal zu erblicken; endlich wurden wir gehört, und immer schreiend näherten wir uns dem Licht, aber erkannten bald, daß dasselbe nicht unserem Kustoden und seiner Begleiterin angehörte, sondern einer anderen Gesellschaft von Fremden, die ebenfalls die Katakomben mit einem Führer besuchten.

Friederich, Johann Konrad: Denkwürdigkeiten oder Vierzig Jahre aus dem Leben eines Toten genannt auch Der deutsche Casanova [urspr. Titel: Vierzig Jahre aus dem Leben eines Toten: Hinterlassene Papiere eines französisch-preußischen Offiziers, 3 Bde., Tübingen 1848-1849], hrsg. von Friedemann Berger, 3 Bde., Leipzig/ Weimar 1978, II, 109-112 [zum Jahr 1806]

Reisebericht 39

Das Urchristentum in unterirdischen Labyrinthen

Jean-Claude Richard Abbé de Saint-Non

Allgemein nimmt man an, daß die Katakomben von den Christen der Urkirche gegraben worden sind. Es scheint tatsächlich, daß sie sich während der Verfolgungszeiten hierher zurückgezogen haben, und man sieht noch gut, daß in diesem Untergrund einige Plätze, sei es der Predigt, sei es der Meßfeier, an heute noch stehenden, roh aus dem Felsen geschnittenen Altären geweiht waren. Aber wahrscheinlich ist dennoch, daß diese Ausschachtungen schon lange zuvor als Steinbrüche angelegt worden sind. [...] Es wäre nur natürlich, daß sie den verfolgten Christen als Rückzugsort gedient haben, daß sie sich darin verbargen, ihre Riten begingen, daß man dort jene begrub, die zu Zeiten der Verfolgungen starben oder ihnen zum Opfer fielen: Um wieviel wahrscheinlicher ist diese Annahme als zu vermuten, daß die verfolgten Christen allein diese Höhlungen ausgeschachtet hätten, denn so großangelegte Arbeiten hätten sich nicht verbergen lassen und wären ihnen verboten worden. – Der Künstler, der die unterirdischen Labyrinthe gezeichnet hat, hat sie mit Eigenschaften versehen, die sich aus der unter den Ciceroni noch aufrechterhaltenen religiösen Ehrfurcht speisen. Einige Züge ihrer weihevollen Erzählungen hat er zur Bereicherung sehr geistvoll in seine Zeichnungen übernommen. Auf einem der Drucke sieht man den heiligen Januarius, wie er von einer Art pittoresker, in den Felsen gehauenen Tribüne herab predigt; man führt sie mit großer Wirkung den Fremden vor. Auf dem anderen liest der heilige Bischof die Messe an einem nicht minder rustikalen Altar. Diese Ansichten vereinigen Wahrheit und guten Geschmack. Der Stecher seinerseits hat die Effekte aufs anregendste umgesetzt.

Saint-Non, Jean-Claude Richard Abbé de: Voyage pittoresque ou description des Royaumes de Naples et de Sicile, 4 Bde., Paris 1781-1786, I, 80f. [vgl. Kat.Nr. 89; Übers. WB]

Reisebericht 40

Vielleicht ist da ein großes Grab bereitet

Philipp Jakob Rehfues

Ein Geschlecht mächtiger Maulwürfe scheint die Sandsteinberge, auf welchen Neapel steht, durchwühlt zu haben. Wo man in dieser Stadt auftritt, da fühlt man es hohl. Große Grüfte, die man nicht mehr kennt, ziehen sich unter den grösten Palästen hin; diese mögen wohl ruhen über der ungeheuren Gruft, in welcher die Naturrevoluzionen dieser abentheuerlichen Gegend kochen. Vielleicht ist da ein großes Grab bereitet, um dereinst zu verschlingen Gräber und Todte und Lebendige, und die ganze lebensvolle Stadt. Es hätte uns bange sein dürfen, als wir mitten in den dunkeln Grüften waren, und Fackel und Licht uns verlöschten. In der Finsternis ließ uns der gnomenähnliche Führer stehen, und tappte fort, sein Licht wieder anzuzünden. Nur die Lebendigen können schaden, und man fürchtet sich doch eher vor den Todten. [...] Regelmäßiger und weiter sind diese Katakomben, als die von Rom; aber an Regelmäßigkeit und Ernst kommen sie denen von Syrakus weit nicht nahe. [...] Die Gänge und Säle vergleichen sich einer leeren Büchersammlung.

Rehfues, Philipp Jakob: Gemählde von Neapel und seinen Umgebungen, 3 Bde., Zürich 1808, III, 87f.

Reisebericht 41

Repräsentanten des Christentums

Franz Grillparzer

Durchs Tor St. Sebastian wandelt man auf der Appischen Straße fort [...]. In der Kirche St. Sebastian ist der eine Eingang in die Katakomben. Ungeheure Felsengänge winden sich, bald eng, bald weiter, bald niedrig, so daß man mit gebücktem Haupte fortwandeln muß, bald höher strebend, unter der Erde fort, und rechts und links sind Höhlungen in den rippenförmig übereinander laufenden Felsen, die wohl allerdings so aussehen, daß man sie als Grabhöhlen betrachten könnte. Mein Führer, der Küster von St. Sebastian, nannte mir eine unermeßliche Zahl von Märtyrern, die hier begraben gewesen sein sollen. Übrigens begreift sich die düstere Richtung, welche die Religion des schönmenschlichen Christus bei seinen Verehrern genommen hat, einigermaßen, wenn man sieht, an welchen Orten sie gezwungen waren zu beten und zu lehren. Aristipp hätte in den Katakomben zum Heautontimorumenos werden müssen. Die tiefern Gänge der Katakomben sind jetzt vermauert, seit viele Menschen, unter andern auch, wie mein Führer versicherte, eine Abteilung von Zöglingen des Collegio Romano, darin sich verirrt und nie mehr den Rückweg gefunden haben.
Als ich herausgestiegen war aus diesen Klüften der Unterwelt und hinüberblickte nach dem herrlichen Rom und seinen Denkmalen der Vergangenheit, da ward mir nachdenklich und sonderbar zumute. Dort die Stadt, urbs et orbis, thronend und prangend, und hier die Katakomben, wie Repräsentanten des Heidentums und des Christentums. Und all deine Kraft und all deine Pracht hat dich nicht retten können, göttliche Roma, du bist erlegen, und auf den Zinnen deiner Götter prangt das Zeichen, das hervorging aus diesen Klüften und, langsam wandelnd, aber unabläßlich, dich überholte, als du müde warst und nicht mehr fliegen konntest.

Grillparzer, Franz: Tagebuch auf der Reise nach Italien 24. März bis Ende Juli 1819, in: ders.: Reisetagebücher, hrsg. von Rudolf Walbiner, Berlin ²1984, 7-86, hier 36f.

Reiseberich 42

Pilgerreisen in eine andere Welt

Giuseppe Sanchez

Während der Anblick der Städte von Herkulaneum und Pompeji, die begraben wurden, ganz und gar lieblich ist, entzündet sich hingegen der Geist des Philosophen an der Betrachtung der Katakomben von Neapel ebenso wie angesichts der immensen und mächtigen Ruinen Babyloniens, Palmyras und des ägyptischen Theben. [...] insgesamt sind die ungeheuren und prächtigen unterirdischen Räume bewundernswert, ein Werk des Menschen, das in der Nachbarschaft dieser Stadt und inmitten seiner Fundamente unter dem so berühmten Namen der Katakomben zu finden ist [...]. Es sind die ältesten, die der Mensch auf der Erde hinterlassen hat, und sie sprechen, man gestatte mir den Ausdruck, die Augen, den Geist und das Herz an; sie regen eine andere Art des Empfindens und Darstellens an; sie setzen viele Gedanken frei, unterschiedliche und tiefe Gefühle, weil dem Verstand all die lebendigen Eindrücke neu sind, denen er an diesem Ort der ewigen Nacht ausgesetzt ist. Die Einheimischen und die Fremden besuchen sie; aber der Schrecken und die Überraschung schwinden in ihren Köpfen erst nach vielen Tagen und entstehen, wenn man sie sich wieder ins Gedächtnis ruft, von neuem. [...] In den Höhlen sind die Architektur, die Skulptur, die Malerei, die Geometrie, die Musik, die Poesie, die Astronomie, die Politik, und andere Wissensgebiete des Menschen entstanden. [...] Eine gründliche Untersuchung unserer Katakomben, dieser kostbaren Überreste des frühesten Altertums, kann uns über Tatsachen von großer Bedeutung unterrichten; sie kann uns die Namen berühmter Männer aufdecken, die Wechselfälle der Philosophie, der Künste, der Wissenschaften, der Regierung, der Religion; kurz und gut, sie kann uns den Schleier der finstersten Epochen lüften. [...] Der Leser pilgere mit uns in eine andere Welt.

Sanchez, Giuseppe: La Campania sotterranea, ossia le Catacombe nei tempi del Paganesimo, ed in quelli del Cristianesimo, con brevi notizie degli edifizi scavati entro roccia nelle due Sicilie, ed in altre regioni, 2 Bde., Neapel 1833, I, vi-ix [Übers. FE]

Reisebericht 43

Tagträume eines Kunsthistorikers

Seroux d'Agincourt

Darf ich es wagen, nach all den schon vorhandenen, bewegenden Beschreibungen der Katakomben, die Gefühle zum Ausdruck zu bringen, die ich so oft hatte, während ich die berühmten Stätten nach den Zeugnissen absuchte, die für meine Arbeit von Bedeutung waren, oft fern meinen Führern, allein unter den finsteren Gewölben [...], wo ich mich unter so vielen über meinem Haupt errichteten oder zu meinen Füßen ausgehöhlten Gräbern sitzend fand, und als ich im Schimmer einer Fackel die Schleichwege vermaß, die sich zu allen Seiten meinem erstaunten Auge darboten? Erst bemächtigte sich meiner eine vage Unruhe, meine Phantasie ging ins Weite angesichts der Unmenge von Ideen, die mir Religion, Geschichte, Philosophie zugleich aufdrängten. Dann stellte die tiefe Stille um mich her wieder Ruhe in meinem Geist her. Eine zarte Träumerei bewegte mich, und ich kostete etwas von dem Frieden der Millionen Toten, die auf diesen Friedhöfen seit fünfzehn Jahrhunderten gebettet liegen. Und auch ich, rief ich ihnen zu, werde eines Tages hier bei euch ruhen. Aber bevor man meinen Staub hierher verbringt, will ich eure Manen* durch die Erinnerungsmale in der Geschichte der Künste ehren, jener Künste, die so viele ihrer Werke und Errungenschaften den Ehrungen verdanken, die die Gläubigen euren heiligen Siegen dargebracht haben.

* [Die guten Seelen der Verstorbenen gemäß der römischen Mythologie.]

Seroux d'Agincourt, J.B.L.G.: Histoire de l'art par les monumens, depuis sa décadence au IVe siècle jusqu'à son renouvellement au XVIe, 6 Bde., Paris 1823; IV, 21-23 [Text zu Taf. ARCH. IX.: „Tableau des Catacombes les plus célebres, tant payennes que chrétiennes."; vgl. Kat.Nr. 90; Übers. WB]

Reisebericht 44

Die Katakomben – das Pompeji des Christentums

Ferdinand Gregorovius

Ich habe die merkwürdigen Katakomben Neapels besucht. Der Eindruck, den man dort empfängt, ist gemischt aus Grauen und lebhaftem Interesse an jenen Zeiten, welche dieses unterirdische Werk schaffen und pflegen, ja mit Leben durchdringen und mit Kunst verzieren konnten. Die Katakomben von Syrakus erscheinen minder düster, weil ihre Galerien durch feste Symmetrie geregelt werden. Dagegen sind die römischen Katakomben, soweit sie zugänglich gemacht wurden, nur enge, niedrige, kunstlose Gänge und Kammern von freilich unermeßlicher Ausdehnung, aber doch die merkwürdigsten, weil sie in der Hauptstadt der Welt selber

die Stätten waren, wo das Christentum sein nächtliches Leben nährte und sich gleichsam aus der Erde emporwühlte, um endlich Rom und die Welt zu beherrschen. [...]
Wie mit der Zeit solche unterirdische Höhlungen und Stollen entstanden sind, kann man überall da erkennen, wo diese Tuffwände als Steinbrüche für den Häuserbau angegriffen werden. So auf der neuen Straße des Posilip, wo sich Grotten, Austiefungen und Gemächer im Fels zeigen, die nun zu Vorratskammern, selbst zu Wohnungen benutzt werden. [...] Die Katakomben werden ursprünglich der Begräbnisort des armen Volkes gewesen sein, welches kostbare Denkmäler über der Erde nicht errichten konnte. Mit geringer Mühe war hier ein Grab in den Tuff gehauen, waren hier Loculi eingegraben, worin man die Aschenkrüge aufstellen konnte. Man findet in diesen Grüften noch Malereien, welche durchaus der heidnischen Vorstellungsweise angehören; die meisten freilich sind christlichen Ursprungs. Denn nachdem die verfolgte Gemeinde in diesen unterirdischen Stätten Schutz gesucht und sie zum Vereinigungspunkt ihrer Andachtsübungen gemacht hatte, schmückte man die Grüfte der geliebten Toten, welche man in dem gemeinsamen Asyl bestattete, mit Bildern und Symbolen des Glaubens. Ihre Formen blieben noch die hergebrachten heidnischen; man findet den heitern Sinn der pompejanischen Arabesken auf den Wänden dieser Christengräber wieder. [...] Es macht einen seltsamen Eindruck, diese nun leider durch den Dampf der Fackeln geschwärzten Wandbilder zu betrachten, und hier die Anfänge der christlichen Kunst aus der römischen Wandmalerei hervorgehen, vom pompejanischen Stil bis zu dem von Byzanz fortschreiten, und unmittelbar an die heidnische Mythologie eine neue christliche sich anschließen zu sehen.
Da das Samenkorn der christlichen Entwicklung in eine Grabkatakombe gelegt war und aus ihr emporwuchs, so ist es kein Wunder, daß der Charakter des Christentums ein katakombenhaftes Wesen mit in die freie Luft hinübernahm. Das Totenhafte der Lebensanschauung, Weltentsagung, Märtyrertum, Lebensverachtung, Lust am Schmerz, endlich Unduldsamkeit und Fanatismus; würden sie dem Christentum so tief eingedrückt worden sein, wenn es seinen Kultus in der sonnigen Luft über der Erde, in der fröhlichen Natur entwickelt hätte und nicht wäre gezwungen worden, in der dunkeln Grabhöhle der Märtyrer bei düsterm Fackellicht, in beständiger Angst vor dem Verfolger zu wohnen? So hat mich in Neapel nichts so tief bewegt als der Eintritt in diese Katakomben und der Besuch Pompejis. Man kann die Katakomben das Pompeji des Christentums nennen. Beide Stätten erschließen uns zwei große Perioden der Menschheit; ihr Widerspruch kann nicht greller sein. Sehen wir dort die nun auch leichenhaft öden Wohnungen des Heidentums, so lacht uns doch aus Haus und Säulentempel der heitere Menschensinn entgegen, der sich mit den Formen des Schönen umgibt und mit seinen Göttern das Leben genießt. Hier blicken wir in die Wohnstätte eines andern und doch desselben Menschengeschlechts. Es sind Griechen und Römer, wie jene in Pompeji, noch derselben Kultur angehörig, und wie verschieden! [...] Einst werden sie hervorkommen; sie werden an das Tageslicht mit sich nehmen Götter von schreckendem Angesicht, wie das Medusenhaupt, vor denen das schöne Leben der Natur versteinern wird, Märtyrer, Totenschädel, Gebeine, Reliquien der Hingerichteten, welche sich über die Welt verbreiten werden, und die man einst auf jene Altäre zur Anbetung niederlegen wird, wo die Statuen griechischer Götter standen. Das wird von hier hervorsteigen, und mehr als der Vesuv über Pompeji ausschüttete, wird die Katakombe über die Welt ergießen – Asche der Trauer. Sollten diese unheimlichen Vorstellungen vielleicht mehr als Katakombenphantasien sein? Ich lasse es auf sich beruhen. Es gibt kein besseres Lokal für spekulative Theologie und Gespenster als jene Grüfte. Die Luft ist feucht und schauerlich; tiefes Dunkel oder grauer Dämmerschein, Modergeruch, fürchterliche Totenstille. In die wirren Kammern, durch die langen, verworrenen Galerien, zu deren Seiten mit Knochen und Moder gefüllte Gräber sich endlos ausdehnen, oder Nischen und Loculi sich sehen lassen, schlüpft man hinein, wühlt man sich hervor. Grell leuchten die Fackeln in die Schatten und herauf zu den Malereien in den Nischen, zu Gestalten der Abgeschiedenen, die mit aufgehobenen Händen, gespenstisch und überirdisch herunterblicken. Verwischte Inschriften, griechische, römische, selbst hebräische, ob zu entziffern oder nicht, und zahllose Symbole, Monogramme, Zeichen bringen recht ins Bewußtsein, daß man in einer Welt sich befindet, wo alles Mysterium, Allegorie und Rätsel ist.

Gregorovius, Ferdinand: Wanderjahre in Italien, hrsg. von Fritz Schillmann, 2., verb. Ausg. der erg. Neuausg. [Leipzig 1857-1877] Dresden 1928, 675-679 [zu seinem Besuch 1853]

91

10 Höhlenmythen

Italien besitzt eine große Zahl unterirdischer Kultorte. Der spätantike Mithraskult und das frühe Christentum wurden durch jene Beziehung von Dunkelheit und Erleuchtung in der Höhle geprägt, die schon den griechischen Mysterien zugrunde gelegen hatte. In Süditalien hatten die Griechen Orakel etabliert, die sich an Quellen und in Höhlen befanden. An diesen Verbindungsstellen zur Unterwelt nahmen Seherinnen Kontakt mit den Toten auf, die man sich als Träger des Wissens vorstellte (Rosenberger 2001, 127ff.). Der geologische Untergrund trat in der vulkanischen Landschaft Kampaniens offen zutage, und um 1800 sah man keinen Zufall darin, daß die kumäische Sibylle dort Einblick in Vergangenheit und Zukunft der Menschen gewährte, wo die offengelegten Annalen der Natur ihrerseits Erdgeschichte ablesen ließen (vgl. R. 46). Für seine Schilderung des Totenreiches habe Vergil „das natürliche Grauen" dieser Gegend genutzt. Die Sibyllengrotte am Avernersee wurde mit Vergils Eingang in den Hades identifiziert. Hinter dem projizierten Ideal, der „wohlthätige[n] Täuschung" (R. 45), blieb die unspektakuläre Grotte aber weit zurück, und schien kaum mehr die Strapazen der Besichtigung wert (R. 49).
Während am *Avernus* die literarisch vermittelte Sibyllentradition an Faszinationskraft verlor, stellte Houël auf Sizilien überrascht fest, daß der Orakelkult im gemeinen Volk noch fortlebte. In einer Höhle bei Marsalla wurde er Zeuge eines archaischen Rituals, wie es ansonsten nur die Phantasie der Künstler ausmalen konnte. An antike Orakel erinnert die magische Beschwörungsszene Goethes, der sich die klassischen Unterweltsmythen aneignete, seinen Faust ins Totenreich drängen ließ und in *Proserpina* die Schattenwelt inszenierte. Das tragische Schicksal der dorthin entführten Göttin Proserpina schildert auch Franz Kobell in einer Ideallandschaft. Die stimmungsträchtige Szene aus der mythischen Vergangenheit entspricht dem kunsttheoretischen Appell, durch figürliche Motive der Landschaft Bedeutung zu verleihen. Die Staffage unterstreicht den heroischen Charakter von Höhlen, die teils wie Bühnen und übermächtige Kulissen erscheinen. Sie läßt den dunklen Schlund bei Kobell als Ort des Schreckens erahnen; bei Kniep und Hackert schlägt die Figur der Ariadne einen pathetischen oder melancholischen Gefühlston an und macht die Meeresgrotte zum einsamen Ort der Verzweiflung und Trauer.
FE

91
Johann Heinrich Wilhelm Tischbein (1751-1829)

Sibylle von Cumae

Um 1805
Aquarellierte Federzeichnung, 28,3 x 20,3 cm
Landesmuseum für Kunst und Kulturgeschichte Oldenburg, Inv.Nr. LMO 15.327 / 6

Abb. siehe Seite 154

Die Cumäische Sibylle galt als eine der berühmtesten Seherinnen des Altertums. Sie weissagte an der Küste Kampaniens in einer Grotte unterhalb der Akropolis von Cumae, der ältesten griechischen Ansiedlung auf italienischem Boden. Der Sage nach soll sie Aeneas in die Unterwelt geführt haben, dem dort die Zukunft offenbart wurde. Mit ihr verbindet sich auch die Erzählung von den Sibyllinischen Büchern, die, ein Hort geheimen Wissens, dem König Tarquinius Superbus zum Kauf angeboten wurden. Aus Geiz lehnte dieser ab, worauf die Sibylle sechs der neun Bücher vernichtete. Auf Rat seiner Auguren erwarb der König zum Preis aller die letzten drei, um sie in Rom in den unterirdischen Gewölben des Tempels des Jupiter Capitolinus aufzubewahren.
Die Sibyllen in einer Grotte darzustellen, gehörte bislang nicht zur ikonographischen Tradition. Michelangelo bindet sie in der Sixtinischen Kapelle in einen stilisierten architektonischen Rahmen ein; oft sind sie Teil eines mehrfigurigen Historienbildes, und Claude Lorrain fügt die Cumäische Sibylle als kleine Staffagefigur in eine ideale Küstenlandschaft mit antiken Ruinen ein. Tischbein versucht dagegen, den mythologischen Zusammenhang zu rekonstruieren und die Sibyllen-Grotte mit Blick auf den Vesuv zu vergegenwärtigen (Kat. Sehnsucht 2000, Nr. 3.137). Die Seherin schlägt den Schleier zurück – eine Anspielung auf den Topos des Schleiers vor dem Gesicht der Wahrheit. Sie hält eine Schreibtafel auf dem Schoß, und Tischbein vergißt auch die Sibyllinischen Bücher nicht, deren letzte drei in Form antiker Buchrollen zu ihren Füßen liegen.
Die Komposition war ihm wichtig, denn er beschreibt ihr poetisches Konzept ausführlich: „Der Maler schwieg und holte ein neues Bild. Es stellte den Bogen einer Felsengrotte vor mit einer weiten Aussicht nach dem Vesuv und auf das Meer. Es war Nacht, der Vesuv brannte, und der volle Mond stand am Himmel [...] Am Eingang der Grotte saß eine Sibylle, sie hatte einen Schreibgriffel in der Hand, und verschiedene Rollen lagen neben ihr. Wir sehen in dieser Priesterin des Apollo die hohe Begeisterung vor uns [...] Sie rückt den Schleier weg, um das Himmelsbild der Wahrheit zu schauen". Die Landschaft soll den transitorischen Gehalt dieser Szene widerspiegeln: „Das weit geöffnete Felsentor dieser Grotte, an deren Eingang die Sibylle weilt, zeigt dem erstaunten Blick eine Naturszene, welche durch ihre Erhabenheit die Bewunderung erregt, die Phantasie weckt und den hellen Geist in einem Augenblick das finden läßt, was viele mit hohem Wissen vergebens suchten" (Tischbein 1987, 265f.). So wird die Grotte zum Ort einer geheimen Weisheit, die sich dem Suchenden durch Intuition in der Natur offenbart.
PM

92
Jean Hoüel (1735-1813)

Sibyllengrotte bei Marsalla

Aus: Jean Hoüel: Voyage pittoresque des isles de Sicile, de Malte et de Lipari (...). 4 Bde., 1782-1787, I, Taf. XII

Paris 1782

Aquatinta-Radierung, 35 x 24,5 cm

Bez. o. mittig: „Grotte de la Sibile", o. r.: „Pl.XII", u. l.: „Houel del. et Sculp.", u. mittig: „Plan de la Grotte de la Sibile"

Niedersächsische Staats- und Universitätsbibliothek Göttingen, Sign. GR 2 ITIN I, 930

Universitäts- und Stadtbibliothek Köln, Sign. GG14 / 345

Die zweigeteilte Bildtafel zeigt eine Ansicht, den Plan und ein Detail des Bodenmosaiks einer Sibyllengrotte bei Marsalla im Westen Siziliens. In der zugehörigen Beschreibung erläutert Hoüel ihre Lage sowie Besonderheiten des Plans und benennt die architektonischen Teile. Die eigentliche Bedeutung der Grotte will er dem Leser aber ausdrücklich mittels der im Bild eingefügten Staffagefiguren erschließen. Sie betrachten die Grotte entweder als Sehenswürdigkeit oder befragen das in ihr befindliche Orakel, wobei die dargestellte Szene zeitlich nicht in der Antike angesiedelt ist. Der Abgang in die Orakelhöhle befindet sich mitten in der Kirche Johannes des Täufers, die man über dem Kultort errichtete. Thema ist aber nicht diese spätere Vereinnahmung durch das Christentum; von der Kirche ist nichts zu sehen. Der Betrachter blickt in einen Steinbruch, in dem der Fels um die Sibyllengrotte gerade so weit abgetragen ist, daß wir sie gut einsehen können. Hoüel enttarnt die Darstellung als phantasiereichen Kunstgriff, mit dem er sich über dokumentarische Ansprüche und Konventionen der Architekturzeichnung hinwegsetzt. Um

92

die Höhle dem Blick zu enthüllen, läßt er Arbeiter das Gestein in großen Blöken fortschaffen. Als innerbildliche Stellvertreter des Lesers/Betrachters verfolgen Besucher das Abbruchwerk und begutachten die freigelegte Architektur. Sie wohnen auch dem Geschehen im unteren Teil der Tafel bei, wo zahlreiche verhüllte Frauen zum zentralen Brunnen der Grotte hinabsteigen. Ein Treppenweg führt in eine kultische Vergangenheit, die noch lebendig ist. Just am Vorabend des Fests des Kirchenheiligen steigen die gemeinen Weiber hier hinab, um in einem ekstatischen Ritual die Sibylle zur Treue ihrer Männer oder zum Heiratsglück ihrer Töchter zu befragen (vgl. R. 50). Hoüel deckt die frappante Kontinuität eines Orakels auf. In wechselseitiger Ergänzung und mit entsprechender analytischer Schärfe legt das Bild dem Auge die Kulträume, der Text dem Geist die Innenwelten der Abergläubigen frei.

FE

93

Christoph Heinrich Kniep (1755-1825)

Ideallandschaft mit Ariadne

1787
Feder über Bleistift, braun laviert,
23 x 33 cm
Bez. u. l.: „C. Kniep. fec. Napoli. 1787."
Goethe-Museum Düsseldorf,
Inv. Nr. KK 4786

Christoph Heinrich Kniep, Landschaftsmaler und Zeichner aus Hildesheim, begleitete Goethe von Ende März bis Mitte Mai 1787 auf dessen Reise nach Sizilien, wo er zahlreiche Landschaftsaussichten und Skizzen anfertigte. Die Felsen im vorliegenden Blatt „scheinen durch in Sizilien Gesehenes angeregt. Man kann an die Felsen von Scopello bei Castellammare denken, die Goethe und Kniep vielleicht auf dem Weg nach Alcamo am 18. April 1787 gesehen haben, oder auch an die Kyklopen-Felsen von Aci Trezza. Inhaltlich läßt sich das Blatt wahrscheinlich als Klage der Ariadne deuten. Überzeugend ist hier die Erinnerung an die sizilianische Landschaft mit der mythologischen Darstellung verbunden. Diese Zeichnung macht deutlich, daß etwas von Goethes griechischem Erlebnis auch auf Kniep übergegangen ist" (Kruft 1970, 268f.). Knieps Sepiazeichnung greift das Thema der von Theseus auf Naxos zurückgelassenen Ariadne in einer felsigen, Grotten ausbildenden Küstenlandschaft auf. Herausragende, vom Meer umspülte, abgerundete Felsen bilden den ersten Blickfang. Zur Bildmitte hineinragende, belaubte Äste verstärken den Eindruck eines kuppelähnlichen Raums, aus dem heraus der Blick des Betrachters auf das Meer gelenkt wird. Kniep wählt die weite litorale Kontaktzone zwischen Land und Meer. Das Wasser ergreift

das Land, und die Felsen bieten stellenweise Widerstand. Auffällig sind die zarten Formen, die Kniep für diesen kraftvollen natürlichen Vorgang bevorzugt. Fließende Konturen umgeben die am Boden liegende, sich halb aufrichtende weibliche Gestalt. Sie lagert unter einem aus Tüchern gebildeten Zeltdach, das zusätzlich Schutz gewährt. Übergänge werden geschaffen vom Strand zum Wasser und wieder zum Himmel. Kommen und Gehen, Gegenwart und Vergangenheit prägen die stimmungsvolle Szene. Kniep geht in dieser Technik so weit, daß die genannten Elemente bis zur Auflösung austauschbar werden.
HS

93

94

94

Christoph Heinrich Kniep (1755-1825)

Ideallandschaft mit Grotte

1825
Schwarze Kreide, 12,7 x 17,2 cm
Bez. u. l.: „C.H Kniep.", u. r.: „Napoli 1825"
Goethe-Museum Düsseldorf,
Inv. Nr. NW 2173/1994

Die vorliegende Bleistiftzeichnung stammt aus Knieps letztem Lebensjahr. Sie entstand in Neapel, wo er seit 1786 lebte. Die Signatur des 70jährigen Zeichners steht in gleichmäßigen, unverwechselbar klaren Buchstaben („C.H Kniep.") unter dem kleinformatigen Werk. Das Motiv an sich ist nicht neu; Kniep hat sich zeitlebens häufig der Darstellung von Grotten und Höhlen gewidmet, die den Charakter einer unwirklichen, zauberischen Umgebung hervorrufen.
Der Blick des Betrachters nimmt zunächst die mächtige steinerne Umrahmung wahr, die auf eine hohe und großräumige Grotte schließen läßt. Steinblöcke bauen in verschiedenen Lagen und Streichrichtungen so aufeinander auf, daß ein saalartiger Hohlraum entsteht. Eine für Kniep typische Darstellung eines kegelförmigen, aus dem Wasser aufragenden Felsens fehlt auch in dieser Zeichnung nicht. Im Hintergrund erheben sich gestaffelt steile Bergketten, die unmittelbar in das Wasser hineinstürzen.
In dieser abgelegenen Gegend sitzt eine einzelne weibliche Gestalt auf ei-

95

nem Felsen am Ufer. Sie sinnt und schaut auf das Wasser in eine Richtung, die dem Betrachter des Bildes perspektivisch verborgen bleibt. Mittels der Kreidezeichnung gelingt Kniep die kontrastreiche Abstufung unterschiedlicher Grauwerte, wobei die Wiedergabe der Materialität hinter der morphologischen Erscheinung zurücktritt. Die Trennung der einzelnen Gebirgsketten wird hingegen durch konkrete Linien optisch hervorgerufen. Mittels dieser Technik bleibt die Leichtigkeit des Szenarios erhalten. Die Darstellung ist an keine reale Lokalität gebunden, sondern vereinigt in Form und Anordnung eine vorbildhafte steinerne Welt, die nur von Mensch, Pflanzen und Wasser sparsam ergänzt wird. Der einsame Ort zwingt zur Wahrnehmung von Nähe und Ferne im Ausblick auf eine in ihren Proportionen ideal gestaltete Landschaft (vgl. Striehl 1998, 286 u. Nr. 23).
HS

95
Jakob Philipp Hackert (1737-1807)

Landschaft mit der verlassenen Ariadne auf Naxos

1803
Öl auf Leinwand, 65 x 89 cm
Bez.: „Phi Hackert 1803"
Kurpfälzisches Museum Heidelberg, Inv. Nr. G 2100

Hackert greift das Motiv des Grottenbogens, der den Bildausschnitt von drei Seiten rahmt, erneut auf. Von der Grotte aus wird der Blick auf das Meer freigegeben. Im Vordergrund dominiert eine weibliche Figur mythologischen Charakters. „Es handelt sich um

96

die verlassene Ariadne, die dem davonsegelnden Theseus nachblickt, eine Hand erhoben und in Schrittstellung, als wolle sie dem Scheidenden folgen" (vgl. Nordhoff 1994, II, 155f.). Das Grottenbild gehört zu den idealtypischen Landschaften, die durch einen zusätzlichen geistigen Gehalt aufgewertet werden. Gegenüber der bewegten Gestalt, die wie nachträglich eingefügt erscheint, ist die Felsstruktur der Grotte sehr sorgfältig ausgearbeitet und hat ihr Vorbild wohl in der Meeresgrotte von Maiori, die Hackert seit 1770 mehrmals malte.

Hackert übernahm die Figur aus Poussins *Landschaft mit einem von einer Schlange getöteten Mann* (1648, London, National Gallery). In einem Beitrag von Johann Heinrich Meyer über *Hackerts Kunstcharakter und Würdigung seiner Werke* als Nachtrag zu Goethes Hackert-Biographie (1811) findet sich ein Hinweis darauf, daß ihm Poussins Bild bekannt gewesen sein muß: „Im schrecklichen Stil ist es nicht allein genug, daß die Gegend rauh und schrecklich sei, ja die Figuren können öfters allein das Schreckliche ausmachen, wie in der Landschaft des Nicolaus Poussin, wo die Person bei der Quelle von der großen Wasserschlange umwunden wird" (Goethe, WA I, Bd. 46, 377).
HS

96
Christoph Heinrich Kniep (1755-1825)

Grotte von Bonea

Um 1788
Feder, schwarze Tusche,
braune Sepialavierung, 64,1 x 92 cm
Kunstsammlungen zu Weimar,
Inv.Nr. KK 254

Ist Knieps formelhaft wiederholtes heroisches Motiv der in Grotten einsam zurückgelassenen Frauengestalten als Ausdruck der „Sehnsucht nach einem verlorenen Glück" zu deuten (Striehl 1998, 267; Abb. 327-329, 381f.), so vergegenwärtigt die Grotte von Bonea einen glücklichen Einklang mit

97

der Natur und lädt als *locus amoenus* zum Verweilen (Striehl 1998, Kat. 447). Wie dort ist der Grottenraum im Vordergrund als Bühne konzipiert, die Kniep wiederum mit antikisch gewandeten Figuren bespielt. Ermüdet von der Jagd lagern im Schatten des Höhlenbogens Diana und ihre Gefährtinnen. Sie haben Köcher und Speer abgelegt, wie es in den *Metamorphosen* beschrieben ist. Der liebliche Rückzugsort entspricht in wesentlichen Zügen der traditionellen Ikonographie in Anlehnung an Ovids Schilderung der Grotte Dianas als „keiner Hände künstliches Werk, doch hatte mit ihrem / Geiste Natur der Kunst hier nachgeahmt und mit leichtem / Bimsstein und lebendem Tuff ein gewachsen Gewölbe geschaffen. / Rechts ein Quell da rauscht, nicht stark, doch lautersten Wassers, / Grün von Kräutern umsäumt den offenen Rand seines Mundes“ (*Metamorphosen*, III, 156-162; zit. nach Ovid 1992). Knieps Landschaft geht jedoch auf einen realen Ort zurück. Die topographische Grundsituation im Valle de Bonea bei Corpo di Cava westlich von Salerno hat er nach der Natur studiert. Friederike Brun fand sich in den Zeichnungen „gleich einheimisch “ (R. 3). Wohl hat der Künstler bewußt auf die Einführung von Handlung verzichtet – denkbar wäre etwa die Verwandlung des Aktäon gewesen, die Ovid auf die Ruhephase in der Grotte folgen läßt. Anstatt von der dargestellten Natur abzulenken, unterstreicht die antikisierende Staffage den erhabenen Charakter der Landschaft und bindet sie an ihre ideale Vergangenheit zurück. Nur an einigen Stellen hat sich Kniep von der vorgefundenen Wirklichkeit entfernt. Die überhängenden Felsenwände der Grotte hat er zu einem Bogen gerundet, um Diana einen geräumigen Ruheort unter geschlossenem Felsendach zu gewähren und den Prospekt auf die durch zwei Wege erschlossene Felslandschaft effektvoll zu rahmen. Für ihre große Wirkung lobte Heinrich Meyer die zwischen Vedute und Komposition anzusiedelnde Landschaft. Auf seine Empfehlung überreichte Kniep die Zeichnung, die ihm „in Wahrheit Ehre“ mache (Meyer an Goethe, 23. Dezember 1788; zit. nach Striehl 1998, 164), in Neapel der Herzogin Anna Amalia von Sachsen-Weimar.

FE

97

Franz Kobell (1749-1822)

Waldlandschaft mit Raub der Proserpina vor dem Eingang zur Unterwelt

Feder in Grau, braun laviert, 33,1 x 61,3 cm
Kunstsammlungen zu Weimar,
Inv.Nr. KK 1886

Proserpina (griechisch: Persephone) ist die Tochter von Ceres und Jupiter. Ihre strahlende Schönheit wird ihr zum Verhängnis, denn Pluto, der Gott der Unterwelt, entbrennt in Liebe zu ihr und raubt sie der untröstlichen

Mutter. Er „hebt die umsonst sich Sträubende auf seinen mit schwarzen Rossen bespannten Wagen [...] stampft mit seinem zweizackigten Zepter aus Ebenholz den Boden und öffnet sich mitten durch die Klüfte der Erde zu seinem unterirdischen Palast einen Weg", erzählt Moritz in seiner *Götterlehre* den Mythos nach (Moritz [1791] 1979, 107f.).
Den Eingang in die Unterwelt stellte die Antike sich an verschiedenen Orten vor, am griechischen Acheron etwa, am Avernersee bei Cumae oder am Pergusa-See in Sizilien, wo sich der Raub der Proserpina abgespielt haben soll. Eine Felskluft oder Höhle, die ins Innere der Erde führt, ist ein einleuchtendes Sinnbild für den Weg in den Orkus. Auch Kobell wählt das Motiv der Höhle, um die Entführung Proserpinas ins Totenreich sinnfällig zu machen (Kat. Kobell 1997, 24). Wie ein Portal öffnet sie sich in einer urwüchsigen Waldlandschaft, deren Düsternis die tragische Szene unterstreicht. Wald und Höhle scheinen gleichwohl das eigentliche Sujet zu sein, dem sich das mythische Geschehen staffagehaft unterordnet.
PM

98
Johann Heinrich Meyer (1760-1832)

Die drei Parzen

1795
Aquarell und Feder in Grau, 56,8 x 48,6 cm
Kunstsammlungen zu Weimar,
Inv.Nr. KK 1953

Die Gestalten der antiken Schicksalsgöttinnen, der Moiren oder Parzen, faszinierten das ausgehende 18. Jahrhundert; das kommt in der *Götterlehre* von Moritz ebenso zum Ausdruck wie im „Parzenlied" von Goethes *Iphigenie*. Besonders eindrucksvoll stellt Asmus Jakob Carstens sie 1795 in Rom auf dem Karton der *Nacht mit ihren Kindern* in einem höhlenartigen Umraum dar; das Bild gelangte 1804 durch Fernow nach Weimar in die herzogliche Sammlung. Hier kann die Höhle als Anspielung auf den Mutterschoß der Nacht verstanden werden, als deren Töchter Hesiod die Parzen bezeichnet. Als Geburts- und Todesgöttinnen sind sie auch wesensmäßig mit dem Bild der Höhle verbunden, das zugleich Mutterschoß und Grab symbolisiert.

Ohne die monumental wirkende Komposition von Carstens zu kennen, entwarf Meyer, Goethes „Kunstfreund", im gleichen Jahr seine Version der Parzen-Grotte in Weimar, bevor er im Oktober die Reise nach Italien antrat. Goethe schreibt am 14. September 1795 an Schiller: „Meyer bereitet sich zur Abreise und arbeitet noch eine kolorirte Zeichnung von den drey Parzen aus, die Sie sehen sollen" (Goethe, WA IV, Bd.10, 299). Die Schicksalsgöttinnen zeigt Meyer nicht als häßliche Alte, sondern als junge Frauen mit klassischem Profil und gräzisierendem Gewand, die vor dem

98

Eingang einer umwachsenen Grotte sitzen. Rechts spinnt Klotho den Lebensfaden, in der Mitte mißt Lachesis ihn mit der Spanne ihrer Arme ab, links hält Atropos die Schere im Schoß, um ihn zu gegebener Zeit abzuschneiden.
Meyers Aquarell inspirierte Johann Gottfried Herder zu dem Gedicht *Die Parzen. / Ein Gemählde von Heinrich Meyer*, das mit folgenden Versen beginnt: „Furchtbar waren mir sonst die Schwestern des ehernen Schicksals / Graue Töchter der Nacht, fremde dem Menschengefühl. / Jetzt verehr' ich die Hohen, die Mildegesinneten" (Herder 1836, 53).
PM

99
Johann Heinrich Meyer (1760-1832)

Entwurf zum Schlußbild von Goethes „Proserpina"

1815
Aquarellierte Federzeichnung, 23 x 35,9 cm
Frankfurter Goethe-Museum,
Inv.Nr. III-1068

1815 wurde in Weimar mit großem Aufwand das Monodrama *Proserpina* aufgeführt, das Goethe 1778 in den *Triumph der Empfindsamkeit* eingeschaltet hatte. Es handelt von der Königin des Schattenreichs Proserpina (griechisch: Persephone), die, von Pluto in die Unterwelt entführt, ihr tragisches Geschick beklagt (Goethe, WA I, Bd.17, 40-49). Unwiderruflich besiegelt wird es vom Spruch der Parzen: „Du bist unser" – „Unsre Königin!" Goethe, der unter Mitwirkung von Meyer exakte Anweisungen für die Inszenierung des Stücks erteilte (ebd., Bd. 40, 106-118), wünschte für diese Schlußszene auf der Bühne ein „unbewegtes Tableau", auf dem das Schattenreich zum Gemälde erstarrt sein sollte. Die flüchtige Skizze dokumentiert seine Vorstellung: Rechts (d.h. links auf der Bühne), auf der „Nachtseite", erleiden die Verdammten ihre Qualen: Tantalus verdurstend im Wasser, Ixion ans Rad gefesselt, Sisyphus ewig den Steinblock wälzend. Auf der „lichten Gegenseite" erscheinen die Seligen als Inkarnation des „allgemein Wonnevollen". Das Zentrum bildet eine „schwach beleuchtete

99

100

Höhle" mit den drei Parzen, die jedem das ihm bestimmte Geschick zumessen. Diese Parzengrotte, auf der am Ende des Stücks die Darsteller von Pluto und Proserpina aufzutreten haben, basiert auf dem Aquarell, das Meyer bereits 1795 entworfen hat (Kat.Nr. 98).
PM

100
Johann Wolfgang von Goethe (1749-1832)

Beschwörungsszene

Um 1812/16
Feder in Schwarzbraun über Bleistiftspuren, auf weißem Papier und braunem Untersatzpapier, in getuschtem Oval mit schraffierten Zwickeln, 18,5 x 22,9 cm
Bez. auf dem Untersatzpapier: „W. Goethe"
Frankfurter Goethe-Museum, Inv.Nr. III-1067

Goethes ungewöhnlich expressive Federzeichnung (Goethe, Corpus VI B, Nr. 224; Maisak 1996, Nr. 186) entstand vermutlich im Zusammenhang mit der Beschwörung Helenas im zweiten Teil des *Faust*. Als der Kaiser im ersten Akt den Wunsch äußert, Paris und Helena vor sich zu sehen (V. 6184), weist Mephisto Faust an, bei den Müttern in der Tiefe – im archaischen Urgrund – einen magischen Dreifuß zu holen, dessen Weihrauchnebel die Unsterblichen zu projizieren vermag (V. 6283-6302). Nachdem Faust Helenas Zauberbild erblickt hat, begehrt er sie leidenschaftlich und setzt alles daran, sie, wie einst Orpheus Eurydike, aus der Unterwelt zu neuem Leben hervorzuholen. Während der „Classischen Walpurgisnacht" wird er im „Mondenschein" durch „Kiesgewässer" zu der Seherin Manto gebracht, die bereit ist, ihm den Weg zu Helena in Persephones Totenreich zu weisen: „Den lieb ich, der Unmögliches begehrt. / Tritt ein, Verwegner, sollst dich freuen! / Der dunkle Gang führt zu Persephoneien. / In des Olympus hohlem Fuß / Lauscht sie geheim verbotnem Gruß. / Hier hab ich einst den Orpheus eingeschwärzt; / Benutz es besser! frisch! beherzt! (Sie steigen hinab)" (V. 7488-7494). Ursprünglich plante Goethe, mit Fausts Abstieg ins Totenreich zu einer großen Orkus-Szene überzuleiten (Gespräch mit Eckermann, 15. Januar 1827), was dann jedoch unterblieb. Die Zeichnung berührt jenen magischen Bereich; vielleicht ist sie als frühe Vorstufe der szenischen Entwicklung zu verstehen. In einem Zauberkreis, in dem sich auch der Dreifuß wiederfindet, streckt Manto die Arme beschwörend dem Vollmond entgegen, während Faust vor einem Gewässer bittend am Boden kauert. Den Eingang ins Totenreich durch eine Höhle im Fuß des Götterbergs Olymp evoziert Goethe auf überraschend einfache Weise: Er versieht die Zeichnung mit einer stark akzentuierten ovalen Rahmung, die bei ihm sonst nicht vorkommt. Sie wirkt wie ein kulissenhaft abstrahierter Höhlenschlund, durch dessen finstere Öffnung man gewissermaßen auf die Szene blickt, bevor Faust und Manto ihren Gang in die Unterwelt antreten.
PM

Aus den Reiseberichten

Reisebericht 45

Vor dem geistigen Auge

Friedrich Johann Lorenz Meyer

Von einer Anhöhe sieht man die Ruinen des Griechischen *Kumae*, dessen Bewohner *Neapel* erbaueten und bevölkerten, – und hinab auf *Elysiums* stilles Gefilde und das *todte Meer*. Schon die ältesten Dichter der Griechen haben mit den dieser Gegend beigelegten mystischen Namen Vorstellungen verbunden, die den eingeschränkten Begriffen ihres Zeitalters angemessen waren. Der Volksaberglaube späterer Zeiten, die Verehrung der symbolischen Bedeutungen der alten Mythen und der Mysterien, und selbst die wunderbare Natur dieser Gegend begünstigen die Autorität der alten Dichtungen, und sie erhielten sich lange beim Volk in der Achtung, welche die Dichter ihnen zu verschaffen gewußt hatten. – Hier war der Wohnort der abgeschiednen Seligen; dort am See *Avernus* der Weg zum Orkus. [...]

Auf der andern Seite dieses Aschenberges liegt der romantische See *Avernus* – Die Nachrichten der alten Geographen von den jetzt verschwundenen Eigenthümlichkeiten dieses Sees, erläutern die Dichtungen, worin seine uralte Geschichte gehüllt ist. Hier war der Steig zum Orkus. – Selbst der Krater eines ausgebrannten Vulkans, wie mehrere Seen und Thäler der *Feuergefilde* um *Neapel*, waren seine mit vulkanischer Materie angefüllten Wasser von unermeßlicher Tiefe dunkel gefärbt. Ein bläulicher Schwefeldunst schwebte auf seiner Oberfläche, welche, von dem unterirdischen Feuer beunruhiget, kochend sprudelte. Sterbend sanken die über seine giftsprühenden Wasser hinstreifenden Vögel herab*; Fische konnten nicht darin leben. Das undurchdringliche Dunkel einer dichten Laubwand, die an den ihn in Zirkelform umschließenden Hügeln hinauf stieg, verfinsterte den See. Schwarze Erdhöhlen öffneten sich an seinen Ufern. – Ein Schrecken der Natur, verscheuchete so der *Avernus* die Bewohner der umliegenden Gegend von seinen nächtlichen Ufern, welche die hier gefeierten Mysterien der Unterwelt begünstigten. Ein Haufen mit den Blendwerken der Nekromantie vertrauter *Cimmerier* kam, wie die Alten erzählen, vom *Bosphorus* her, und wählte, als ein troglodytisches Volk, die Erdhöhlen an dem *Avernus* zu seiner Wohnung. Diese und der See selbst mit den hier errichteten Tempeln, wurden den Göttern des Orkus und den Manen geweihet, und in der Finsterniß ihres innern Heiligthums die schrecklichen Orgien der Unterwelt gefeiert. – *Avernus* war auf der Oberwelt das Thor der Hölle, durch welches HOMER und VIRGIL ihre Helden, *Ulysses* und *Aeneas*, zum Tartarus hinabsteigen lassen. – Ungewiß ist der Einfluß und die Dauer dieses Volksaberglaubens, dessen Täuschung die Natur des Averner Sees vielleicht lange erhielt. – Die letzte Spur jener mystischen Vorstellungen der Vorzeit zerstörte endlich im Anfang unserer Zeitrechnung der Konsul MARKUS AGRIPPA, welcher auf Veranlassung seines Schwiegervaters AUGUST am Lukriner See den Julischen Hafen anlegte, die finstern Wälder der Ufer fällte, und dem Sonnenlicht den Zugang zum düstern *Avernus* öffnete. – Klarheit, Freiheit und Fruchtbarkeit herrschen vereint jetzt da, wo einst nächtliches Schrecken den See und seine Mysterien einhüllte; die, tödtliches Gift aushauchenden, trüben Wasser sind nun kristallhell und fischreich. Eine romantisch lächelnde Aussicht! [...]

Wenn gleich die Zeit über so viele dieser Reste des Alterthums, hier sowohl wie in und um *Rom*, ein undurchdringliches Dunkel verbreitet hat, und die gänzliche Ungewißheit ihrer alten Bestimmung uns sehr oft hindert, sie der Aufmerksamkeit näher zu rükken; so läßt man sich dennoch von den neuern Geographen und Antiquaren dieses Landes unfreiwillig und gern in die Irrgänge verführerischer Tradizionen mit fortziehen: denn auch da entdecken wir noch manche Spur der Wahrheit, die mit der Geschichte jener klassischen Gegenden zusammen trift. – Diese sichtbaren Spuren des hohen Alterthums sind es, welche den

Anschauer in eine wohlthätige Täuschung versetzen, worin die Szenen der bewunderten Vorzeit sich ihm wieder vergegenwärtigen. – Sie sind es, welche ihm nach hingeschwundenen Jahrtausenden noch jene unerreichbare Größe dieses Volkes anschaulich darstellen. – Roms erhabener Schatten steigt in dieser Stunde ehrfurchtsvollen Staunens aus seinem Grab herauf.

* Die Griechen nannten ihn deswegen Aornos (der keine Vögel hat.) M.s. *Aeneid.* VI, v.242. Daher denn sein Name *Avernus.*

Meyer, Friedrich Johann Lorenz: Darstellungen aus Italien, Berlin 1792, 456, 464-466, 474f.

Reisebericht 46

Homer und Vergil, kritisch geprüft

Friedrich Leopold Graf zu Stolberg

Virgil schreibt nicht ihm [dem Avernersee], sondern der Höle, die der Eingang des Schattenreiches war, und von ihm an den untersten Ufern des Sees hingedichtet ward, diese Eigenschaft zu.

Spelunca alta fuit [...]*
Graunvoll war die Höl', aufklaffend mit steinigem Rachen,
War durch Dunkel des Hains und schwarze Gewässer gesichert.
Ungestraft erkühnete sich kein Vogel die Lüfte
Ueber ihr zu durchschneiden; so athmet' aus nächtlichen Schlünden
Todeshauch empor zur gewölbten Halle des Aethers.
Darum haben Aornos den Ort die Griechen benennet.

Diese Dichtung war natürlich, wo solche Ausdünstungen häufig sind. [...]
Hier bei Bauli sind die sogenannten elysischen Gefilde. Lieblich wie sie sind, wird derjenige, welcher sich an die Schönheiten der napolitanischen Gegenden gewöhnt hat, dieses Elysium nicht außerordentlich finden. [...] Aber wie hat man auch den Virgil so mißverstehen können? Wie dem weisen Dichter zutrauen können, daß er sein ganzes Schattenreich, den Acheron, den Styx, den Cocytus und den Phlegeton, den Ort der Verdammten, in den Avernus; die Gefilde der Seligen in die Weingärten, welche so genannt worden, versetzet habe? Der alten Fabel getreu setzet er freilich den Eingang des Schattenreichs in die Höle beim Avernus. Des tiefen Sees, seiner hohen Ufer, und der dichten Wälder Grauen, bereitete den Aeneas, bereitet nach Jahrtausenden Virgils Leser vor, auf die Schauer des unterirdischen Reiches. [...]

Wenn Virgil Ursache hatte, der alten Überlieferung zu folgen, das natürliche Grauen der Orte, und das religiöse Grauen der Volksideen über diese Orte, (*religionem loci*, wie er anderswo sagt) zu nutzen; wenn es ausgemacht ist, wie denn nichts mehr ausgemacht sein kann, daß der Eingang seines Schattenreiches am Avernus war; so scheint mir doch, wie viel Ansehen der Autorität sie auch haben mag, die Meinung derjenigen unbegründet, welche auch das homerische Schattenreich hierher versetzen. Da fast jede Hypothese durch Scharfsinn wahrscheinlich werden kann, so hat man auch diese wahrscheinlich zu machen gesucht [...].

Die Natur des Landes begünstigte das Vorurtheil. Die ausgetretnen, schädlichen, dunstverbreitenden Gewässer des Meeres und der Ströme; der damals feuerspeiende Epomeus auf der Insel Ischia; die schwefeldampfenden Hölen; die volkanischen Spuren dieser Gefilde, wo man immer auf Trümmern der Natur wandelt; die häufigen Erdbeben; endlich die Nachbarschaft aller Reize der Natur mit ihren Schrecken; alle diese nur hier vereinten Erscheinungen erregten und unterhielten des nahen Todtenreiches schauervolle Vorstellung; eines Reiches, in welchem, auch nach der homerischen Erzählung, die Wohnungen der Seligen an der Verdammten Behausung gränzten.

[...] Großer Schatten des erhabnen Dichters, aus dessen immer jugendlicher Phantasie die Schöpfungen der Ilias und der Odyssee aufblüheten, würdest du in dem bessern, nicht fabelhaften Elysium nicht lächeln, wenn du hörtest, daß nach dreitausend Jahren, weit hinter den Kimmeriern, welche du dir dachtest, gelehrte Leutlein, gelehrte Moscopeien, deiner Schattenwelt auf Homans Landcharte nachforschen, deiner Schattenwelt, welche du mit spät verkannter Weisheit aus dem Gesichtspunkte des kalten Vorwitzes hinaus in das zaubrische Helldunkel der Fabelwelt verlegtest, deren nichtiges Phantom, durch dich belebt, von emsigen Spürern, deren einziger Beruf das Spüren ist, für geographische Wahrheit gehalten wird?

* [Marg.:] Virg. Aen.VI, 237-42

Stolberg, Friedrich Leopold Graf zu: Reise in Deutschland, der Schweiz, Italien und Sicilien, 4 Bde., Tafelbd., Königsberg / Leipzig 1794, II, 317, 323-327, 330f. [Italienreise 1792]

Reisebericht 47

Jene nächtliche Religion

Karl Friedrich Benkowitz

Wir nahten uns ihr durch einen engen Fußsteig, hie und da mit Gebüschen umgeben, und fanden dann eine Oeffnung in dem Felsen, deren Ende man nicht entdecken konnte, weil es sich in schwarze Dunkelheit verlor. Indem wir in dieselbe eintraten, sah ich eine todte Katze vorn in der Höhle liegen. Der Cicerone ging voran. Um etwas zu sagen, erhob er seine Stimme, und sprach: *la Sybilla e una cattiva Donna*, die Sybille ist eine schlimme Frau. [...]
Wir mochten ungefähr funfzig oder sechzig Schritt weit in dem unterirdischen Gange vorwärts gedrungen seyn, und schon waren wir mit tiefer Dämmerung umgeben, als wir fünf oder sechs Kerl mit starken Schritten hinter uns her kommen sahen. Dieser Anblick hatte in unserer Lage etwas, das uns in Schrecken setzen konnte; denn wenn es Räuber waren, so befanden wir uns hier unentfliehbar in ihrer Gewalt. Vor uns eine unbekannte Höhle ohne Ausgang, hinter uns unbekannte Menschen, die uns mit geringer Mühe in diesem finstern Loche überwältigen konnten. Nichts leichter, als uns hier im stillen abzuschlachten, da wir ganz ohne Waffen waren, und uns wie die todte Katze hinzuwerfen; die Sybille von Cumae hätte nichts dagegen gehabt.
Aber so schlimm war es nicht gemeint. Die Kerl, die hinter uns herkamen, waren zu etwas anderm bestimmt: sie sollten unsere Reitpferde werden. – Reitpferde? – Ja! ja! Man höre nur, was weiter geschah. [...] Wir waren nicht lange mit unsicherm Schritt fortgegangen, als wir an ein unterirdisches Wasser kamen, das in einer geräumi-

Abb. 20 In der Sibyllengrotte am Avernersee.
Kupferstich aus: Benkowitz 1801, S. 101

gen Höhle den ganzen Boden bedeckte, und unsern Weg sperrte.
Hier fingen unsere Begleiter an, sich die Unterkleider auszuziehen, und unser Cicerone erklärte, daß hier die Bäder der Sybille wären, und daß wir uns müßten durchtragen lassen, um sie zu sehen. Was war zu thun? Meine Reisegefährten entschlossen sich dazu, und ich wollte nicht allein zurückbleiben. Wir setzten uns auf, und die Kerl trugen uns huckepack in das Wasser hinein. [...]
Aber ich muß gestehen, daß mir übrigens bei diesem Ritt gar nicht lächerlich zu Muthe war, und daß sich's auf einem Pferde, ja auf einem Esel, weit besser reiten läßt, als auf einem Kerl vom Cap Misene. Diese Leuthe stöhnten unter der Last, als wenn sie ihr erliegen wollten, wankten zu Zeiten und thaten, um ihren Dienst recht wichtig zu machen, so übel, daß man jeden Augenblick fürchten mußte, sie würden ihre Last ins Wasser fallen lassen. Wir ritten zu einigen Höhlungen oder Nischen in den Felswänden hin, und fanden hier wirklich große Tröge in Stein ausgehauen, die zum Baden dienen konnten, und die noch voll Wasser waren, aber mir schienen sie dennoch nicht bequem genug. [...]
Unsere Pferde stellten sich wieder ein, nachdem sie uns einige Zeit unsern Betrachtungen überlassen hatten; denn die Italiener lieben es sehr, die Fremden etwas Böses und Gefahrvolles muthmaßen zu lassen, um etwa durch Furcht mehr Geld zu erpressen. Wir ritten zurück; und da unsere Lastthiere sehr niedrig waren, so fegten unsere Mäntel und Oberröcke die unterirdischen Fluthen, und wir stiegen mit einer nassen Schleppe an dem jenseitigen Ufer ab. Ich war nun des Herumirrens unter der Erde so überdrüssig, daß ich gelobte, für heute keinen Fuß mehr in irgend eine Höhle zu setzen, und wenn es die Höhle des Trophonius wäre. Ueberhaupt aber beschloß ich, nie wieder unter der Erde herumzureiten, und rathe dies all meinen Lesern, wenn ja einer von ihnen in diese garstige Höhle kommen sollte [...].
Die Höhle scheint übrigens in Tuffstein gehauen zu seyn [...]; und daß hier Geheimnisse obwalteten, das beweist der Seitenweg in der Höhle zu den unterirdischen Badewannen, die eben so gut Lagerstätte seyn könnten. Vielleicht wurde hier eine *religio nocturna* getrieben, zu welcher die Priester aus dem Tempel des Pluto am Averno, und die Priesterinnen aus Cumae kamen. Man hat ja in neuern Zeiten ähnliche Gänge zwischen Mönchs= und Nonnen=Klöstern entdeckt; denn was jene nächtliche Reli-

gion betrifft, so sollen darin Franziscaner und Priester des Pluto, Nonnen und Sibyllen, die größte Ähnlichkeit mit einander haben.

Benkowitz, Karl Friedrich: Reisen von Neapel in die umliegenden Gegenden. Nebst Reminiscenzen von meiner Rückreise nach Deutschland und einigen Nachrichten über das letzte Erdbeben in Neapel, Berlin 1806, 99-105, Abb. S.101

Reisebericht 48

Ein Verschen kumisiert

Johann Gottfried Seume

Der Zugang zum Avernus ist noch jetzt romantisch genug, und der Eintritt in die sogenannte Grotte der Sibylle wirklich schön und schauerlich. [...] Man kann nichts romaneskeres haben, als den kleinen Gang von dem Averner See bis zum Eintritt in die Grotte, zumal wenn man den Kopf voll Fabel hat. Hier zündeten wir die Fackel an und gingen nun in dem Gewölbe hinter, bis man rechts tief hinunter in das Sakrarium steigt. Vermuthlich hat Virgil seine Erzählung nach diesem Orte gearbeitet; denn das *Facilis descensus Averni* scheint wörtlich hier weggenommen zu seyn. Es ging immer tiefer und tiefer, bis wir an ein etwas weites Gemach kamen, welches ziemlich voll Wasser war. Hier mußte ich mich auf den Rücken meines Führers setzen und hinüber reiten. Rechts und links fand ich hier einen langen Katalog von Neugierigen aller Nationen. Mein Name steht oben auf dem Erkta, wo die Karthager so brav und lange schlugen, der heiligen Rosalia auf der Nase; und damit genug. So ganz allein mit einem Wildfremden in dieser Höhle herum zu schleichen, meine Freund, macht doch etwas unheimlich.

Ein Schauerchen fuhr mir beym Fackelschein
Im Heiligthum durch das Gebein;
Das Wasser ging mir in der Höhle
Des Mütterchens bis an die Seele.
Mir ward so ernst und feyerlich,
Und voll von Ehrfurcht setzt' ich mich
An einem dreyfach dunkeln Flecke
Auf einen Stein in einer Ecke.
Mein Führer ließ mir eben etwas Zeit
Mit seiner Stromgelehrsamkeit,
Und machte sich zur Fahrt ins Licht bereit:
Da hab' ich denn in aller Stille
Die alte kumische Sibylle
Für Dich und mich um Rath gefragt;
Sie hat mir aber – nichts gesagt.
Mit Danke nahm ich ihr Orakel an,
Und glaube, sie hat wohl gethan.

Kaum hatte ich diese Verschen kumisiert, als mein Leiter mich aus meiner Andacht mit der Bemerkung drollig genug weckte: *Era questa Sibylla una grande putana; e era qui un gabinetto segreto, dove fece – –*. Hier brauchte er einige Töne, die in allen Sprachen ziemlich verständlich sind. Nun war meine Prophetin zugleich eine Zigeunerin. Was doch die Phantasie nicht alles macht, nachdem man nur die Sache ein wenig höher oder tiefer nimmt!

Seume, Johann Gottfried: Spaziergang nach Syrakus im Jahre 1802, Braunschweig / Leipzig 1803, 333-335

Reisebericht 49

Genug der Fabeln und Märchen

August von Kotzebue

In einem der umgebenden Felsen ist die sogenannte Grotte der Sibylle. Die Gelehrten streiten darüber, ob sie hier oder zu Cumæ ihre Orakel gegeben habe; mir gilt es gleich. [...] Ueberdies lohnt es nicht einmal der Mühe, denn man sieht da gar nichts; es wäre denn, daß man den Worten des Cicerone glaubte, der viel sieht. Man vermuthet, daß einst die Grotte zum bequemern Wege von Cumæ nach dieser Seite von Bajae diente. Vor einigen Jahren hat man einen zweiten Eingang derselben entdeckt, nach dem Lucriner-See sich neigend. Es bleibt aber immer schwer zu beweisen, daß sie mit den Grotten von Cumæ zusammen hieng. [...]
Auf dem Cap Misene und in den Steinhaufen, welche man Theater nennt, bin ich auch nicht gewesen, die Grotte von Traconara habe ich folglich auch nicht gesehen. – Aber warum nicht? höre ich den zürnenden Leser fragen. Was soll ich antworten? Mangel an Zeit, Bequemlichkeit, und – nur heraus damit? – Ueberdruß haben mich davon abgehalten. Ja wahrhaftig, man wird es endlich überdrüßig, bei jedem Schritt stehen zu bleiben, Steinhaufen anzugaffen, die nichts mehr ähnlich sehen, in Schlünden und Spalten herum zu kriechen, wo man nichts sieht, Fabeln und Mährchen anzuhören, die nichts bedeuten. Der plaudernde Cicerone erläßt dem Fremden keinen Stein, verspricht alle Augenblick ihm Gott weiß, welche Merkwürdigkeit zu zeigen, und ist man ihm nachgekrochen, so wird man doch wieder nichts anders gewahr, als dunkele Bilder,

welche die Erinnerung vor die Phantasie schieben muß, um die todte Gegenwart zu beleben. – Mit einem Worte, ich will nun keine Ruinen mehr sehen. Wenn man mich aber aufs Aeußerste treibt, so will ich alle diejenigen, die ich nicht gesehen habe, weitläuftig beschreiben. Das kann so schwer nicht seyn, haben es doch hundert Andere vor mir gethan.

Kotzebue, August von: Erinnerungen von einer Reise aus Liefland nach Rom und Neapel, 3 Bde., Berlin 1805, I, 350f., 357f.

Reisebericht 50

Unterirdische Kulte

Jean Hoüel

Einige hundert Schritte weiter gegen Norden der Stadt [Marsalla] steht die St. Johanniskirche, die auf der Höhle der Sibylle von Cumae gebaut seyn soll.
Die Sibyllengrotte.
Berühmter und anlockender für Fremde ist die Sybillengrotte, wovon man hier die Zeichnung beygefügt findet. Mitten in dieser dem heil. Johann geweihten Kirche führen zwey Treppen in jene 18 Fuß tief in Fels gegrabene Höhle.
Die eine von den Treppen scheint antik zu seyn, und der Ort selbst war ehemals prachtvoll, dies läßt sich noch aus dem mosaischen Pflaster schließen, wovon ein Theil um den Saal noch ziehmlich gut erhalten ist. Mitten im Saal ist ein kleiner viereckigter Brunnen, der in spätern Zeiten gegraben zu seyn scheint, um Wasser zum Gebrauch an bestimmten Festtagen zu erhalten. Dieses Wasser quillt unter der Erde [...] längs des Höhlengangs [...]. Der antiken Treppe gegenüber ist eine Art von Alkove, in welcher vielleicht die Sibylle schlief. Eine kleine viereckige, senkrechte Oeffnung im Winkel der Alkove mag wohl das geweihte Loch gewesen seyn, wodurch sie ihre Orackelsprüche von sich gab. Noch eine andere breitere Oeffnung diente wahrscheinlich, um die Priesterin hinabzulassen [...].
Ungeheuer ist hier der Zusammenschluß des Volkes am St. Johannistage; denn weder dieser Apostel, noch die Taufe, noch das Christentum und die Veränderung der Lehre und des Gottesdienstes haben den Ruf dieser Sibylle ganz vertilgen können. Am Abend vor dem Feste des großen Evangelisten strömen die Weiber der gemeinen Volksklasse schaarenweise hieher, um die alte Prophetin um Rath zu fragen, die aus dem Wasser, das im Grunde der Höhle fließt, für sie wieder aufzuleben scheint; sie erkundigen sich bei ihr: ob ihre Männer im vorigen Jahre keine Untreue begangen haben? und die Mädchen fragen, ob sie im künftigen keine Männer bekommen werden?
Um dies genau zu erfahren, trinken sie von dem Wasser, und gerathen durch ihre überspannte Einbildungskraft in eine Art von Rausch. Sie schreyen und rufen gewisse Worte über die Oeffnung des Kanals [...]. Da dieser Ort sehr schallend ist und Echo hat, so entstehen [...] verschiedene Töne, und die Weiber pflegen nun, nach ihren Wünschen, nach ihrem Verdacht, oder ihrer gegenwärtigen Laune, hieraus das Resultat zu ziehen [...].
Dieser Volksaberglaube ist sehr alt, und ich bin nicht der einzige Zeuge, der ihn bekräftigt. [...] Aberglaube scheint zuweilen Bedürfniß fürs Volk zu seyn. Gegenwärtiges Uebel, Bedürfniß seine Lage zu ändern, die Hoffnung besserer Zeiten, die Furcht vor widrigen Zufällen, vor Krankheit, Alter, alles dies bewegt furchtsame Seelen, ohne Ausbildung, ohne Kenntniß, ihre Zuflucht zu Weißsagungen, Ahndungen, Anzeigen und Betrügern zu nehmen, welche ein Spiel mit der Leichtgläubigkeit treiben.

Hoüel, Jean: Houels Reisen durch Sizilien, Maltha und die Liparischen Inseln. Eine Übersetzung aus dem großen und kostbaren französischen Originalwerke von J. H. Keerl Königl. Preuß. würkl. Regierungs- und Consistorialassessor, 6 Bde., Gotha 1797-1809 [Voyage pittoresque des isles de Sicile, de Malte et de Lipari [...], 4 Bde., Paris 1782-1787, dt.], I, 53-56 [Italienreise 1776-1779]

103

11 Zurück zu den Ursprüngen

Der *Mezzogiorno* blieb bis weit ins 18. Jahrhundert wenig besucht. Wer sich über Neapel hinaus wagte, mied zumeist den Kontakt mit Einheimischen. Geschichten von skrupellosen Banditen kursierten und schienen das Vorurteil von Italien, es sei „ein mit Teufeln besetztes Paradies" (Bartels 1787-1792, I, 15), zu bestätigen. Dieses Bild änderte sich aber seit den 1770er Jahren, als Reisende anfingen, Sympathie für die italienischen 'Lebenskünstler' zu empfinden und sich für das einfache Volk in lange isolierten Regionen zu interessieren. Dort schienen Bauern und Hirten noch ebenso der Natur verbunden wie in der klassischen Antike verwurzelt zu sein.

In den Tälern von Ispica und Pantalica im Südosten Siziliens war die überraschendste Beobachtung, daß die dortigen Grotten immer noch bewohnt waren. Auch in der römischen Campagna, in Kampanien, Kalabrien und Apulien fand man das gemeine Volk in den Höhlen. Begegnungen mit diesen 'Höhlenmenschen' gaben Anlaß zur Kritik des sozialen Elends; sie lieferten auch den Stoff für Anekdoten über Räubereien und furchterregende Begegnungen. Vor allem aber riefen diese Hirten, die wie ihre ersten Vorfahren in einfachsten Verhältnissen lebten, unwillkürlich die Hirten Theokrits und Horaz' ins Gedächtnis. Die kühlen Grotten, die ihnen als Wohnstätten dienten, entsprachen ganz den pastoralen Topoi, wie sie Salomon Geßner in seinen Idyllengedichten und -bildern wiederbelebte und die auch Hackert in seinen Landschaften aufgriff. Die Hirtengrotte als Metapher des Aufgehoben-Seins in der Natur entwickelte sich zum Sehnsuchtsmotiv. Vivant Denon begibt sich in einem Tagtraum zurück in jene Zeit, als der Mensch noch im Einklang mit der Natur lebte (R. 51). Daß sich der zivilisierte Norden von diesem Leben allzu weit entfremdet hat, ist ihm ebenso bewußt wie Daniel Chodowiecki. In einer Zeit, als Ethnologen eine enge Verwandtschaft von Homers Griechen mit den Wilden Nordamerikas entdeckten und Tahiti-Reisende ihre Fahrt als eine Art *Grand Tour* in die Antike betrachten konnten (vgl. Kohl 1986, 208ff.; Moravia 1989, 219ff.), sah man sich auch in Süditalien in eine verloren geglaubte Vergangenheit zurückversetzt. Parallel zur Wiederentdekkung der am Vesuv konservierten Antike und zur Neuerschließung der griechischen Altertümer Siziliens verklärte man das archaische Hirtendasein als lebendiges Zeugnis der bis in die Gegenwart hineinreichenden antiken Welt.

FE

101
Claude-Louis Châtelet
(1749/50-1795)

Ansicht der Grotten im Tal von Ispica

Aus: Jean-Claude Richard Abbé de Saint-Non. Voyage pittoresque ou description des Royaumes de Naples et de Sicile. 4 Bde., 1781-1786, IV/2, Nr. 124, nach S. 312

Paris 1786

Kupferstich von Jean Mathieu, 24,5 x 35 cm

Bez. u. l.: „Dessinée par Chatelet.", darunter: „N°124 Sicile", u. r.: „Gravée par Mathieu", darunter: „A. P. D. R.", mittig: „Vue d'une partie des Grottes de la Vallée d'Ispica / Située dans la Val di Noto près de Syracuse."

Niedersächsische Staats- und Universitätsbibliothek Göttingen, Sign. GR ITIN I, 945

Universitäts- und Stadtbibliothek Köln, Sign. GG14 / 335

101

1727 in Paris geboren, ließ sich Saint-Non 1759 von seinen Pflichten als Diakon und Jurist beim Parlament entheben, um 1760/61 nach Italien zu reisen, wo er in engem Kontakt zu Hubert Robert und Jean-Honoré Fragonard stand. Das 1776 von Saint-Non zusammen mit Benjamin Laborde (der sich 1778 zurückzog) begonnene Publikationsprojekt einer *Voyage pittoresque* sah zunächst fünf Bände zu Gesamtitalien und einen zur Schweiz vor, wurde dann aber auf Süditalien beschränkt. Als Leiter der Redaktion in Paris griff Saint-Non für die Radierungen der *Voyage pittoresque* auf einige ältere Bildvorlagen von Vernet, Robert, Fragonard (vgl. Kat.Nr. 67), Paris, Cassas u.a. zurück. Die 61 Stecher, die er schließlich beschäftigte, arbeiteten die 411 Illustrationen aber größtenteils nach Vorlagen, die eine 1777/78 in seinem Auftrag reisende Gruppe von Künstlern unter der Führung von Dominique Vivant Denon lieferte (vgl. Lamers 1991; Lamers 1995).

Châtelet, Landschaftszeichner in der von Denon angeleiteten Equipe, sollte auch jene unbekannten Gegenden festhalten, deretwegen Saint-Non an seine Leser appellierte, die ausgetretenen Pfade zu verlassen und sich ins Innere Siziliens aufzumachen. Die Ansicht der östlich von Módica gelegenen Höhlenstadt Ispica zeigt im Vordergrund neben lokalen Führern die Künstler bei der Arbeit. Die ältesten der Höhlen in dieser außergewöhnlichen Schlucht waren Saint-Non nur als Zufluchtsorte eines Volkes denkbar, das nicht anders Schutz und Verteidigung gefunden habe, als sich hier in den Fels zu graben. Zum Teil wurden die Höhlen offensichtlich als Wohngrotten angelegt, und sie wurden weiterhin als solche benutzt.
Die hier hausenden Troglodyten bezeichnet Saint-Non als „genauso wild wie ihre Vorfahren" (IV/ 2, 316: „[...] aussi farouches que leurs ancêtres"). Während Jean Hoüel über die Kulturstufe der von Milch, Früchten, Kohl und Tauschgeschäften mit Fellen lebenden Hirten spekuliert und diese sowohl mit den Hirten zu Zeiten des Homer als auch mit amerikanischen Wilden vergleicht (vgl. Hoüel 1782-1787, IV, 1f.), gibt Saint-Non eine sachliche Beschreibung. Hierfür hat er bei der Redigierung von Denons Reisetagebuch, das dem Text der *Voyage pittoresque* zugrundeliegt, dessen zivilisationskritisches Traumbild vom Naturmenschen (R. 51) zu einer Schilderung des gegenwärtigen Hirtenlebens gemacht. Der Abbé wollte ein vollgültiges Nachschlagewerk zu Süditalien vorlegen, das der Zeugenschaft des Reisenden Denon bedurfte. Denons persönliche Assoziationen und literarische Ambitionen aber fanden in ihm nur bedingt Platz, woraufhin dieser sein Journal 1788 als *Voyage en Sicile* gesondert veröffentlichte.
FE

102

Großartige und Furchtbare sich mit dem Angenehmen verbindet“ (ebd.: „[...] une variété infinie de points de vue les plus pittoresques, où le grand, le terrible est joint à l'agréable“).
FE

102
Louis-François Cassas (1756-1827)

Ansicht der Grotten von San Pantarica im Val di Noto

Aus: Jean-Claude Richard Abbé de Saint-Non. Voyage pittoresque ou description des Royaumes de Naples et de Sicile. 4 Bde., 1781-1786, IV/2, Nr. 129, nach S. 332

Paris 1786

Kupferstich von Emmanuel J. N. de Ghendt, 18,5 x 24 cm

Bez. u. l.: „Dessinée par Cassas.“, darunter: „N°129 Sicile“, u. r.: „Gravée par de Ghendt“, darunter: „A. P. D. R.“, mittig: „Vue des Grottes de San Pantarica dans le Val di Noto, / près du Lieu où étoit autrefois l'antique ville d'Erbessus“

Niedersächsische Staats- und Universitätsbibliothek Göttingen, Sign. GR ITIN I, 945

Universitäts- und Stadtbibliothek Köln, Sign. GG14 / 335

Wer statt des Küstenwegs von Syrakus den westlichen Weg ins Inselinnere nahm, stieß im schluchtartigen Tal des Ánapo auf eine unglaubliche Anzahl von Höhlungen, die Saint-Non als Nekropole des antiken Erbessus erkannte, eine (nach heutigem Wissen seit dem 13. Jh. v. Chr. bestehende) Siedlung der voritalischen Sikuler. Im Vordergrund stehen für ihn aber weniger antiquarische Gelehrsamkeit als ästhetische Betrachtungen der teils natürlichen, teils künstlichen Höhlen in ihrem landschaftlichen Kontext. Saint-Non legt die Gegend von Pantálica dem Reisenden, besonders aber dem Maler ans Herz, da sie eine „Reihe von unendlich kuriosen und interessanten Landschaften“ biete (IV/2, 335: „[...] une suite de Paysages infinement curieux & intéressans“). Die Illustration nach einer 1784 angefertigten Zeichnung von Louis François Cassas (vgl. Kat. Cassas 1994, 84ff.) stellt dem Leser vor Augen, was Saint-Non als die Komponenten einer malerischen Landschaft aufzählt: tief einschneidende Bäche, zerklüftete Felsen, üppige Vegetation zwischen den Steinen, die Zufälle von Licht und Schatten. Es gebe hier „eine unendliche Vielfalt pittoresker Aussichtspunkte, wo das

103
Johann Heinrich Wilhelm Tischbein (1751-1829)

Die Stärke des Mannes (Vernunftbild)

Kopie von Ferdinand Jagemann (1780-1820) und Woldemar Reichenbecher
Aquarell über Feder in Grau und Schwarz, 50,6 x 65,5 cm
Bez. u. l.: „nach W. Tischbein in Neapel von F. Jagemann und W. Reichenbecher in Weimar“
Frankfurter Goethe-Museum, Inv.Nr. III-15413

Abb. des Originals siehe Seite 170

In Rom entstand 1786/87 Tischbeins *Vernunftbild*, auch *Die Stärke des Mannes* genannt, das die aufsteigende Evolution des Menschen zum Inhalt hat oder in Tischbeins Worten besagen soll, „daß der Mensch durch die Gabe der Vernunft Herrscher über alle Geschöpfe ist“ (Tischbein 1861, II, 245). Goethe, der damals bei Tischbein am Corso wohnte, merkt in der *Italienischen Reise* an, daß dessen „Gedanken auf die ersten Zeiten des menschlichen Geschlechts geführt worden [seien], da, wo es sich auf die Erde gesetzt fand und die Aufgabe lösen sollte, Herr der Welt zu werden“ (Goethe, WA I, Bd. 30, 208). In Tischbeins allegorischer Komposition hat der Mensch – in Gestalt zweier muskulöser Männer – dieses Ziel durch die Unterwerfung des Tierreichs erreicht. Die „Naturmenschen“ werden zwar in archaischer Nacktheit gegeben, doch ihre Körperbildung nach dem klassizistischen Antikenideal spiegelt bereits ihre

104

Würde. Vorbei an einer Felsenhöhle, die seitwärts den Horizont versperrt, reiten sie einer freien Sicht entgegen. Die Höhle, die sich in undurchdringlichem Dunkel hinter ihren Köpfen auftut, ist nicht nur als Ort wilder Tiere gedacht, sondern verweist als Topos unmittelbar auf die Herkunft des Menschengeschlechts: Kam es doch aus Höhlen und Grotten, die ihm in vorkultureller Zeit als Schutz und Wohnung dienten. An diese Urbehausung erinnert Tischbein mit der demonstrativ ins Bild gerückten Höhle, von der sich der Mensch auf dem Weg seiner Entwicklung entfernt.
Die Komposition, die Tischbein selbst sehr geschätzt hat, existiert in mehreren Fassungen (vgl. Reindl 1999, dessen These, es handle sich um Kastor und Pollux und damit um ein implizites Bild des Freundespaares Tischbein und Goethe, allerdings nicht übernommen werden kann). Das Frankfurter Goethe-Museum besitzt das erste, 1787 in Rom entstandene Gemälde (Abbildung siehe Seite 170). Die Kopie folgt einem wenig abweichenden Aquarell, das Tischbein 1790 in Neapel angefertigt hat (Landesmuseum Oldenburg).
PM

104
Daniel Chodowiecki (1726-1801)

12 Blätter zur Geschichte der Menschheit nach ihren Culturverhältnissen

1784

Radierungen, je 8,7 x 5,1 cm

Bildlegenden u. mittig:
1 „Etat primitif de l'homme.";
u. r.: „D. Chodowiecke del. et fc."
2 „Etat du premier Chasseur et buerrier."
3 „Vie pastorale."
4 „Origine de la Société."
5 „Progres de la Société."
6 „Origine des Etats."
7 „Etat policé."
8 „Progrès des Arts."
9 „Propagation des Arts et des Sciences."
10 „Raffinement dans la Culture des Arts."
11 „Culture des Arts dègènèrè."
12 „Suites de la Culture des Arts dègènèrè."

Staatsgalerie Stuttgart, Graphische Sammlung, Inv.Nr. A 43276 – A 43287

Die Annahme, daß die Menschheit nacheinander die Stadien des Jagens und Fischens, des Hirtentums und Ackerbaus durchlief, war im 18. Jahrhundert verbreitet und geht im Kern bis auf Varro (*Drei Bücher von der Landwirtschaft*, 37 v.Chr.) zurück. Daniel Chodowiecki illustrierte diese Stadien in einer Folge von 12 Monatskupfern für den Göttinger Almanach. Er beginnt mit dem „ganz wilden Zustand" des Höhlenbewohners: „In diesem allerersten Zustand ist der Mensch nichts mehr als ein Thier, zwar fähig zu allem, aber noch ohne alle Entwicklung, welches erst mit der Zunahme seines Geschlechtes und der darin gegründeten Sprachfindung eintritt" (zit. nach Wormsbächer 1988, 113f.). Durch knappe Bildunterschriften und ausführliche Texte kommentiert, führen die weiteren Kupfer die Kulturgeschichte als „Stufengang" vor. Von der primitiven Wohnhöhle über die zivilisierten Räume der Entfaltung von Religion, Wissenschaften und Künsten bis zur Lasterhöhle der entarteten bürgerlichen Zeitgenossen zeichnen sie eine polemisch zugespitzte „Geschichte des ganzen Geschlechts".
Chodowiecki gesteht die Modellhaftigkeit dieses Geschichtskonstrukts ein, und doch verrät die Bemerkung, daß „die Geschichte jedes bekannten Volkes [...] mit einer Art von wildem Zustand" anfange, einen hohen ethnologischen Reflexionsgrad. Er geht zwar nicht explizit auf zeitgenössische Forschungen ein, die bei 'wilden' Völkern der Gegenwart Kulturstufen nachwiesen, die man für längst passé gehalten hatte (vgl. Glacken 1967, 587ff.). Deren Ergebnisse scheinen aber der bildlichen Darstellung des „halbwilden Zustandes" im zweiten Kupfer zugrundegelegt. Vor dem Hintergrund der breit geführten Debatte um den 'edlen Wilden' mußte Chodowiecki mit einer spontanen Identifikation seiner federgeschmückten Jäger und Krieger rechnen: Als Querverweis auf gängige Bilder von zeitgenössischen amerikanischen 'Wilden' verstanden, führen sie ein gegenläufiges Moment in Chodowieckis chronologische Reihe ein und öffnen diese für Anregungen durch die vergleichende Kulturanthropologie.
FE

105
Johann Heinrich Lips (1758-1817)

Der Mittag

Aus der Folge der „Vier Tageszeiten" (1793-1805), Blatt 2
1805
Aquatintaradierung, 20,4 x 26,3 cm
Bez. u. l.: „H. Lips fec.",
darunter mittig: „Der Mittag"
Frankfurter Goethe-Museum,
Inv.Nr. III-15334 b

Als *Folge der 4 Tageszeiten in Arkadischen Schäfer-Scenen* kündigte das Journal des Luxus und der Moden 1793 (263f.) die Blätter an, von denen gerade *Der Abend* erschienen war. Lips greift bewußt das Thema der arkadischen Idylle auf, die, ausgehend von Theokrit und Vergil, ein ursprüngliches Hirtendasein schildert, das aus der Distanz mythisch-poetisch verklärt und seit der Renaissance in antikisierender Form dargestellt wird. Mit der traulichen Wiedergabe des Hirtenpaars bei den einfachen Verrichtungen im Lauf seines Tages knüpft Lips an die Idyllen Salomon Geßners an, wählt jedoch eine strengere, klassizistische Form der Darstellung. Beim *Mittag* wird der Blick auf eine arkadische Ideallandschaft, die

105

der Campagna gleicht, vom Eingang einer Höhle gerahmt, in deren Schutz sich das Paar während der heißesten Zeit des Tages zurückgezogen hat. Die Schatten und Kühle spendende Höhle gehört zum Grundmuster der Bukolik; so spielt sie als Nymphengrotte, in die sich die Liebenden gern zurückziehen, eine wichtige Rolle bei *Daphnis und Chloe*, dem griechischen Schäferroman von Longos. Geprägt hat den Topos freilich schon Homer in der *Odyssee* mit seiner Beschreibung der schön umwachsenen Grotte der Kalypso (vgl. Maisak 1981, 17-27).
PM

106
Salomon Geßner (1730-1788)

Tempel am Wasser

Nr. 3 aus einer Folge von 12 Blättern
1767/ 68
Radierung, 16,5 x 20,3 cm Plattenrand
Bez. u. l.: „S. Gessner.", u. r.: „3"
Goethe-Museum Düsseldorf,
Inv.Nr. NW 1251c/1971

Der Schweizer Salomon Geßner zeichnete sich durch eine außergewöhnliche Doppelbegabung aus. Er wollte zunächst Maler werden, wurde dann als Idyllendichter international berühmt und widmete sich ab Mitte

106

der sechziger Jahre fast ausschließlich der Malerei. Bäume, Wasserfälle, Felsen, Brunnen, Denkmäler, Lauben, Hütten und antikische Landhäuser zählen neben figürlichen Motiven zu Geßners Repertoire. „Weil er durch seine poetische Auffassung der Natur ein Wegbereiter der Romantik war, hat Geßner von allen Schweizer Künstlern des 18. Jahrhunderts am weitesten gewirkt, und zwar weniger durch seine meisterhaften Gouachen als durch seine technisch minder vollkommenen Radierungen, die jedoch das Gedankliche seiner Kunst ebensogut übermitteln konnten [...]" (Börsch-Supan 1988, 112).
Die Radierung besteht aus zwei unterschiedlich gestalteten Bildhälften, die in Proportion und Thematik auch unabhängig voneinander betrachtet werden könnten: auf der linken Seite sind es Rinder und eine Ziege, die sich in einem flachen Gewässer an einem von Bäumen bestandenen, schilfbewachsenen Ufer bewegen. Die rechte Bildhälfte bietet einen nach vorn hin verfallenen und daher halb geöffneten Rundtempel, von dem aus eine flache Treppe zu dem Gewässer führt. Auf zwei mächtigen steinernen Sockeln liegen sphinxähnliche Geschöpfe. Zwei ins Gespräch vertiefte Gestalten, eine Frau und ein Mann, sitzen und stehen nah am Wasser unterhalb der Treppe. Der markante Einbruch in die Tempelwand, von Pflanzen mit der Zeit kranzförmig umwachsen, gewährt Einblick in ein Relikt aus alter Zeit. Spärlich beleuchtete Wandbilder zeigen Dialogsituationen zwischen Menschen, darüber wölbt sich eine kassettenartig ausgestaltete Kuppel, die mit einem rundlaufenden Fries aus Girlanden abschließt. Die linke der steinernen Wächterinnen scheint derart verlebendigt, daß sich der Betrachter unmittelbar angeschaut fühlt. Auch die beiden Menschen, die sich außerhalb des versteckt liegenden, steinernen Tempelbezirks befinden, sprechen miteinander. Dennoch achtet der Hirte aufmerksam auf seine Tiere. Gegenwart und steinernes Zeugnis der Vergangenheit fügen sich in der Natur harmonisch zusammen. Das Gespräch zwischen Menschen ist hier das verbindende, einheitsstiftende Moment. Das einfallende Licht ist so gestaltet, daß die rechte Sphinx den hellsten Punkt bildet und damit die Darstellung im Tempel mit dem Gespräch der jungen Leute optisch in Verbindung bringt. Von dem verwunschenen Ort gelangt der Blick des Betrachters über den Wasserlauf in eine lichte Hintergrundlandschaft.
HS

107
Salomon Geßner (1730-1788)

Der Brunnen in Arkadien

1805-1807
Radierung von Wilhelm Kolbe d.Ä.,
35,4 x 28,9 cm
Bez. u. l.: „Peint par Salomon Gessner",
u. l.: „Gravé par Guil. Kolbe.",
mittig: „La Fontaine en Arcadie",
darunter: „Le Tableau en gouache
se trouve dans le cabinet de la
famille Gessner"
Frankfurter Goethe-Museum,
Inv.Nr. III-15137

Als Dichter und Maler schuf Geßner arkadische Idyllen, deren empfindsame Interpretation eines ursprünglichen Hirtenlebens große Wirkung entfaltete. 1805-1807 reproduzierte Kolbe (1757-1835) im Auftrag der Geßnerschen Buchhandlung in Zürich eine Reihe seiner Gemälde. Obwohl er Italien nie besucht hat, imaginiert Geßner arkadische Landschaften, die italienische Züge tragen, so auch bei dem Brunnen, um den sich drei antikisch stilisierte Figuren, ein

Hirte und zwei Frauen, gruppieren. Die Brunnenfassung ist als gewölbte Nische in einen überwachsenen Felsen einbezogen und wird von der Skulptur einer liegenden Nymphe bekrönt. Das Motiv schließt sich an die alten Nymphenheiligtümer an, die in der Antike aus natürlichen Grotten am Wasser hervorgingen und mit Bildern von Nymphen und mit Weihegaben geschmückt waren. Diese feuchten, schattigen Nymphäen, die – wie auch die Höhlen Pans – von den Hirten besonders verehrt wurden, sind ein wichtiges Element der Bukolik und aus Geßners Repertoire nicht wegzudenken. Im Landschaftspark des 18. und 19. Jahrhunderts werden Nymphengrotten und Nymphenbrunnen zu einem beliebten Gestaltungselement, das Arkadien evoziert.

PM

107

108
Johann Christian Reinhart (1761-1847)

Satyr und Nymphe

Aus der Folge „Die Landschaften im heroischen Stil"
1799
Radierung, 19,7 x 27,6 cm
Bez. u. l.: „J. C. Reinhart inven. et fec. Romae 1799"
Frankfurter Goethe-Museum, Inv.Nr. III-14108

108

Das Thema einer mythisch-poetischen Urzeit beschäftigte Reinhart, der in seiner Jugend antike Autoren las und mit Schiller befreundet war, schon früh. In Italien durchdrang sich seine literarische Vorstellung von Arkadien und dem Goldenen Zeitalter mit seinem realen Erlebnis des klassischen Bodens, und es entstanden ideale Landschaftsbilder, die entweder

eine idyllisch-schöne oder eine heroisch-erhabene Natur schildern. Letzteres dominiert in der Radierung mit Satyr und Nymphe (Feuchtmayr 1975, 83, 402; vgl. Schmid 1998, 278f.); die bildfüllende, urwüchsige Szenerie mit dem Sturzbach ergibt in ihrer elementaren Kraft eine passende Kulisse für die mythischen Naturwesen. Der triebhafte Satyr versucht halb gewaltsam, sich eine widerstrebende Nymphe gefügig zu machen und in seine Höhle zu ziehen – eine erotische Konstellation, die aus der Bukolik bekannt ist und meist mit der Rettung der Nymphe endet. Die Höhle erscheint hier als archaisches Versteck und Ort animalischer Lust. Den Naturgottheiten wurden aber auch Höhlen als Heiligtümer zugeordnet; so besaß Pan Heiligtümer in Berghöhlen, während die Nymphen in Grotten am Wasser, den Nymphäen, verehrt wurden.
PM

109

109
Jakob Philipp Hackert (1737-1807)

Zwei Bäume im Tal von La Cava

Aus der „Suite des IV vues dessinées dans la Roiaume de Naples et gravées par Ja. PH: Hackert à Rome 1779 / Dediée à Monsieur Reiffenstein [...] Se vend chez George Hackert à Rome Place d'Espagne", Blatt 2
1777
Radierung, 42,3 x 34,6 cm
Bez. o. l.: „No. 2.", u. l.: „Philipp Hackert f 1777.", mittig: „à la Cava"
Frankfurter Goethe-Museum, Inv.Nr. III-14215

Der Landschaftsausschnitt aus dem Flußtal bei Cava dei Tirreni, einer bekannten Sommerfrische (vgl. Kat.Nr. 34), konzentriert sich ganz auf das zentrale Motiv einer von Efeu umrankten Eiche, ist also Hackerts Baumbildern zuzurechnen (Krönig / Wegner 1994, 35f.). Zugleich wird eine Grundsituation arkadischer Idyllik geschildert: Ein Hirte, dessen Stand zeitlos ist und zu den Ursprüngen menschlichen Seins zurückführt, lagert mit seiner Ziegenherde an einem *locus amoenus*. Dieser sprichwörtliche „liebliche Ort" der Bukolik weist stets dieselben landschaftlichen Elemente auf, die für Hirt und Herde wichtig sind: einen Rasenplatz, schattige Bäume und ein Gewässer. Dazu kann noch eine Höhle oder Grotte kommen, wie Hackert sie im Hintergrund andeutet. Sie dient Naturgottheiten als Kultstätte oder ist ein Aufenthaltsort der Hirten, die Schutz vor Unwetter und Hitze suchen. Den Topos der Grotte in Arkadien prägt Vergil in seiner fünften Ekloge, in der die Hirten den Tod des Daphnis besingen und eingangs die Frage stellen, „ob in den Schatten wir gehn, wenn Westwind weht durch die Wipfel, / oder die Grotte vielleicht. Schau, wie den Eingang zur Höhle / wilde Reben umranken, mit spärlichen Trauben behangen".
PM

110

110
Jakob Philipp Hackert (1737-1807)

Ansicht der Ziegen-Höhle bei der Quelle auf dem „Mons Lucretilis"

Aus der Folge der „Zehn Aussichten von dem Landhause des Horaz", Nr. 10
1780
Gouache, 32 x 44 cm
Bez. u. l. (im Felsen): „Ph. Hackert f. 1780. La grotte de Chevres sur le Mont Lucretilus"
Goethe-Museum Düsseldorf, Dauerleihgabe der Bundesrepublik Deutschland, Inv.Nr. NW 1805/1982

Der aus zehn Gouachen bestehende Zyklus der *Aussichten von dem Landhause des Horaz* vermittelt Hackerts Fähigkeit, Landschaften und ihre Elemente, Natur, Mensch und Tier, aus einer bestimmten Perspektive zu erfassen. „In der Nähe der Fonte Bello lag die sogenannte Ziegenhöhle, das letzte Ziel der 'malerischen Wanderung' Hackerts. Man erkennt den Eingang der Höhle in einem enormen Felsmassiv, davor tummeln sich die Ziegen, während ihre Hirten mit Holzarbeiten beschäftigt sind. Auch dieses letzte Bild des Zyklus vermittelt dem Betrachter eine Vielzahl von visuellen Daten, die vom schweifenden Blick nach und nach erfaßt werden [...]. Als wolle der Maler andeuten, daß die Reise durch die horazischen Gefilde hier ein Ende gefunden habe, wird das Bild von keinem Wagen durchzogen. Zwar könnte eine der Ziegen durchaus zwischen dem großen Baum und der fernen Felswand hindurch die Wiese hinablaufen und einen Weg aus dem Bild hinaus finden, doch wird der Betrachter hier nicht mehr auf andere Orte verwiesen, die über aus dem Bild hinausführende Pfade erreicht werden könnten" (Nordhoff 1994, Nr. 153). Die Ansicht der Ziegenhöhle ist „besonders aufschlußreich für die differenzierte Gestaltung der figürlichen Staffage. [...] Die vielgestaltige Ziegenherde steht vor der Höhle geschart um die beiden Hirten, die in ihrer Tätigkeit und mit ihren einfachen Geräten, einer Feuerstelle und eines Tisches anschaulich und eindrucksvoll vor Augen gestellt werden" (Krönig 1983, 10).
HS

Aus den Reiseberichten

Reisebericht 51

Unschuldige Hirten – ein Rückkehrtraum

Dominique Vivant Denon

Die Anmut des Tals [Val d'Ispica bei Syrakus] tat mir wohl, und als ich noch suchte, ob es Besonderheiten berge, stieß ich bei näherem Hinsehen auf der Südseite, die durch Winddruck am meisten mitgenommen war, auf eine Unmenge kleiner Räume, die bei einer Höhe von zehn bis zwölf Fuß übereinander in den Felsen eingeschnitten waren. Einen Augenblick lang wollte es mir scheinen, als könnte es sich um eine natürliche Folge der Beschaffenheit des Felsens, um einen unterschiedlich starken Verfall seiner einzelnen, unterschiedlich brüchigen Schichten handeln, doch kam ich davon schnell wieder ab, denn bei genauer Betrachtung vermerkte ich Spuren von Werkzeugen auf einem Stein von gleichmäßiger Härte, außerdem fand ich ebenso viele Türen wie Zimmer, sämtlich gleich groß, fast immer ohne Verbindung zueinander, von gleichem Zuschnitt, gleicher Machart, gleicher Anordnung und gleichem Zweck gewidmet. [...] Erstaunlicherweise fand ich in diesen rustikalen Heimstätten irdene Fragmente von griechischen Gefäßen größter Feinheit [...]. Wie ich feststellte, waren einige dieser Rückzugsorte noch immer bewohnt, die Gebräuche die gleichen geblieben, und aus den Einwohnern trat mir derselbe ungesellige Zug entgegen, der den Ort wild und einsam erscheinen ließ. Die Kinder flohen meine Person, wenn ich mich nur näherte, und brüllten vor Verzweiflung, sobald sie sahen, daß ich in die Zelle ihres Vaters eintrat, trotz aller Freundschaftsbezeugungen, mit deren Hilfe ich ihnen etwas Vertrauen einzuflößen mich mühte. [...] Man stößt noch auf ein paar Schäfer, die dort hausen und aus den Gegebenheiten denselben Nutzen ziehen, ohne irgend etwas zu verändern. Sie sind nicht minder wild als ihre Vorfahren, sie leben von Milch, Früchten und dem Kohl, den sie im Talgrund anbauen, sie binden ihre Kühe und Ziegen noch an denselben Orten, denselben Ringen an, sie schlafen am selben Platz und zeigen gegenüber Menschen, die einen Rock tragen, dieselbe Furcht, wie sie die Ureinwohner dieses Ortes gegenüber jemandem gezeigt haben mögen, der ihnen in fremder Tracht begegnete. Noch heute halten sie Auswärtige, wofern sie zufällig auf solche stoßen, für Zauberer auf der Suche nach einem Schatz. Unsere Führer ließen denn auch die mitreisenden Zeichner nicht allein, da deren Tätigkeit den guten Leuten offenbar als irgendeine nekromantische Verrichtung erschien. – Ich ging allein weiter und durchstreifte jene einsamen und wilden Örtlichkeiten. Dabei konnte ich mich nicht der Träumerei enthalten. Meine Einbildung versetzte mich in die Zeiten zurück, in denen das Tal noch von den einfältigen Leuten bewohnt war, die von der Milch ihrer Herdentiere lebten und sich in ihre Felle kleideten. Ich sah sie damit beschäftigt, ihre Ziegen zu melken und sie in ihren Löchern zusammenzutreiben, sah sie mit ihrer Kindeslast oder mit einem Zicklein, das sie nicht bei seiner Mutter lassen wollten, nach oben in die darüberliegenden Stockwerke steigen. Ich sah sie vor mir, auf Laub sitzend, wie sie ihre Mahlzeit am Ufer der schönen Quellen einnahmen, ohne andere Notwendigkeiten zu ahnen, anderes zu wünschen als daß die Erde sich ihren Augen und Händen darbiete. Und als ich mich von diesem Bild des naturwüchsigen Menschen dem gegenwärtigen Zustand des heutigen Städtebewohners zuwandte, der bei der Fabrikation von Speiseeis und Wandteppichen angelangt ist, dabei aber vergessen hat, wie man Brot macht und Bretter fertigt, als ich derart den Blick von diesen einfachen Behausungen auf die unserer kleinen Mätressen in Paris lenkte, mußte ich den ungeheuren Raum bewundern, den Sitten und Gesellschaftsformen in der menschlichen Phantasie zurückzulegen imstande sind, und die ungeheure Zeit, derer es bedurfte, um all die Veränderungen herbeizuführen, um auf der Suche nach dem Glück nur neues Mängelbewußtsein hervorzutreiben, ja nach und nach sich ein Bedürfnis nach dem Überflüssigen zu schaffen, bis es schlußendlich nicht mehr möglich ist, unter den Erzeugnissen des gesamten Universums das Notwendige auszumachen. – Wie ich mich so meinen Gedanken überließ, achtete ich nicht des zurückgelegten Wegs noch des Sonnenuntergangs. Ich hatte mich von meinen Gefährten weit entfernt und mußte mich eilen, um sie wiederzufinden. Mir war sehr heiß, als ich wieder aufs Pferd stieg, und so verkühlte ich mich zur gesundheitsschädlichsten Tageszeit, noch dazu in einer Gegend mit schlechter Luft. In *Rosalini* kam ich mit unerträglichen Kopfschmerzen an. Niemand von uns fand in dieser Nacht Schlaf.

Denon, Dominique Vivant:
Voyage en Sicile, Paris 1788, 226-33
[Italienreise 1777/78; Übers. WB]

Abb. 21 Carl Gotthard Graß. Pantalica. *Aus: Graß 1815, Taf. 12*

Reisebericht 52

In malerischer Hinsicht

Carl Gotthard Graß

In dem ganzen ausgedehnten Umfang dieses ernsten, an manchen Orten schauerlichen, nirgends reizenden Felsengrundes [von Pantalica] finden sich höher oder tiefer in den Stein gehauen, gegen viertausend größere oder kleinere Kammern, deren eigentliche Bestimmung noch immer nicht völlig ausgemacht ist. [...]
Grotta di Bottigleria [...] die einzige, die in malerischer Hinsicht Interesse hat. Ihre Oeffnung ist ansehnlich; sie hat einen freien Zugang und vor ihr steht ein Orangenbaum. Die Gegend um diese Grotte, wo der Weg durch den Bach läuft, ist die malerischste des ganzen Pantalica-Thales. Hier sieht man Felsenmassen von gelb und rotbrauner Farbe reich von Epheu umwunden. Das spiegelhelle Wasser, das sich in kleinen reizenden Fällen aus dem Quellengrunde ergießt, ist an seinem steinigten Ufer von dunklen Oleanderständen und anderm zarten Gesträuch oder Pflanzen umgeben. Wilde Feigensprößlinge drängen sich an dem Gestein hervor. An dem Abhang des grünen Uferhügels blüht der vollbüschichte Hollunder. Ein brauner Pfad führt zur Höhle, Tabakspflanzen mit rother Blüthe schmükken den Eingang.- Auch malerische Figuren fehlen dem Bilde nicht. Mädchen mit aufgeschürzten Röcken, die aus der Höhle kommend, Bürden auf dem Kopf tragen, durchwaten den hellen Bach. Auf den breiten Felsenstücken jenseits lagert ein Hirt mit seiner Ziegenherde. – Das Ganze aber wird von vielen in den Himmel steigenden Felsenwänden beherrscht, in welchen man eine Menge viereckigter und oblonger, dunkler Oeffnungen in verschiedenem Grad der Höhe erblickt. – Ich habe diese detaillierte Schilderung hergesetzt, um den Unterschied sichtbar zu machen, den selbst der wildeste Felsengrund in Sizilien, vor andern Gegenden, zum Beispiel der Schweiz, behauptet. [...] gehört in jedem Fall zu einem der merkwürdigsten Dinge, die man in Sizilien sehen kann.- Lebhaft empfinde ich noch den seltsamen Eindruck, als ich in der ernsten Stille dieser weitgedehnten Todesgruft die zahllosen Oeffnungen [...] erblickte, einer egyptischen Hieroglyphen-Schrift gleich aus vorigen Jahrtausenden, die niemand mehr entziffern kann, die aber unbezweifelt das Dagewesenseyn von Menschen und Zeiten bezeugt, die von Menschen und Zeiten, die wir kennen, ganz verschieden waren.

Graß, Carl [Gotthard]: Sizilische Reise, oder Auszüge aus dem Tagebuch eines Landschaftsmalers, 2 Bde., Stuttgart / Tübingen 1815, II, 341, 343f.
[Italienreise 1804/05]

115 a

12 Grotten am Meer

Das unergründliche Erdinnere und die Tiefsee waren seit jeher Anlaß des Staunens und Schreckens gleichermaßen. Berges- und Meerestiefe belegte der Mythos mit Tabus. Wer zu weit eindrang, dem drohte die Strafe der Götter. Die Vorstellung eines grausamen Meeres speisten Bilder von Seeungeheuern wie Scylla und Charybdis. Das 18. Jahrhundert deutete diese als Allegorien von Naturgewalten. Erst indem die aufklärerische Vernunft derart die Bannkraft der Mythen und Legenden brach, konnte die Karriere von Italiens Meeresgrotten als erfolgreiche Touristenattraktion beginnen. Neben Erinnerungen an Zyklopen und Sirenen waren es nun seltene geologische Phänomene oder Tiere, die man suchte. Ob auf der Jagd nach Höhlentauben, Gesteinsproben oder pittoresken Aussichten – zunehmend wurden nun Bootspartien in Höhlen unternommen und nicht selten als Höhepunkte einer Reise beschrieben. Außergewöhnliche optische und akustische Effekte waren dort zu erleben, vorausgesetzt, man geriet an ortskundige Führer.

Besonderes Glück hatten diesbezüglich wohl zwei deutsche Maler auf Capri, wohin bis dahin die Palastruinen und Grotten des Tiberius nur relativ wenige Reisende lockten. August Kopisch, der schon lange Jahre in Neapel war, wagte zusammen mit seinem Freund Ernst Fries aus Heidelberg im August 1826 in eine Grotte zu schwimmen, die nur den Fischern bekannt und bei diesen als Spukhöhle gefürchtet war. Im Gästebuch ihrer Pension empfahlen sie sodann allen Nachfolgern, besonders „Freunde[n] wunderbarer Naturschönheiten", die Grotte, die sie „die blaue" nannten, zu besuchen (Richter 1997, 69). Die Gründlichkeit, mit der die Blaue Grotte Capris klassische Kaiser-Villen in der Aufmerksamkeit der Reisenden verdrängte, deutet auf einen Wandel in der Italien-Wahrnehmung insgesamt: die „Ablösung des antiquarischen Interesses durch das landschaftliche" (ebd., 77). Mit diesem Perspektivwechsel bahnte sich der moderne Tourismus an. Zur bequemeren Einfahrt – so Kopisch – wolle sein findiger Wirt einen speziellen Nachen bauen lassen. Bereits 1834 konnte Karl August Mayer von einer wahren Touristenwallfahrt zu diesem einzigartigen Ort berichten (R. 62). In die Geistergrotte der Einheimischen, die zum Sehnsuchtsort der Romantik wurde, setzte schließlich Wilhelm Waiblinger ein neues *Mährchen von der blauen Grotte* (1830; Kat.Nr. 120; R. 61).

FE

111
Joachim von Sandrart d. Ä. (1606-1688)

Scylla und Charybdis in Kalabrien

Aus: Topographia Italiae, Das ist: Warhaffte und Curiöse Beschreibung von gantz Italien, Darinnen nach Historischer Warheit die berühmtesten Städte, Vestungen, Marckflecken und andere Oerter [...]. In Verlegung Matthaei Merians Seel. Erben, Tafel nach S. 68

Frankfurt 1688

Kupferstich, 18,5 x 26,6 cm

Bez. oben: „Wahre Bildtnuß des Felsens Scÿllae, und des gefährlichen ohrts Charybdis in Calabria, wie er diser Zeit anzusehen. per Ioach. Sandrart deli.“, über dem Felsen im Bild: „Scylla et Charybtis“, unten: „A. Diß seind Krüfft und Hölinē in dem felsen, welche, wan die Winde gehē und hier anstossen ein langwerendes gethöne geben, als von vielen Stimmen schröcklich zu hören. / B. Der Meer-schlund Charybdis, da sich das Mee versencket und gleich darbeÿ wider herfür Brodelt mit schröcklichem wüten und ungestüm auch höchster gefahr der fürvber schiffenden.“

Frankfurter Goethe-Museum, Inv.Nr. I R 42

111

"Bleiches Entsetzen“ packt die Helden der *Odyssee* angesichts des Ungeheuers Charybdis, das dreimal täglich „das schwarze Wasser“ schluckt und es unter Brodeln und Wallen wieder ausspuckt (*Odyssee* XII, 243, 104; zit. nach Homer 1990). Mit Scylla prägte Homer – neben der Episode um den Kyklopen Polyphem – eine weitere Variante des Archetyps der Monsterhöhle: Als menschenfressendes Mischwesen wohne die vielköpfige Scylla, ein „riesiges Untier [...] Schrecklich und quälend und wild und in keiner Art zu bekämpfen“, in einer Felshöhle am Meer (*Odyssee* XII, 87, 118f.). Bei Ovid wachsen der Scylla am eigenen, menschlichen Körper „die Rachen des höllischen Wächters“ Cerberus, womit sie auch der Unterwelt assoziiert wird (*Metamorphosen* XIV, 11-74, zit. 65 nach Ovid 1992). Kaum eine andere Szenerie der antiken Mythologie ließ sich so schlüssig in der realen Geographie ansiedeln. Homers Beschreibung provozierte die Identifikation mit der Meerenge von Messina. So zeigt Joachim von Sandrarts frühe topographische Ansicht, die zuerst eine Reisebeschreibung Martin Zeillers (*Itinerarium Italiae Nov-antiquae* [...], Frankfurt a.M. 1640, nach S. 178) illustrierte, die berühmte Klippe mit vorgelagerten Felsblöcken vor dem Hintergrund der kalabrischen Stadt Scilla. In dem „gethöne“, das der Wind in der Höhle verursacht, glaubten frühere Reisende das schreckliche Gebell der Scylla zu erkennen. Die sich kräuselnden, aufschäumenden Wellen im Vordergrund zeigen den gefährlichen Abgrund Charybdis an, einen unberechenbaren Strudel, der noch Friedrich Schiller in seiner Ballade *Der Taucher* faszinierte. Ausführliche Legenden begleiten den Stich, womit in Wort und Bild der Beweis geführt wird, daß sich die natürliche Szenerie seit den Zeiten Homers nicht wesentlich verändert hat. Diese Kontinuität der geographischen Bedingungen sollte dem Reisenden ermöglichen, die mutmaßlich durch die Natur inspirierte Mythenschöpfung Homers und seiner Vorläufer hier, an Ort und Stelle, nachzuvollziehen.

FE

112
Claude-Joseph Vernet (1714-1789)

Posillipo bei Neapel

1742 (Vorlage) / 1785 (Stich)
Kupferstich von Robert Daudet,
43,7 x 61,7 cm
Bez. u. l.: „Joseph Vernet pinxit Romae 1742.“, u. r.: „Robert Daudet sculpsit 1785.“, mittig: „Vue de Pausilype près de Naples. / Dedié à Monsieur De Colozan [...]“, ganz u. l.: „Le Tableau Original est dans le Cabinet de M.ʳ De Colozan.“
Frankfurter Goethe-Museum,
Inv.Nr. III-14914

Nach seiner Ausbildung in Aix reiste Vernet 1734 nach Rom und von dort aus mehrmals nach Neapel. Erst 1753 kehrte er wieder nach Marseille zurück, um im königlichen Auftrag einen Zyklus der Häfen von Frankreich

112

zu malen. Wie in den großformatigen Gemälden dieser Serie erscheint auch in dem Nachstich eines Gemäldes von 1742 (Ingersoll-Smouse 1926, I, Nr. 74; vgl. auch Nr. 123, 130) die Küste als Bühne, auf der eine Fülle von Personen auftritt. Fischer, Händler, Arbeiter und Eseltreiber beleben durch ihre Tätigkeiten und Kostüme, ihre Körperhaltung und Gestik das Bild. Vernet folgt damit einem zunehmenden Interesse am Leben des einfachen Volkes in Italien. Im Mittelgrund rechts hingegen spielt eine Gondel – wiederholt Thema bei Vernet (vgl. ebd., I, 19) – auf einen beliebten Zeitvertreib der galanten Gesellschaft Neapels an, die sich gerne abseits der Stadt bei Picknick, Musik und Tanz vergnügte. Eine derart unbeschwerte Sicht der Küstenregionen resultierte aus einer neuen Empfänglichkeit für die malerischen Aspekte des Meeres (vgl. Corbin 1994, 181ff.).

In zahlreichen Marinen zeigte Vernet aber auch dessen Schattenseite, und der Felsbogen links erinnert noch entfernt an die Gewalt des Wassers, das ihn formte. Vor ähnlich zerklüfteten Felsen schildern Sturmlandschaften tragische Schiffbrüche und knüpfen damit an ein pathetisches Küstenbild an, das bis ins 18. Jahrhundert vorherrschte. Mit wilden Fels- und Grottenszenerien schloß Vernet an Salvator Rosa an, für seine Hafenansichten orientierte er sich an Claude Lorrain. Als imaginäre Szenerien aus landschaftlichen Versatzstücken sind seine Bilder so angelegt, daß sie oftmals den Eindruck konkreter Orte in der Umgebung Neapels vermitteln. Der damit erzielte Wiedererkennungseffekt, ein wichtiger Faktor von Vernets Erfolg, ist potentiell ein doppelter. Die Bilder konnten sowohl Erinnerungen an eine Reise wachrufen als auch Assoziationen an die hochverehrte Landschaftstradition des 17. Jahrhunderts freisetzen.

FE

113

113
Friedrich Müller, gen. Maler Müller (1749-1825)

Blick aus einer Grotte aufs Meer

Feder in Braun, 8 x 15 cm
Frankfurter Goethe-Museum,
Inv.Nr. III-6526

Maler Müller, ein Doppeltalent wie Salomon Geßner (Kat.Nr. 106, 107), kam 1778 nach Rom, um bis ans Ende seines Lebens dort zu bleiben. Auch er hatte sich als Maler und Dichter der Idylle zugewandt. Das arkadische Vokabular war ihm geläufig, und in diesem Kontext taucht oftmals die Grotte als Wohnort von Silen, Satyrn, Hirten und Nymphen auf (Böschenstein 1990). In seinen italienischen Landschaftszeichnungen ist das Motiv der Grotte ebenfalls zu finden. Ähnlich wie bei Franz Kobell handelt es sich um komponierte, flüchtig ausgeführte Ideallandschaften, so auch bei diesem Blatt. Die Formen des wuchtigen Grottenbogens und des Felsens vorne am Ufer werden in Schraffuren nur abstrahierend angedeutet, die Staffagefiguren und ein Segel knapp umrissen, und das Meer ist eher zu erahnen als zu sehen. Ob es sich um eine bestimmte Meeresgrotte handelt, ob sich darin eine alltägliche oder eine mythische Szene abspielt, bleibt der Phantasie des Betrachters überlassen.
PM

114
Jean Houël (1735-1813)

Ansicht der Basaltgrotten beim Hafen von Ógnina

Aus: Jean Houël. Voyage pittoresque des isles de Sicile, de Malte et de Lipari [...]. 4 Bde., 1782-1787, II, Taf. CXIII

Paris 1784

Aquatinta-Radierung, 23 x 36 cm

Bez. o. r.: „Pl. CXIII", u. l.: „Dessiné et gravé par J. Houël.", u. mittig: „Vue des Grottes de Basalte"

Niedersächsische Staats- und Universitätsbibliothek Göttingen, Sign. GR 2 ITIN I, 930

Universitäts- und Stadtbibliothek Köln, Sign. GG14 / 345

Jean Houël hegte ein spezielles Interesse für die Mineralogie. Er hatte eine eigene Mineraliensammlung und stand in Korrespondenz mit dem damals berühmten Geologen Déodat de Dolomieu. In Kapiteln zur Ätna-Region geht er wiederholt auf Fragen der aktuellen Vulkanologie-Diskussion ein (vgl. Kat.Nr. 12), außergewöhnlichen geologischen Erscheinungen widmet er zahlreiche Illustrationen. So handelt Houël auch in längeren Passagen von verschiedenen Arten des an der Ostküste von Sizilien, am prominentesten an den sogenannten Zyklopen-Inseln in der Bucht von Aci Trezza vorkommenden Basaltgesteins (Taf. CVI, CVII, CIX; vgl. Kat. Houël 1990, Nr. 12f.; Kat. Französische Kunst 1996, Nr. 109-112). Er untersucht den geologischen Aufbau der Küstengebirge ("Observation sur la formation du Basalte": II, 72-76).
Tafel CXIII zeigt in der Nähe des kleinen Hafens von Ógnina nördlich Catanias eine „Vielzahl von Grotten", „die Arkaden gleichen und so geräumig sind, daß man mit dem Boot unten durchfahren kann" (II, 76; vgl. die Beschreibung einer Bootspartie in R. 55). Houël analysiert die Zusammensetzung des seltenen Basalts, der – wie er meint – ungewöhnlich unregelmäßig gebildet und mit Vorkommen auf der liparischen Insel Vulcano sowie auf dem Ätna vergleichbar sei.
FE

114

115
Claude-Louis Châtelet (1749/50-1795)

Außenansicht der Grotta di Palazzo

Aus: Jean-Claude Richard Abbé de Saint-Non. Voyage pittoresque ou description des Royaumes de Naples et de Sicile. 4 Bde., 1781-1786, III, Nr. 23 (115 a) u. Nr. 24 (115), nach S. 44

Paris 1783

Kupferstich von J. B. S. F. Desmoulins und Jean Dambrun, 17 x 24 cm

Bez. u. l.: „N°24 G.de Grece.", mittig: „Vuë extérieure d'une Grotte rustique, et formée par la Nature; / sur le bord de la Mer, près de l'abbaye de San Vito di Polignano."

Niedersächsische Staats- und Universitätsbibliothek Göttingen, Sign. GR ITIN I, 945

Universitäts- und Stadtbibliothek Köln, Sign. GG14 / 335

115

Als Herausgeber koordinierte der Abbé de Saint-Non die Entstehung seiner *Voyage pittoresque* von Paris aus (vgl. Kat.Nr. 101). Seine eigene Italienreise von 1759-1761 lag bereits weit zurück und führte ihn nicht weiter als bis nach Neapel und Kampanien. Für das südlichste Italien war auch er auf die beigefügten Karten angewiesen, auf denen nachzuvollziehen war, welche Route die von ihm beauftragten Künstler unter Leitung Vivant Denons genommen hatten. Denon berichtet von einer an der Adria südlich von Bari gelegenen Meeresgrotte, bei deren Besuch die Überraschung um so größer war, als er noch nie zuvor von ihr gehört hatte. Die Gruppe war in einer nahen Abtei untergekommen, und ein geistliche Führer, der sie schon tags zuvor begleitete, brachte sie nun im Boot in die sogenannte *Grotta di Palazzo* (vgl. R. 56). Er wußte, daß die große Meeresgrotte mit benachbarten Ruinen den Geschmack der Reisenden treffen würde.

Châtelets Außenansicht dokumentiert die Reste einer an den Klippen gelegenen Palastarchitektur, die der Grotte ihren Namen und – mit der Verschränkung von Kunst und Natur – zusätzlichen malerischen Reiz gab. In seinem Kommentar der Innenansicht (115 a; Abb. siehe Seite 182) versucht Saint-Non dieses Meisterwerk der Natur ästhetisch zu würdigen. Er weist auf die geheimnisvollen Reflexionen des durch mehrere Öffnungen auf den leicht bewegten Wasserspiegel fallenden Lichts und auf die Vielfalt von Farbtönen in der Grotte hin. Wenn auch die farblose Kunst der Zeichnung, zumal die des Kupferstichs, diese optischen Effekte nur sehr bedingt darstellen kann, meinte Saint-Non doch auf die Einbildungskraft seiner Leser vertrauen zu können. Er gibt ihm aber auch vielfältige Hilfestellungen, indem er Details und Stimmungen der abgebildeten Landschaften verbal ergänzt und Vergleiche mit Landschaftsgemälden oder vertrauteren Regionen anstellt. So führt er den Leser in den Genuß der malerischen Qualitäten unbekannter Landschaften ein.

FE

116

Suetons Erzählung, zwischen vorstehenden Felsen und in Hölen Abscheulichkeiten der Wollust überließ" (ebd., 126; vgl. R. 58). In noch früherer Zeit, so vermutet Stolberg, war der Ort der Göttermutter Juno oder der Großen Mutter Cybele geweiht, worauf schon der Name „Matrimonio" hindeute. Die Höhle auf Capri heißt eigentlich *Grotta di Matromania*; sie gilt tatsächlich als alter Kultort der Magna Mater Cybele (vgl. R. 59). Tiberius, der eine Vorliebe für mythische Meeresgrotten besaß – man denke nur an die berühmte Odysseus-Grotte von Sperlonga bei Terracina –, wird hier während der heißen Sommermonate Erholung gesucht haben.

PM

116
Friedrich Rehberg (1758-1835)

Die „Grotta di Matrimonio" auf Capri

Aus: Friedrich Leopold Graf zu Stolberg. Reise in Deutschland, der Schweiz, Italien und Sicilien. 4 Bde., IV, Taf. 10

Königsberg und Leipzig 1794

Kupferstich von Johann Rudolf Schellenberg, 26,7 x 37 cm

Bez. u. l.: „nach der Natur gezeichnet von Friedrich Rehberg", u. r.: „Schellenberg sculpsit", mittig: „Grotta di Matrimonio, in der Insel Capri", o. r.: „zum 77sten Briefe."

Privatbesitz

Graf zu Stolberg, der sich vom Dichter des Sturm und Drang zu einem konservativen katholischen Schriftsteller entwickelt hatte, unternahm 1791/92 mit seiner Familie und mit Georg Arnold Jacobi (vgl. R. 33) eine Italienfahrt, die er in seinem Reisewerk in Briefform unter das Zeichen der Antike stellte (vgl. Zimmermann 1983). Ein Tafelband mit Kupferstichen veranschaulicht die wichtigsten Stationen; den 77. Brief, der sich auf die Inseln im Golf von Neapel bezieht, illustriert eine Vedute der *Grotta di Matrimonio* auf Capri.
Laut Stolberg hat „keine der Inseln, welche wir auf dieser Reise sahen, [...] ein so wildes Ansehen wie Capri, deren Ufer und Gipfel schroff, felsig und gezackt sind" (III, 123). Derart zerklüftet wird auch der Eingang zur *Grotta di Matrimonio* dargestellt, der als dunkler, Tiefenräumlichkeit schaffender Rahmen das Bild umschließt und den Blick auf die Bucht von Salerno im Sonnenlicht freigibt. Vier Landleute bilden die Staffage, von denen drei mit einer Grabung beschäftigt sind – ein Hinweis auf die Geschichtsträchtigkeit des Ortes, von der auch die überwachsenen Mauerreste zeugen. Mit wollüstigem Schauder erzählt Stolberg, daß der berüchtigte Kaiser Tiberius hier einst einen Palast besessen haben soll, „wo er sich, nach

117
Johann Wolfgang von Goethe (1749-1832)

Felsentor und Meeresbucht

Aus dem „Reise-, Zerstreuungs- und Trostbüchlein", Blatt 41

1807

Bleistift, Feder und Pinsel in Braun und Grau, 10,1 x 18 cm

Bez. eigenhändig auf der Rückseite: „12. Jan. 1807"

Faksimile. Original in der Stiftung Weimarer Klassik, Goethe-Nationalmuseum, Inv.Nr. 2055

Das *Reise-, Zerstreuungs- und Trostbüchlein* für Prinzessin Caroline von Sachsen-Weimar enthält 88 Zeichnungen, vornehmlich Landschaften, die Goethe 1806/07 teils nach der Natur, teils aus der Erinnerung oder der Phantasie anfertigte. Reminiszenzen an Italien spielen dabei eine große Rolle, und mehrfach taucht auch das

117

118
Carl Ludwig Frommel (1789-1863)

Die Blaue Grotte

Aus: Carl Frommels pittoreskes Italien. Nach dessen Original-Gemälden und Zeichnungen. Die Scenen aus dem Volksleben nach Zeichnungen von Catel, Gail, Goetzloff, Mosbrugger, Weller, Pinelli etc.[...], Taf.96, gegenüber S. 564

Leipzig 1840

Stahlstich von Henry Winkles, 11,5 x 15,5 cm

Bez. u. l.: „C. Frommel del.:", u. r.: „H. Winkles sc.", mittig links: „DIE BLAUE GROTTE/ Capri", mittig rechts: „LA GROTTA AZZURRA / Capri", mittig u.: „Carlsruhe im Kunst Verlag"

Stiftung Weimarer Klassik, Herzogin Anna Amalia Bibliothek, Sign. Th B 3: 21

Motiv einer Grotte oder Höhle auf. Für Blatt 41 (Goethe, Corpus IV A, Nr. 61) mit dem Blick aus einem felsigen Höhleneingang aufs Meer läßt sich sogar ein konkretes Vorbild benennen: Goethe folgt dem Kupferstich *Grotta die Matrimonio, in der Insel Capri*, der den 77. Reisebrief in Friedrich Leopold Graf zu Stolbergs *Reise in Deutschland, der Schweiz, Italien und Sicilien* von 1794 begleitet (Kat.Nr. 116; vgl. Femmel/Michel 1979, 127ff.). Goethe vereinfacht die minutiös ausgeführte, topographisch genaue Ansicht, die nach dem Zeitgeschmack durch Staffagefiguren belebt wird: Er nimmt der Landschaft den vedutenhaften Charakter, verzichtet auf die Staffage und faßt die Details in lockerem Duktus zusammen. Zum wichtigsten Element der Komposition wird der Kontrast zwischen dem dunklen, rahmenden Grottenbogen und dem Ausblick auf die lichte Meeresbucht. Nur ein Mauerrest erinnert daran, daß sich hier einer der Paläste des Tiberius oder ein Heiligtum der Cybele befunden haben könnten; was bleibt, ist ein zeitloses, atmosphärisches Bild, das seine Wirkung aus der Polarität von Hell und Dunkel, Außen und Innen bezieht.
PM

Einem großen Publikum bekannt wurde Frommel durch mehrere Stahlstichfolgen mit Illustrationen zu Vergil und Horaz sowie malerischen Ansichten u.a. von Karlsruhe, aus dem

118

Schwarzwald und Tirol. Sein Stahlstichatelier entwickelte sich zum bedeutendsten Deutschlands (vgl. Kat. Frommel 1989, 63ff.). Eine erste Reise führte den späteren Karlsruher Hofmaler und Galeriedirektor 1813-1817 mit einem großherzoglichen Stipendium nach Italien, eine zweite 1834, während der er auch Capri besuchte. Auf der Karlsruher Industrieausstellung präsentierte er bereits im Mai 1835 ein Bild der Blauen Grotte, die ersten Lieferungen von Ansichten des *pittoresken Italien* erschienen zwei Jahre später. Die Tafel zeigt das Innere der Grotte. Einer in der Bühnenbildmalerei entwickelten Darstellungskonvention folgend, staffelt Frommel zahlreiche Felsbögen hintereinander, um den Eindruck von Tiefenräumlichkeit entstehen zu lassen. Noch schwieriger als die Raumverhältnisse lassen sich in einem Stich die berühmten Leucht-Effekte darstellen. In differenzierten Hell-Dunkel-Abstufungen versuchen Frommel und sein Kollege, der Engländer Henry Winkles, das vom sandigen Meeresgrund sowie von der Oberfläche des Wassers reflektierte Licht an der Höhlendecke aufscheinen zu lassen. Links sehen wir einen Besucher mit seinem Führer, dessen Fackel die Gewölbe zusätzlich beleuchtet. Sie stehen vor einem Felsloch in der seitlichen Wand, das den Reisenden als rahmender Ausblickspunkt diente (vgl. Kat.Nr. 119, R. 62). Zu ihren Füßen liegt einer jener kleinen Nachen, mit denen man die Grotte aufgrund des äußerst niedrigen und engen Eingangs überhaupt nur befahren kann (vgl. R. 61, 62).
FE

119

119
Constantin von Kügelgen (1810-1880)

Die Blaue Grotte von Capri

1833
Öl auf Pappe auf Papier, 22 x 28,8 cm
Kurpfälzisches Museum Heidelberg, Inv.Nr. G 2090

Unmittelbar nach ihrer 'Entdeckung' der Blauen Grotte 1826 (vgl. R. 60) kehrten Ernst Fries und August Kopisch mit Klappstühlen und Zeichenmappen zurück, um dieses Naturwunder festzuhalten und im Medium des Bildes weiter zu vermitteln. Nachdem das Tabu, mit dem Fabeln und Legenden die Höhle als Teufelswerk belegten, gebrochen war, folgte die Ästhetisierung als *la grotta azzurra* in großen Schritten. Zu den Künstlern der ersten Zeit gehört Constantin von Kügelgen aus Wolsk an der Wolga, der mit einem Stipendium des russischen Zaren 1831-1834 Italien bereiste. Gegenüber den ersten Ölstudien von Fries und Kopisch (vgl. oben, Abb. 14; Schultze 1973, Abb. 6, 7) fügt der Maler kleine Staffagefiguren ein, um die Grotte zu monumentalisieren; sie erscheint übergroß in zwei korrespondierenden Durchblicken durch ein Felstor links und den Bogen der Höhle rechts, wobei der Pfeiler in der Mitte den Eingang und damit die Hauptlichtquelle verdeckt. Erst durch diesen Kniff hebt sich das türkisfarben leuchtende und auf das Gewölbe abstrahlende Wasser mit aller Wirkung gegen die düsteren Gesteinsformationen des rahmenden Vordergrunds ab.

Daß man auf diese geheimnisvolle Grotte im Zeitalter der Romantik stieß, wollten spätere Interpreten nicht als Zufall gelten lassen, löste sie doch all die romantischen Träume ein, die Blau zur „Farbe der Sehnsucht nach dem Unendlichen, nach dem Azur des Himmels, nach der Dunkelheit des Todes und nach den geheimnisvollen Innenwelten des Unbewußten" machten (Richter 1997, 84; vgl. oben, S. 28). Kügelgen schildert diesen romantischen Dialog zwischen Mensch und poetisch aufgefaßter Landschaft. Der einzelne, an der Schwelle des Felsentors mit dem Rücken zum Betrachter stehende Mann gleicht den Identifikationsfiguren bei Caspar David Friedrich und führt die Höhle als – mehr oder weniger außerweltlichen – Ort der Kontemplation ein.

FE

120
Josef von Führich (1800-1876)

Das Mährchen von der Blauen Grotte

Aus: Taschenbuch aus Italien und Griechenland auf das Jahr 1830. Hrsg. von Wilhelm Waiblinger. Zweites Buch: Neapel und Rom, Taf. II

Berlin 1830

Kupferstich von Ernst Rauch, 12,3 x 8,9 cm

Bez. u. l.: „J. Führich inv. et del. Roma", u. r.: „E. Rauch sculp. Darmstadt."

Frankfurter Goethe-Museum, Inv.Nr. XI I / 46

Für Waiblingers *Mährchen von der blauen Grotte* (29-92) entwarf Führich, der 1827/29 in Rom war und an den Fresken der Villa Massimo mitarbeitete, eine Illustration, die den Augenblick darstellt, „da Manfred von dem Delfin in die Meeresgrotte getragen wird, und ihm die Fee erscheint" („Erklärung der Kupfer", 4). Es ist der Wendepunkt des romantischen Märchens, das von dem „wunderbar zauberischen Phosphorlicht" der geheimnisvollen Blauen Grotte auf Capri inspiriert wurde (vgl. R. 61; Richter 1997, 87-94). Prinz Manfred, dem dunkle magische Mächte die geliebte Manuele entführt haben, macht sich zu ihrer Rettung auf und wird, nachdem er in der Nacht fast im Meer ertrunken wäre, von einem Delphin gerettet wie einstmals Arion. Der Delphin trägt ihn zur Blauen Grotte, die im Zauberlicht erstrahlt und vom lieblichen Gesang der Feen erklingt. Die Feenkönigin selbst erscheint nun auf einer Muschel und verspricht Manfred ihre Hilfe bei seiner Suche nach Manuele. Mit der Schönen auf

120

der Muschel knüpft Waiblinger an das Motiv von Venus oder Galatea an; Führich gibt die Fee jedoch nicht in antikischer Freizügigkeit, sondern züchtig bekleidet wieder. Die Grotte dient lediglich als Kulisse; ihr blauer Märchenglanz muß in der Phantasie des Lesers entstehen.

PM

Aus den Reiseberichten

Reisebericht 53

Auf den Tod gefaßt – in Seenot auf der Reise nach Scylla

Jean Houël

[...] Als Mensch fand ich diese Lage schröcklich, als Maler bot sie mir eine Menge bewundernswürdiger Würkungen dar, dem Philosophen gab sie Stoff zu tiefem Nachdenken über die Kräfte der Natur. Ich hatte mich auf den Tod gefaßt gemacht. Unsre Schiffer kämpften aus allen Kräften gegen die Gewalt der Wellen.

Houël, Jean: Houels Reisen durch Sizilien, Maltha und die Liparischen Inseln. Eine Übersetzung aus dem großen und kostbaren französischen Originalwerke von J. H. Keerl Königl. Preuß. würkl. Regierungs- und Consistorialassessor, 6 Bde., Gotha 1797-1809 [Voyage pittoresque des isles de Sicile, de Malte et de Lipari [...], 4 Bde. Paris 1782-1787, dt.], III (1801), 117 [Italienreise 1776-1779]

Reisebericht 54

An gähnenden Felsenrachen vorüber

August Wilhelm Kephalides

Das Ufer von Acradina [bei Syrakus] besteht großen Theils aus hohen Felsenschichten, in welche durch unbekannte Revolutionen ungeheure Höhlen und Grotten gebohrt sind, die den sonderbarsten Anblick von der Welt darbieten; und doch gedenken, so viel uns bekannt, die wenigsten Reisenden dieser großen Naturmerkwürdigkeit. Das Meer, welches sich ohne Aufhören in ihre Schlünde ergießt, hat sie wohl ausgespült und zerfressen, was ihre innere Wölbung unwidersprechlich zeigt, allein eben so gewiß glauben wir annehmen zu können, daß es sie nicht gebildet hat, wenigstens nicht alle. Denn viele davon haben einen schmalen Eingang, weiten sich dann aus und gehen wohl eine halbe teutsche Meile unter dem Boden der alten Stadt in die Erde hinein. Sie sollen mit den Katacomben in Verbindung stehen, ja manche sich sogar bis nach Catanien, acht oder neun teutsche Meilen weit erstrecken. Sie sind im Hintergrunde ganz trocken, und selbst beim heftigsten Sturm soll das Meer nie ihre äußerste Tiefe erreichen. Die Lustfahrt aus dem Marmorhafen an diesem Höhlenufer der Acradina hin müssen wir zu dem Eigenthümlichsten der ganzen Reise zählen. Wir schwebten auf unserem kleinen Boote voller Bewunderung an diesen gähnenden Felsenrachen vorüber, während sie die grünen Fluthen des Meeres, das zu unserer Freude gerade ein wenig hoch ging, mit großer Gier verschluckten, und wir sahen die Worte des alten Dichters

„Denn hier drohete Skylla und dort die grause Charybdis,
Fürchterlich jetzt einschlurfend die falzige Woge des Meeres" *

mit hohem Erstaunen vor unsern Augen verwirklicht. Wir wünschten in eine und die andere dieser Höhlen zu fahren; allein da die See, wenn sie schon im Freien etwas tobt, in diesen engen Klüften außerordentlich zornig ist, so muß man in solchem Fall wenigstens geschickte Ruderer haben, um ohne durchnäßt zu werden oder umzufallen, hier einlaufen zu können. An der Mündung der einen Grotte erhoben wir alle einen großen Lärm, und alsbald flatterten viele hundert schwarze Schreivögel aus dieser Behausung des Satans heraus. Ein herzhafter Sprung, denn der Kahn flog sehr hoch auf und nieder, brachte uns auf eine trockene Klippe, und hierauf liefen wir ein wenig in den Hintergrund. O welch ein wundervolles Schauspiel, unter dem Schirm des öden Felsenhauses, den wilden Neptun in weiter Ferne grünlich sich einher wälzen, dann mit rasendem Ungestüm unter Donnern und Krachen in den Schlund dieser wiederhallenden Höhlen hereinfahren und alles ringsum zischen, schäumen und triefen zu sehen!

* [Vergil, Aen., III, 420-422]

Kephalides, August Wilhelm: Reise durch Italien und Sicilien, 2 Bde., Leipzig 1818, II, 23f. [Italienreise 1815]

Reiseebericht 55

Höhlenfauna

Jean Houël

Die Küste besteht dort [bei Cínisi, westlich von Palermo] aus sehr hohen, vom Meerwasser ausgehölten Felsen. Die Aushölungen sind so tief, daß sie ansehnliche Grotten bilden. Hier, vor allen Raubthieren sicher, haben wilde Tauben von vortrefflichem Geschmack in Menge genistet. Aber was entflöhe wohl den Nachstellungen des Menschen, des grausamsten der Raubthiere? Um dieser Thierchen habhaft zu werden, begeben sich die Jäger in einen Kahn, von vier guten Schiffern geleitet, die mit der größten Geschwindigkeit rudern.
Der Jäger richtet seinen Blick nur auf das Federwildpret; der Maler indeß umfaßt die ganze Gruppe der Gegenstände, und so bildeten für mich diese See, diese Felsen und diese tiefen Hölen, unter denen unser Schiffchen dahin wogte, ein sehr interessantes Gemälde von neuer Gattung. [...] Sehenswürdig für das Auge des Beobachters ist das Inwendige der eben beschriebenen Hölen. Da sie tief sind und der Fels sie deckt; so enthält sich das Wasser in einer gewissen Ruhe darin und wird ganz rein. Wir fanden es auch wirklich so helle, daß es das Auge fast gar nicht bemerkte, und daß man die unten am Boden liegenden Gegenstände, auch die kleinsten, mehr als zwanzig Schuh tief genau unterscheiden konnte. Hier ist man fähig, die Gewohnheiten der Fische und Muschelthiere zu studieren: nichts ist verborgen, was sie hier vornehmen. Mit innigem Vergnügen betrachtete ich die Bewegungen der kleinen Fische, die Truppenweise mit einander schwammen. Die Schaal= und Muschelthiere sind hier in Haufen versammelt und werden von andern Fischen aufgesucht. Sie wohnen zwischen den Felsen, sie verlieren sich in Moosarten von mancherley Farbe, wo ihre Gemächer in einander zu laufen scheinen, denn man sieht sie kommen und sich entfernen, weilen und untereinander spielen. Ich hätte gewünscht, Tage lang hier bleiben und dieses Seevölkgen beobachten zu können, das man sonst nirgend so unverborgen sehen kann, wie hier. Ich hätte noch mehr gewünscht, nämlich sie malen und beschreiben zu können; allein ich fühlte nur zu sehr, daß hiezu die Talente eines *Buffon*, eines *d'Aubenton* gehören. Was aber diesen Aufenthalt noch bewundernswürdiger und man darf sagen, einzig in seiner Art macht, ist die unbeschreibliche Klarheit des Wassers. Man sieht es, wie ich oben schon bemerkt habe, gar nicht, man glaubt durch Zauberkräfte in leerem Raum über jener Menge lebendiger Wesen hinzuschiffen; man denkt sich keine Flüssigkeit zwischen ihnen und dem Kahn. Noch dazu wird dieses Erstaunen durch die unbeschreibliche Leichtigkeit und Stille erhöht, womit das Fahrzeug über die klare Fluth hingleitet, man empfindet seine Bewegungen nicht, es ist ein wahrer Zauber!
Nimmt man seinen Standpunkt im Innersten gewisser Hölen und blickt sodann, das Auge etwas über das Wasser empor gerichtet, gegen den Eingang; so zeigt sich die Oberfläche da, wo das Licht nicht hinfällt, bald blau, bald dunkelgrün, je nachdem sich die Sonnenstrahlen brechen. Diese Farbenmischungen verändern sich Stundenweise nach der Beschaffenheit des Himmels und der Stellen, von welchen man sie betrachtet. Ich sah auf den Felsklippen Hölungen, die sich mit Wasser füllen, wenn die stürmische See ihre Wogen weit an das Ufer schlägt. Ist der Sturm vorüber und der Himmel wieder heiter; so zieht die Sonne die Dünste an; das Wasser dünstet aus den Hölungen jener Klippen, und das Salz, das es bey sich führte, setzt sich zu Boden. Ich bewunderte die Simplicität der Natur; denn so lehrte sie die Menschen das Salz aus dem Seewasser bereiten. Dies war das erste Muster der künstlichen Salzwerke.

Houël, Jean: Houels Reisen durch Sizilien, Maltha und die Liparischen Inseln. Eine Übersetzung aus dem großen und kostbaren französischen Originalwerke von J. H. Keerl Königl. Preuß. würkl. Regierungs- und Consistorialassessor, 6 Bde., Gotha 1797-1809 [Voyage pittoresque des isles de Sicile, de Malte et de Lipari [...], 4 Bde., Paris 1782-1787, dt.], II, (1799), 10-13 [Italienreise 1776-1779]

Reisebericht 56

Zauber des Lichts in der Grotta del Palazzo

Jean-Claude Richard Abbé de Saint-Non

Als Dom Bonaventura unserer Vorliebe für malerische Orte und Aussichten gewahr wurde, schlug er uns eine Besichtigung der Grotte de Polignano, die er uns als außerordentliche Sehenswürdigkeit in diesem Bereich ausmalte, für den darauffolgenden Tag vor. [...] Als wir sie betraten, waren wir überrascht von ihrer beeindruckenden Größe, mißt sie doch gut und gern zweihundertfünfzig Fuß Tiefe auf achtzig in der Höhe. Man kann nur mit einem Boot in sie hineingelangen, denn sie ist ganz von Meerwasser angefüllt. Wir waren erstaunt über die Klarheit des Wassers, von dem das Grotteninnere bedeckt war; zusätzlich steigern noch die geheimnisvollen Reflexe, die es dort hervorruft, die Vielfalt an Tönungen, mit denen die Natur jene Grotte über Jahrhunderte hinweg geschmückt hat. Die Frische und Einzigartigkeit des Ortes hatte so viel Anziehungskraft für uns, daß wir uns nicht abwenden konnten, und so machten wir uns alle daran, mit dem Zeichenstift draußen wie drinnen ein paar Ansichten von verschiedenen Standpunkten aus festzuhalten. Allerdings wird man wohl spüren, daß ein Effekt, der so sehr von der Magie der Farben zehrt, nur sehr unvollständig auf Zeichnungen und noch mangelhafter durch Stiche, die keinerlei Kolorierung enthalten, wiederzugeben ist. [...] Diese Grotte wird hierzulande Grotta di Palazzo genannt, woraus sich schließen läßt, daß ihr Name von einem Palast herrührt, der wohl einst über der Bergkuppe stand, und das ist umso wahrscheinlicher, als man noch Rückstände von Dekorationen und auch Teile der Balustrade einer Terrasse erkennt, die in den Felsen eingetieft worden war und nach der einen Seite aufs Meer hinausging, nach der anderen aber auf die Grotte wies. Es scheint, als seien diese Schmuckelemente und verschiedenen Bauten vorsätzlich ruiniert, um zum malerischen und merkwürdigen Charakter des Ortes das ihre beizutragen.

Saint-Non, Jean-Claude Richard Abbé de: Voyage pittoresque ou description des Royaumes de Naples et de Sicile, 4 Bde., Paris 1781-1786, III, 44-46 [nach dem Bericht Vivant Denons 1777/78; Übers. WB]

Reisebericht 57

Magische Bootsfahrt im Golf von Sorrent

Friederike Brun

Wir schifften uns ein, wo man uns ausgeschifft hatte, an der Basaltwand hart unter dem Flecken Carotta. Die wilde Pracht dieses senkrechten, hohen, in aus- und eintretende Winkel gesäulten Gestades ist unaussprechlich! Hier gehen zwischen den Flekken Carotta und San Agnello unten die tiefen natürlichen Höhlen ins Gestade, welche man die Sirenengrotten nennt. Wir schwebten erst vor ihnen und blickten in die gewölbte Halle, wie längs den Wänden eines altgothischen Domes, in die dämmernde Tiefe, und sahen die basaltischen Wandpilaster zu beiden Seiten sich perspektivisch hinreihen. Nun rudern wir in die erste. Senkrecht steigen zu beiden Seiten die Felskolonnen; um die vorspringenden Basen derselben ist, so weit die sanftplätschernde Welle sie umspült, ein purpurner Farbenanflug sichtbar. Wir sind in der Mitte derselben, da neigen sich die Felsen in einen flachen Dom zusammen, ähnlich der Zeichnung von jenem künstlichen Gewölbe, der Schatzkammer des Atreus (aus gehauenen poliedrischen Steinblöcken, einer bunten Kalkbreccia, auf Cyklopische Art zusammengefügt) welches Doddwell, in der Gegend zwischen Mycena und Argos, entdeckte*.
Lange schwebten wir in der heiligen Dämmerung auf dunkelklarer Tiefe, und blickten in die strahlende Herrlichkeit des Golfes und an die östliche hellbesonnte Felsenküste gen Vico heraus. Darauf umruderten wir von außen einen Basaltangel und die zweite Grotte öffnete sich. Sie ist enge und gleichsam eine Vorhalle der ersten, in die man durch eine schmale Oeffnung blickt. Aus dieser schauten wir gerade an den Vesuv hinan, der, ganz das Auge füllend, aus dieser Düsternheit erblickt, ein schauervolles Bild darbot. Wir umruderten einen neuen Felsangel, und die größeste und schönste dieser Grotten empfängt uns in ihren heimlichen Schooß. Sie neigt sich, wie die erste, in einem sphärisch flach gewölbten Dom zusammen, ist aber viel geräumiger und höher. Wenn man nun in der Mitte derselben über der dunkelnden Tiefe schwebt, schimmert der leise gebrochene Tagesstrahl auch durch die beiden andern Grotten zur Rechten und Linken herein, eine zitternde Glanzfackel auf der dämmernden Fluth entzündend, und zugleich wölbt sich der Eingang, so wie wir das Boot wenden zum Portal, durch welches man fern über blauer Fluth den Riesen Epomeo von der Insel, die nur sein Fußgestell scheint, hoch in die Lüfte steigen sieht. Lange weilten wir hier, unfähig uns der Magie dieser Szene zu entreissen. Die Lüfte wallten rein und milde um uns, lebendig wie Geistergesäusel! Ida stimmte einzelne Gesänge aus den Klagen des Jeremias von Guglielmo und aus dem unsterblichen Miserere an, die sie den Engelchören der *Capella Sixtini* zu Rom abgelauscht hat. Sie hall'ten wie Harmonikatöne von [...] der schönen Wölbung herab. Nie hörte ich einen so harmonischen Wiederhall, so rein, so durchzitternd, dann in langsam verhallenden Schwingungen durch die dämmernde Wölbung sanft ersterbend. Darum sind diese Grotten nach den tonreichen Zaubermädchen genannt: denn fast immer hat Volkssage einen poetisch natürlichen Grund, und hier wird selbst das Plätschern der Wellen zu Harmonien!

* Doddwell, ein Engländer, welcher zweimahl Kleinasien und Griechenland durchreiste und den Pausanias in der Hand, beinah' zum Pausanias unserer Zeiten ward! [...]

Brun, Friederike: Sitten- und Landschaftsstudien von Neapel und seinen Umgebungen in Briefen und Zuschriften entworfen in den Jahren 1809-1810 nebst spätern Zusätzen [...], Leipzig 1818, 152-155 [Bericht vom 28.10.1809]

Reisebericht 58

Lusthöhlen

Friedrich Leopold Graf zu Stolberg

Von dort ritten wir an die südöstliche Seite der Insel [Capri], wo wir abstiegen, und klammen einen steilen Fußpfad hinan, der uns wieder jäh hinab unter einem hohl über uns gewölbten Felsenbogen in eine Grotte führte, unter welcher große Trümmern eines alten Gebäudes sind. Ohne Zweifel hatte Tiberius hier einen seiner Paläste. Vermuthlich war das eine der Stellen, wo er sich, nach Suetons Erzählung, zwischen vorstehenden Felsen und in Hölen Abscheulichkeiten der Wollust überließ. Es schwinde das Andenken dieses Ungeheuers vor dem heiligen Grauen dieser wunderschönen Naturscene! Aus der Felsenhalle sieht man auf das Meer. Links krümmt sich, in blauer Ferne, ein Theil des Gestades von Salerno's Meerbusen, rechts ragen nahe Felsen überhangend vor. Du siehst nicht den Himmel, siehst nur einen scheinbar eingeschloßnen Theil des Meers, der tief unten vor dir liegt und dunkelblau.

Unsre Führer nannten diese Felsenhöhle Grotta di Matrimon. Tacitus belehrt uns, daß Tiberius auf der Insel zwölf große Paläste bauete. Suetonius nennt einen dieser Paläste die Villa des Jupiters. Lipsius vermuthet daher, daß die zwölf Paläste den zwölf großen Göttern gewidmet waren. Nach solcher nicht unwahrscheinlichen Voraussetzung, möchte wohl dieser, dessen Trümmer das Volk Matrimon nennet, der Mutter der Götter, oder auch der großen Mutter, (*matri Deorum, vel matri magnae*) sein gewidmet gewesen, das heißt der Cybele. Unter den Kupferstichen wird diese Grotte nach der vortrefflichen Zeichnung des sich in Rom aufhaltenden Herrn Professor Rehberg erscheinen. Ich verdanke sie seiner Güte. Möchten viele schöne Landschaften dieses deutschen Künstlers seinen Landsleuten durch Kupferstiche bekannt werden. Er arbeitet mit vollendendem Fleiß, und *con amore*.

Stolberg, Friedrich Leopold Graf zu: Reise in Deutschland, der Schweiz, Italien und Sicilien, 4 Bde., Königsberg / Leipzig 1794, III, 126 [Italienreise 1792]

Reisebericht 59

Ein Meisterwerk des scharfsinnigsten Theaterarchitekten

Castone Carlo della Torre di Rezzonico

Am zweiten Tag kehrten wir zu der Kirche *S. Maria del Soccorso* zurück und gingen von dort zur *Matromania*. Um in die fabelhafte Grotte, die man für einen Tempel der Kybele, der Mutter aller Götter hält, abzusteigen, muß man durch schmalste Engpässe hinuntergehen, da die alten Wege durch Erdbeben und das Herunterstürzen vieler Felsen, die man im Inneren in wunderbaren Gruppen herabhängen sieht, zerstört wurden. Als ich in der ungeheuren Höhle angekommen und von der Seite über gewundene Wege dort eingetreten war, stellte ich mir nicht vor, inmitten des stillen Schauers einer Höhle von wilden Tieren durch ein sehr heiteres Schauspiel überrascht zu werden. Aber nach wenigen Schritten fand ich mich in einem weitläufigen Gewölbe, und zum Meer hin öffnete sich tatsächlich eine Flanke der Höhle in Form einer weiten Spalte, so daß der Blick von dort aus auf die *Punta Atenea*, auf die *Galli*, und entlang des ganzen Golfs von Salerno in die schönsten bläulichen Fernen schweifte, und sich ihm all die Klippen, all die kleinen Inseln, die sichelförmigen Ufer und die Felsabhänge nach hinten gestaffelt und sanft abgetönt zeigten, wodurch mir jene ländliche Bühne der Natur mit einer so großen geordneten Vielfalt und der Aussicht, die man von dem unförmigen, rohen Felsspalt aus erhascht, wie ein feierliches Kunstwerk des scharfsinnigsten Theaterarchitekten erschien. Ich rate einem Maler, diesen Ort auszuwählen, um ein unvergleichliches Gemälde anzufertigen, reich an Kontrasten von Schatten und Licht und an Luftperspektive. Ich konnte mich kaum davon loslösen, aber es begann spät zu werden, weshalb ich mich der Betrachtung des Inneren der weiträumigen Grotte zuwandte, welcher der Volksaberglaube die Form eines Tempels zusprach. Bald aber bemerkte ich, daß sie nichts anderes als ein Tempel des Mithras sein konnte, und leitete jenes verdrehte Wort nicht von *magnum Matris antrum*, worauf der Name *Matromania* sich bezieht, sondern von *magnum Mithrae antrum* ab. Gestützt wird dies durch die Autorität des Dr. Giraldi, demzufolge auf Capri ein Basrelief eines Mithrasheiligtums ganz ähnlich denjenigen entdeckt wurde, welche die Antiquare in Rom kennen.

Rezzonico, Castone Carlo della Torre di: Descrizione dell'isola di Capri, in: ders.: Viaggio a Napoli e descrizione dell'Isola di Capri, hrsg. von Atanasio Mozzillo, Neapel 1992, o. S. (32-34) [Reise nach Neapel 1794; Übers. FE]

Reisebericht 60

Entdeckung der Blauen Grotte

August Kopisch

Warum wird denn hier angehalten?" fragte ich.
„Hier ist die Höhle!" antwortete Angelo, mit etwas Befangenheit.
„Wo denn?" fragte ich wieder.
Da zeigte er mir, im Hintergrunde der kleinen Bucht, den finstern Eingang derselben, nicht viel größer, als eine Kellerluke. Das hier tiefblaue Meer wallete ruhig hinein und heraus. Alles schwieg. Don Pagano war sehr nachdenklich geworden.
„Nun Angelo, macht das Feuer an!"
[...]
Ich glaube, keiner von uns war ohne eine gewisse Bangigkeit. Nicht als ob ich mich vor fabelhaften Dingen gefürchtet hätte, aber ich gedachte der vom Canonico erwähnten wirklichen Haifische [...]. Nun war er [Angelo] unter dem Eingang, nun – tappte er sich an den Wänden hinein. Der gewaltige Rauch des Pechfeuers schlug ihm und mir entgegen, und wir mußten die Augen schließen, als wir unter das innere mächtige Gewölbe kamen. Als ich sie wieder auftat, sah ich Alles finster um mich her. Feuer und Rauch blendete, wo Angelo sich an den nas-sen Wänden forttappte, und nur mit dem Gehör konnte ich, nach dem Hall der rings anschlagenden Brandung, einigermaßen die Größe des überwölbten Bassins ermessen. Ich schwamm in wunderlich banger Erwartung weiter, vergeblich spähend nach Altertümern. Da merkte ich, daß der Notar und mein deutscher Freund, die mir erst gefolgt waren, beide zugleich umkehrten, und wandte mich, sie zu schelten; aber – welch ein Schreck kam über mich, als ich nun das Wasser unter mir sah, gleich blauen Flammen entzündeten Weingeistes. Unwillkürlich fuhr ich empor, denn vom Feuer immer noch geblendet, glaubte ich im ersten Augenblick eine vulkanische Erscheinung zu sehn. Als ich aber fühlte, daß das Wasser kühl war, blickte ich an die Decke der Wölbung, meinend, der blaue Schein müsse von da kommen. Aber die Decke war geschlossen, und ich erkannte endlich, vom Feuer abgewendet, halb und halb einiges von ihrer Gestalt. Das Wasser aber blieb mir wunderbar, und mir schwindelte darin, denn wenn die Wellen etwas ruhten, war es mir gerade, als schwömme ich im unabsehbaren blauen Himmel. Ein banges Entzücken durchzitterte mich, und ich rief meinen Gefährten zu: „bei Allem, was schön ist, kommt wieder herein; denn, wenn nichts in der Grotte ist, als das himmlische Wasser, bleibt sie dennoch ein Wunder der Welt! Kommt, fürchtet Euch nicht: es sind weder Haifische noch Teufel hier zu sehn, alleine eine Farbenpracht, die ihres Gleichen sucht!" – Auf diesen jauchzenden Zuruf faßten sie von neuem Mut, und schwammen wieder herein. Beide teilten nun mein Entzücken, aber wir alle begriffen das Wunder nicht, wir konnten es nur anstaunen. [...] Angelo hatte nun mit seinem Feuer den Hintergrund erreicht, wo sich ein Landungsplatz darstellte. Ich schwamm dahin und erklomm das Ufer, wunderbar angeregt; denn die Höhle schien, so groß sie schon war, dort noch viel weiter fortzugehn. „Hier wird der Gang des Tiberius sein!" rief der Notar aus dem Wasser. Ich fand es nicht unwahrscheinlich, ließ mir von Angelo eine Laterne reichen, worin ein kleines Lämpchen brannte, und ging bebend vorwärts; denn der Boden war ungleich und sehr schlüpfrig, von der Decke hingen Tropfsteinzacken herab, und bei jedem Schritt veränderten sich die Schatten, überall umherirrend an den abenteuerlich gebildeten Wänden. Bald hier bald da schien sich etwas zu bewegen. Meine Phantasie, durch das unerklärte Wunder des Wassers und die mannigfaltigen Formen angeregt, sah jeden Augenblick Gestalten, und der Gedanke überflog mich: es könne die Höhle ein Aufenthalt von Seeräubern sein. Nun sah ich im Schein des schwachen Lämpchens plötzlich etwas Weißes schimmern, und blieb stehen es zu betrachten. – Meine Gefährten aber fragten aus dem Wasser herauf: warum ich so zurückträte? – „Weil ich ein Gerippe sehe!" wollte ich eben sagen; aber, als ich genauer hinleuchtete, war es eine Tropfsteinbildung, die vor der gespannten Phantasie diese Gestalt angenommen, weil ich anfing die Höhle für eine Mordhöhle zu halten. Ich schritt weiter vor, aber ein kalter Schauer überlief mich, als ich, vor mich hinleuchtend, plötzlich meinen Schatten nicht hinter mir, sondern neben mir erblickte. Was ist das? dachte ich bei mir: geht hier eine Tür auf, werden nun die Mörder gegen dich Waffenlosen kommen, und deine Gefährten dich entsetzt verlassen? – Als ich mich aber trotzdem zur Rechten wandte, sah ich, daß hier ein Fenster in den Gang gehauen war. Es mündete in die große Grotte, und das Licht des durchschwommenen Eingangs schimmerte herein. „Hier ist Spur von Menschen-

hand!“ rief ich den Gefährten zu: „kommt her und seht ein gehauenes Fenster!“ – Der Notar kam eilig näher, und krabbelte sich eifrig an dem Felsen herauf, ihm folgte der deutsche Freund. – „Wahrhaftig, ein gehauenes Fenster!“ rief Don Pagano: – „hier ist der Gang Tibers, – darauf hin will ich den Kopf verlieren!“ –
Von dem Fenster aus erschien die Grotte nun in voller Pracht, ein mächtig großes und tiefes Bassin, weit überwölbt von Tropfstein-gezierten, schön geschwungenen Felsen, das Wasser ein wallender Himmel, dessen blaues Licht die Decke darüber zauberisch erhellte. Am hochroten Saume, der rings von Seetieren gebildet, alle Ränder der Grotte verziert, funkelten die Brandungen umher, und spielten die Farben aller Edelgesteine. Zum Eingange herein aber schimmerte das helle Tageslicht, und breitete gleich einem Monde seinen Schein über das Wasser. Wir beschlossen, über ihre Schönheit, Gang, Tiber und Alles vergessend, die Grotte zu zeichnen, um später zu versuchen, ob wir sie malen könnten. Ersteres zu tun sprangen wir ins Wasser, schwammen hinaus, holten unsere Feldstühle und Mappen, und setzten uns in das Fenster. Einer hielt dem Andern abwechselnd die Laterne, damit er sehn könne, was er zeichnete. – So brachten wir zwei Ansichten der Grotte zu Stande.

Kopisch, August: Entdeckung der Blauen Grotte auf der Insel Capri, zuerst in: Reumont, Alfred (Hg.): Italia, Berlin 1838, 155-201; zit. nach Kopisch, August: Entdeckung der Blauen Grotte auf der Insel Capri, hrsg. von Dieter Richter, Berlin 1997, 32-37 [Bericht über das Jahr 1826]

Reisebericht 61

Ein süßes blaues Feuer

Wilhelm Friedrich Waiblinger

Aber was hat es denn eigentlich mit dieser blauen Grotte für eine Bewandtniß? [...]
Auf der westlichen Seite von Capri, versetzte Guglielmo, befindet sich ein unscheinbarer, bei völliger Windstille nicht einmal mannhoher Eingang, welcher unmittelbar vom Meer aus in eine gewaltige Grotte führt. Der Reflex des ausnehmend tiefen Wassers, von dem sie angefüllt ist, bringt aber ein so wunderbar zauberisches Phosphorlicht in den Wänden der Höhle hervor, daß einer dichterischen Fantasie unwillkürlich Bilder eines Feenmährchens aufsteigen müssen. Es ist wahrscheinlich, daß diese Grotte mit einem über dem Felsen befindlichen Lusthause zusammenhängt, wo Tiber Mädchen hielt, und die heut zu Tage noch *damicuta* genannt wird. Leider aber ist wegen des äußerst niedrigen Eingangs sehr schwer, nur bei völliger Windstille, und nur schwimmend hinein zu kommen, weil kein Kahn in Capri befindlich ist, der sich durchwinden könnte, und weil die geringste Bewegung des Meeres das Herauskommen unmöglich machen würde. Diese Grotte, welche erst neuerdings wieder besucht wird, würde den Ruf einer unvergleichlichen Seltenheit in der Welt bekommen, wenn sie zugänglicher wäre, und ich liege daher unserm Don Giuseppe täglich an, einen ganz kleinen Nachen eigens dafür bauen zu lassen! [...]
Wer beschriebe aber das Licht, das ihm aus dieser Grotte entgegen leuchtete! Schön ist eine Mondnacht im Süden, und die Bläue der Lüfte, so wie des Wassers ist bezaubernd, aber was sind solche Farben gegen das brennende Blau, das diese hohe Felsenhöhle wie mit der Kraft einer optischen Magie durchschimmerte, gegen die Klarheit des Meeres, das sie mit dem Krystall einer bis auf den tiefsten Grund durchsichtigen Fluth anfüllte, gegen die unbeschreibliche Helle, die sich wie ein süßes blaues Feuer von ihrem Spiegel aus über die seltsam gebildeten Felswände verbreitete, das auch sie in phosphorischen Flammen zu glühen schienen, gegen die sanften Uebergänge und Abstufungen dieses Feuerblau's, gegen die Wirkung von Nähe und Ferne, von Licht und Schatten, gegen die Lieblichkeit des Bildes, das die lautern Wasser von den mannigfaltigen Felsgestalten zurückspiegelten, ja gegen die Schwimmenden selbst, die mit entzückender Lichthelle aus dem blauen Zauberbad hervorleuchteten.

Waiblinger, Wilhelm Friedrich: Das Mährchen von der blauen Grotte, in: ders.: Taschenbuch aus Italien und Griechenland auf das Jahr 1830, 2 Bde., Berlin 1829/30, II, 29-92, hier 37, 47f.

Reisebericht 62

Seitdem wallfahrten die Fremden zu Tausenden dahin

Karl August Mayer

Dann stiegen wir wieder mit einem Cicerone ans Ufer hinab, und ließen uns von ihm nach der blauen Grotte, dem schönsten Wunder der seltsamen Insel, führen. – Die *Grotta azurra*, die sich am nördlichsten Ufer, ungefähr in der Mitte, befindet, war wohl den Fischern Capri's immer bekannt gewesen, doch hatte das Gerücht, es haus'ten Gespenster darin, die Leute abgehalten hinein zu dringen. Erst in

neuerer Zeit wagte es der Maler und Dichter Kopisch aus Berlin mit dem jetzt verstorbenen Maler Fries aus Heidelberg, schwimmend die Höhle zu besuchen. Seitdem wallfahrten die Fremden zu Tausenden dahin, und die Einwohner von Capri wären wohl verpflichtet, den zwei deutschen Malern, die so viele Piaster auf die Insel locken, ein Denkmal zu setzen.
Man bedient sich zur Fahrt nach der blauen Grotte, wegen des niedern Eingangs, kurzer, platter Barken, die eigens dazu gebaut werden. In einer solchen fuhren wir denn auch mit einem Cicerone, der das Ruder führte, dahin, indem wir, an andern Grotten vorüber, eine gute Strecke weit den Felsenwänden der Insel folgten. Die Wellen leckten an dem schroffen Gesteine, und entblößten, zurückschlagend, rothglänzende Korallen in tiefen Ritzen. Wir freuten uns sehr, daß es Morgen war, und daß wir ein ruhiges, blaues Meer hatten, weil dann der Anblick der Grotte doppelt so schön ist. Bei hochgehender See kann man gar nicht eindringen, und noch viel schlimmer ist es, wenn sich Sturm erhebt, während man sich darin befindet, weil man dann in dem unwirthbaren Raume gefangen ist. Sind doch schon Reisende gezwungen gewesen, über zwölf Stunden darin zu verweilen. Mit gesteigerter Erwartung langten wir vor der kleinen, runden Oeffnung an; hineinfahrend bückten wir die Köpfe, um nicht gegen den niederhängenden Felsen zu stoßen, und befanden uns jetzt in einem weiten Gewölbe, das uns eher wie ein Feenpalast, als wie ein von der Natur gebildeter Raum erschien; denn was hier floß, war kein Wasser, sondern Azur; es waren blaue, leuchtende Flammen, in deren Widerschein die ganze Höhle glänzte. Tauchte unser Führer mit dem Ruder in die verzauberte Flut, so blitzen und funkelten wunderbare Perlen daran empor. Der Fels, der im durchsichtigen Wasser erschien, schimmerte von Brillanten; auch die Korallen und rothen Wasserpflanzen in der Tiefe waren wie aus einer andern Welt, und die Fische, die hier ein friedliches Asyl haben, wo sie weder Netz noch Angel stört, spielten selig um unsern Kahn. Unser Führer, der eine Fackel angezündet hatte, deren dunkelrothe Glut einen Wiederschein an der Decke erzeugte, schien selbst von der hohen Schönheit der Höhle ergriffen zu sein und rief: „Ist das nicht herrlich? Ist das nicht wunderbar? Gibt es auch solche Grotten in eurer Heimat? O gewiß, gewiß nicht!“
Bisweilen entkleiden sich die Führer, und gehen bis an die Hüften ins Wasser; dann erscheint die obere Hälfte des Körpers dunkelblau, und die untere schimmert brillanthell. Die Bläue der Grotte wird durch die Brechung der Lichtstrahlen im Wasser hervorgebracht; denn, da die Oeffnung über dem Wasser nur einige Fuß mißt, aber tief ins Wasser hinabgeht, so dringt das von außen hellerleuchtete Meer nur von unten hinein, und es wird durch Reflexion eine Farbe erzeugt, die sich vielleicht am besten mit der des brennenden Spiritus vergleichen läßt. Eine solche Grotte ließe sich offenbar künstlich erzeugen, wenn man die Bedingungen erfüllte, die sich hier vorfinden. Ein Engländer soll auch in seiner Heimat den Versuch gemacht haben, aber damit gescheitert sein. Meines Wissens ist bis heute die blaue Grotte die einzige, wo man die beschriebene wunderbare Erscheinung beobachtet hat. Vom Glanze geblendet kann man nicht gleich die Einzelheiten in der Höhle unterscheiden; bald gewahrt man aber, daß der beträchtliche Raum durch natürliche Pfeiler in mehrere Abtheilungen zerfällt, und oben mit Tropffsteingebilden überkleidet ist.“

Mayer, Karl August: Neapel und die Neapolitaner oder Briefe aus Neapel in die Heimat, 2 Bde., Oldenburg 1842, II, 390-393 [Bericht über das Jahr 1834]

Quellen- und Literaturverzeichnis

Amalfitano 1990
Amalfitano, Paolo (Hrsg.): *I Campi Flegrei, un itinerario archeologico*, Venedig 1990

Andrews 1990
Andrews, Malcolm: *The Search for the Picturesque. Landscape, Aesthetics and Tourism in Britain, 1760-1800*, Aldershot 1990

Andrews 1994
Andrews, Malcolm: *The Picturesque. Literary Sources & Documents*, 3 Bde., Mountfield (East Sussex) 1994

Bartels 1787-1792
Bartels, Johann Heinrich: *Briefe über Calabrien und Sizilien*, 3 Bde., Göttingen 1787-1792

Behrmann 1996
Behrmann, Alfred (Hrsg.): *Das Tramontane oder die Reise nach dem gelobten Lande: Deutsche Schriftsteller in Italien 1755-1808*, Heidelberg 1996

Benkowitz 1802
Benkowitz, Karl Friedrich: *Helios der Titan oder Rom und Neapel. Eine Zeitschrift aus Italien von dem Verfasser des Natalis*, 3 Bde., Leipzig 1802

Benkowitz 1806
Benkowitz, Karl Friedrich: *Reisen von Neapel in die umliegenden Gegenden. Nebst Reminiscenzen von meiner Rückreise nach Deutschland und einigen Nachrichten über das letzte Erdbeben in Neapel*, Berlin 1806

Bergeret 1895
Bergeret de Grancourt, Pierre J.O.: *Bergeret et Fragonard: Journal inédit d'un voyage en Italie 1773-1774*, hrsg. von M.A. Tornézy, Paris 1895

Blumenberg 1966
Blumenberg, Hans: *Die Legitimität der Neuzeit*, Frankfurt a.M. 1966

Blumenberg 1981
Blumenberg, Hans: *Die Lesbarkeit der Welt*, Frankfurt a.M. 1981

Blumenberg 1989
Blumenberg, Hans: *Höhlenausgänge*, Frankfurt a.M. 1989

Blumenberg 1998
Blumenberg, Hans: *Paradigmen zu einer Metaphorologie*, Frankfurt a.M. 1998

Böhme 1988
Böhme, Hartmut: *Natur und Subjekt*, Frankfurt a.M. 1988

Böhme 1989
Böhme, Hartmut: „Die Ästhetik der Ruinen", in: Kamper, Dietmar; Christoph Wulf (Hrsg.): *Der Schein des Schönen*, Göttingen 1989, 287-304

Böhme 1993
Böhme, Hartmut: „Goethes Erde zwischen Natur und Geschichte", in: *Goethe Jahrbuch*, 110, 1993, 209-225

Börsch-Supan 1988
Börsch-Supan, Helmut: *Die Deutsche Malerei von Anton Graff bis Hans von Marées 1760-1870*, München 1988

Böschenstein 1990
Böschenstein, Renate: „Grotte und Kosmos. Überlegungen zu Maler Müllers Idyllen-Mythologie", in: *Maler Müller in neuer Sicht. Studien zum Werk des Schriftstellers und Malers Friedrich Müller (1749-1825)*, hrsg. von Gerhard Sauder, Rolf Paulus, Christoph Weiß [= *Saarbrücker Beiträge zur Literaturwissenschaft* Bd. 24], St. Ingbert 1990, 9-29

Bonstetten 1805
Bonstetten, Karl Victor von: *Reise in die klassischen Gegenden Roms, zur Schilderung ihres ehemaligen und gegenwärtigen Zustandes, bearbeitet von K.*[arl] *G.*[ottlob] *Schelle* [*Voyage dans les environs classiques de Rome* [...], dt.], [Genf 1805] Leipzig 1805

Bosio 1668
[Bosio, Antonio]. *Abgebildetes Unterirdisches Rom/ Darin der Christen/ und fürnemlich der Märterer/ uhralte Gottesäkker/ oder Begräbnuß-Plätze/ Grab-Titel/ Grab-Gedächtnisse/ Grab-Zeichen/ Grabschriften/ und berühmteste Gräber der Heiligen/ So wol mit Worten gründlich beschrieben und erkläret/ als mit eigentlichen Abbildungen vor Augen gestellet* [...] *ins Hochdeutsche übersetzt/ Durch Christoff Baumann* [*Roma subterranea* (...), dt.]. [Rom 1651] Arnheim 1668

Bredekamp 1981
Bredekamp, Horst: „Die Erde als Lebewesen", in: *Kritische Berichte*, 9, 1981, H.4/ 5, 5-37

Bredekamp 1993
Bredekamp, Horst: *Antikensehnsucht und Maschinenglauben – Die Geschichte der Kunstkammer und die Zukunft der Kunstgeschichte* [= *Kleine Kulturwissenschaftliche Bibliothek*, 41], Berlin 1993

Brilli 1989
Brilli, Attilio: *Reisen in Italien. Die Kulturgeschichte der klassischen Italienreise vom 16. bis 19. Jahrhundert* [*Il viaggio in Italia. Storia di una grande tradizione culturale dal XVI al XIX secolo*, dt.], [Mailand 1987] Köln 1989

Broc 1974
Broc, Numa: *La Géographie des philosophes. Géographes et voyageurs français au XVIIIe siècle*, Paris 1974

Brosses [1799] 1918-1922
Brosses, Charles de: *Vertrauliche Briefe aus Italien an seine Freunde in Dijon 1739-1740* [*Lettres familières sur l'Italie* (...), dt.], hrsg. und übers. von Werner Schwartzkopf, [Paris 1799] 2 Bde., München 1918-1922

Brun 1799-1801
Brun, Friederike: *Prosaische Schriften*, 4 Bde., Zürich 1799-1801

Brun 1818
Brun, Friederike: *Sitten- und Landschaftsstudien von Neapel und seinen Umgebungen in Briefen und Zuschriften entworfen in den Jahren 1809-1810 nebst spätern Zusätzen* [...], Leipzig 1818

Brunotte 1993
Brunotte, Ulrike: „Die Konstruktion der Unterwelt: Zur Architektur der Erinnerung in Kult und Psychoanalyse", in: *Daidalos*, 48, Juni 1993, 78-86

Bürger 1930/1931
Bürger, Karl: „Die Baumannshöhle. Geschichte eines Harzer Naturdenkmals", in: *Zeitschrift des Harzvereins für Geschichte und Altertumskunde*, 63 (1930), H.1, 82-106, H.2, 161-183, 64 (1931), H.1, 150-175

Bürgi 1989
Bürgi, Andreas: *Weltvermesser. Die Wandlung des Reiseberichts in der Spätaufklärung*, Bonn 1989

Burke [1757] 1980
Burke, Edmund: *Philosophische Untersuchung über den Ursprung unserer Ideen vom Erhabenen und Schönen* [*A philosophical Enquiry into the Origin of our Ideas of the Sublime and Beautiful*, dt.], übers. von Friedrich Bassenge, neu eingel. u. hrsg. von Werner Strube, [London 1757] Hamburg 1980

Burnet 1689
Burnet, Gilbert: *Some Letters, Containing an Account of what seemed most Remarkable in Travelling through Switzerland and Italy, Some Parts of Germany &C. in the Year 1685 and 1686*, London 1689

Busch 1993
Busch, Werner: *Das sentimentalische Bild. Die Krise der Kunst im 18. Jahrhundert und die Geburt der Moderne*, München 1993

Busch 1994
Busch, Werner: „Der Berg als Gegenstand von Naturwissenschaft und Kunst. Zu Goethes geologischem Begriff", in: Kat. Goethe und die Kunst 1994, 485-497

Chard/ Langdon 1996
Chard, Chloe; Helen Langdon: *Transports: Travel, Pleasure, and Imaginative Geography, 1600-1830* [= *Studies in British Art*, 3], New Haven/ London 1996

Chateaubriand [1828] 1968
Chateaubriand, François René de: *Chateaubriands Reise nach Italien* [*Voyage en Italie*, dt.], übers. von K. Schnetzler, Freiburg 1828

Cheetham 1982
Cheetham, Mark A.: *Revision and exploration. German landscape depiction and theory in the late 18th century*. Diss. phil., London 1982

Cheetham 1984
Cheetham, Mark A.: „The Taste for Phenomena: Mount Vesuvius and Transformations in late 18th Century European Landscape Depiction", in: *Wallraf-Richartz-Jahrbuch*, 45, 1984, 131-144

Corbin 1994
Corbin, Alain: *Meereslust. Das Abendland und die Entdeckung der Küste* [*Le territoire du vide. L'Occident et le plaisir du rivage 1750-1840,* dt.], [Paris 1988] Frankfurt a.M. 1994

Denon 1788
Denon, Dominique Vivant: *Voyage en Sicile*, Paris 1788

Dobai 1974-1977
Dobai, Johannes: *Die Kunstliteratur des Klassizismus und der Romantik in England*, 4 Bde., Bern 1974-1977

Doppler 1968
Doppler, Alfred: *Der Abgrund. Studien zur Bedeutungsgeschichte eines Motivs*, Graz/ Wien/ Köln 1968

Dupaty 1788
[Dupaty, Charles]: *Lettres sur l'Italie, en 1785*, 2 Bde., Rom/ Paris 1788

Dupaty 1790
Dupaty, Charles: *Briefe über Italien vom Jahr 1785* [*Lettres sur l'Italie, en 1785*, dt.], aus dem Französischen von Georg Forster, 2 Bde., Mainz 1790 [2 Bde., Rom/ Paris 1788]

Eichholz 1806-1811
Eichholz, Johann Heinrich: *Briefe über Italien, oder Schilderung der Einwohner von Venedig, Rom, Neapel und Florenz, in Hinsicht auf Charakter, Cultur des Geistes und Industrie derselben; nebst beigefügten Bemerkungen über Alterthümer und Kunst*, 4 Bde., Zürich 1806-1811

Eichler 1977
Eichler, Inge: „Die Cervarafeste der deutschen Künstler in Rom", in: *Zeitschrift des Vereins für Kunstwissenschaft*, 31, 1977, 81-114

Eichler 1996
Eichler, Inge: *Il Carnevale dei Tedeschi. Die Cervarafeste der deutschen Künstler in Rom*, Frankfurt a.M. 1996

Eliade 1989
Eliade, Mircea: *Die Sehnsucht nach dem Ursprung*, Frankfurt a.M. 1989

Erhart 1991
Erhart, Walter: „Traumbilder, Glücksritter, Bildungslegenden: Europäische Italienreisen im 19. Jahrhundert", in: *Arcadia*, 26, 1991, 265-289

Etienne 1995
Etienne, Robert: *Pompeji, die eingeäscherte Stadt* [*Pompeji – la cité ensevelié*, dt.], [Paris 1987] Ravensburg 1995

Eustache 1813-1819
Eustache, John Chetwode: *A Tour through Italy, exhibiting a View of its scenery, its Antiquities, and its Monuments* [...], 3 Bde., London 1813-1819

Femmel 1985
Femmel, Gerhard (Hrsg.): *Johann Wolfgang Goethe, Reise-, Zerstreuungs- und Trostbüchlein 1806-1807*, Leipzig 1985

Femmel/ Michel 1979
Femmel, Gerhard; Christoph Michel: „Einige Bemerkungen zu den 'idealen Landschaften' in Goethes ‚Reise-, Zerstreuungs- und Trostbüchlein'", *Jahrbuch des Freien Deutschen Hochstifts*, 1979, 120-131

Feuchtmayr 1975
Feuchtmayr, Inge: *Johann Christian Reinhart 1761-1847. Monographie und Werkverzeichnis*, München 1975

Fino 1990
Fino, Lucio: *Capri nelle stampe: Vedute costumi e scene di vita popolare*, Neapel 1990

Fino 1993
Fino, Lucio: *Vesuvio e Campi Flegrei: Due miti del Grand Tour nella grafica di tre secoli: stampe disegni e acquerelli dal 1540-1876*, Neapel 1993

Forster, AA
Forster, Georg: *Werke*, hrsg. von der Deutschen Akademie der Wissenschaften. 18 Bde., Berlin 1958-.

Forsyth 1813
Forsyth, Joseph Esq: *Remarks on Antiquities, Arts, and Letters during an Excursion in Italy in the Years 1802 and 1803*, London 1813

Foucault 1991
Foucault, Michel: „Andere Räume", in: Barck, Karlheinz; Peter Gente; Heide Paris; Stefan Richter (Hrsg.): *Aisthesis. Wahrnehmung heute oder Perspektiven einer anderen Ästhetik*, Leipzig [1990] ³1991, 34-46

Friederich [1848-1849] 1978
Friederich, Johann Konrad: *Denkwürdigkeiten oder Vierzig Jahre aus dem Leben eines Toten genannt auch Der deutsche Casanova* [zuerst als: *Vierzig Jahre aus dem Leben eines Toten: Hinterlassene Papiere eines französisch-preußischen Offiziers*], hrsg. von Friedemann Berger, [3 Bde., Tübingen 1848-1849] 3 Bde., Leipzig/ Weimar 1978

Galassi 1991
Galassi, Peter: *Corot in Italien: Freilichtmalerei und klassische Landschaftstradition* [*Corot in Italy*, dt.], [New Haven 1991] München 1991

Gantner 1958
Gantner, Joseph: *Leonardos Visionen von der Sintflut und vom Untergang der Welt. Geschichte einer künstlerischen Idee*, Bern 1958

Gaston 1983
Gaston, Robert W.: „British Travellers and Scholars in the Roman Catacombs 1450-1900", in: *Journal of the Warburg and Courtauld Institutes*, 46, 1983, 144-165

Georgila-Greisenegger 1984
Georgila-Greisenegger, Vana: „Grotten. Überlegungen zu ihren Metamorphosen vom Heiligtum zum landschaftlichen Motiv und Schau-Platz. Ein Beitrag zur Rezeptionsgeschichte", in: *Maske und Kothurn. Der Schauspieler und sein Publikum*, 30, 1984, H.3-4, 313-334

Glacken 1967
Glacken, Clarence J.: *Traces on the Rhodian Shore: Nature and Culture in Western Thought from Ancient Times to the End of the Eighteenth Century*, Berkeley/ Los Angeles/ London 1967

Gnisci 1987
Gnisci, Armando: „Roma come sistema delle rovine", in: Caprio, Vincenzo de (Hrsg.): *Poesia e poetica delle rovine di Roma. Momenti e problemi* [= *Quaderni di Studi Romani*, I, 47], Rom 1987, 9-19

Goethe [1740] 1986
Goethe, Johann Caspar: *Reise durch Italien im Jahre 1740 (Viaggio per l'Italia)*, übers. und komm. von Albert Meier, München 1986

Goethe, WA
Goethes Werke, hrsg. im Auftrage der Großherzogin Sophie von Sachsen, Abteilung I-IV, 133 Bände (in 143), Weimar 1887-1919. Italienische Reise: WA I, 30-32; Philipp Hackert: WA I, 46; Briefe: Abt. IV

Goethe, Corpus
Corpus der Goethezeichnungen, bearb. von Gerhard Femmel, Bd. I-VII, Leipzig 1958-1967

Graß 1815
Graß, Carl [Gotthard]: *Sizilische Reise, oder Auszüge aus dem Tagebuch eines Landschaftsmalers*, 2 Bde., Stuttgart/ Tübingen 1815

Gregorovius [1857-1877] 1928
Gregorovius, Ferdinand: *Wanderjahre in Italien*, hrsg. von Fritz Schillmann, 2., verb. Ausg. der erg. Neuausg. [Leipzig 1857-1877] Dresden 1928

Griep 1991
Griep, Wolfgang (Hrsg.): *Sehen und Beschreiben: Europäische Reisen im 18. und frühen 19. Jahrhundert: Erstes Eutiner Symposium 1990 in der Eutiner Landesbibliothek*, Heide 1991

Grillparzer [1819] 1984
Grillparzer, Franz: „Tagebuch auf der Reise nach Italien 24. März bis Ende Juli 1819", in: ders.: *Reisetagebücher*, hrsg. von Rudolf Walbiner, Berlin ²1984, 7-86

Grimm/ Breymayer/ Erhart 1990
Grimm, Gunter E.; Ursula Breymayer; Walter Erhart (Hrsg.): *„Ein Gefühl von freierem Leben": Deutsche Dichter in Italien*, Stuttgart 1990

Hamblyn 1996
Hamblyn, Richard: „Private Cabinets and Popular Geology: The British Audiences for Volcanoes in the Eighteenth Century", in: Chard/ Langdon 1996, 179-205

Hammer-Purgstall 1800
Hammer-Purgstall, Joseph von: *Zeichnungen auf einer Reise von Wien über Triest nach Venedig, und von da zurück durch Tyrol und Salzburg im Jahre 1798*, Berlin 1800

Harder 1981
Harder, Hermann: *Le Président de Brosses et le voyage en Italie au dix-huitième siècle* [*Die französischen Italienreiseberichte des Ancien Régime und die 'Lettres familières sur l'Italie' des Président de Brosses*, frz.], [Diss. phil. Freie Univ. Berlin 1973] Genf 1981

Haufe 1965
Haufe, Eberhard (Hrsg.): *Deutsche Briefe aus Italien: Von Winckelmann bis Gregorovius*, Hamburg 1965

Heidmann Vischer 1993
Heidmann Vischer, Ute: *Die eigene Art zu sehen: Zur Reisebeschreibung des späten achtzehnten Jahrhunderts am Beispiel von Karl Philipp Moritz und anderen Englandreisenden* [= *Zürcher Germanistische Studien*, 30], Bern/ Berlin/ Frankfurt a.M. 1993

Heitmann/ Scamardi 1993
Heitmann, Klaus; Teodoro Scamardi: *Deutsches Italienbild und italienisches Deutschlandbild im 18. Jahrhundert* [= *Reihe der Villa Vigoni*, 9], Tübingen 1993

Herder 1836
Herder, Johann Gottfried: *Gedichte*, hrsg. von Johann Georg Müller, Stuttgart / Tübingen 1836

Hölscher 1965
Hölscher, Uvo: *Empedokles und Hölderlin*, Frankfurt a.M. 1965

Homer 1990
Homer: *Odyssee und Homerische Hymnen*, übers. von Anton Weiher; mit einer Einf. in die Odyssee von Alfred Heubeck, München 1990

Horn-Oncken 1978
Horn-Oncken, Alste: *Ausflug in elysische Gefilde. Das europäische Campanienbild des 16. und 17. Jahrhunderts und die Aufzeichnungen J.F.A. von Uffenbachs* [= *Abhandlungen der Akademie der Wissenschaften in Göttingen*, Phil.-Hist., III, 111], Göttingen 1978

Hoüel 1782-1787
Hoüel, Jean: *Voyage pittoresque des isles de Sicile, de Malte et de Lipari, où l'on traite des Antiquités qui s'y trouvent encore, des principaux Phénomènes qui la Nature y offre, du Costume des Habitants et de Quelques Usages*, 4 Bde., Paris 1782-1787

Hoüel 1797-1809
Hoüel, Jean: *Houels Reisen durch Sizilien, Maltha und die Liparischen Inseln. Eine Übersetzung aus dem großen und kostbaren französischen Originalwerke von J. H. Keerl Königl. Preuß. würkl. Regierungs- und Consistorialassessor*, 6 Bde., Gotha 1797-1809 [= *Voyage pittoresque des isles de Sicile, de Malte et de Lipari* [...], 4 Bde. Paris 1782-1787, dt.]

Hüttel 1999
Hüttel, Richard: „Angst und Schauder im Landschaftsgarten", in: *kritische berichte*, 27, H. 2/1999, 55-64

Ingersoll-Smouse 1926
Ingersoll-Smouse, Florence: *Joseph Vernet peintre de marine, 1714-1789*, 2 Bde., Paris 1926

Jacobi 1796-1797
Jacobi, Georg Arnold: *Briefe aus der Schweiz und Italien in das väterliche Haus nach Düsseldorf geschrieben*, 2 Bde., Lübeck/ Leipzig 1796-1797

Jäger 1992
Jäger, Hans-Wolf (Hrsg.): *Europäisches Reisen im Zeitalter der Aufklärung*, Heidelberg 1992

Juvenal 1993
Juvenal [Decimus Iunius Iuvenalis]: *Satiren: lateinisch – deutsch*, hrsg. u. übers. von Joachim Adamietz, München 1993

Kanceff/ Rampone 1991-1995
Kanceff, Emanuele; Roberta Rampone (Hrsg.): *Viaggio nel Sud* [= *C.I.R.V.I., Biblioteca del Viaggio in Italia, Studi*, 36, 41, 42], 3 Bde., Genf 1991-1995

Ausstellungskataloge

Kat. Auch ich in Arkadien 1966
Kuhn, Dorothea (Hrsg.): *Auch ich in Arkadien: Kunstreisen nach Italien 1600-1900*, Marbach (Schiller-Nationalmuseum) 1966

Kat. Bamboccianti 1991
Levine, David A.; Ekkehard Mai (Hrsg.): *I Bamboccianti: Niederländische Malerrebellen im Rom des Barock*, Köln (Wallraf-Richartz-Museum) und Utrecht (Centraal Museum), Mailand 1991

Kat. Cassas 1994
Gilet, Annie; Uwe Westfehling (Hrsg.) *Louis-Francois Cassas 1756-1827: Dessinateur – Voyageur / Im Banne der Sphinx: Ein französischer Zeichner reist nach Italien und in den Orient*, Tours (Musée des Beaux-Arts) und Köln (Wallraf-Richartz-Museum) 1994

Kat. Dahl 1988
Heilmann, Christoph (Hrsg.): *Johan Christian Dahl, 1788-1857: Ein Malerfreund Caspar David Friedrichs*, München (Neue Pinakothek) 1988

Kat. Ducros 1998
Zutter, Jörg (Hrsg.): *Abraham-Louis-Rodolphe Ducros: Un peintre suisse en Italie*, Lausanne (Musée cantonal des Beaux-Arts) und Québec (Musée de Québec), Mailand/ Lausanne 1998

Kat. Eremiten und Ermitagen 1993
Eremiten und Ermitagen in der Kunst vom 15. bis zum 20. Jahrhundert, bearb. von Rudolf Velhagen, Basel (Öffentliche Kunstsammlung, Kunstmuseum) 1993

Kat. Französische Kunst 1996
Rödiger-Diruf, Erika (Hrsg.): *Vom Glück des Lebens: Französische Kunst des 18. Jahrhunderts aus der Staatlichen Eremitage St.Petersburg*, Karlsruhe (Städtische Galerie im Prinz-Max-Palais) 1996

Kat. Fries 2001
Ernst Fries. Heidelberg 1801 – 1833 Karlsruhe, bearb. von Annette Frese, Heidelberg (Kurpfälzisches Museum der Stadt Heidelberg) 2001

Kat. Frommel 1989
Carl Ludwig Frommel. 1789-1863. Zum 200. Geburtstag. Aquarelle, Zeichnungen und Druckgraphik aus dem Kupferstichkabinett der Staatlichen Kunsthalle Karlsruhe, bearb. von Rudolf Theilmann, Karlsruhe (Staatliche Kunsthalle) 1989

Kat. Goethe und die Kunst 1994
Schulze, Sabine (Hrsg.): *Goethe und die Kunst*, Frankfurt a.M. (Schirn Kunsthalle) und Weimar (Kunstsammlungen), Ostfildern-Ruit 1994

Kat. Grand Tour 1996
Grand Tour. The Lure of Italy in the Eighteenth Century, bearb. von Andrew Wilton, Ilaria Bignamini, London (Tate Gallery) und Rom (Palazzo delle Esposizioni) 1996

Kat. Hackert 1994
Chiarini, Paolo (Hrsg.): *Il paesaggio secondo la natura: Jacob Philipp Hackert e la sua cerchia*, Rom (Palazzo delle Esposizioni) 1994

Kat. Hackert 1995
Goethe-Museum Düsseldorf (Hrsg.): *Der Restnachlaß Philipp Hackert* [= *Kulturstiftung der Länder – Patrimonia*, 105], Düsseldorf 1995

Kat. Hackert 1998
Jacob Philipp Hackert. Paesaggi del Regno, bearb. von Thomas Weidner, Caserta (Palazzo Reale) 1997-1998, Rom ²1998

Kat. Hamilton 1996
Vases & Volcanoes. Sir William Hamilton and his Collection, bearb. von Ian Jenkins, Kim Sloan, London (British Museum) 1996

Kat. Heroismus und Idylle 1984
Heroismus und Idylle. Formen der Landschaft um 1800, bearb. von Götz Czymmek u.a., Köln (Wallraf-Richartz-Museum) 1984

Kat. Hoüel 1988
La Sicilia di Jean Hoüel all'Eremitage, Palermo (Civica Galleria d'Arte Moderna) 1988

Kat. Hoüel 1990
Hoüel. Voyage en Sicile 1776-1779, bearb. von Madeleine Pinault, Paris (Louvre) 1990

Kat. Kniep 1992
Boetzkes, Manfred (Hrsg.): *Christoph Heinrich Kniep – Zeichner an Goethes Seite: Zwischen Klassizismus, Realismus und Romantik*, bearb. von Georg Striehl, Hildesheim (Roemer-Museum) 1992

Kat. Kobell 1997
Herbig, Thomas (Hrsg.): *Franz Kobell: Ein Landschaftszeichner um 1800: Aquarelle, Zeichnungen, Radierungen*, Traunstein (Städtische Galerie) und Reutlingen (Kunstverein), Stein 1997

Kat. Künstlerleben in Rom 1991
Bott, Gerhard; Heinz Spielmann (Hrsg.): *Künstlerleben in Rom: Bertel Thorvaldsen (1770-1844): Der dänische Bildhauer und seine deutschen Freunde*, Nürnberg (Germanisches Nationalmuseum) 1991

Kat. Morgenstern 1999
Die Frankfurter Malerfamilie Morgenstern, bearb. von Inge Eichler, Frankfurt a.M. (Freies Deutsches Hochstift – Frankfurter Goethe-Museum) 1999

Kat. Nadorp 1976
Der Zeichner Franz Nadorp: 1794-1876: ein romantischer Künstler aus Anholt, bearb. von einer Projektgruppe des Kunsthistorischen Instituts der Universität Groningen unter Leitung von Henk van Os, Rhode bei Bocholt/ Westfalen 1976

Kat. Piranesi 1999
Giovanni Battista Piranesi. Die poetische Wahrheit. Radierungen, bearb. von Corinna Höper u.a., Stuttgart (Staatsgalerie), Ostfildern-Ruit 1999

Kat. Schilbach 2000
Der Traum vom Süden – Johann Heinrich Schilbach (1798-1851): Zeichnungen, Aquarelle, Ölstudien und Gemälde, bearb. von Peter Märker mit Klaus-D. Pohl, Darmstadt (Hessisches Landesmuseum), Heidelberg 2000

Kat. Schütz 1991
Christian Georg Schütz d.Ä. 1718-1791, bearb. von Petra Maisak, Frankfurt a.M. (Freies Deutsches Hochstift – Frankfurter Goethe-Museum) 1991

Kat. Sehnsucht 2000
Sehnsucht nach dem Süden. Oldenburger Maler sehen Italien, bearb. von Siegfried Müller u.a., Oldenburg (Landesmuseum für Kunst und Kulturgeschichte) 2000

Kat. Sehsucht 1993
Sehsucht. Das Panorama als Massenunterhaltung des 19. Jahrhunderts, Bonn (Kunst- und Ausstellungshalle der Bundesrepublik Deutschland), Basel/ Frankfurt a.M. 1993

Kat. Wolf 1980
Caspar Wolf (1725-1783). Landschaft im Vorfeld der Romantik, bearb. von Yvonne Boerlin-Brodbeck, Basel (Kunstmuseum) 1980

Kat. Wolf 2001
Caspar Wolf. Ein Panorama der Schweizer Alpen, bearb. von Beat Wismer, Stephan Kunz u.a., Aarau (Aargauer Kunsthaus) 2001

Keller 1990
Keller, Sabine: *Vulkanausbrüche als Thema der Malerei. Zum Verhältnis von Naturwissenschaft und Bildender Kunst um 1800*, Magisterarbeit Univ. Hamburg 1990 [Ms.]

Kemp 1969
Kemp, Wolfgang: „Die Höhle der Ewigkeit", in: *Zeitschrift für Kunstgeschichte*, 32, 1969, 133-152

Kephalides 1818
Kephalides, August Wilhelm: *Reise durch Italien und Sicilien*, 2 Bde., Leipzig 1818

Kircher 1665
Kircher, Athanasius: *Mundus Subterraneus: In XII Libros digestus; ovo Divinum Subterrestris Mundi Supificium, mira Ergasteriorum Naturae in eo distributio, verbo ... Protei Regnum, Universae denique Naturae Majestas & divitiae summa rerum varietate exponuntur: Abditorum effectuum causae acri indagine inquifitae demonstrantur; cognitiar per Artis & Naturae conjugium ad humanae vitae necessarium vario experimentorum apparatu, necnon nov modo, & ratione applicantur*, Amsterdam 1665

Klonk 1996
Klonk, Charlotte: *Science and the Perception of Nature: British Landscape Art in the Late Eighteenth and Early Nineteenth Centuries*, New Haven/ London 1996

Kohl 1986
Kohl, Karl-Heinz: *Entzauberter Blick: Das Bild vom Guten Wilden und die Erfahrung der Zivilisation*, Nachdr. der Ausg. Berlin 1981, Frankfurt a.M. 1986

Kopisch [1838] 1997
Kopisch, August: *Entdeckung der Blauen Grotte auf der Insel Capri*, hrsg. von Dieter Richter, Berlin 1997 [zuerst in: Reumont, Alfred (Hrsg.): *Italia*, Berlin 1838, 155-201]

Kotzebue 1805
Kotzebue, August von: *Erinnerungen von einer Reise aus Liefland nach Rom und Neapel*, 3 Bde., Berlin 1805

Kranz 1949
Kranz, Walther: *Empedokles. Antike Gestalt und Romantische Neuschöpfung*, Zürich 1949

Krönig 1983
Krönig, Wolfgang: „Einführung", in: *Philipp Hackert. „Zehn Aussichten von dem Landhause des Horaz" 1780*, Kat. Düsseldorf (Goethe-Museum, Anton-und- Katharina-Kippenberg-Stiftung), hrsg. von Jörn Göres, 1983

Krönig 1984
Krönig, Wolfgang: „Philipp Hackerts 'Zehn Aussichten von dem Landhause des Horaz' 1780 im Goethe-Museum Düsseldorf", in: *Pantheon* 42 (N.F.), 1984, 86-89

Krönig 1987
Krönig, Wolfgang; George Vallet (Einf.): *Vedute di luoghi classici della Sicilia. Il viaggio di Philipp Hackert del 1777*, Palermo 1987

Krönig / Wegner 1994
Krönig, Wolfgang; Reinhard Wegner: *Jakob Philipp Hackert. Der Landschaftsmaler der Goethezeit*, Köln/ Weimar/ Wien 1994

Kruft 1970
Kruft, Hanno-Walter: „Goethe und Kniep in Sizilien", *Jahrbuch der Sammlung Kippenberg N.F.*, 2, 1970, 201-327

Kupfer 1992
Kupfer, Alexander: *Piranesis Carceri. Enge und Unendlichkeit in den Gefängnissen der Phantasie*, Stuttgart/ Zürich 1992

Lalande 1769
Lalande, Joseph Jerôme: *Voyage d'un Français en Italie, fait dans les années 1765 & 1766* [...], 8 Bde., Venedig/ Paris 1769

Lamers 1991
Lamers, Petra: *Die Voyage pittoresque des Abbé de Saint-Non und ihre Illustrationen*, 3 Bde., Diss. phil., Mainz 1991

Lamers 1995
Lamers, Petra: *Il viaggio nel Sud dell'Abbé de Saint-Non. Il 'Voyage pittoresque à Naples et en Sicile'. La genesi, i disegni preparatori, le incisioni*, Neapel 1995

Lammel 1998
Lammel, Gisold: *Kunst im Aufbruch. Malerei, Graphik und Plastik zur Zeit Goethes*, Stuttgart 1998

Lepenies 1984
Lepenies, Wulf: „Der andere Fanatiker. Historisierung und Verwissenschaftlichung der Kunstauffassung bei Johann Joachim Winckelmann", in: *Ideal und Wirklichkeit in der bildenden Kunst im späten 18. Jahrhundert*, hrsg. von Herbert Beck u.a., Berlin 1984, 19-30

Lesser 1735
Lesser, Friedrich Christian: *Anmerkungen über die Baumannshöhle wie er sie selbst Anno 1734. den 21. May befunden* [...], Hamburg 1735

Löwer-Hirsch 1994
Löwer-Hirsch, Marga: „Erinnerungen", in: Luttringer, Klaus (Hrsg.): *Zeit der Höhlen* [= *Rombach Wissenschaft, Reihe Litterae*, 29], Freiburg i.Br. 1994, 121-134

Lübke 1953
Lübke, Anton: *Geheimnisse des Unterirdischen. Höhlen – Forschung – Abenteuer*, Bonn 1953

Maisak 1981
Maisak, Petra: *Arkadien. Genese und Typologie einer idyllischen Wunschwelt*, Frankfurt a.M. / Bern 1981

Maisak 1996
Maisak, Petra: *Johann Wolfgang Goethe. Zeichnungen*, Stuttgart 1996

Mannlich 1966
Mannlich, Johann Christian von: *Rokoko und Revolution. Lebenserinnerungen des Johann Christian von Mannlich 1741-1822*, hrsg. von Eugen Stollreither, Stuttgart 1966

Martinet 1996
Martinet, Marie-Madeleine: *Le voyage d'Italie dans les littératures européennes*, Paris 1996

Maurer 1999
Maurer, Michael (Hrsg.): *Neue Impulse der Reiseforschung*, Berlin 1999

Mayer 1842
Mayer, Karl August: *Neapel und die Neapolitaner oder Briefe aus Neapel in die Heimat*, 2 Bde., Oldenburg 1842

Meier 1987
Meier, Albert (Hrsg.): *Un paese incredibilmente bello. Il >viaggio in Italia< di Goethe e il mito della Sicilia/ Ein unsäglich schönes Land. Goethes Italienreise und der Mythos Siziliens*, Palermo 1987

Meinel 1987
Meinel, Christoph: „Natur als moralische Anstalt: Die Meteorologia philosophico-politica des Franz Reinzer, S. J., ein naturwissenschaftliches Emblembuch aus dem Jahre 1698", in: *Nuncius. Annali di Storia della Scienza*, 2, 1987, 37-94

Meyer 1792
Meyer, Friedrich Johann Lorenz: *Darstellungen aus Italien*, Berlin 1792

Meyer 1985
Meyer, Wendel W.: „The Variable Climate of Rome: British Travellers to the Roman Catacombs in the Seventeenth Century", in: *Studi Seicenteschi*, XXVI, 1985, 279-296

Michel 1978
Michel, Christoph (hrsg.): *Johann Wolfgang Goethe. Reise-, Zerstreuungs- und Trostbüchlein 1806-1807*, Frankfurt a.M. 1978

Miller 1982
Miller, Naomi: *Heavenly Caves. Reflections on the Garden Grotto*, London/ Boston/ Sidney 1982

Miller 1978
Miller, Norbert: *Archäologie des Traums. Versuch über Giovanni Battista Piranesi*, München / Wien 1978

Miller 1985
Miller, Norbert: „Das Ohr des Dionysios. Akustische Verkehrungen und Vorkehrungen", in: *Daidalos*, 17, Sept. 1985, 74-83

Moatti 1992
Moatti, Claudia: *Rom. Wiederentdeckung einer antiken Stadt* [*A la recherche de la Rome antique*, dt.], [Paris 1989] Ravensburg 1992

Moetter 1991
Moetter, Gerd van der: *Historisch-bibliographischer Abriß der deutschen Sizilienreisenden. 1600-1900* [= *Biblioteca dell'Archivio Storico Messinese*, XVI, Analecta 6], Messina 1991

Moravia 1989
Moravia, Alberto: *Beobachtende Vernunft: Philosophie und Anthropologie in der Aufklärung* [*La Scienza dell'Uomo nel Settecento*, dt.], [Bari 1970] Nachdr. der Ausg. München 1973, Frankfurt a.M. 1989

Moritz [1791] 1979
Moritz, Karl Philipp: *Götterlehre oder Mythologische Dichtungen der Alten. Mit Abbildungen nach antiken geschnittenen Steinen und anderen Denkmälern des Altertums* (EA 1791), Frankfurt a.M. 1979

Neumann 1957
Neumann, Erich: *Die große Mutter. Der Archetyp des großen Weiblichen*, Darmstadt 1957

Neumann 1981
Neumann, Erich: *Die große Mutter. Eine Phänomenologie der weiblichen Gestalten des Unbewußten*, Olten 1981

Niemeijer/ Booy 1994
Niemeijer, J.W.; J.Th. de Booy (Hrsg.): *Voyage en Italie, en Sicile et à Malte – 1778 – par quatre voyageurs hollandais: Willem Carel Dierkens, Willem Hendrik van Nieuwerkerke, Nathaniel Thornbury, Nicolas Ten Hove accompagnés du peintre vaudois Louis Ducros. Journaux, lettres et dessins*, 2 Bde., o.O, o.J. [1994]

Nisser 1948
Nisser, Wilhelm: *Die Italien-Skizzenbücher von Erik Jönson Dahlberg und David Klöckner Ehrenstrahl*, 2 Bde., Uppsala 1948

Noack 1907
Noack, Friedrich: *Deutsches Leben in Rom 1700-1900*, Stuttgart/ Berlin 1907

Nordhoff 1994
Nordhoff, Claudia; Hans Reimer: *Jakob Philipp Hackert 1737-1807. Verzeichnis seiner Werke*, 2 Bde., Berlin 1994

Oechslin 1984
Oechslin, Werner: „Natur und ihre Rückführbarkeit in Architektur", *Daidalos*, 12, Juni 1984, 44-53

Oechslin 1993
Oechslin, Werner: „Athanasius Kirchers 'Mundus Subterraneus' – ein Modell zur Erklärung des Weltbaus Erde", *Daidalos*, 48, Juni 1993, 87-99

Oettermann 1980
Oettermann, Stephan: *Das Panorama: Die Geschichte eines Massenmediums*, Frankfurt a.M. 1980

Osterkamp 1992
Osterkamp, Ernst: „Johann Hermann von Riedesels Sizilienreise. Die Winckelmannsche Perspektive und ihre Folgen", in: Jäger 1992, 93-106

Oswald 1985
Oswald, Stephan: *Italienbilder: Beiträge zur Wandlung der deutschen Italienauffassung 1770-1840* [= *Germanisch-Romanische Monatsschrift*, Beiheft 6], Heidelberg 1985

Ovid 1992
Publius Ovidius Naso: *Metamorphosen*, übers. von Erich Rösch; mit einer Einf. von Niklas Holzberg, München [1990] ²1992

Ovid 1995
Publius Ovidius Naso: *Fasti – Festkalender*, lat.-dt. übers. und hrsg. von Niklas Holzberg, Zürich 1995

Pauly/ Wissowa
Pauly, August; Georg Wissowa: *Real-Encyclopaedie der classischen Altertumswissenschaft*, Stuttgart, Reihe 1, Bde.1-24, 1844-1963; Reihe 2, Bde.1-9, 1914-1961; Neue Bearb., Suppl.Bde.1-15, 1903-1978

Petit-Radel 1815
Petit-Radel, Philippe: *Voyage historique, chorographique et philosophique dans les principales villes de l'Italie, En 1811 et 1812*, 3 Bde., Paris 1815

Petrarca 1989
Petrarca, Francesco: *Canzoniere*, nach einer Interlinearübersetzung von Geraldine Gabor in deutsche Verse gebracht von Ernst-Jürgen Dreyer, Basel/ Frankfurt a.M. 1989

Pfotenhauer 1991
Pfotenhauer, Helmut: *Um 1800: Konfigurationen der Literatur, Kunstliteratur und Ästhetik* [= *Untersuchungen zur deutschen Literaturgeschichte*, 59], Tübingen 1991

Platiere 1784-1785
Platiere, Roland de: *Reisen durch Helvetien und Italien in den Jahren 1776, 1777 und 1778* [...] [*Lettres escrites de Suisse, d'Italie, de Sicile & de Malthe* [...], dt.], [5 Bde., Amsterdam 1780] 2 Bde., Hamburg 1784-1785

Portella 2000
Portella, Ivana della: *Das unterirdische Rom. Katakomben, Bäder, Tempel* [*Roma sotterranea*, dt.], [Venedig 1999] Köln 2000

Raeber 1979
Raeber, Willi: *Caspar Wolf. 1735-1783. Sein Leben und sein Werk*, München 1979

Rehfues 1808
Rehfues, Philipp Jakob: *Gemählde von Neapel und seinen Umgebungen*, 3 Bde., Zürich 1808

Reindl 1999
Reindl, Peter: *Johann Heinrich Wilhelm Tischbein. Die Stärke des Mannes. Neapel 1789* [= *Kulturstiftung der Länder – Patrimonia*, 167], Eutin 1999

Richter 1991
Richter, Dieter: „Der weltliche Rom-Pilger: Zur Erfahrung der Heiligen Stadt im Zeitalter der Aufklärung", in: Griep 1991, 86-95

Richter 1997
Richter, Dieter: „Das blaue Feuer der Romantik: Geschichte und Mythos der Blauen Grotte", in: ders. (Hrsg.): *August Kopisch: Entdeckung der Blauen Grotte auf der Insel Capri*, Berlin 1997, 61-107

Richter 1980
Richter, Ludwig: *Lebenserinnerungen eines deutschen Malers*, mit einem Nachwort von Gottfried Knapp, Frankfurt a.M. 1980

Riedesel 1771
Riedesel, Johann Hermann von: *Reise durch Sicilien und Großgriechenland*, Zürich 1771

Ritter 1801
Ritter, Christian Wilhelm: *Beschreibung der größten und merkwürdigsten Höhlen der Erde*, 3 Bde., Hamburg 1801

Röder 1987
Röder, Sabine: *Höhlenfaszination in der Kunst um 1800. Ein Beitrag zur Ikonographie von Klassizismus und Romantik in Deutschland*, Diss. phil. Freie Univ. Berlin 1985, Remscheid o.J. [1987]

Rosenberger 2001
Rosenberger, Veit: *Griechische Orakel: Eine Kulturgeschichte*, Stuttgart 2001

Rossi 1864-1877
Rossi, Giovanni Battista de: *La Roma Sotterranea Christiana*, 3 Bde., Rom 1864-1877

Saint-Non 1781-1786
Saint-Non, Jean-Claude Richard Abbé de: *Voyage pittoresque ou description des Royaumes de Naples et de Sicile*, 4 Bde., Paris 1781-1786

Sanchez 1833
Sanchez, Giuseppe: *La Campania sotterranea, ossia le Catacombe nei tempi del Paganesimo, ed in quelli del Cristianesimo, con brevi notizie degli edifizi scavati entro roccia nelle due Sicilie, ed in altre regioni*, 2 Bde., Neapel 1833

Sattel Bernardini/ Schlegel 1986
Sattel Bernardini, Ingrid; Wolfgang Schlegel: *Friedrich Müller 1749-1825. Der Maler*, Landau/Pfalz 1986

Schinkel 1979
Schinkel, Karl Friedrich: *Reisen nach Italien. Tagebücher. Briefe. Zeichnungen. Aquarelle*, hrsg. von Gottfried Riemann, Berlin 1979

Schmid 1998
Schmid, F. Carlo: *Naturansichten und Ideallandschaften: Die Landschaftsgraphik von Johann Christian Reinhart und seinem Umkreis*, Diss. phil. Freie Univ. Berlin 1995, Berlin 1998

Schudt 1959
Schudt, Ludwig: *Italienreisen im 17. und 18. Jahrhundert*, München 1959

Schultze 1973
Schultze, Jürgen: „Heinrich Fried und die Blaue Grotte von Capri", in: *Wallraf-Richartz-Jahrbuch*, XXXV, 1973, 353-366

Schwab [1837] 2001
Schwab, Gustav: *Wanderungen durch Schwaben*, hrsg. von Hermann Bausinger, [Leipzig 1837] Neuausg., Gerlingen 2001

Schweizer 1962
Schweizer, Dorothee: *Die Graphik von Ferdinand Kobell*, Diss. phil., Tübingen 1962

Schwichtenberg-Winkler 1992
Schwichtenberg-Winkler, Christina: *Das Pittoreske und die römische Vedute um 1800: Die „Collection ou suite pittoresque de l'Italie dessinées d'après nature et gravées à l'eau forte a Rome par trois peintres allemands A.C. Dies, Charles Reinhart, Jacques Mechau", 1792-98, 1799*, 2 Bde., Diss. phil., Aachen 1992

Seta 1982
Seta, Cesare de: „L'italia nello specchio del Grand Tour", in: ders. (Hrsg.): *Storia d'italia*, Bd. 5, Turin 1982, 127-264

Seta 1996
Seta, Cesare de: *L'Italia del Grand Tour da Montaigne a Goethe*, Neapel [1992] ²1996

Seume 1803
Seume, Johann Gottfried: *Spaziergang nach Syrakus im Jahre 1802*, Braunschweig/ Leipzig 1803

Seume [1803] 1994
Seume, Johann Gottfried: *Spaziergang nach Syrakus im Jahre 1802*, nach der 2., verb. Aufl. 1805 hrsg. und komm. von Albert Meier. [Braunschweig/ Leipzig 1803, ²1805] München [1985] ³1994

Siebers 1999
Siebers, Winfried: „Bildung auf Reisen. Bemerkungen zur Peregrinatio academica, Gelehrten- und Gebildetenreise", in: Maurer 1999, 177-188

Sigurdsson 1999
Sigurdsson, Haraldur: *Melting the Earth. The History of Ideas on Volcanic Eruptions*, New York 1999

Simmel 1983
Simmel, Georg: „Die Ruine", in: ders.: *Philosophische Kultur. Über das Abenteuer, die Geschlechter und die Krise der Moderne. Gesammelte Essays*, Nachw. von Jürgen Habermas, [Potsdam 1923] Berlin 1983, 106-112

Speyer 1982
Speyer, Wolfgang: „Die Vision der wunderbaren Höhle", in: *Jenseitsvorstellungen in Antike und Christentum. Gedenkschrift für Alfred Stuiber* [= *Jahrbuch für Antike und Christentum*, Erg.Bd. 9], Münster 1982, 188-197

Stärk 1994
Stärk, Ekkehard: „Die Überwindung der Phlegräischen Felder. Vom träumerischen Umgang mit der Antike am Ausgang des 18. Jahrhunderts", in: *Antike und Abendland*, 40, 1994, 137-152

Stärk 1995
Stärk, Ekkehard: *Kampanien als geistige Landschaft. Interpretationen zum antiken Bild des Golfes von Neapel*, Habil. Freiburg i. Br. 1991, München 1995

Stafford 1984
Stafford, Barbara Maria: *Voyage into Substance. Art, Science, Nature and the Illustrated Travel Account, 1760-1840*, Cambridge 1984

Stevenson 1980
Stevenson, James: *Im Schattenreich der Katakomben. Entstehung, Bedeutung und Wiederentdeckung der frühchristlichen Grabstätten* [*The Catacombs. Rediscovered Monuments of early Christianity*, dt.], [London 1978] Bergisch Gladbach 1980

Stolberg 1794
Stolberg, Friedrich Leopold Graf zu: *Reise in Deutschland, der Schweiz, Italien und Sicilien*, 4 Bde., Königsberg/ Leipzig 1794

Stolberg 1958
Stolberg, Friedrich: „Die alten Abbildungen der Baumannshöhle bis 1750", in: *Harz-Zeitschrift*, 10, 1958, 65-90

Striehl 1998
Striehl, Georg: *Der Zeichner Christoph Heinrich Kniep (1755-1825). Landschaftsauffassung und Antikenrezeption*, Hildesheim/ Zürich/ New York 1998

Stumpf 1986
Stumpf, Claudia: *Richard Payne Knight. Expedition into Sicily*, London 1986

Swinburne 1783-1785
Swinburne, Henry: *Travels in the Two Sicilies in the Years 1777, 1778, 1779, and 1780*, 2 Bde., London 1783-1785

Swinburne 1791
Swinburne, Henry: „Auszug aus Heinrich Swinburne. Reisen durch beide Sicilien in den Jahren 1777. 1778. 1779. 1780", in: *Neue Sammlung der besten und neuesten Reisebeschreibungen* [...], 35 Bde., Berlin 1763-1802, VII (1791), 1-384 [= *Travels in the Two Sicilies in the Years 1777, 1778, 1779, and 1780*, 2 Bde., London 1783-1785; nach der Übers. von Johann Reinhold Forster, Hamburg 1785-1787]

Tage-Buch einer Reise 1802
Tage-Buch einer Reise nach Italien, im Jahre 1794, Mannheim 1802

Tischbein 1861
Tischbein, Johann Heinrich Wilhelm: *Aus meinem Leben*, hrsg. von Carl G. W. Schiller, 2 Bde., Braunschweig 1861

Tischbein 1987
Tischbein, Johann Heinrich Wilhelm: *Die Eselsgeschichte* [...], bearb. von Gudrun Reindl-Scheffer [Bd. 2 der Veröffentlichungen zur Ausstellung *Johann Heinrich Wilhelm Tischbein. Goethes Maler und Freund*], Oldenburg (Landesmuseum für Kunst und Kulturgeschichte) 1987

Trapp 1984
Trapp, J.B.: „The Grave of Vergil", in: *Journal of the Warburg and Courtauld Institutes*, XLVII, 1984, 1-31

Tuzet 1988
Tuzet, Hélène: *Viaggiatori stranieri in Sicilia nel XVIII secolo* [*La Sicile au XVIIIe siècle vue par les voyageurs étrangers*, ital.], [Straßburg 1955] Palermo 1988

Venturi 1973
Venturi, Franco: „L'Italia fuori d'Italia", in: Einaudi, Giulio (Hrsg.): *Storia d'Italia*, III, Turin 1973, 987-1481

Vergil 1990
Vergil: *Aeneis*, übers. von Johannes Götte; mit einer Einf. von Bernhard Kytzler, München 1990

Vergil 1995
Vergil: *Landleben*, hrsg. von Karl Bayer, Zürich 1995

Veryard 1701
Veryard, Ellis: *An Account of divers Choice Remarks*, [...] *Taken in a Journey through the Low Countries, France, Italy, and Part of Spain* [...], London 1701

Vietta 1983
Vietta, Silvio: „Frühromantik und Aufklärung", in: ders. (Hrsg.): *Die literarische Frühromantik*, Göttingen 1983, 7-84

Vietta 1986
Vietta, Silvio (Hrsg.): *Romantik in Niedersachsen. Der Beitrag des protestantischen Nordens zur Entstehung der literarischen Romantik in Deutschland*, Hildesheim/ Zürich/ New York 1986

Vloberg 1930
Vloberg, Maurice: *Jean Hoüel, Peintre et Graveur. 1715-1813*, Paris 1930

Vorgrimmler 1993
Vorgrimmler, Herbert: *Geschichte der Hölle*, München 1993

Waiblinger 1829/30
Waiblinger, Wilhelm Friedrich: „Das Mährchen von der blauen Grotte", in: ders.: *Taschenbuch aus Italien und Griechenland auf das Jahr 1830*, 2 Bde., Berlin 1829/30

Wechssler 2000
Wechssler, Sigrid: *Ernst Fries (1801 – 1833). Monographie und Werkverzeichnis*, Heidelberg 2000

Weidner 1998
Weidner, Thomas: *Jakob Philipp Hackert. Landschaftsmaler im 18. Jahrhundert*, Berlin 1998

Weinberg 1986
Weinberg, Florence M.: *The Cave. The evolution of a metaphoric field from Homer to Ariosto* [= *Studies in the Humanities*, 14], New York 1986

Willems 1990
Willems, Gottfried: „Kunst und Literatur als Gegenstand einer Theorie der Wort-Bild-Beziehungen. Skizze der methodischen Grundlagen und Perspektiven", in: Harms, Wolfgang (Hrsg.): *Text und Bild, Bild und Text. DFG-Symposion 1988*, Stuttgart 1990, 414-42

Winckelmann 1808-1824
Fernow, Carl Ludwig (Hrsg.): *Winckelmann's Werke*, 9 Bde., Dresden 1808-1824

Wolfzettel 1986
Wolfzettel, Friedrich: *Ce désir de vagabondage cosmopolite: Wege und Entwicklung des französischen Reiseberichts im 19. Jahrhundert*, Tübingen 1986

Wormsbächer 1988
Wormsbächer, Elisabeth: *Daniel Nikolaus Chodowiecki. Erklärungen und Erläuterungen zu seinen Radierungen. Ein Ergänzungsband zum Werkverzeichnis der Druckgraphik*, hrsg. von Jens-Heiner Bauer, Hannover 1988

Zelle 1987
Zelle, Carsten: *„Angenehmes Grauen". Literaturhistorische Beiträge zur Ästhetik des Schrecklichen im achtzehnten Jahrhundert* [= *Studien zum achtzehnten Jahrhundert*, 10], Hamburg 1987

Zelle 1999
Zelle, Carsten: „Was ist und was war Aufklärung?", in: Beck, Herbert; Peter C. Bol; Maraike Bückling (Hrsg.): *Mehr Licht: Europa um 1770. Die Bildende Kunst der Aufklärung*, Kat. Frankfurt a.M. (Städelsches Kunstinstitut), München 1999, 449-459

Zimmermann 1983
Zimmermann, Harro: „Der Antiquar und die Revolution: Friedrich Leopold von Stolbergs 'Reise in Deutschland, der Schweiz, Italien und Sicilien'", in: Griep, Wolfgang; Wolf Jäger (Hrsg.): *Reise und soziale Realität am Ende des 18. Jahrhunderts* [= *Neue Bremer Beiträge*, 1], Heidelberg 1983, 94-126

Fotonachweis

Aarau, Aargauer Kunsthaus: Kat.Nr. 5, 6

Darmstadt, Hessisches Landesmuseum (Foto: Sina Althöfer): Kat.Nr. 29

Dresden, Staatliche Kunstsammlungen, Puppentheatersammlung (Foto: Frank Höhler): Abb. 16

Düsseldorf, Goethe-Museum/ Anton-und-Katharina-Kippenberg-Stiftung (Fotos: Walter Klein): Kat.Nr. 9, 21, 23, 25, 35, 36, 38, 39, 42, 43, 44, 53, 54, 60, 63, 71, 84, 87, 93, 94, 106, 110

Düsseldorf, museum kunst palast, Graphische Sammlung: Kat.Nr. 72

Frankfurt am Main, Freies Deutsches Hochstift/ Frankfurter Goethe-Museum (Fotos: Ursula Edelmann): Kat.Nr. 7, 13, 14, 17, 18, 19, 20, 22, 24, 26, 27, 34, 37, 40, 41, 45, 49, 55, 64, 65, 66, 69, 73, 80, 81, 86, 99, 100, 103, 105, 107, 108, 109, 111, 112, 113, 120

Frankfurt am Main, Städelsches Kunstinstitut (Foto: Ursula Edelmann): Kat.Nr. 2

Frankfurt am Main, Städtische Galerie im Städelschen Kunstinstitut (Foto: Ursula Edelmann): Kat.Nr. 32

Frankfurt am Main, Graphische Sammlung im Städelschen Kunstinstitut (Fotos: Ursula Edelmann): Kat.Nr. 75, 76

Göttingen, Niedersächsische Staats- und Universitätsbibliothek: Kat.Nr. 8, 51, 52, 67, 68, 82, 83, 85, 88, 89, 90, 92, 101, 102, 114, 115; Abb. 1, 3, 5, 6, 8, 9, 10, 11, 12, 13, 17, 19, 20, 21

Heidelberg, Kurpfälzisches Museum (Fotos: W. Semet): Kat.Nr. 30, 31, 95, 119, Abb.14

Isselburg, Museum Wasserburg Anholt: Kat.Nr. 74

Karlsruhe, Staatliche Kunsthalle: Kat.Nr. 1, 3, 4, 28

Lausanne, Musée cantonal des Beaux-Arts de Lausanne (Fotos: J.-C. Ducret): Kat.Nr. 57, 58

Oldenburg, Landesmuseum für Kunst und Kulturgeschichte (Foto: Sven Adelaide): Kat.Nr. 91

Privatsammlung: Kat.Nr. 116

Rom, Casa di Goethe: Kat.Nr. 48

Solothurn, Kunstmuseum: Abb. 4

Stuttgart, Staatsgalerie Stuttgart, Graphische Sammlung: Kat.Nr. 15, 16, 77, 104

Weimar, Stiftung Weimarer Klassik, Herzogin Anna Amalia Bibliothek (Fotos: Angelika Kittel): Kat.Nr. 12, 50, 56, 59, 61, 118

Weimar, Goethe-Nationalmuseum der Stiftung Weimarer Klassik, Bestand Grafische Sammlung: Kat.Nr. 10, 11, 117, Abb. 2

Weimar, Kunstsammlungen zu Weimar (Fotos: Foto-Atelier Louis Held): Kat.Nr. 33, 46, 47, 62, 70, 78, 79, 96, 97, 98

Personenregister